Das Call Center-Team und seine Aufgaben

Aufgaben und Verantwortlichkeiten in einem erfolgreichen Call Center

Aufgabe	Hauptverantwortlichkeiten
Gehobenes Management	Festsetzung des Auftrags und der Vision des Call Centers
	Festsetzung der jährlichen Unternehmensziele für das Call Center
Call Center-Manager	Zusammenarbeit mit dem gehobenen Manager, um die Unternehmensziele festzulegen, die der Erfüllung des Auftrags dienen
	Identifikation der wichtigsten Performance-Faktoren, die die Unternehmensziele beeinflussen und kontrollieren
	Identifikation und Zuweisung der Aufteilung der Hauptaufgaben und -verantwortlichkeiten, die nötig sind, um die Ziele des Call Centers zu erreichen
	Schaffen einer Umgebung, die die Aufgaben des Call Centers unterstützt
	Sicherstellen, dass alle Richtlinien und Abläufe die Aufgaben, Unternehmensziele und Performance-Faktoren unterstützen
Ressourcenanalyst	Prognose Kundenanforderungen
	Bestimmung der Ressourcen, die zur Einhaltung der Kundenanforderungen innerhalb der Abteilungsziele notwendig sind
	Bestimmung des Zeitpunkts, wann diese Ressourcen benötigt werden
	Sicherstellen, dass ausreichende Ressourcen zur Verfügung stehen, wenn sie erforderlich sind
Reportinganalyst	Bereitstellung von statistischem Feedback zu Unternehmenszielen und wichtigen Performance-Faktoren
	Durchführen der Analysen zur Identifizierung von Möglichkeiten zur Verbesserung der Call Center-Ergebnisse
Computer- und Netzwerkadministrator	Empfehlung der geeigneten Tools zur Einhaltung der Unternehmensziele und zur Verbesserung der Performance
	Konfiguration der Tools, damit diese genau und verlässlich arbeiten
	Bereitstellung der entsprechenden Instandhaltungs- und Fehlerbehebungsunterstützung
Das Performance-Team: Recruiter Trainer Supervisor Qualitätsmanager	Einstellung der richtigen Leute für den Job
	Definition und Erklärung der Mitarbeiteraufgaben
	Demonstration der Mitarbeiteraufgaben
	Unterstützung und Feedback zur Performance
Call Center-Agenten	Abwicklung des Kundenkontakts so, dass die Call Center-Ziele und die eigenen, vom Supervisor umrissenen Performance-Ziele unterstützt werden

D1640651

Call Center für Dummies - Schummelseite

Die wesentlichen Komponenten des Call Center-Geschäftsmodells

✔ Mission

- legt fest, in welcher Form das Call Center die Ziele und Strategien des Unternehmens unterstützt

- bestimmt, was das Unternehmen auf lange Sicht vom Call Center braucht

✔ Unternehmensziele

- sind die kurz- bis mittelfristigen Ziele – vielleicht für die Dauer eines Jahres

- definieren, was das Unternehmen jetzt sofort vom Call Center braucht

- sind bestimmte Outputs, die vom Call Center erwartet werden

✔ Performance-Faktoren

- sind Prozesse und Verhaltensweisen, die das Erreichen der Unternehmensziele beeinflussen

- sind gewöhnlich messbar

- können dazu benutzt werden, die Ziele des Call Centers zu formulieren

- werden von den Aktivitäten im Call Center beeinflusst

Technische Hilfsmittel, die Ihr Call Center braucht

✔ Telefonnetzwerk

✔ Datennetz/Internet

✔ Telefonsystem/Automatische Anrufverteilung (ACD, Automatic Call Distribution)

✔ Interaktives Sprachsystem (IVR, Interactive Voice Response)

✔ Predictive Dialer

✔ Webfähige Anwendungen: E-Mail, Chat, Onlinezusammenarbeit

✔ Local Area Network (LAN)/Wireless Area Network (WAN)

✔ Computer-Workstations

✔ Hilfsmittel für das Customer Relationship Management (CRM): Kundenanrufüberwachung, Gebührenabrechnungssystem, Skripten, Kundenanalysen

✔ Wissensdatenbank

✔ Computer-/Telefonverbindung (Computer Telephony Integration, CTI)

✔ Software und Hardware

✔ Digitale Übersicht zur Bestimmung der Performance des Agenten

✔ Workforce-Management-Software

✔ Anrufaufnahme-Equipment

✔ Data Warehouse für Datenerfassung, Reporting und Analyse

Call Center
für Dummies

200 Jahre Wiley - Wissen für Generationen

Jede Generation hat besondere Bedürfnisse und Ziele. Als Charles Wiley 1807 eine kleine Druckerei in Manhattan gründete, hatte seine Generation Aufbruchsmöglichkeiten wie keine zuvor. Wiley half, die neue amerikanische Literatur zu etablieren. Etwa ein halbes Jahrhundert später, während der »zweiten industriellen Revolution« in den Vereinigten Staaten, konzentrierte sich die nächste Generation auf den Aufbau dieser industriellen Zukunft. Wiley bot die notwendigen Fachinformationen für Techniker, Ingenieure und Wissenschaftler. Das ganze 20. Jahrhundert wurde durch die Internationalisierung vieler Beziehungen geprägt – auch Wiley verstärkte seine verlegerischen Aktivitäten und schuf ein internationales Netzwerk, um den Austausch von Ideen, Informationen und Wissen rund um den Globus zu unterstützen.

Wiley begleitete während der vergangenen 200 Jahre jede Generation auf ihrer Reise und fördert heute den weltweit vernetzten Informationsfluss, damit auch die Ansprüche unserer global wirkenden Generation erfüllt werden und sie ihr Ziel erreicht. Immer rascher verändert sich unsere Welt, und es entstehen neue Technologien, die unser Leben und Lernen zum Teil tiefgreifend verändern. Beständig nimmt Wiley diese Herausforderungen an und stellt für Sie das notwendige Wissen bereit, das Sie neue Welten, neue Möglichkeiten und neue Gelegenheiten erschließen lässt.

Generationen kommen und gehen: Aber Sie können sich darauf verlassen, dass Wiley Sie als beständiger und zuverlässiger Partner mit dem notwendigen Wissen versorgt.

William J. Pesce
President and Chief Executive Officer

Peter Booth Wiley
Chairman of the Board

Réal Bergevin

Call Center
für Dummies

Übersetzung aus dem
Amerikanischen
von Uwe Thiemann

Fachkorrektur vom
Call Center Forum Deutschland e.V.
und call-center-forum.at

WILEY-VCH Verlag GmbH & Co. KGaA

Bibliografische Information Der Deutschen Nationalbibliothek
Die Deutsche Nationalbibliothek verzeichnet diese Publikation
in der Deutschen Nationalbibliografie; detaillierte bibliografische
Daten sind im Internet über http://dnb.d-nb.de abrufbar.

1. Auflage 2007

© 2007 WILEY-VCH Verlag GmbH & Co. KGaA, Weinheim

Original English language edition Copyright © 2005 by John Wiley & Sons Canada, Ltd.
All rights reserved including the right of reproduction in whole or in part in any form. This translation is
published by arrangement with John Wiley and Sons, Inc.

Copyright der englischsprachigen Originalausgabe © 2005 von John Wiley & Sons Canada, Ltd.

Alle Rechte vorbehalten inklusive des Rechtes auf Reproduktion im Ganzen oder in Teilen und in jeglicher
Form. Diese Übersetzung wird mit Genehmigung von John Wiley and Sons, Inc. publiziert.

Wiley, the Wiley logo, Für Dummies, the Dummies Man logo, and related trademarks and trade dress are
trademarks or registered trademarks of John Wiley & Sons, Inc. and/or its affiliates, in the United States and
other countries. Used by permission.

Wiley, die Bezeichnung »Für Dummies«, das Dummies-Mann-Logo und darauf bezogene Gestaltungen sind
Marken oder eingetragene Marken von John Wiley & Sons, Inc., USA, Deutschland und in anderen Ländern.

Das vorliegende Werk wurde sorgfältig erarbeitet. Dennoch übernehmen Autoren und Verlag für die Richtigkeit von Angaben, Hinweisen und Ratschlägen sowie für eventuelle Druckfehler keine Haftung.

Printed in Germany

Gedruckt auf säurefreiem Papier

Korrektur   Frauke Wilkens
Satz   Lieselotte und Conrad Neumann, München
Druck und Bindung   M.P. Media-Print Informationstechnologie, Paderborn

ISBN 978-3-527-70339-5

Über den Autor

Réal Bergevin arbeitete, nachdem er die Universität verlassen hatte, in Call Centern der Fahrzeugindustrie, von Fluggesellschaften und Netzbetreibern. Er arbeitete sich vom Agenten über den Einsatzplaner zum Technologieanalysten und schließlich zum Call Center-Manager hoch.

1991 gründete er seine erste Unternehmensberatung für Call Center, die auf ein datengesteuertes Management für Call Center spezialisiert war. Später wurde aus diesem Unternehmen die NuComm Corporation, die ihren Klienten half, mit den Kunden zu kommunizieren. Heute bietet NuComm eine breite Palette an Dienstleistungen, wie zum Beispiel externe Anrufabwicklung und die Übernahme ausgegliederter Geschäftsabläufe sowie Managementberatung, -training und Anwendungsentwicklung. NuComm, ein ISO 9001:2000-registriertes Unternehmen, wurde in den Jahren 2001, 2002, 2003, 2004 und 2005 zu einem der 50 am besten geführten Unternehmen Kanadas gewählt.

2001 wurde Réal Bergevin in Kanada vom National Awards Program (unter anderem gesponsert von The Caldwell Partners International, TD Bank Financial Group und The Globe and Mail) als einer der Top-40-Manager unter 40 Jahren ausgezeichnet. Er besitzt ein Betriebswirtschaftsdiplom der Wilfrid Laurier University.

Réal Bergevin, seine Frau Anne und ihre drei Kinder leben in Fonthill, Ontario.

Über NuComm

Réal Bergevin und sein Team bei NuComm verfügen über verschiedene Möglichkeiten, Ihnen zu helfen, mit Ihren Kunden zu kommunizieren:

✔ Umlagenfinanzierte Kundenbetreuung für den Mittelstand

✔ Automatisierte IVR- (Interactive Voice Response, interaktives Sprachsystem) und Weblösungen (»Virtueller Agent«)

✔ Call Center-Beratung und Training

✔ Call Center-Hilfsmittel und Anwendungsentwicklung zur Erhöhung der Effizienz, Verringerung der Kosten und Verbesserung des Kundendienstes

✔ Qualitativ hochwertiges Outsourcing von Anrufabwicklung und Geschäftsabläufen. Die dadurch entstehenden Kosten variieren abhängig davon, ob eine Inlands- oder eine Auslandslösung in Anspruch genommen wird.

✔ Kredit-, Inkasso- und Forderungsmanagement

Vielleicht betreiben Sie ein kleines Call Center und suchen Rat, oder Sie sind für ein führendes großes Unternehmen des Fortune 1000-Indexes tätig und denken über Outsourcing nach oder darüber, einen Teil Ihrer Anrufabwicklung ins Ausland zu verlegen. Möglicherweise befinden Sie sich mit Ihrem Call Center auch irgendwo zwischen diesen beiden Extremen. Oder Sie besitzen gar kein Call Center, suchen aber nach einer Möglichkeit, Ihre Kundenbetreuung teilweise zu automatisieren. Egal wer Sie sind oder was Sie brauchen: Wenn Sie an einem der oben genannten Punkte interessiert sind, kontaktieren Sie bitte Réal Bergevin:

NuComm Corporation
80 King Street, Suite 300
St Catharines, ON L2R 7G1
Phone: 001-877-637-2615 Fax: 001-905-641-1456
`www.nucomm.net`

Wenn *Call Center für Dummies* noch viele offene Fragen bei Ihnen hinterlassen hat oder Sie einige Call Center-Geheimnisse weiter erforschen möchten, wenden Sie sich bitte an John Dickhout, der unter derselben Adresse erreichbar ist.

Danksagungen

Ich möchte mich bei meinen Freunden bei NuComm für Ihre Hilfe beim Verfassen dieses Buchs bedanken. Zu allererst möchte ich John Dickhout danken, der mich unterstützt und als Koautor mitgeschrieben hat. Ohne John wäre dieses Buch nicht entstanden.

Außerdem möchte ich mich bei John Trivieri, dem Präsidenten von NuComm International, dafür bedanken, dass er nicht locker gelassen hat. Neben John sah ich ganz schön schlecht aus, weil er einen besseren Job gemacht hat als ich, als er meine Verantwortlichkeiten übernommen hat. Und deshalb darf er sie jetzt auch behalten. Für die Recherche war Daniel Willis, auch von NuComm, zuständig. Er hat die Grafiken zusammengestellt und dafür gesorgt, dass wir im Zeitplan blieben. Daniel und John Dickhout haben es geschafft, erstaunlich viel Zeit in das Buch zu stecken, und dabei das Beratungsgeschäft nicht zu vernachlässigen.

Ich möchte mich auch bei Sue Bogert für Ihren kritischen Blick und die hilfreichen Anregungen bedanken und beim Team von Wiley & Sons, Canada, Ltd, die uns die ganze Zeit begleitet haben: Robert Hickney, der uns geholfen hat, auf dem richtigenWeg zu bleiben, Lisa Berland für Ihr Lektorat und Kelli Howey für die Dudenkorrektur.

Fachkorrektur

Um das ursprünglich kanadische Buch an Deutschland, Österreich und die Schweiz anzupassen, haben wir den entsprechenden Verband um Hilfe gebeten, nämlich das

Call Center Forum Deutschland e.V.

Das Call Center Forum Deutschland e.V. (CCF) ist die größte Interessensplattform der Call Center-Branche in Deutschland. Das CCF repräsentiert derzeit über 35 Prozent der rund 400.000 deutschen Call Center-Arbeitsplätze. Im Mittelpunkt der Arbeit stehen Erfahrungs- und Informationsaustausch auf regionaler, nationaler und internationaler Ebene wie zum Beispiel als Gründungsmitglied der European Confederation of Contact Center Organisations

(ECCCO). Gleichzeitig hat es sich das CCF zur Aufgabe gemacht, die Interessen in der sich stetig entwickelnden Call Center-Branche zu bündeln und kompetenter Ansprechpartner für Interessenten, Multiplikatoren, Medien und die Politik zu sein. Zu den bundesweit rund 350 Mitgliedern zählen führende Unternehmen aus den Bereichen Handel, Banken und Versicherungen sowie aus dem Industrie- und Dienstleistungssektor. Neben großen Service Call Centern, wie beispielsweise SNT Deutschland, Arvato oder buw, sind auch zahlreiche Unternehmen mit eigenen Inhouse Call Centern, wie der Onlinebroker Cortal Consors, die Deutsche Bank 24 oder T-Online, vertreten. Gleiches gilt für Hersteller von Telekommunikationssystemen, wie zum Beispiel Aspect Software oder Siemens.

Das Call Center Forum Deutschland e.V. erreichen Sie unter: info@call-center-forum.de oder www.call-center-forum.de.

Das Call Center Forum Deutschland e.V. hat das Fachkorrektorat organisiert. Alle Fachkorrektoren dieses Buches sind dort Mitglieder. Konkret mitgeholfen haben:

✔ Jörg Bordt, Senior Vice President Customer Care Management, Deutsche Telekom AG, T-Com, Geschäftsbereich T-Online

✔ Oliver Erckert, Geschäftsführer go fast forward GmbH

✔ Michael Esser, Manager Competence Center TELCO & CRM, PASS IT-Consulting Group

✔ Stephan Gamm, Head of Competence Group CRM, Detecon International GmbH

✔ Klaus Graf, Gründer und Inhaber der opti-serv Unternehmensberatung für Servicemanagement

✔ Tanja Hartwig gen. Harbsmeier, Trainerin und Coach, Effektive Kundenbetreuung, Köln

✔ Frauke Kaltenbrunner-Schütz, Account Director, Konzept PR GmbH

✔ Doreen Kirchhoff, Leiterin Operations Sales, DDS Dresdner Direktservice GmbH

✔ Sven Klindworth, Deutsche Telekom AG, T-Com

✔ Gabriele Knapp, knappconnect Personalberatung

✔ Jens Kuppert, Personalentwicklung, BI-LOG AG

✔ Georg Mack, Geschäftsführer, MACK Call Center Consulting

✔ Silke Robeller, Manager Call Center, Amway GmbH

✔ Ingo Scheidweiler, Gründer und Managing Partner der O'Donovan Consulting AG

✔ Manfred Stockmann, Inhaber C.M.B.S. Managementberatung

✔ Harald Weisbrod, Selbst. Vertriebsberater

✔ Karoline Wienen, Leiter Call Center, DAB Bank AG

✔ Klaus-J. Zschaage, Vorstand Authensis AG, München

Außerdem möchten wir uns ganz herzlich bei Steffi Sauer für die Koordination bedanken.

Bei der Adaption an den österreichischen Markt hat uns auch das call-center-forum.at unterstützt:

call-center-forum.at, Verein zur Informationssteigerung im Call Center Bereich

Das call-center-forum.at ist eine wirtschaftlich, politisch und rechtlich unabhängige Interessensvertretung mit dem Schwerpunkt österreichischer Markt und mit einem Blick in die Europäische Union.

Als Interessensvertretung sieht das call-center-forum.at seine Aufgabe darin, die Anliegen der Call Center und damit auch die direkte Kundenkommunikation zu fördern. Dabei konzentrieren sie sich vor allem auf drei Bereiche:

✔ **Information** für den Markt aufzubereiten

✔ **Kommunikation** unter den Mitgliedern zu fördern

✔ **Lobbying** zu betreiben und so bei den öffentlichen Stellen die Interessen der Mitglieder zu vertreten und ihre Themen vorzubringen.

Die Arbeit des Vereines ist nicht auf finanziellen, sondern ausschließlich ideellen Gewinn ausgerichtet. Den Erfolg der Arbeit belegt die steigende Anzahl der Mitglieder, aber auch das immer größer werdende Interesse an den Fachveranstaltungen, den Circles des call-center-forum.at sowie dem jährlich stattfindenden AgentDay. Das call-center-forum.at hat im Jahr 2006 erstmals eine Marktstudie über den österreichischen Call Center Markt erstellt. Im Netzwerk der Mitglieder des call-center-forum.at findet sich spezifisches Know-how rund um alle Bereiche eines modernen Call Centers, das bei den Veranstaltungen mit anderen Mitgliedern ausgetauscht wird.

Das call-center-forum.at erreichen Sie unter www.callcenterforum.at oder unter office@callcenterforum.at.

Cartoons im Überblick

von Rich Tennant

Seite 31

Seite 113

Seite 187

Seite 221

Seite 343

Seite 289

Fax: 001-978-546-7747
Internet: www.the5thwave.com
E-Mail: richtennant@the5thwave.com

Inhaltsverzeichnis

Kapitel 7
Call Center-Einsatzplanung: So einfach wie das kleine Einmaleins ... 159

Kapitel 11
Management der Mitarbeiter-Performance (Teil 2): Feedback und Unterstützung

Kapitel 12
Die Bedeutung des Prozessmanagements

Einführung

Herzlich willkommen bei *Call Center für Dummies*. Wenn Sie im Bereich Call Center tätig sind, bereits tätig waren oder erwägen, dort tätig zu werden, haben Sie sicherlich schon einmal den zweifelnden Blick eines Menschen erlebt, dem Sie versucht haben zu erklären, was ein Call Center ist. Wenn Sie hingegen derzeit noch nichts mit Call Centern zu tun haben, möchten Sie vielleicht mehr darüber wissen, was es mit diesen Call Centern auf sich hat, die in aller Mund zu sein scheinen.

So oder so sind Sie an der richtigen Adresse. Der Zweck dieses Buches ist die Definition und Entmystifizierung von Call Centern. Es wird erklärt, was sie tun und wie, und zwar in einfacher, gradliniger Weise. Und mit ein bisschen Glück macht es sogar noch Spaß.

Als ich irgendwann in den 80er Jahren begonnen habe, in Call Centern zu arbeiten, war Call Center-Management als Geschäftszweig noch recht neu. Der Bereich Call Center wirkte auf mich und viele andere sofort reizvoll. Call Center waren rasant, dynamisch und voll interessanter Leute. Es hat einfach Spaß gemacht.

Als frischgebackener Absolvent dachte ich, dass die Welt der Call Center der perfekte Platz sei, um all die Kenntnisse anzuwenden, die ich auf der Universität erworben hatte. (Ehrlich gesagt, wünschte ich mir sogar, ich hätte während der Seminare über Statistik und Kalkulation besser aufgepasst!) Was für ein toller Ort, um seine Karriere zu beginnen und Mädchen zu treffen. (Habe ich schon erwähnt, dass ich meine Frau bei einer Call Center-Tagung kennengelernt habe? Was für eine tolle Branche!)

Im Laufe der nächsten Jahre erhielt ich die großartige Chance, bei einigen fantastischen Firmen im Bereich Call Center-Management Erfahrungen zu sammeln. Einer der großen Vorteile, in einer noch im Aufbau befindlichen Branche einzusteigen, besteht darin, dass man riesige Möglichkeiten hat, wenn man lernwillig und experimentierfreudig ist. Seinerzeit brachten wir so einige Dinge ins Rollen. Die ersten Call Center-Newsletter und Messen kamen auf. Dort konnte man einige Grundkenntnisse über effektives Call Center-Management sammeln. Aber im Allgemeinen war der ganze Geschäftszweig noch recht unstrukturiert.

Ich hatte das große Glück, in der Frühphase meiner Karriere auf viele Menschen und Lehren zu stoßen, die nach einem systematischen Managementansatz verlangten. Ein systematischer Ansatz erfordert die Entwicklung von Geschäftsmodellen, die das Verstehen und das Erläutern von Ursachen und Wirkungen in Geschäftsvorgängen zum Ziel haben: Mach etwas und erhalte ein Ergebnis. Ich glaube, es gibt im Geschäftsleben nichts Wichtigeres, als die Folgen seines Handelns zu begreifen.

Als ich in den frühen 90er Jahren mit meiner Managementberatung begann, war es mein Ziel, den Firmenkunden ein einfaches Call Center-Managementsystem zur Verfügung zu stellen, das den Firmen ein hohes Maß an Kontrolle über die Arbeitsleistung ihrer Call Center ermöglichen sollte. Anstatt sich auf nur eine Aufgabe zu konzentrieren – wie etwa Personaleinsatzplanung, Warteschleifentheorie oder Technologieeinsatz –, wollte ich meine Kunden mit einem Rundumpaket ausstatten, das diese wichtigen Punkte in einem Gesamtvorgangsmodell berücksichtigt. Und Einfachheit war immer der Hauptpunkt. Ein System, das nicht von jedem im Call Center verstanden werden kann, hat nur geringe Erfolgsaussichten.

Mein Team und ich erkannten früh, dass jedes Managementsystem, so gut es auch gemeint sein mag, nicht ohne eine solide und unterstützende Umgebung funktionieren kann. Wir erkannten auch, dass der einfachste Weg zu einer solchen unterstützenden Umgebung – zumindest für uns – darin bestand, die gewünschte Umgebung zu definieren und dann mit Nachdruck an ihrem Aufbau zu arbeiten. Jedes streng kontrollierte Managementsystem muss die Würde, die Integrität und den Respekt innerhalb eines Unternehmens wahren. Andernfalls kann das System Unregelmäßigkeiten aufweisen. Zudem muss das Unternehmen der Meinung sein, dass das gewählte Managementsystem das beste Mittel ist, um die Ziele aller Interessensgruppen zu erreichen. Werte und Vorstellungen sind in diesem Managementsystem entscheidende Steuerungsgrößen.

Dieses Streben nach einem Ursache-Wirkung-System für Call Center war die Grundlage jedes Erfolgs, den wir bei NuComm hatten, und es ist immer noch das Leitbild, das unseren Verbesserungswünschen den Weg weist. Nahezu alle unsere Kunden – sei es im Bereich Beratung oder Anrufabwicklung – waren darauf aus, das Verständnis und die Kontrolle der Kommunikation mit ihren Kunden zu verbessern. Diese Grundlage für das Ursache-Wirkung-System wurde in *Call Center für Dummies* übernommen.

Ich kann mir nichts Besseres zur Vermittlung meiner Vorstellung eines Modells für das Call Center-Management vorstellen als *Call Center für Dummies*. Die Bücher aus der ... *für Dummies*-Reihe sind bekannt für ihre gradlinigen und einfachen Anleitungen. Genau das ist unser tägliches Streben bei NuComm: einen einfachen und gradlinigen Ansatz für das Call Center-Management erarbeiten.

Über dieses Buch

Seit Alexander Graham Bell das Telefon erfunden hat, haben die Menschen es für Geschäftszwecke verwendet. Das Konzept des Call Centers ist allerdings ein relativ neues. Noch in den frühen 90er Jahren wussten nur wenige Menschen, was ein Call Center ist. Und nun scheint es, als ob nahezu jeder, den man trifft, entweder selbst in einem Call Center arbeitet oder jemanden kennt, der in einem arbeitet, oder zumindest schon mal etwas von Call Centern gehört hat, auch wenn er vielleicht nicht genau weiß, was die eigentlich machen.

Viele Menschen haben sich eine sehr bestimmte Meinung über Call Center gebildet. Führungskräfte und Analysten gleichermaßen erkennen mehr denn je, dass das Call Center enorme Auswirkungen auf die gesamte Wirtschaft haben kann, und zwar in den Bereichen Einnahmen, Ausgaben, Marktforschung und Kundenbindung. Call Center sind ein wesentlicher Bestand der lokalen und globalen Wirtschaft geworden.

Ich habe angefangen, als Berater für Call Center zu arbeiten, weil ich Methodik und Disziplin auf das Management von Call Centern anwenden wollte. Mit dem Aufkommen des globalen Wettbewerbs im Bereich Call Center wird es für die Fachleute im Call Center immer wichtiger, sich an einer klaren Methodik zu orientieren.

Gewiss gab es Fortschritte bei der Verbesserung und im Gebrauch von Call Centern, und es gibt auch jede Menge Leute, die es schaffen, erfolgreiche und leistungsfähige Call Center zu leiten, doch viele andere suchen immer noch nach Hilfe, um die Call Center-Maschinerie zum Laufen zu bekommen.

Informationen über Call Center finden Sie in einer Vielzahl von Publikationen, Seminaren und Websites, aber dieses Buch bemüht sich um eine weiter gefasste, ganzheitliche Sichtweise. Mein Ziel – bei meiner Arbeit im Call Center, bei meiner Beratertätigkeit und jetzt bei diesem Buch – war und ist, ein umfassendes System für das Betreiben von Call Centern zu bieten.

Warum Sie dieses Buch brauchen

Wenn Sie je Kontakt zu einer Firma aufgenommen haben, um ein Produkt zu bestellen, technischen Support zu erhalten, eine Beschwerde vorzubringen oder eine Frage zu stellen, oder wenn Sie je von einer Telefonmarketing-Abteilung angerufen worden sind – nebenbei hoffen wir, den Mythos entkräften zu können, dass es eine weltweite Verschwörung der Outbound Call Center (Call Center, die in erster Linie aktive Anrufe tätigen) gibt, Sie genau dann anzurufen, wenn Sie mit Ihrer Familie beim Abendessen sitzen –, wenn dergleichen also geschehen ist, dann ist die Wahrscheinlichkeit hoch, dass Sie mit irgendjemandem in einem Call Center gesprochen haben. Auch unter diesem Aspekt dürfte dieses Buch für Sie interessant sein.

Diejenigen unter Ihnen, die im Bereich Call Center tätig sind, werden mit diesem Buch eine leicht zu verwendende und (wie wir hoffen) leicht zu lesende Anleitung, wie man ein Call Center effektiv leitet, in die Hände bekommen. Das Buch ist besonders hilfreich, wenn

✔ Sie ein erstklassiger Betriebswirt sind, Ihre Vita durchforsten und dabei feststellen, dass Sie ein Call Center leiten.

✔ Sie ein erfahrener Manager eines Call Centers sind und nach neuen Ideen und Perspektiven suchen.

✔ Sie Zulieferer für die Call Center-Branche sind und die Managementperspektive Ihres Kunden besser verstehen wollen.

✔ Sie in einem Call Center arbeiten und Ihre Karriere ankurbeln wollen, indem Sie die uralten Geheimnisse über Call Center lüften, die Sie in diesem Buch finden.

✔ Sie eine berufliche Laufbahn in Call Centern erwägen.

✔ Sie etwas Neues brauchen, um Angehörigen des anderen Geschlechts den Kopf zu verdrehen – oder …

✔ … wenn Du meine Mutter bist und ein für alle Mal wissen möchtest, was ich eigentlich aus meinem Leben gemacht habe.

Was Sie nicht lesen müssen

Wir empfehlen Ihnen, es sich an einem Samstagnachmittag bei einer schönen Tasse Tee, Kakao oder was auch immer gemütlich zu machen und das Buch in einem Rutsch von vorne bis hinten durchzulesen. Wir sind uns sicher, dass solche Call Center-Vollbluttypen wie Sie das ziemlich fesselnd finden – das Buch ist ein Straßenfeger.

Wir haben allerdings den leisen Verdacht, dass einige von Ihnen das womöglich nicht zu tun beabsichtigen oder es gar nicht nötig haben. Für diesen Fall schlagen wir vor, dass Sie sich den Teil aussuchen, der Sie am meisten interessiert, und dort beginnen.

Wie dieses Buch aufgebaut ist

Call Center für Dummies ist in sechs Teile gegliedert, von denen jeder einen anderen Aspekt des Call Centers behandelt. Die Kapitel innerhalb eines Teils befassen sich detailliert mit bestimmten Themen. Jeder Teil enthält Konzepte und Definitionen, interessante Fakten und Anekdoten und – in den meisten Fällen – praktische Vorschläge, die zu dem Thema gehören. Ganz gleich, wie Sie an *Call Center für Dummies* herangehen – es ist in Ordnung so. Die meisten Leser werden allerdings den größten Nutzen aus diesem Buch ziehen, wenn sie zuerst die Kapitel in Teil I lesen.

Teil I: Grundlagen - ein Überblick über das Call Center

Dieser Teil bietet einen guten Überblick über viele der Themen, die später im Buch detaillierter behandelt werden. Betrachten Sie ihn außerdem als Einführung ins Call Center-Wesen. Er ist besonders nützlich für diejenigen, die gerade anfangen oder eine kurze Einweisung wünschen.

Dieser Teil ist auch für die gedacht, die ein neues Call Center planen. Wir stellen ein Geschäftsmodell zum Aufbau eines Call Centers vor und übertragen dieses Modell auf die übergeordnete Unternehmensbestimmung und -zielsetzung.

Teil II: Der Masterplan - Finanzen, Analyse und Ressourcenmanagement

Dieser Teil beschäftigt sich mit der Analyse des Call Centers, der Finanzplanung und der Stellenbesetzung. Sie erhalten einen einfachen Überblick darüber, welche Maßnahmen auf welche Weise zu einem betriebswirtschaftlich sinnvollen Call Center führen.

Außerdem lüften wir in diesem Teil des Buches ein paar der Geheimnisse, wie und warum Call Center so funktionieren, wie sie es tun. Und wir erforschen alles von der Prognose bis zur Einsatzplanung und zum automatisierten Workforce-Management (Verwaltung des Personalbestands).

Teil III: Erleichterung durch Technologie

Teil III beschäftigt sich mit Call Center-Technologien, einschließlich der Grundanforderungen und wertvoller Erweiterungen. Wir behandeln auch einen einfachen Ansatz zur Empfehlung und Rechtfertigung neuer Technologie. Für viele kann dieser Teil nützlich sein, weil er die Beschreibung der Technologie aus der Sicht eines Laien vornimmt.

Teil IV: Konstante Verbesserung sichern

In diesem Teil behandeln wir die Themen Mitarbeiterrekrutierung, Jobperspektiven, Training, Feedback und Support. Sie erfahren, wie Sie einen einfachen fünfstufigen Prozess implementieren, der Ihnen beim Management der Arbeitskraft Ihrer Belegschaft als Richtschnur dienen wird.

Wir behandeln auch die Abläufe in einem Call Center und wie man sie im Griff behält und untersuchen Taktiken, Prozesse und die Auswirkungen von Gesetzgebung und arbeitsrechtlichen Bestimmungen auf Call Center.

Teil V: Anrufbearbeitung – wo alles zusammenläuft

Teil V befasst sich mit den Grundlagen zum Umgang mit Anrufen. Wir vermitteln einige wichtige Tipps und Techniken, die dafür sorgen, dass die Agenten diese wichtigste Interaktion in einem Call Center beherrschen.

Teil VI: Der Top-Ten-Teil

Hier geben wir Ihnen Tipps und berichten über Techniken, die wir aus der Call Center-Branche zusammengetragen haben. Diese kurzen Hinweise werden den Umsatz und die Effizienz Ihrer Firma, die Arbeitsmoral Ihrer Mitarbeiter und die Kundenzufriedenheit beflügeln – selbst wenn Sie dieses wunderbare Buch gar nicht lesen!

Viel Spaß!

Symbole, die in diesem Buch verwendet werden

Hier gibt es Geschichten aus dem wahren Leben, die ich selbst erlebt habe oder die mir jemand erzählt hat.

Hier finden Sie eine allgemeine Empfehlung, wie Sie Ihr Call Center verbessern oder seinen Betrieb vereinfachen können.

Dieses Symbol macht auf mögliche Gefahren aufmerksam, vor denen Sie sich unserer Meinung nach in Acht nehmen sollten.

Dies ist etwas – Sie haben es wahrscheinlich schon erraten –, was Sie nicht vergessen sollten.

Dieses Symbol steht für Informationen, die Sie wahrscheinlich nicht brauchen, aber womöglich dennoch interessant finden.

Teil I

Grundlagen – ein Überblick über das Call Center

In diesem Teil ...

In diesem Teil beantworte ich die Frage, was ein Call Center ist, fasse die Call Center-Entwicklung kurz zusammen und untersuche, was ein gutes (beziehungsweise ein schlechtes) Call Center ausmacht. Wenn Sie einfach nur ein wenig mehr über Call Center wissen möchten, darüber nachdenken, in einem zu arbeiten, oder jemals Ambitionen hatten, selbstständig ein neues Call Center zu eröffnen, dann ist dieser Teil der richtige für Sie. Hier wird Ihnen Grundwissen plus ein wenig mehr vermittelt.

Wenn Sie erst einmal eins aufbauen, werden die Leute auch anrufen. Ich stelle ein Geschäftsmodell zum Aufbau eines Call Centers vor und bringe dieses Modell in Zusammenhang mit den größeren Aufgaben und Zielen des Unternehmens. Ich gehe auf die organisatorische Struktur ein und erzähle Ihnen, was Sie unternehmen sollten, damit das Call Center gemäß dem Geschäftsmodell und der Ziele des Unternehmens arbeitet. Und schließlich beschäftige ich mich mit der Logistik, die zum Aufbau eines Call Centers nötig ist. Viele der Informationen im hinteren Teil dieses Teils kann genutzt werden, wenn ein Betrieb expandiert oder der Betrieb eines bereits bestehenden Call Centers überprüft werden soll.

Ein erster Blick auf Call Center

Tanja Hartwig gen. Harbsmeier, Trainerin und Coach,
Effektive Kundenbetreuung, Köln

In diesem Kapitel

- Call Center – eine Definition
- Die Entwicklung des Call Centers
- Gutes und Schlechtes voneinander trennen

Seit Jahren schon fragt mich meine Mutter: »Also noch mal: Als was arbeitest du?« Wohlan denn, Mama: Ich arbeite in einem Call Center. Genauer gesagt arbeite ich in vielen Call Centern. Jaja, schon klar – Du weißt nicht, was ein Call Center ist. Dann lies bitte weiter.

Was ist ein Call Center?

Im Prinzip ist ein Call Center die Person am anderen Ende der Leitung, wenn Sie eine Fluggesellschaft oder Ihren Stromversorger anrufen oder eine Banktransaktion per Telefon vornehmen. Manchmal besteht ein Call Center nur aus ein oder zwei Personen, die am Telefon sitzen und Kundenanrufe beantworten. Oftmals ist es auch ein sehr großer Raum, in dem sehr viele Menschen in ordentlich ausgerichteten Reihen am Telefon sitzen und Kundenanrufe beantworten.

Für den Kunden (also für Dich, Mama) ist das Call Center die Stimme der Firma. Wenn Sie wütend sind, werden Sie auch oft wütend auf die Person am anderen Ende der Leitung – schließlich sprechen Sie mit der Firma, stimmt's?

Für die Firma ist das Call Center Kostenstelle, Profitcenter, Haupteinnahmequelle, Hauptfrustrationsquelle, strategische Waffe, strategischer Nachteil, Quelle der Marktforschung, Quelle der Vermarktungslähmung. Das variiert von Firma zu Firma, je nach strategischer Ausrichtung und Fähigkeiten eines jeden Call Centers.

Inbound/Outbound

Call Center kommunizieren auf vielerlei Weise mit ihren Kunden. Inbound Call Center (»inbound«: engl. für »eingehend«) sind diejenigen, die von den Kunden angerufen werden.

Kunden rufen bei Inbound Call Centern an, um Dinge wie beispielsweise Flugtickets zu kaufen, um technischen Support für ihren PC zu erhalten, um Antworten auf Fragen bezüglich ihrer Stromrechnung zu bekommen, um Notfallhilfe zu erhalten, wenn das Auto nicht anspringt, oder aus einer Vielzahl anderer Gründe, die sie dazu bringen, einen Mitarbeiter eines Unternehmens sprechen zu wollen.

Im Fall von Outbound Call Centern (»outbound«, engl. für »ausgehend«) rufen Mitarbeiter der Unternehmen bei den Kunden an. Ihre spontane Reaktion ist jetzt wahrscheinlich: »Na klar, Telefonmarketing!« Gewiss, Telefonmarketing ist einer der Gründe, aus denen eine Firma bei Ihnen anruft, aber die Firmen haben noch viele andere triftige Gründe dafür.

Vielleicht rufen die Firmen an, weil der Kunde eine Rechnung nicht bezahlt hat, oder sie rufen an, wenn ein vom Kunden gewünschtes Produkt verfügbar ist oder um bezüglich eines Problems des Kunden nachzuhaken oder um herauszufinden, was dieser und andere Kunden gerne hätten, damit Produkte und Dienstleistungen verbessert werden können.

 Manche Call Center sind sogenannte Inbound und Outbound Call Center oder auch *Blended Call Center*. Die Agenten in diesen Call Centern bearbeiten sowohl eingehende als auch ausgehende Anrufe. In Kapitel 7 erläutere ich, dass eine gut ausgeführte Mischung zwischen Inbound und Outbound den Betrieb des Call Centers sehr kosteneffizient gestalten und außerdem den Kundenservice verbessern kann.

Die explosionsartig gestiegene Beliebtheit des Internets und die drahtlose Kommunikation haben die Kommunikation zwischen den Menschen qualitativ verändert. Die Leute benutzen immer noch das Telefon – auch wenn sie es inzwischen häufig mit sich herumtragen –, aber neben diesen Telefongesprächen nutzen sie E-Mail, Chat, Webformulare und Instant Messaging als Mittel zur Kommunikation mit Freunden, anderen Menschen und Kaufhäusern – und die Call Center haben darauf reagiert.

Contact Center oder Call Center: Namen sind Schall und Rauch

Immer häufiger werden Call Center auch als *Contact Center* bezeichnet, um zu verdeutlichen, dass dort mehr als nur Telefonanrufe bearbeiten. Diese Einrichtungen sind tatsächlich Zentren für den Kundenkontakt, und zwar in jeder Form, die der Kunde wünscht.

 Im Endeffekt entscheidet der Kunde, auf welche Weise er mit der Firma kommunizieren möchte, und es ist Sache der Firma, durch ihr Contact Center angemessen darauf einzugehen.

Ähnlich wie bei Inbound und Outbound Call Centern unterteilen einige Firmen die Behandlung der Kundenkontakte anhand des Mediums – eine Abteilung für Inbound-Anrufe, eine für Outbound-Anrufe, eine für E-Mails und so weiter. Einige, insbesondere kleinere Vorgänge haben dazu geführt, dass es »Multiskill-Agenten« gibt, die alle Kontaktarten bedienen. Die Call Center setzen Multiskill-Agenten aus demselben Grund ein, aus dem sie Agenten für Inbound- und Outbound-Anrufe einsetzen: Effizienz und Service.

Dieses Buch heißt *Call Center für Dummies*, es hätte aber auch genauso gut *Contact Center für Dummies* heißen können. Ich spreche durchweg von Call Handling (Anrufabwicklung oder Anrufbearbeitung) und Call Center. Dies liegt teils an meiner Ausrichtung (ich bin in Call Centern aufgewachsen, wenn auch nicht unbedingt im wörtlichen Sinn), da das Telefon immer noch den Löwenanteil der Kommunikation zwischen Firmen und Kunden ausmacht. Teils liegt es daran, dass es keinen Unterschied macht. Die Konzepte dieses Buches können auf alle Kommunikationsarten angewendet werden – Anrufe, E-Mails, Chats, Instant Messages oder Rauchzeichen.

Sind alle Outbound-Anrufe negativ?

In den letzten Jahren (und das ist wenig überraschend) haben die Outbound-Anrufe stark zugenommen. Leute zu Hause anzurufen kann eine sehr wirksame und erfolgreiche Marketingstrategie sein. Gut ausgeführt, ist es auch ein großartiges Mittel zum Aufbau von Kundenbindungen.

Ein Beispiel, das ich oft verwende, ist meine Freundin Susanne und ihr Gartencenter. Susanne ist eine vehemente Verfechterin von Gesetzen gegen Telefonmarketing – und eine begeisterte Gärtnerin. Als ich ihr jedoch sagte, dass ich soeben an ihrem Telefon einen Anruf ihres Gartencenters entgegengenommen hatte, der sie darüber informieren sollte, dass gerade die gewünschte Lieferung Tulpenzwiebeln gekommen sei, wollte sie wissen, ob ich darum gebeten hätte, dass sie später noch einmal anrufen. »Nein«, antwortete ich. »Ich haben ihnen gesagt, sie sollen dich auf die Nicht-anrufen-Liste setzen, weil du kein Telefonmarketing magst.«

Der Punkt ist, dass in jeder guten Beziehung die Kommunikation beidseitig ist. Sie rufen Ihre Freunde an, und die rufen Sie an. Das Gleiche kann man – muss man – über gute Geschäftsbeziehungen sagen. Das Problem ist: Wie bei so vielen Dingen haben sich Verkäufer und Telemarketer vom Telefonmarketing mitreißen lassen. Die Call Center-Branche hat sich ein erfolgreiches und kostengünstiges Instrument geschnappt und noch einen Zahn zugelegt.

Und es ist einfacher, preisgünstige Angebote durch preisgünstige Agenten per Telefon zu unterbreiten, als den Kunden zu kennen und zielgerichtete, wertvolle Vorschläge im persönlichen Gespräch zu unterbreiten. Deshalb wurde Telefonmarketing ein Hasardspiel, und jeder bekam zur Essenszeit Anrufe – wegen aller möglichen Dinge.

Daher gibt es bei den Call Centern mittlerweile Regeln – und das ist auch gut so. Aber es ist noch nicht alles verloren. Clevere Verkäufer können immer noch persönliche Kundenbindungen aufbauen. Sie brauchen nur die Erlaubnis dafür. Willkommen im Zeitalter des verantwortungsvollen, persönlichen Telefonmarketings!

Auf der Suche nach der verlorenen Zeit: Die Entwicklung des Call Centers

Call Center sind ein sehr effizientes und effektives Geschäftsinstrument. Ich kann Ihnen nicht sagen, wann genau das erste Call Center eröffnet hat. Man sollte eher fragen: »Wann haben Firmen damit begonnen, Geschäfte per Telefon abzuwickeln?« Call Center sind wahrscheinlich aufgekommen, als das Telefon in den Haushalten Einzug gehalten hatte.

Die Entwicklung der Call Center ergibt durchaus Sinn. Es ist für einen Kunden viel einfacher, den Hörer in die Hand zu nehmen und eine Firma anzurufen, als sich und die Kinder ins Auto zu packen und in die Stadt zu fahren, um ein paar neue Programme zum Kabelfernsehen hinzufügen zu lassen. Deshalb wurde das Telefon schon lange Zeit im Geschäftsleben eingesetzt. Als formaler Wirtschaftszweig ist es noch nicht so alt – vielleicht an die 30 Jahre.

Vor Mitte der 70er Jahre verwendeten in den USA Fluggesellschaften und größere Einzelhändler sogenannte Telefonräume – die Vorläufer der Call Center –, die sich entweder in Gebäuden irgendwo im Land befanden oder aus großen Räumen mit vielen Schreibtischen, Telefonen mit vielen Nebenanschlüssen und jeder Menge Papier zum Festhalten aller Vorgänge, bestanden. Ich selbst bin zu jung, um derlei gesehen haben zu können, aber Leute, die das miterlebt haben, beschrieben diese Räume als sehr betriebsam, laut und konfus.

 Einer der faszinierendsten Aspekte an Call Centern ist ihr stetiges Streben nach Verbesserung. Die Betreiber von Call Centern sind immer auf der Suche nach besserer Technologie, besseren Managementprozessen, besserem Personal und besserem Training für dieses Personal. All dies gehört zur Satzung eines Call Centers: einen effektiveren Weg zur Kommunikation mit den Kunden zu finden, sodass die Firma den Kunden besser und preisgünstiger dienen kann, damit die Einnahmen erhöht werden.

Automatic Call Distribution – ein Schlüsselfaktor

Einer der wichtigsten Fortschritte in der Call Center-Technologie war die Erfindung des Automatic Call Distributor (»Automatischer Anrufverteiler«), kurz ACD, durch Rockwell International. Rockwell baute dieses spezialisierte Telefonsystem Anfang der 70er Jahre für Continental Airlines. Fluggesellschaften waren wegen ihrer ständigen Suche nach einem Wettbewerbsvorteil die ersten und enthusiastischsten Anwender von Call Centern.

Der ACD bediente sich einer bereits gut laufenden Geschäftspraxis – Telefonräume oder Call Center – und erhöhte die Effizienz um 200 bis 300 Prozent. Mehr zu ACD und anderen spannenden Call Center-Technologien finden Sie in den Kapiteln 8 und 9.

Der ACD erhöhte die Praktikabilität größerer, zentralisierter Call Center, indem eine große Zahl eingehender Anrufer gleichmäßig auf die Belegschaft des Call Centers verteilt wurde. Mit der Implementierung des ACD kamen die Call Center-Branche und das Call Center als Wirtschaftszweig erst so richtig in Gang.

Die jüngere Geschichte

Heute ist die Call Center-Branche ein bedeutender Wirtschaftszweig. Allein in Deutschland gibt es mehr als 5.600 Call Center, in denen knapp 400.000 Mitarbeiter arbeiten – das heißt fast jeder Hundertste Erwerbstätige arbeitet in einem Call Center. Nahezu alles kann von zu Hause, vom Büro, vom Auto aus erworben werden – oder wo auch immer Sie ein Telefon in die Hand bekommen oder sich ins Internet einwählen können.

Und Call Center entwickeln sich weiter mit atemberaubender Geschwindigkeit. Im Streben nach größerer Effizienz, verbessertem Kundenservice und höheren Umsätzen, verwenden Call Center immer ausgeklügeltere Technologien, darunter Kundendatenbanken mit analytischen und Scripting-Tools, die den Agenten mitteilen, wie man sich jedem einzelnen Kunden bestmöglich nähert.

Call Center stehen an der Spitze der Outsourcing-Debatte, weil die Firmen ihre Call Center-Belange ins Ausland verlagern, wo es qualifizierte, aber weniger kostenintensive Arbeitskräfte gibt. Call Center investieren immer noch viel in ihr Personalwesen, zum Beispiel durch Einstellungstests, progressive Lerntechniken, E-Learning, Wertungslisten und vieles andere, um das beste Personal zu finden.

Die Call Center-Gemeinde ist eine eng verbundene und stolze Gruppe – viele tragen ihre spezifischen Branchenkenntnisse wie eine Ehrenmedaille –, die ihr Netzwerk, ihr Wissen und ihre Fähigkeiten durch Berufsverbände, industrielle Publikationen, Messen und spezielle Trainings- und Zertifizierungsmaßnahmen verbessert. Im Bestreben, mit Menschen, Abläufen und Technologien besser umzugehen, hält sich die Branche an jeden Managementansatz oder jede Philosophie, der beziehungsweise die einen Vorteil verspricht, wie zum Beispiel ISO 9001, statistische Prozesslenkung und Six Sigma. Diese Programme werden in Kapitel 13 besprochen.

Die Entwicklung der Ansichten über Call Center

Am wichtigsten ist, dass die Firmen ihre Meinung über Call Center geändert haben – vom Kostencenter und in manchen Fällen notwendigen Übel hin zum Profitcenter und Wettbewerbsvorteil. Heute sind ganze Firmen um die Möglichkeiten eines Call Centers herum errichtet. Sie können beispielsweise Computer von einer Firma kaufen, die gar keine Ladenlokale besitzt, oder Ihre Bankgeschäfte mit einer Bank abwickeln, die keinen Filialbetrieb hat – nur Telefon oder Internet existieren als Optionen.

Nicht alle diese Veränderungen und Entwicklungen wurden als positiv betrachtet. Call Center und deren Manager sahen sich bereits einigen Schwierigkeiten gegenüber. Teils wegen der Auswirkungen, die Call Center auf das tägliche Leben der Menschen hatten, und teils, weil schlechtes Management und ungute Geschäftspraktiken den Unmut der Kunden und die Aufmerksamkeit der Gesetzgeber erregten.

Rechtliche Bestimmungen

Allzu aggressive Praktiken beim Telefonmarketing führten zu Gesetzen im Zusammenhang mit Telefonverkäufen, die festlegen, wer kontaktiert werden darf und wer nicht und wie Leute kontaktiert werden können. Einigen Firmen wurde vorgeschrieben, wie schnell sie eingehende Anrufe beantworten müssen – eine Antwort auf schlechten Service und lange Verzögerungen, die einige Kunden in der Vergangenheit hinnehmen mussten.

Darüber hinaus haben Datenschutzbestimmungen den Grad der Komplexität erhöht, wie Call Center Kundeninformationen sammeln und verwenden. Über weitere Gesetze, die bestimmen, wie und wo Call Center arbeiten dürfen, wird in vielen Ländern derzeit nachgedacht. In Kapitel 12 erfahren Sie mehr über die Gesetzgebung im Zusammenhang mit Call Centern.

Einige der juristischen Herausforderungen, denen sich Call Center gegenübersehen, wurden durch unzureichende Geschäftspraktiken und manche durch den Erfolg der Branche verursacht. Eine explosionsartige Nachfrage nach Call Center-Dienstleistungen – seitens der Firmen und seitens der Kunden – hat die Branche der Möglichkeit beraubt, in Größe und Leistung zu wachsen und gleichzeitig den qualitativen Standard zu wahren. Dennoch: Unterm Strich wachsen Call Center weiter hinsichtlich Anzahl, Fähigkeiten, Erfahrenheit und Leistung, und zwar weil sie effektive und effiziente Geschäftsinstrumente sind, die das steigende Bedürfnis der Kunden nach Bequemlichkeit befriedigen.

Wie man Call Center zum Laufen bringt

Ein Call Center zu leiten ist nicht einfach, weil es sich bei Call Centern um eine komplexe Angelegenheit handelt. Es ist nicht bloß die Technologie – das ist der einfache Teil! Call Center sind ein Mikrokosmos des Geschäftslebens. Um ein gutes Call Center zu betreiben, benötigen die Manager eine ausgewogene Mischung von Menschen, Abläufen und Technologie, um das gewünschte Resultat zu erhalten.

 Bedenken Sie folgende Tatsache: Die meisten Call Center basieren auf Menschen – und sogar ziemlich vielen. Löhne und Gehälter belaufen sich üblicherweise auf 60 bis 70 Prozent des Budgets eines Call Centers. Und da die Kunden nahezu jede Frage an das Call Center richten können, müssen die Agenten alle Informationen über Philosophie, Prozesse, Produkte und Dienstleistungen der Firma stets griffbereit haben. Fügen Sie all diesem noch eine große Vielzahl und Vielfalt an Kunden hinzu, und Sie haben eine Menge zu tun – auch mit der besten Technologie, damit alles glatt läuft. Wenn Sie es jeden Tag mit Hunderten und Tausenden von Anrufen zu tun haben, kann der kleinste Engpass bei der Erledigung von Dingen zu einem großen Problem werden.

Es summiert sich

Wenn die Gesprächsdauer in einer Firma, die eine Million Anrufe beantwortet, um eine Sekunde pro Anruf ansteigt, führt das zu 280 zusätzlichen Arbeitsstunden für das Call Center. Das wiederum erfordert ungefähr 380 zusätzliche Arbeitsstunden bei der Stellenbesetzung. (In Kapitel 5 erfahren Sie mehr zu solchen Berechnungen.)

Woran man gute Call Center-Manager erkennt

 Ein guter Call Center-Manager muss vieles sein: Analyst, Buchhalter, Ingenieur, Psychologe und Motivator.

Gute Manager haben einen ausgeprägten Sinn für Nutzen – sie kennen ihre Rolle und ihren Job innerhalb des Betriebs. Sie besitzen klare und messbare Ziele und wissen diese anzusteuern. Sie verschmelzen auf effiziente Art Personal, Prozessmanagement und Technologie – und achten dabei darauf, sich nicht selbst zu beschränken oder sich zu sehr auf einen bestimmten Bereich zu konzentrieren.

Weitere Informationen über den Manager eines Call Centers erhalten Sie in Kapitel 3.

Die Unternehmenskultur bestimmen

Da Call Center so stark auf Menschen beruhen, ist für ihren erfolgreichen Betrieb die Bestimmung und Erzeugung einer unterstützenden Unternehmenskultur notwendig. Eine solche Unternehmenskultur sollte meiner Ansicht nach die Werte und Vorstellungen klar festlegen, die den Auftrag des Call Centers unterstützen. (Wie Sie Ihren Auftrag entwickeln, erfahren Sie in Kapitel 2.)

Sobald das Management die Werte und Vorstellungen bestimmt hat, die für den betrieblichen Erfolg wichtig sind, wird es diese Elemente in jeden Teil des Betriebs integrieren: Firmenphilosophie, Prozesse, Kommunikation, Ziele, Belohnungen – überall.

Was ein gutes Call Center ausmacht

Ein gutes Call Center besitzt eine starke Unternehmenskultur, in der die Leute in einem gemeinsamen Rahmen aus Werten und Vorstellungen arbeiten und durch ein gemeinsames Ziel und eine starke Ausrichtung auf das Firmenziel miteinander verbunden sind. Das Management richtet ständig alles, was das Call Center tut, an den Firmenzielen und der erwünschten Unternehmenskultur neu aus.

Generell sollte Ihr Call Center drei Bereiche bedienen (siehe Abbildung 1.1):

✔ **Gewinnerzielung:** Hierzu gehört alles, was zum Gewinn beiträgt – Verkäufe, Verbesserungen, Kundenbindung, Inkasso und die Rückgewinnung verlorener Kunden (siehe Kapitel 3 und 16).

✔ **Effizienz:** Bezieht sich auf den kostengünstigen Betrieb des Unternehmens – sei es nun der Betrieb des Call Centers oder die Erledigung der Arbeit für das Unternehmen (siehe Kapitel 3 und 5). Generell ist das Call Center ein effizientes Mittel, um Kunden von einer neuen Aktion zu informieren.

✔ **Kundenzufriedenheit:** Sorgt für wirklich langfristige Umsätze – bauen Sie Kundentreue auf und sehen Sie zu, dass die Kunden ihre Geschäfte weiterhin mit Ihnen machen (siehe Kapitel 3 und 14). Call Center erleichtern (wünschenswerterweise) die Dinge für den Kunden. Das Call Center steht bereit, wenn der Kunde es benötigt, und hat Zugriff auf alle notwendigen Informationen, um die Kundenfragen zu beantworten. Versuchen Sie einmal, den Angestellten an der Kasse oder etwa den Geschäftsführer Ihres Sportwarenladens anzurufen – glauben Sie mir, selbst wenn Sie durchkommen, erhalten Sie wahrscheinlich nicht die Antworten, die Sie brauchen.

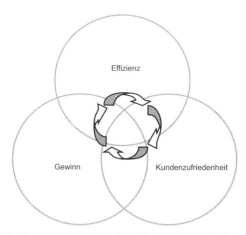

Abbildung 1.1: Voneinander abhängige Geschäftsziele

 Es ist ein Irrtum anzunehmen, dass Gewinn, Effizienz und Kundenzufriedenheit verschiedene Ziele seien. In Wirklichkeit bedingen sie einander sehr stark, wie Sie in Abbildung 1.1 sehen. Gute Umsätze sind ohne einen gewissen Grad an Effizienz nicht möglich, und nur zufriedene Kunden werden auch weiterhin etwas kaufen. Damit Kunden zufrieden bleiben, wollen sie dasselbe, was Call Center in ihrem Bereich tun – effiziente Transaktionen. Für die meisten Kunden ist ein Gespräch mit Ihrem Call Center nicht der Höhepunkt des Tages!

Wenn ein Call Center es nicht schafft, einem Kunden im ersten Anlauf etwas zu verkaufen, wird der Gewinn nicht maximiert, denn Kunden, die Ihre Dienstleistung oder Ihr Produkt wirklich wollen, müssen zurückrufen. Dies bedeutet Ineffizienz aufgrund doppelten Aufwands. Es zeugt auch von schlechtem Service, weil die Kunden mehr Arbeit haben, als sie wollten, als sie den ersten Anruf getätigt haben.

So ist's richtig ...

Wenn die Maschinerie gut funktioniert, zeigt ein gutes Call Center die folgenden Merkmale:

✔ Es konzentriert sich auf seine Firmenziele.

✔ Es beantwortet Anrufe und E-Mails schnell.

✔ Die Mitarbeiter haben eine hohe Arbeitsmoral.

✔ Es beantwortet einen hohen Prozentsatz der Kundenanfragen beim Erstkontakt.

✔ Es bewertet Kundenzufriedenheit als Indikator für guten Service und erreicht eine hohe Kundenzufriedenheit.

✔ Es ist für die Firma eine wesentliche Einnahmequelle.

✔ Es verfügt über gute Verfahren zum Sammeln und Darstellen der Leistung: Jeder weiß, wo er steht – monatlich, täglich, stündlich und sogar in Echtzeit.

✔ Es ist effizient – nur wenig Nachbearbeitung ist notwendig: Die Gespräche sind konsistent in ihrer Länge und erfordern nur ein Minimum der Zeit des Kunden zur Lösung des Problems.

✔ Es lässt jeden engagiert und zielgerichtet an einer Sache arbeiten, überfordert aber niemanden.

✔ Es verbessert ständig die Abläufe, um stets Fortschritte im Service, in der Effizienz und beim Gewinn zu erzielen.

✔ Es wird von der Firma als strategischer Vorteil betrachtet – als Verbündeter des übrigen Betriebs.

... so nicht

Und das findet man in einem Call Center, das nicht richtig funktioniert:

✔ Es gibt lange Wartezeiten, bevor die Kunden zum nächsten freien Agenten durchgestellt werden, und wenn es dann geschieht, werden sie oft hin und her verbunden und/oder in die Warteschleife gestellt.

✔ Oft sind mehrere Kontakte erforderlich, bevor die Probleme der Kunden gelöst werden.

✔ Die Arbeitsmoral ist niedrig und die Fluktuation hoch.

✔ Die Kundenzufriedenheit wird nicht bewertet, und wenn doch, dann mit schlechten Ergebnissen.

✔ Die Dynamik von Arbeitsabläufen wurde nicht verstanden.

✔ Das Personal ist in Bedrängnis, hetzt von einem kritischen Punkt zum nächsten, löscht einige Feuer, aber kommt nicht weiter.

✔ Die Arbeitsbedingungen werden nicht verbessert.

✔ Die übrige Firma ärgert sich über das Call Center, beklagt die Kosten, stellt die Ergebnisse in Frage und einige reden von Outsourcing.

Dieses Buch vermittelt Ihnen die Strategien, Praktiken und Fähigkeiten, um zu kontrollieren, was Ihr Call Center fabriziert. Ich spreche viel von Zielen und Ausrichtung. Wenn die Ziele gut sind, wenn die Firmenphilosophie und die Abläufe an diesen Zielen ausgerichtet sind und wenn diese Ziele erreicht werden, dann besitzt das Call Center viele der guten Eigenschaften und nur ganz wenige der schlechten – falls überhaupt.

Ein gut funktionierendes Call Center ist kein Zufall. Es ist das Ergebnis guter Planung und guter Ausführung durch gute Leute.

Ein Blick in die Zukunft

Ich gehe davon aus, dass sich Call Center weiterhin in Gewandtheit, Fähigkeit und Service verbessern werden. Ihr Call Center wird sich wahrscheinlich in Richtung Contact Center entwickeln, indem alle Kommunikationsmethoden in einen schnellen und nahtlosen Kanal integriert werden, unabhängig davon, welche Sprache oder Geräte Ihre Kunden benutzen.

Ich erwarte noch mehr Call Center-Dienstleistungen, die noch besser auf die Kundenbedürfnisse zugeschnitten sind. Es wird technische Fortschritte geben, vielleicht sogar einige sensationelle, was die Automatisierung in Call Centern angeht. Doch das Ende vom Lied wird sein, dass mehr Call Center einen besseren Service bieten werden. Richtig guter persönlicher Service wird die Minimalanforderung für Geschäfte via Telefon sein. Und da sich Call Center in allen Aspekten verbessern, werden sie immer nach Wegen suchen, um über den Kundenservice hinauszugehen – damit die Erfahrung im Umgang mit der Firma besser wird. Call Center werden all dies tun, weil die Kunden das Beste erwarten – und verdienen.

Geschäftsgrundlagen: Modelle, Triebkräfte und Ziele

Fachkorrektur: Manfred Mößmer und Karoline Wienen, Leiter Call Center, DAB Bank AG

In diesem Kapitel

▶ Ein Geschäftsmodell definieren

▶ Ein Modell für die Vorgänge in Ihrem Call Center entwickeln

▶ Den Zähler für die richtigen Ziele und messbaren Größen auf null stellen

▶ Sich die besten Praktiken aneignen

▶ Mit klaren Definitionen alles übersichtlich halten

I n diesem Kapitel behandle ich Geschäftsmodelle und ihre Bedeutung für den erfolgreichen Betrieb Ihres Call Centers. Ein *Geschäftsmodell* ist eine ausgefeilte Beschreibung, wie Ihre Firma organisiert ist und welche Dinge Sie tun wollen, um Ergebnisse zu erzielen – Gewinne, glückliche Kunden, was immer Sie erreichen wollen. Ein Geschäftsmodell ist auch nicht komplizierter als ein Spielplan oder ein Textbuch. »Wir wollen das Spiel gewinnen, und wir tun Folgendes dafür ...«.

 Genau wie Spielpläne ändern und entwickeln sich Geschäftsmodelle. Mit der Zeit ist Ihr Modell überholt oder Sie entdecken bessere Wege, die Dinge anzugehen. Dann muss der Plan geändert werden. Wichtig ist, *überhaupt* einen Plan zu haben.

Das Geschäftsmodell eines Call Centers

Bei einem Geschäftsmodell dreht sich vieles um Ursache und Wirkung: »Ich mache dieses, und jenes passiert.« Je besser Sie Ursache und Wirkung verstehen, desto besser können Sie Ihr Modell gestalten. Und je besser Ihr Modell ist, desto besser sind Ihre Ergebnisse. Dieses Streben nach Ursache und Wirkung ist die Basis dieses Buches.

Geschäftsmodelle sind unterschiedlich detailliert. Einige sind sehr allgemein und bieten nur wenige Details. Andere können unglaublich ausgeklügelt sein und komplexe wirtschaftliche Modelle enthalten, die Geschäftsergebnisse vorhersagen. Ein Geschäftsmodell für ein Call Center sollte meiner Ansicht nach Folgendes enthalten:

✔ Eine Aussage über das Ziel und die Perspektive des Call Centers

✔ Eine Festlegung des Ertrags, den das Call Center im nächsten Jahr erwirtschaften soll (ich nenne diese Erträge *Unternehmensziele*)

✔ Ein wirtschaftliches Modell aus den Schlüsselvariablen, die die Performance Ihres Call Centers ausmachen (ich nenne diese Variablen *Performance-Faktoren*)

✔ Eine Bestimmung der *Geschäftsprozesse*, die zur Beeinflussung der Performance-Faktoren eingesetzt werden (diese werden oft unterteilt in die Kategorien »Personal«, »Abläufe« und »Technologie«)

✔ Die Bestimmung des Marktpotenzials

✔ Ein Feedback-System

Warum sind Geschäftsmodelle so wichtig? Die Geschichte ist voll mit Beispielen, in denen ein überlegener Gegner einem Underdog weichen musste, der einen Plan hatte. 1974 verlor der enorm starke George Foreman seinen Schwergewichtstitel an Muhammad Ali und dessen Trick mit den Ringseilen.

In Ermangelung eines Modells erzielte das Call Center eines Einzelhändlers unbefriedigende Ergebnisse

Einmal hatten mein Team und ich einen interessanten Beratervertrag. Der Chef einer erfolgreichen Einzelhandelsfirma – nennen wir sie mal ABC GmbH – trat an uns heran wegen des Call Centers seiner Firma. Seit Jahren lieferte das Call Center mangelhaften Service bei immer größer werdenden Kosten.

Unsere Einschätzung war schnell erledigt. Wir sprachen mit dem Management und der Belegschaft, analysierten Daten, befragten die Kunden und überprüften ganz allgemein sämtliche Abläufe. Es handelte sich um ein Call Center mit klugen Köpfen und einem großartigen Instrumentarium. Ich sollte noch ergänzen, dass es *frustrierte* kluge Köpfe waren, denn sie waren sich nur allzu sehr bewusst, dass die Dinge nicht so liefen, wie sie sollten.

Interessanterweise besaß das Team gute Kenntnisse über Konzepte und Praktiken eines Call Centers – sie überwachten alle messbaren Größen, sie absolvierten viele Trainingsmaßnahmen, sie wussten viel darüber, wie Call Center funktionieren, und sie erhielten jegliche Unterstützung durch ihre Vorgesetzten – finanziell und moralisch.

Warum also erzielte das Call Center keine guten Ergebnisse? Das Einzige, was bei ABC fehlte, war ein koordiniertes Geschäftsmodell. Und es fehlte sehr! Es gab keine Zielsetzung bei Management und Belegschaft. Der größte Teil des Managements bestand Krisenmanagement. Eine wichtige Maßnahme wurde ständig durch eine andere ersetzt. Die Prioritäten wechselten oft, je nachdem, was die Führung gerade für wichtig hielt. Nur wenige schienen am selben Strang zu ziehen. Und das Personal in vorderster Linie bemerkte dies – viele hatten Mitleid mit ihren Managern, die immer hin und her gerissen wurden. Die Ergebnisse waren unbeständig, und die Kosten waren hoch.

Mein Team führte im Call Center von ABC ein einfaches Geschäftsmodell ein. Innerhalb von drei Monaten verbesserten sich die Ergebnisse, die Kosten sanken, die Gewinne stiegen und die Kundenzufriedenheit hatte sich verbessert.

Im Geschäftsleben finden nur wenige Firmen Investoren, wenn sie keinen fundierten Geschäftsplan haben. Seltsamerweise findet man oft Call Center in erfolgreichen Firmen, die keinen wohldurchdachten Plan besitzen. Im Ergebnis leidet deren Betrieb unter schwankendem Service, hohen Kosten und nicht optimalen Gewinnen. Meist sind die notwendigen Hilfsmittel und Talente vorhanden, um die Ziele zu erreichen; alles was fehlt, ist ein klar definiertes Geschäftsmodell, um die Ergebnisse zu verbessern.

Call Center-Geschäftsmodell

MISSION & VISION
(Aussage über Richtung und Zweck des Unternehmens)

UNTERNEHMENSZIELE
(Leistungsmaßstäbe zur Unterstützung von Service, Effizienz und Gewinnzielen der Mission und Vision)

Performance-Faktoren
(Maßstäbe, die vom Management und Personal kontrolliert werden können und anzeigen, in welchem Maß die Unternehmensziele erreicht werden.)

GESCHÄFTSPRAKTIKEN
(Was in einem Call Center getan wird, um die Performance-Faktoren zu beeinflussen.)

Menschen	Ablauf	Technologie
Funktionen und Verantwortlichkeiten	Prognose und Einsatzplanung	Telekommunikation
Fähigkeiten und Zuständigkeiten	Agenten-Performance-Management	Netzwerk
Motivationen	Strategien und Prozesse	Applikationen
	Anwerbung und Schulung	Integration
	Veränderungsmanagement	
	Einhaltung	

Unternehmenskultur

Werte   **Überzeugungen**

Abbildung 2.1: Ein Call Center-Geschäftsmodell

Ihren Auftrag und Ihre Vision entwickeln

Das Mission Statement (zu Deutsch »Formulierung des Auftrags«) ist ein Ausdruck Ihrer Zielsetzung – Ihre raison d'être, Ihr Motiv. Es ist das »Manifest« Ihrer Abteilung, das der Welt in markanten Worten mitteilt, was Sie tun und warum. Mir sind kurze Mission Statements mit ein oder zwei Sätzen lieber als ein ewig langes, weil ich glaube, dass das Mission Statement Teil eines größeren Geschäftsmodells ist – und das Geschäftsmodell die Mission um Details bereichert.

Mission Statements besitzen einige Hauptcharakteristika:

✔ Sie sind präzise und kommen auf den Punkt.

✔ Sie stellen die Einzigartigkeit Ihres Betriebs heraus.

✔ Sie sind an die Zielgruppe der Stakeholder gerichtet, darunter Kunden, Abteilungsleiter, Management, Angestellte und Investoren.

Manche meinen, dass die Erstellung eines Mission Statements eine Gemeinschaftsübung ist, an der die Geschäftsführung, die Führung des Call Centers, die Mitarbeiter oder sogar Zulieferer und Kunden teilnehmen.

 Ich sehe es so, dass das gehobene Management – die Personen, an die das Call Center berichtet – das Mission Statement abgeben sollten, denn schließlich gibt es die Marschbefehle für das Call Center vor. Die meisten Betriebe setzen die Ziele und Erwartungen auf höherer Ebene und delegieren dann die Verantwortung nach unten.

 Ein Mission Statement als Gemeinschaftsübung läuft auf ein Komiteemanagement hinaus. Wenn die resultierende Mission nicht den Anforderungen der Geschäftsführung entspricht, ist sie zur Bedeutungslosigkeit verurteilt. Sie ist schon kraftlos, bevor sie in Rundschreiben und über Schwarze Bretter bekannt gegeben wird.

Mission Statements enthalten normalerweise Folgendes:

✔ **Eine Aussage über den Zweck** – Wozu sind Sie hier?

✔ **Eine Aussage über die Werte** – Wie lauten Ihre Verhaltensregeln und Ihre Firmenvorstellungen?

✔ **Eine Aussage über Ihre Positionierung im Wettbewerb** – Was können Sie wirklich gut?

✔ **Eine Aussage über die Vision** – Wie sieht Ihre Zukunft aus?

✔ **Die Aussichten für die Stakeholder** – Was kommt für die Beteiligten dabei heraus?

 Nicht alle diese Elemente müssen im Mission Statement enthalten sein, sollten aber im Geschäftsmodell angesprochen werden. Als Minimum im Mission Statement betrachte ich die Punkte Zweck, Vision und Erwartungen der Stakeholder.

Eine typische Call Center-Mission analysieren

Folgendes könnte ein Beispiel für eine Call Center-Mission sein:

»Unser Auftrag ist die maximale Wertsteigerung für XYZ, unsere Kunden und unsere Mitarbeiter, indem wir die hochwertigsten Call Center-Dienste anbieten, die in unserer Branche zur Verfügung stehen. Wir sind ein lernendes Unternehmen, das sich ständig verbessert. Dies wird dazu führen, dass wir einen Wettbewerbsvorteil für XYZ werden und die Branche in den Punkten Kostenkontrolle, Gewinn und Kundenzufriedenheit anführen werden.«

Dieses Mission Statement bedarf einiger Anmerkungen:

✔ Die »maximale Wertsteigerung für XYZ, unsere Kunden und unsere Mitarbeiter« spricht die Stakeholder an. Wertsteigerung suggeriert, dass durch Ihre Arbeit jeder das erhalten wird, was er sich von Ihrem Call Center verspricht. Man würde davon ausgehen, dass die Erwartungen bemessen und verstanden sind. »Wert« ist ein gutes Wort, weil es uns durch das Geschäftsmodell zu definieren erlaubt, was für die Stakeholder wichtig ist.

✔ Die »hochwertigsten Call Center-Dienste« suggerieren nicht »die billigsten«, sondern dass man das meiste fürs Geld bekommt, dass eine Möglichkeit geschaffen wird, Kostenkontrolle, Gewinnerzielung und Kundenzufriedenheit sorgfältig abzuwägen.

✔ »Wir sind ein lernendes Unternehmen …« ist eine Aussage über die Vision, die das langfristige Ergebnis bestimmt, dass aus konsequenter Befolgung der Mission und des Geschäftsmodells resultiert.

Alles in allem ist dieses Mission Statement ein guter Start in Ihr Geschäftsmodell und eine schnelle Möglichkeit zu erklären, was Ihr Call Center zu tun versucht.

 Der Kern ist, dass das Mission Statement jedem eine Vorstellung davon vermittelt, worum es bei der Sache eigentlich geht. Es beschreibt die Botschaft, die Ihre Geschäftsführung ständig wiederholen sollte – im Call Center und in der Firma. Wenn Sie genug sagen, werden Sie recht bald Ihre Mission ohne viel Management im Kleinen erfüllen, weil die Leute vom übergeordneten Zweck auf dem Weg gehalten werden.

Mission Statements sollten sich bewähren. Sie sollten sie nicht zu oft ändern müssen. Wenn sie sich ändern, ist es die Folge einer Änderung der Firmenstrategie – zum Beispiel die Änderung der Ausrichtung des Call Centers vom Kostencenter zum Profitcenter.

 ## Unser Verdacht bei ABC: Keine Mission vorhanden

Als wir unsere Zusammenarbeit mit ABC begannen, konnte niemand die Mission des Call Centers formulieren. Woher wussten wir, dass dies ein Problem sein könnte? In unserem ersten Gespräch mit der Geschäftsführung hieß es: »Wir haben keine.«

Kein Wunder, dass Ziel und Richtung das Problem waren. Wenn Sie nicht wissen, wohin Sie wollen, gibt's auch keine Straße, die Sie dorthin führt …

Unklare Ziele waren bei ABC ein klares Problem

Als wir bei ABC Vertreter der Firma nach ihren messbaren Zielen befragten, konnten sie sehr viele Größen nennen – von den Kosten pro Anruf über die durchschnittliche Antwortgeschwindigkeit bis hin zur Gesprächsdauer –, aber trotzdem hatten sie ein paar Probleme.

Zunächst einmal konnte keiner sagen, welche messbaren Ziele am wichtigsten waren. Es schien von der Tagesform abzuhängen. Dann schien niemandem klar zu sein, welche Kennzahlen die richtigen Messgrößen sind. Alles in allem mangelte es ABC an einer klaren Richtungsangabe seitens der Geschäftsführung, welche Ziele ins Visier zu nehmen seien.

Ihre Unternehmensziele untersuchen

Kurz gesagt hat das Unternehmen Ziele, die das Call Center erreichen soll. Dies sind eher operative Dinge – sie haben im Allgemeinen mit Kosten, Gewinn und Kundenzufriedenheit zu tun und unterstützen immer die Mission des Call Centers. Diese Ziele werden meist einmal pro Jahr gesetzt und hängen mit der jährlichen Haushaltsplanung das Unternehmen zusammen. Ich spreche von ihnen als *Unternehmensziele*.

Ihre Mission wird genauer – und leichter erreichbar – wenn Sie die spezifischen Ziele Ihres Call Centers definieren. Diese Ziele sind der Input für die Maschinerie Ihres Call Centers, um als Output die Ergebnisse zu erhalten, die aus der Erfüllung der Mission resultieren.

Unternehmensziele messen die Effektivität eines Call Centers und den Fortschritt des Betriebs anhand der drei großen Bereiche, die durch die Mission angesprochen werden: Kostenkontrolle, Gewinn und Kundenzufriedenheit. Die Mitarbeiterzufriedenheit gehört auch dazu, denn sie ist Voraussetzung für das Erreichen der Unternehmensziele.

Ähnlich wie bei der Mission werden die Unternehmensziele von den Gesellschaftern, der Geschäftsführung oder dem Call Center gesetzt. Jedoch im Falle von spezifischen Zielen hat idealerweise das Call Center etwas dazu beizutragen, und sei es auch nur, um sicherzustellen, dass die Ziele realistisch sind.

Sie sollten die Unternehmensziele nicht einfach aus dem Ärmel schütteln, denn sie sollten wohldurchdacht und gerechtfertigt sein. Wenn das der Fall ist, sind diese Ziele der Maßstab für die Performance Ihres Call Centers – so wie die Messgeräte in einem Flugzeug. Kennen Sie auf der anderen Seite das GIGO-Prinzip? (Garbage In, Garbage Out, zu Deutsch etwa: Wo Müll reinkommt, kommt auch Müll raus.) Es passt nur zu gut auf operative Ziele – machen Sie schlechte Zielvorgaben, erhalten Sie wahrscheinlich genauso schlechte Ziele.

Die spezifischen Ziele variieren von Firma zu Firma, aber einige Beispiele, die mir gefallen, sind in Tabelle 2.1 aufgeführt.

Ziel	Maßstab	Bedeutung
Kundenzufriedenheit	Bewertung der Zufriedenheit nach dem Anruf	Bieten unsere Agenten guten Service?
	Quote der Abandoned Calls (Anrufer legt vor Entgegennahme auf)	Nehmen wir die Anrufe schnell genug entgegen? (Auflegen ist auch eine Form des Feedbacks!)
	Durchschnittliche Wartezeit	
Kostenkontrolle	Kosten pro Kontakt	Behandeln wir unsere Kontakte effizient?
	Kosten pro Kunde	
	Kosten pro Fall	Müssen die Kunden mehr als einmal bis zur Erledigung Ihres Anliegens anrufen?
	Kosten pro Bestellung	
Einnahmen	Nettoeinnahme pro Kunde	Verdienen wir Geld?
	Einnahme pro Anruf	Maximieren wir die Verkäufe und die Möglichkeit zum Upselling (Anbieten eines höherwertigen Produkts anstelle des gewünschten)?
	Gesamtkundenzahl	
		Wächst das Geschäft?
Mitarbeiterzufriedenheit	Meinungsumfrage	Empfinden sich unsere Mitarbeiter als wertvoll und respektiert?
	Fluktuation	
	Mitarbeiterempfehlungen	Arbeiten sie gerne hier?

Tabelle 2.1: Call Center-Ziele und ihre Bedeutung

Was ist ein gutes Ziel?

Es gibt zwei Charakteristika von guten Unternehmenszielen:

✔ Sie sind messbar.

✔ Sie erzählen eine komplette Geschichte.

Im Idealfall erzählt ein messbares Ziel so viel wie möglich über den Geschäftsbereich. Wenn Sie zum Beispiel die Gesamtkosten eines Call Centers als Maßstab für die Kostenkontrolle nutzen, sagt das etwas über die Betriebskosten des Call Centers aus, aber nichts darüber, ob sie hoch sind oder nicht. Ein Call Center, das 1 Million Euro pro Jahr kostet, aber nur einen Kunden hat, ist teurer als eines, das 50 Millionen kostet, aber auch Millionen von Kunden hat. Meiner Meinung nach sagen die wertvollsten Maßstäbe etwas über ihren Erfolg aus, ohne sich auf andere Zahlen berufen zu müssen.

Ich messe Ziele vorzugsweise an diesen Parametern:

✔ **Umsatz pro Kunde:** Gesamtumsatz des Call Centers dividiert durch Kundenzahl

✔ **Kosten pro Kunde:** Betriebskosten des Call Centers dividiert durch Kundenzahl

✔ **Kundenzufriedenheit:** Wie zufrieden sind die Kunden mit den Erfahrungen, die sie mit Ihrem Call Center gemacht haben?

✔ **Mitarbeiterzufriedenheit:** Wie zufrieden sind Ihre Mitarbeiter mit ihrem Job?

 Sie können beliebig und endlos viele Maßstäbe anlegen. Wichtig ist, dass sie Ihnen das mitteilen, was Sie über Ihren Betrieb wissen wollen.

Irreführende Maßstäbe vermeiden

Wenn Sie festlegen, wie Ihre Unternehmensziele überprüft werden sollen, sollten Sie einige Maßstäbe, die üblicherweise an Call Center angelegt werden, vermeiden. Nicht so sehr, weil es keine guten Maßstäbe sind, sondern weil sie nicht alles berücksichtigen und deshalb in die Irre führen können.

Ein Beispiel ist das Betriebsbudget – was kostet uns das Call Center. Die meisten Firmen würden gerne die Gesamtkosten hierfür senken, aber wenn die Firma um 50 oder 100 Prozent im Jahr wächst, wird das Call Center mit sehr großer Wahrscheinlichkeit auch mehr kosten. Ein Blick auf das Budget kann also irreführend sein, wenn Sie die Kostenkontrolle im Blick haben.

Ein weiteres Beispiel sind die Kosten pro Anruf – ein sehr beliebter und leicht verständlicher Maßstab. Die Kosten pro Anruf berechnen sich ganz einfach aus den Kosten eines Call Centers während eines bestimmten Zeitraums, dividiert durch die Zahl der beantworteten Anrufe innerhalb desselben Zeitraums.

Die Kosten pro Anruf können irreführend sein, weil sie nicht die Auswirkungen schlechter Qualität und wiederholter Anrufe berücksichtigen. Wenn man die Kosten pro Anruf überbewertet, könnte die Tendenz entstehen, die Anrufzeiten strikt gering zu halten – und das ginge manchmal zu Lasten des Kundenservices. Wenn Agenten die Anrufe nicht ordentlich und zu schnell bearbeiten, sodass sie die Kunden bereits verabschiedet haben, bevor ihre Anfrage zufriedenstellend erledigt wurde, sind die Kunden gezwungen, erneut anzurufen. Auch wenn dann die Kosten pro Anruf niedrig erscheinen, hebt eine hohe Anzahl von Mehrfachanrufen dennoch die Gesamtkosten pro Kunde an.

Wie steht's mit dem Service-Level?

Vielleicht denken Sie: »Was ist mit der Königin der Maßstäbe – dem Service-Level?« Der Service-Level – Prozentsatz der eingehenden Anrufe, die in einer bestimmten Zeit angenommen werden – ist wahrscheinlich der meistdiskutierte Standard bei Inbound Call Centern. Er bezieht sich darauf, wie schnell ans Telefon gegangen wird, was Auswirkungen auf die Kundenzufriedenheit und die Gesamtkosten des Call Centers hat. Der Service-Level ist ein sehr guter Maßstab, aber ich halte ihn für keinen guten Maßstab, wenn es um übergeordnete Unternehmensziele geht.

Kundenzufriedenheit, Gewinnerzielung und Kostenkontrolle sind wesentliche Unternehmensziele. Ein wohldurchdachter Service-Level trägt all diesen Zielen Rechnung und erzeugt ein Gleichgewicht, das die Performance der Firma und des Call Centers optimiert.

Der Service-Level pendelt zwischen der Kundentoleranz, auf den nächsten freien Agenten zu warten, den Kosten für die Dienstleistung und der Gewinnmöglichkeit für die Kunden, die aufgelegt haben und nie wieder anrufen. Somit ist der Service-Level ein Leistungsantrieb für die Firmenziele – und ein sehr guter obendrein –, aber er ist kein Selbstzweck.

Die Mission vor Augen

 Es ist wichtig, klare und aussagekräftige Ziele zu haben. Fragen Sie sich selbst: »Falls ich diese Ziele erreiche oder stetige Verbesserungen in deren Richtung schaffe, erfülle ich dann meine Mission? Werden die Stakeholder in der Firma glücklich sein?« Wenn die Antwort Ja lautet, sind Sie auf dem richtigen Weg.

Durch den Trichter der Verantwortung

Präzise definierte Ziele sind wichtig, nicht nur, um die Stakeholder bei Laune zu halten, sondern auch, weil sie das gesamte Unternehmen betreffen. Wenn Sie die passenden Ziele setzen, anwenden und jedem Manager, jedem Abteilungsleiter, jeder Abteilung und jedem Mitarbeiter mitteilen, wird dies Verantwortlichkeit auf jeder Ebene erzeugen und ein sehr zielorientiert arbeitendes Unternehmen hervorbringen (siehe Abbildung 2.2). Ihre Ziele müssen jeden auf die richtigen Handlungen ausrichten und für diese verantwortlich machen. Wenn Sie das richtig hinbekommen, ist jeder auf dem richtigen Weg. Machen Sie es allerdings falsch, strebt jeder in die falsche Richtung.

Abbildung 2.2: Der Trichter der Verantwortung

Fortschritt mit Performance-Faktoren messen

Die Unternehmensziele leiten sich aus Ihrer Mission ab und aus den Ergebnissen, die Sie erreichen wollen. Wenn Sie sie verwenden wollen, um Ihr Call Center Richtung Erfolg zu lenken, erfordert dies genaue Kenntnis darüber, wie ein Unternehmensziel verwaltet und gesteuert wird. Dies geschieht durch Performance-Faktoren.

Performance-Faktoren, manchmal auch als *Performance Driver* bezeichnet, sind Prozesse und Verhalten – ausgedrückt als Maßnahmen –, die Einfluss auf das Erreichen Ihrer Unternehmensziele haben. Beispielsweise beeinflusst die durchschnittliche Gesprächsdauer (die erforderliche Zeit, um eine Kundenanfrage vollständig zu beantworten) die Call Center-Kosten und hat direkte Auswirkungen auf das Unternehmensziel der Kosten pro Kunde.

 Statistiker stellen sich wahrscheinlich Unternehmensziele als abhängige Variablen *(y)* vor und die Performance-Faktoren als unabhängige Variablen *(x)*, was zu der Gleichung »y ist eine Funktion von x« beziehungsweise »Kosten pro Kunde ist eine Funktion von Gesprächsdauer« führt.

Mithilfe der Performance-Faktoren können Sie die Unternehmensziele, die Budgets, die Gewinn- und Verlustbestimmung und andere Aspekte mathematisch darstellen – sie bilden das wirtschaftliche Modell Ihres Call Centers. Man könnte sagen, sie sind die Hebel, die Sie bewegen, um das Call Center-Schiff in Richtung seiner Ziele zu steuern.

Schauen Sie mal in einem Call Center vorbei, dort wird bestimmt über einige der folgenden Performance-Faktoren gesprochen:

✔ **Service-Level:** Bezieht sich darauf, wie schnell Sie ans Telefon gehen, E-Mails beantworten und so weiter. Er kann auf vielerlei Art ausgedrückt werden und wird meist gemessen als Prozentsatz der eingehenden Anrufe, die in einem bestimmten Zeitraum angenommen werden. Wenn beispielsweise das Call Center 78 Prozent aller Anrufe innerhalb von 30 Sekunden, nachdem der Anrufer in der Warteschleife ist, beantwortet, hat man einen Service-Level von 78/30. Der Service-Level beeinflusst die Kosten, den Gewinn und die Kundenzufriedenheit.

✔ **Durchschnittliche Gesprächsdauer:** Bezieht sich darauf, wie lange es im Schnitt dauert, um einen Kundenanruf zu bearbeiten.

✔ **Verfügbarkeit der Agenten:** Gibt an, wie lange die Agenten zur Anrufannahme bereitstehen – also nicht in einem Gespräch sind.

✔ **Personalauslastung:** Der böse Bruder der Verfügbarkeit – bezieht sich auf den Prozentsatz der Zeit, in der die Agenten Kundenanrufe bearbeiten und nicht auf den nächsten Anruf warten.

✔ **Einhaltung des Einsatzplans:** Misst den Prozentsatz der Zeit, in der Ihre Agenten auch wirklich plangemäß am Telefon sind.

✔ **Conversion Rate** oder auch **Abschlussrate:** Der Prozentsatz der Kontakte, die mit einem Verkauf oder Kundengewinn enden.

✔ **Rückgewinnungsquote:** Wie viele Kontakte, die Ihre Firma als Kunden zu verlieren drohte, wurden durch Agenten gerettet?

✔ **Kundenzufriedenheit:** Wie zufrieden sind Ihre Kunden mit dem Service Ihres Call Centers? Dies wird oft durch eine Kundenumfrage ermittelt.

✔ **First-Call Resolution**, manchmal auch **First-Call Solution** genannt (Problemlösung beim ersten Anruf): Der Prozentsatz der Anrufer, die zur Lösung ihres Problems nicht innerhalb eines bestimmten Zeitfensters (normalerweise ein Tag) erneut anrufen müssen.

Mit anderen messbaren Dingen befasst sich Kapitel 5.

Durch Steuerung der Performance-Faktoren können Sie Ihre Unternehmensergebnisse beeinflussen. Ein großer Teil der Informationen in diesem Buch hat damit zu tun, wie man die Faktoren wirksam beeinflusst, um die gewünschten Resultate zu erzielen:

✔ Sie wollen Ihre Kunden glücklich machen und die Kundenzufriedenheit verbessern? Dann gehen Sie schnell ans Telefon, seien Sie nett zu den Anrufern und bedienen Sie deren Wünsch prompt und vollständig. Wie das geht, erfahren Sie in den Kapiteln 14 bis 16.

✔ Sie wollen die Kosten für die Anrufbearbeitung senken? Dann senken Sie die durchschnittliche Gesprächsdauer, reduzieren Sie die Kosten für Ihren Service und sorgen Sie dafür, dass Ihre Agenten am Telefon stärker ausgelastet sind. In Kapitel 5 erfahren Sie, wie das geht.

Inzwischen bei der ABC GmbH ...

ABC hat alle messbaren Parameter beobachtet. Das Problem war, dass das Management keinen klaren Zusammenhang zwischen den Performance-Faktoren und den Unternehmenszielen erkannte. Im Endeffekt arbeiteten sie nicht koordiniert und konsistent, um die Ergebnisse durch Einflussnahme auf die Faktoren zu steuern. Stattdessen befassten sie sich an einem Tag mit diesen Performance-Faktoren und am nächsten mit jenen. Deshalb waren die Ergebnisse nicht konstant.

Die Faktoren kategorisieren

Performance-Faktoren können in vier Bereiche unterteilt werden. Es gibt Faktoren mit Einfluss auf:

✔ Kostenkontrolle

✔ Kundenzufriedenheit

✔ Gewinnerzielung

✔ Mitarbeiterzufriedenheit

Manche Call Center nennen hier nur drei Punkte. Viele Call Center aber – darunter mein eigenes – ergänzen noch einen weiteren: Faktoren, die die Mitarbeiterzufriedenheit beeinflussen. Wir glauben nämlich, dass die Arbeitsmoral und die Zufriedenheit des Personals sich auch auf andere Bereiche auswirken.

 Es ist schwer zu sagen, welcher Faktor der wichtigste ist. Es hängt von den Zielen Ihres Betriebs ab und von den Prioritäten, die Sie für Ihr Call Center gesetzt haben.

Faktoren für die Kostenkontrolle

Ihr Call Center wird in Sachen Kostenkontrolle wahrscheinlich oft unter die Lupe genommen, auch wenn Call Center im Schnitt ein sehr effizientes Mittel sind, um mit großen Kundenmassen zu kommunizieren. Dennoch sind die Kosten für das Call Center oft ein größerer Budgetposten für das Unternehmen. Daher ist es kein Wunder, dass sie oft hinterfragt werden.

Zu den Elementen, die die Kosten Ihres Call Centers beeinflussen gehören:

✔ Gesprächsdauer

✔ Personalauslastung

✔ Durchschnittskosten für einen Agenten (Löhne, Sonderzahlungen, Management und so weiter)

✔ Wiederholte Anrufe von Kunden, die beim ersten Anruf keine genaue oder vollständige Antwort erhalten haben

✔ Unproduktive Zeiten (wenn der Agent nicht am Telefon ist)

 Es ist sinnvoll, diese Punkte in Ihrem Call Center detailliert zu untersuchen. Ein Blick auf die Faktoren der Kostenkontrolle ist nur der Anfang.

Call Center mit ausgezeichneter Kontrolle über ihren Output tauchen tief in diese Aspekte des Betriebs ein, um besser zu verstehen, warum sie sich auf dem Stand befinden, auf dem sie sind, und was in der Zukunft dafür zu tun ist. Die Gesprächsdauer kann zum Beispiel weiter unterteilt werden in die Zeit für das eigentliche Gespräch und die Nachbearbeitungszeit (die Zeit, in der Kundenanfragen bearbeitet werden, während der Kunde selbst schon aufgelegt hat). Beides kann noch besser verstanden werden, wenn man sich anschaut, welche Gesprächsdauer durch welchen Anruftyp verursacht wird – beispielsweise ein Informationsanruf im Vergleich zu einem Verkaufsgespräch. Ein Vollzeit-Analyst zur Untersuchung der Faktoren für die Kostenkontrolle wäre gewiss eine lohnenswerte Angelegenheit – insbesondere in einem großen Call Center.

Faktoren für die Kundenzufriedenheit

Einige Call Center verstehen gut – wirklich gut –, was Kunden glücklich macht. Leider nicht alle.

Meistens wollen die Kunden dasselbe wie Sie – eine effiziente und professionelle Lösung ihres Anliegens. Hauptsächlich aus diesem Grund sollten Sie beim Messen und Verbessern des Services folgende Maßstäbe anlegen:

✔ Wie schnell gehen Sie ans Telefon? Dazu gehören Service-Level und durchschnittliche Antwortgeschwindigkeit.

✔ Nachträgliche Anrufbeurteilung – Sind Ihre Agenten professionell, höflich, fähig und freundlich?

In Kapitel 16 erfahren Sie mehr über Verkaufsgespräche.

 Bewerten Sie die Kundenmeinung am Ende von Inbound-Anrufen, um festzustellen, wie sich das Call Center und die Agenten um die Kunden kümmern. Mehr darüber erfahren Sie in Kapitel 5.

Gewinn-Faktoren

Ohne Moos nix los! Eine Steigerung der Gewinnerzielung Ihres Call Centers kann auf die Marge größere Auswirkungen haben als Maßnahmen zur Kostenkontrolle. In größeren Call Centern können kleine Verbesserungen bei der *Rückgewinnungsquote* (Kunden halten, die den Service kündigen wollten) Hunderte, Tausende oder sogar Millionen an Gewinn bedeuten. Gleichsam können kleine Verbesserungen beim Verkauf und beim Upselling sehr viel Geld ausmachen.

Zusätzlich zur Rückgewinnungsquote gibt es einige wichtige Gewinnparameter, die Sie im Auge behalten sollten:

✔ Abschlussrate oder Conversion Rate (die Anzahl der Verkäufe pro Kontakt)

✔ Gewinn pro Verkauf

✔ Stornierungs- bzw. Kündigungsquote

✔ Entgangener Gewinn pro Kündigung bzw. Stornierung (ein Indikator dafür, in welchem Maß der einzelne Agenten Gewinneinbußen mindert.)

Sie bekommen die richtigen Verbesserungen beim Profit natürlich nur mit, wenn Sie sich auf Kostenkontrolle und Gewinn gleichermaßen diszipliniert konzentrieren.

Faktoren für die Mitarbeiterzufriedenheit

Wie ich in Kapitel 5 zeige, sollten Ihre Mitarbeiter in einer monatlichen Meinungsumfrage mitteilen, welche Faktoren zu ihrer Zufriedenheit beitragen. Beginnen Sie möglichst mit allgemeinen Fragen über die Zufriedenheit im Job und stellen Sie dann offene Fragen, was sie am meisten zufrieden oder unzufrieden macht. Im Anschluss können Sie eventuell Fragen zur Leistung des Managements stellen. Zu den wichtigsten Faktoren für die Zufriedenheit der Mitarbeiter zählen:

✔ **Unterstützung durch den Supervisor oder Teamleiter:** Bekomme ich die benötigte Hilfe?

✔ **Feedback:** Weiß ich, wo ich stehe?

✔ **Training:** Habe ich das notwendige Training erhalten, um den Job ausüben zu können?

Warum ist die Meinung der Mitarbeiter wichtig?

Schön, dass Sie fragen. Natürlich möchten wir alle glückliche Mitarbeiter. Es ist schön, an einem Ort zu leben und zu arbeiten, wo die Menschen fröhlich und glücklich sind. Meine Mutter sagte immer: »Sei nett zu den Leuten, die du triffst.« Sie meinte auch die, mit denen ich arbeite.

Es gibt eine Menge geschäftliche Gründe dafür, Menschen gut zu behandeln. Sie investieren viel Zeit und Geld, um gutes Personal einzustellen und zu schulen. Wenn diese Leute Ihre Firma verlassen, um für nettere Menschen zu arbeiten, können Sie von vorn anfangen. Und auch wenn sie nicht kündigen, sehen unzufriedene Leute nicht die Notwendigkeit ein, für die Firmenziele zu arbeiten. Der Mitarbeiter, der sich »verabschiedet« (man spricht auch von *innerer Kündigung*), aber auf der Gehaltsliste bleibt, ist sehr teuer.

Es gibt Studien, die besagen, dass zufriedene Mitarbeiter zufriedene Kunden haben. Was ist da dran?

Einmal berieten mein Team und ich zwei Konkurrenten in derselben Branche. Keiner von beiden wusste, dass wir auch mit dem anderen zusammenarbeiteten, und keiner hatte durch unsere Arbeit einen Vorteil gegenüber dem anderen. Trotzdem haben wir ein paar wertvolle Dinge gelernt. Diese Firmen hatten buchstäblich dieselben Produkte, zum ungefähr selben Preis und Kunden in derselben Gegend.

Die Kunden beider Firmen mussten regelmäßig das Call Center der Firma anrufen. In der ersten Firma waren die Mitarbeiter sehr glücklich und schätzten ihre Jobzufriedenheit hoch ein. Die Fluktuationsrate war gering. In der zweiten Firma waren die Mitarbeiter nicht so glücklich, die Arbeitsmoral war eher niedrig und die Kündigungsrate hoch. Soweit wir es beurteilen konnten, war dies der signifikanteste Unterschied zwischen diesen beiden Firmen. Als wir uns jedoch die Leistungsdaten ansahen, waren wir entsetzt. Die zweite Firma hatte einen doppelt so hohen Kundenverlust und deutlich schlechtere Kundenbewertungen. Es dürfte kaum überraschen, dass der durchschnittliche Gewinn pro Kunde in der zweiten Firma viel geringer war.

Dies ist natürlich bei weitem keine wissenschaftliche Untersuchung, aber es zeigt Ihnen: Seien Sie einfach nett. Es ist gut fürs Geschäft.

Die Bedeutung der Ausgewogenheit

Es braucht eine gewisse Ausgewogenheit, um die einzelnen Elemente Ihrer Performance zu optimieren und die beste Lösung zum Erreichen Ihrer Ziele zu finden. Diese Balance besteht zwischen den Prioritäten Ihres Betriebs und dem, was wichtiger für das Call Center ist. Wenn Sie versuchen, dieses Gleichgewicht zu ändern, müssen Sie beachten, dass eine Überbewertung eines Bereichs die Performance anderer Bereiche beeinträchtigen kann. Ein Übergewicht bei der Kostenkontrolle beispielsweise geht zu Lasten des Services und des Gewinns.

Übertreiben Sie nicht bei der Kostenkontrolle

Sie übertreiben es mit Ihrem Bestreben nach Kostenkontrolle, wenn Sie

✔ Leute einstellen, die für den Job nicht geeignet sind (vielleicht, weil sie für weniger Geld arbeiten),

✔ beim Training oder Feedback knauserig sind oder

✔ nicht genug für Unterstützung und Coaching ausgeben.

 Outsourcing ins Ausland ist ein heißes Thema. Der Nutzen, ein Call Center in ein weit entferntes Land wie Indien oder die Philippinen zu verlagern, liegt in stark reduzierten Arbeitskosten. Eine Firma, die ihr Call Center in diese Länder verlegt, kann Personal für einen Bruchteil dessen anheuern, was es in der Heimat kosten würde. General Electric hat dazu beigetragen, diesen Trend populär zu machen, und es wurde – wie man es von GE erwarten würde – dieser Umzug ins Ausland sorgsam und gut geplant durchgeführt. Begierig, ähnliche Vorteile zu ergattern, haben viele Firmen ihre Call Center ebenfalls ins Ausland verlagert, allerdings ohne dieses Maß an Planung. In einigen sehr bekannten Fällen waren die Ergebnisse alles andere als ideal. Einige dieser Firmen haben sehr gelitten, nämlich durch Kundenverlust, Verlust von Gewinnchancen und zusätzlichen Kosten für wiederholte Anrufe, die die Kostenreduktion zunichtemachten. In diesen Fällen führte ein zu großer Eifer beim Versuch, die Kosten zu *reduzieren*, zu gestiegenen Gesamtbetriebskosten.

Vermeiden Sie zu viel Service

Kundenservice ist wichtig, aber es sollte nicht Ihr einziges Ziel sein, dass der Kunde Sie mag. Sie sollten immer daran denken, dass Kunden von den Call Center-Agenten eine Dienstleistung haben wollen. Sie wollen nicht Ihre besten Freunde werden. Sicher stimmt es, dass es Menschen gibt, die unglaublich viel Zeit damit verbringen möchten, mit ihrem Lieblings-Call Center zu telefonieren. Aber Sie werden zugeben müssen, dass das wahrscheinlich nicht ganz normal ist.

Es ist vermutlich zu teuer, dafür zu sorgen, dass immer zehn Agenten verfügbar sind und auf den nächsten Anruf warten, damit jeder Anruf beim ersten Klingeln entgegengenommen werden kann. Der durchschnittliche Kunde wird sich wohl auch damit zufriedengeben, wenn sein Anruf erst nach dem dritten Klingeln angenommen wird.

Eine Überbetonung des Services kann auch in die Überzeugung umschlagen, dass es etwas Schlechtes ist, dem Kunden etwas zu verkaufen, oder dass schnelle und effiziente Transaktionen Sie beim Kunden unsympathisch erscheinen lassen. Das ist schlicht und einfach nicht der Fall. Wie ich bereits gesagt habe (und wahrscheinlich wieder sagen werde), wollen die meisten Kunden dasselbe wie Sie – eine effiziente und professionelle Erledigung ihres Anrufs.

Erschlagt sie mit Liebenswürdigkeit!

Vor einiger Zeit ging ich durch ein Call Center und hörte den Agenten beim Telefonieren zu. Einer versuchte so nachdrücklich, den Kunden dazu zu bringen, ihn zu mögen, dass er ihn buchstäblich als Geisel nahm. So sehr sich der Kunde auch bemühte, bei diesem Agenten konnte er sich einfach nicht vom Telefon loseisen. Man konnte die Qual in der Stimme des Kunden hören, als er Interesse heuchelte – er wollte nun mal nicht grob zu diesem netten Agenten sein. Der Agent schüttete ihn mit Informationen über alles Mögliche zu, vom Wetter in Nord-Alberta bis hin zu den Fressgewohnheiten der Katze von Tante Martha. Interessanterweise, wenn auch nicht überraschend, hatte dieser Agent eine sehr hohe durchschnittliche Gesprächsdauer, nur bescheidene Werte bei der Kundenzufriedenheit und trostlose Verkaufsergebnisse.

Widerstehen Sie zwanghafter Gewinnerzielung

Es kann einen langjährigen Kunden, der eine Service-Frage hat, abschrecken, wenn es dem Agenten nicht gelingt, das Problem zu lösen, er aber stattdessen angestrengte Versuche unternimmt, ihm etwas anderes zu verkaufen.

Auch wenn die Gewinnerzielung lebenswichtig ist, wird die Überbetonung kurzfristiger Gewinne wahrscheinlich zu langfristigen Service-Problemen führen, weil Ihr Call Center den lebenslangen Wert eines treuen Kunden verliert.

Sie sind nicht zur Unterhaltung Ihrer Mitarbeiter da

Im Bestreben, die Mitarbeiter glücklich zu machen, kommt es oft zu Übertreibungen, wenn Ihr Managementteam versucht, das Call Center in einen Ort der Freude zu verwandeln. Beim Versuch, eine hohe Arbeitsmoral sicherzustellen, handeln manche Firmen nach dem Motto: »Bloß niemanden aufregen!« Wenn Sie sich dieses Motto zu eigen machen, beschneiden Sie wahrscheinlich die Performance Ihres Call Centers.

Die Leute brauchen Feedback, und manchmal ist das Feedback auch negativ. Meine Erfahrung zeigt, dass eine faire, ehrliche und konsistente Herangehensweise mit der Zeit genauso viel oder noch mehr Arbeitsmoral erbringt wie eine weiche Hand. Außerdem kommt noch der Vorteil dazu, dass das Unternehmen auf dem richtigen Pfad zur Erreichung seiner Ziele bleibt.

Als Firma müssen Sie die Tatsache akzeptieren, dass nicht jeder immer glücklich ist. Es wird Sie nicht überraschen, dass oft die unglücklichsten Mitarbeiter diejenigen sind, die keine gute Arbeit leisten.

Im Sinne eines guten Betriebsablaufs sollten Sie versuchen, eine perfekte Balance zwischen Kostenkontrolle, Gewinnzielung, Kundenzufriedenheit und Mitarbeiterzufriedenheit zu halten.

Tabelle 2.2 liefert eine Zusammenfassung der wichtigsten Geschäftsziele eines Call Centers und die entsprechenden wesentlichen Performance-Faktoren.

Ziel	Maßstab	Performance-Faktoren
Kostenkontrolle	Kosten pro Kunde	Gesprächsdauer
		Stundenkosten für den Service
		Zeit, die die Agenten am Telefon verbringen (in Prozent)
		Anzahl der Anrufe, die beim ersten Anlauf erledigt werden (in Prozent)
Gewinnerzielung	Gewinn pro Kunde	Anrufe, die mit einem Verkauf enden (in Prozent)
		Umsatz in Euro für die Verkäufe
Kundenzufriedenheit	Umfrage zur Kundenzufriedenheit nach dem Anruf	Erreichbarkeit
		Professionalität, Höflichkeit und Fähigkeit der Agenten
		Qualität des Kundenservices
Mitarbeiterzufriedenheit	Meinung des Personals Fluktuationsquote	Verhalten des Managements und Unterstützung – insbesondere durch den direkten Supervisor oder Teamleiter
		Angemessenes Training
		Ständiges Feedback
		Andere Faktoren, die die Mitarbeiter benennen

Tabelle 2.2: Die Unternehmensziele eines Call Centers und deren Performance-Faktoren

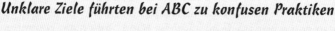

Unklare Ziele führten bei ABC zu konfusen Praktiken

ABC wandte viele der sogenannten *Best Practices* (bewährte Praktiken) in der Call Center-Branche an. Allerdings geschah dies, ohne Einfluss auf die Faktoren zu nehmen, die zu Verbesserungen bei den Unternehmenszielen führen würden. Deshalb führten all die Anstrengungen auch nicht zu einer Verbesserung des Ergebnisses.

Wie funktioniert das alles? – Die Geschäftspraktiken eines Call Centers

Sie haben nun Ihre Mission entwickelt (oder erhalten) – sie ist der Grund, warum es das Call Center in der Firma gibt. Sie haben außerdem Ihre Unternehmensziele gesteckt – was die Firma vom Call Center gerade benötigt. Außerdem kennen Sie die Variablen und Performance-Faktoren, die Ihrer Wirtschaftsprognose zugrunde liegen und die direkt Ihre Unternehmensziele beeinflussen.

An dieser Stelle sollten Sie langsam eine Linie erkennen, die im Geschäftsmodell entsteht, etwa so wie »Das Bein ist mit dem Knie verbunden«. Die Mission ist mit den Unternehmenszielen verbunden. Die Unternehmensziele sind mit den Performance-Faktoren verbunden …

Und schließlich sind die Performance-Faktoren mit den Geschäftspraktiken verbunden.

Geschäftpraktiken sind die Abläufe und Maßgaben, die im Call Center täglich angewendet werden, die Kostenkontrolle, den Gewinn, den Kundenservice und damit die Unternehmensziele beeinflussen und dafür sorgen, dass die gewünschten Resultate erreicht werden.

Jeder Vorgang im Call Center hat viele Schlüsselpraktiken, die den Erfolg des Call Centers als Ziel haben. (In Kapitel 1 wird erklärt, was ein gutes Call Center ausmacht.) All diese Praktiken und Prozesse – von denen ich viele detailliert in diesem Buch erörtere – fallen unter die Themenbereiche Menschen, Ablauf und Technologie.

 Um Ihre Ziele zu erreichen, sollten Sie Geschäftspraktiken als Endlosschleife entwickeln:

1. **Menschen:** Holen Sie bessere Leute dazu und setzen Sie gezielte Maßnahmen der Personalentwicklung ein, damit sich diese Leute verbessern und bessere Ergebnisse liefern.

2. **Ablauf:** Definieren Sie den Ablauf, verfeinern und verbessern Sie ihn ständig, sodass auch ihre entscheidenden Geschäftsfaktoren ständig verbessert werden.

3. **Technologie:** Automatisieren Sie gute, sorgsam definierte Prozesse durch den Einsatz der passenden Technologie, um so die Leistung zu verbessern.

Als Manager müssen Sie viel Zeit damit verbringen, Dinge zu tun und zu organisieren, um Verbesserungen in den Geschäftspraktiken zu erreichen, die wiederum zu einem verbesserten Output des Call Centers führen – und an dieser Stelle kommen die Information dieses Buches ins Spiel.

Zuerst die Menschen ...

Alles fängt mit Menschen an, manchmal mit vielen, vielen Menschen. Menschen, die Personal brauchen, müssen oft mit Menschen reden, die Personal vermitteln (oder darüber Bescheid wissen oder dabei helfen können). Wenn es genug Leute gibt, die fragen, suchen oder kaufen – etwa wie beim Kartenverkauf für ein Madonna-Konzert –, brauchen Sie *viele* Menschen, die ihre Bestellungen annehmen. Sicherlich kann man Karten oder Informationen auch im Internet bekommen, aber viele Leute möchten immer noch mit richtigen Menschen reden, wenn sie etwas kaufen wollen.

Im Allgemeinen möchten Leute, die eine Frage haben, etwas bestellen wollen oder nach Hilfe suchen, zuvorkommend, professionell, höflich und freundlich behandelt werden. Dies zu ermöglichen, hängt fast ausschließlich davon ab, großartiges Personal zu haben.

Sie benötigen die richtigen Funktionen (Dienststellen), Kompetenzen und Fähigkeiten, um die Ziele Ihres Call Centers zu erreichen. Klar umrissene Jobbeschreibungen für alle Funktionen sollten sich überall im Organigramm Ihres Call Centers finden. Außerdem möchten Sie die besten Leute haben, die Sie für den Job finden können. In Kapitel 3 werden der Organisationsaufbau, die Schlüsselfunktionen und die Bedeutsamkeit des Arbeitsklimas im Call Center beschrieben. In Kapitel 10 finden Sie etwas über die Rekrutierung der richtigen Leute.

 Ganz gleich, wie makellos Ihre Abläufe sind oder wie verlockend Ihre Technologie ist, ohne die richtigen Leute in Ihrem Call Center-Bus fahren Sie auf der Straße der Mittelmäßigkeit.

... dann der Ablauf ...

»Irgendjemand muss herausfinden, wie das gehen soll.« Die richtigen Abläufe zur Hand zu haben, damit sich die Dinge auch so entwickeln, wie sie sollen, ist in jedem Betrieb wichtig, aber es ist absolut unabdingbar, wenn Sie ein effektives Call Center führen wollen.

Ablauf bezieht sich darauf, wie die Arbeit erledigt wird – die Organisation der Aufgaben für Input und Output. Call Center sind sehr prozessgesteuert; einige der größten Erfolgsgeschichten im Call Center-Management beruhen auf Verbesserungen bei den Abläufen. Eine bessere Zeiteinteilung des Personals, eine Möglichkeit, bestimmte Anruftypen schneller zu erledigen, oder ein besserer Prozess zur Schulung neuer Mitarbeiter – all dies sind Ablaufänderungen, die enorme Auswirkungen auf die Ergebnisse eines Call Centers haben können.

Darum benutzen so viele Call Center Qualitätssicherungsprogramme wie ISO-Zertifizierung und darum wurden Call Center-spezifische Standards wie die COPC-Zertifizierung (Customer

Operations Performance Center Inc.) entwickelt. Six Sigma, eine ablauforientierte Management-Disziplin, gewinnt in der Call Center-Branche ebenfalls immer mehr an Akzeptanz. In Kapitel 13 erfahren Sie mehr über Qualitätssicherungsprogramme.

 Für buchstäblich jede Geschäftspraktik müssen Sie und Ihr Team eine systematische Methode entwickeln (und sich auch daran halten), um Ordnung in das Chaos zu bringen, das in einem Call Center bisweilen entstehen kann.

Der Ablauf ist in den Geschäftspraktiken eines Call Centers ein Bereich, in dem es immer etwas zu verbessern gibt, und glücklicherweise sprechen Call Center gut auf eine Umgebung an, in der ständige Verbesserungen stattfinden (mehr dazu in Kapitel 12). Aufgrund des dynamischen Charakters der Call Center-Branche ist es daher eine gute Idee, über eine Methode für den Umgang mit Änderungen zu verfügen – manchmal auch recht treffend als *prozessorientiertes Change Management* bezeichnet.

Manchmal glaube ich, dass die Call Center ursprünglich aus der Notwendigkeit für bessere Abläufe entstanden sind. Als vor langer, langer Zeit eine Kartenverkaufsstelle mit nur einem Agenten an nur einem Telefon Karten für ein Frank-Sinatra-Konzert verkaufte, erkannte jemand, dass dies nicht die effizienteste Geschäftsmethode war und rief: »Wir brauchen einen besseren Ablauf.« So wurde eine Gruppe von Leuten um viele Telefone gruppiert und nahm haufenweise Bestellungen an – und voilà: Das war das erste Call Center. Seitdem verbessern wir die Abläufe. In Kapitel 12 finden Sie mehr zum Konzept und zu den Methoden des Prozessmanagements.

Die Notwendigkeit zur Definition

Die besten Prozesse nützen nichts, wenn die Menschen nicht dieselbe Sprache sprechen. Darum sind Definitionen entscheidend – insbesondere in Call Centern, wo ständig neue Schlagwörter aufkommen. Sich auf Definitionen zu einigen, kann einem viel Frustration ersparen. Nehmen wir eine ganz einfache Definition: *Gesprächsdauer* ist die Gesamtzeit für die Erledigung einer Kundentransaktion, vom Anfang bis zum Ende. Dazu gehört die Zeit für das Gespräch sowie die Zeit, die nach dem Anruf aufgewendet werden muss, um beispielsweise Informationen in die Datenbank einzutragen. Eine solche Definition kann den Unterschied ausmachen zwischen einem Mitarbeiter, der den Leistungsanforderungen entspricht, und einem, der kläglich scheitert.

 Um Sie vor teurer Fehlkommunikation zu bewahren, liefere ich Ihnen in diesem Buch immer wieder Definitionen und Konzepte, die durch ein entsprechendes Icon gekennzeichnet sind. Als Kurzübersicht gibt es im Anhang des Buches ein nettes, kleines Glossar. Lesen Sie es gleich und verblüffen Sie Ihre Freunde mit ihrer erstaunlichen Kenntnis des Call Center-Jargons. Oder lesen Sie es später, wenn Sie Ihr Wissen mal kurz auffrischen möchten.

Sorgen Sie dafür, dass alle die gleiche Sprache sprechen

Eine meiner Teamleiterinnen trat mit einem Problem an mich heran, das sie bei der Schulung eines ihrer Teammitglieder hatte. (Die verschiedenen Funktionen im Call Center-Team finden Sie in Kapitel 3.) Es schien, als könne sie es ihm erklären, so oft sie wollte: Dieser Agent konnte einfach seine durchschnittliche Gesprächsdauer nicht auf die Minimalanforderungen für diese Aktion senken – und das bedeutete, er würde in diesem Quartal keine Gehaltszulage bekommen.

Ich versprach Hilfe und sah mir die Daten dieses Agenten an. Ich fand heraus, dass seine durchschnittliche Sprechzeit (ATT, Average Talk Time) – also die Zeit, die er unmittelbar im Gespräch mit dem Kunden verbrachte – sogar geringer war als bei vielen anderen bei derselben Aktion. Aber er brauchte fast doppelt so lange wie die meisten anderen, um die Nachbearbeitung zu erledigen. Anders gesagt: Seine durchschnittliche Nachbearbeitungszeit (AWT, Average After-call Work Time) – der Zeitaufwand für alles, was unmittelbar nach dem Telefonat zu tun ist – war doppelt so hoch.

Als ich mit dem Agenten sprach, wurde mir klar, dass er seine Telefonate in Windeseile erledigte und die Datenbankpflege und andere Computerarbeiten erst erledigte, nachdem der Kunde aufgelegt hatte, weil ihm – wie er es ausdrückte – die Teamleiterin immer wieder eins mit der »Senk-die-Gesprächsdauer-Keule« übergezogen habe (im übertragenen Sinne, versteht sich … hoffe ich jedenfalls). Er dachte irrtümlicherweise, Gesprächsdauer meine allein die Zeit des Telefonats.

Tatsache ist: In den meisten Call Centern ist die durchschnittliche Gesprächsdauer die durchschnittliche Zeit, die zur Erledigung einer vollständigen Kundentransaktion von Anfang bis Ende notwendig ist – einschließlich Gesprächszeit und Nachbearbeitungszeit. Wenn die Teamleiterin darauf gekommen wäre, dass der Agent einfach nur diese Definition nicht richtig verstanden hat, hätten etliche Monate der Frustration – für beide – vermieden werden können.

Sagen Sie, was Sie meinen! Es hört sich banal an, aber es ist die schlichte Wahrheit. Es ist enorm wichtig, dass Sie die Dinge klar definieren und diese Definitionen Ihrem Team deutlich machen. Das gilt ganz besonders für Maßstäbe. Immer wieder habe ich beobachtet, dass Erfolge ausblieben, nur weil klare und allgemein verständliche Definitionen fehlten und dem Erfolg im Wege standen.

»Nach Meinung vieler Leute in der Industrie gibt es nichts Wichtigeres für die Erledigung von Geschäften als die Verwendung operativer Definitionen. Zugleich wird nichts mehr vernachlässigt wird.« (W. Edwards Demin)

Versuchen Sie mal Folgendes: Bitten Sie den Manager Ihres Call Centers und Ihre Call Center-Agenten um eine Definition von Nachbearbeitungszeit. Der Manager sagt Ihnen vielleicht, dass Nachbearbeitungszeit ein »außerdienstlicher« Zustand ist, in dem die Agenten ihre Arbeit vollenden können, die mit dem gerade beendeten Telefonat zusammenhängt. Die Agenten geben Ihnen womöglich eine ähnliche Definition, doch beide Ansichten dürften voneinander abweichen, wenn es darum geht, wann die Nachbearbeitungszeit stattfinden soll. Auch wenn es manchmal scheint, dass die Leute auf derselben Seite stehen, können sie doch Kilometer auseinander liegen, wenn es um Einzelheiten geht.

 Reden Sie mit Ihrem Team, um festzustellen, ob Ihre Definitionen klar und deutlich genug sind, damit Sie sicher sein können, dass alle dieselbe Sprache sprechen.

Es kann sehr wichtig sein, eine präzise Definition für eine so einfache Sache wie Nachbearbeitungszeit durchzusetzen. Agenten, die mit Nachbearbeitungszeit verschieden umgehen, erzeugen Unregelmäßigkeiten bei der Erfassung der Gesprächsdauer, und das wiederum führt zu Unregelmäßigkeiten beim Messen der Leistung, bei Beurteilungen in Schulungen und bei der Zeiteinteilung des Personals. Letztendlich kommt das Call Center hinsichtlich seiner Mission und seiner Ziele vom Kurs ab, und das nur wegen einer abweichenden Interpretation. (Über Ziele finden Sie in diesem Kapitel noch mehr, und von Missionen handelt Kapitel 3.)

... und schließlich die Technologie

Ganz einfach formuliert sind mit Technologie alle Maschinen gemeint, die die Abläufe im Call Center beschleunigen und den Menschen die Arbeit erleichtern. Ich spreche hier von Automatisierung: Computer, Software und Netzwerke, die die Abläufe vorantreiben – oder verschiedene Abläufe ermöglichen – und alles auf Touren bringen.

Stellen Sie sich vor, Sie bestellen die Tickets für das Madonna-Konzert, und alle Agenten, die die Anrufe entgegennehmen, würden die entsprechenden Kundeninformationen mit Papier und Bleistift festhalten. Wie hoch würden Sie Ihre Chancen einschätzen, auch wirklich zum Konzert zu kommen? Womöglich könnte es sogar funktionieren, aber Sie würden wirklich sehr viele Leute und sehr viel Papier brauchen – und noch mehr Leute, um diese Berge von Papier zu bearbeiten.

Nehmen Sie jemanden wie Bill Gates und seine Technikermannschaft. Einen gut entwickelten Prozess durch Technologie zu unterstützen, kann Ihnen eine Menge Zeit, Fehler und Nachbearbeitung ersparen.

 Wenn Ihre Abläufe schlecht sind, führt Automatisierung nur zu einem Kostenanstieg – in manchen Fällen zu einem sehr hohen –, ohne die Performance in Richtung Ihrer Ziele zu bewegen. Schlimmer noch: Schlecht geplante und angewandte Technologie kann Sie zu Lösungen verleiten, die nicht die Prozesse unterstützen, die Sie zur Maximierung Ihrer Leistung benötigen, sondern die Sie vom Kurs abbringen. Und noch etwas: Wenn Sie viel Geld für Technologie ausgeben, ist es schwer zu rechtfertigen, dass sie nicht genutzt wird, sodass Sie am Ende fehlerhafte Abläufe in die Tat umsetzen.

Zum Glück gibt es großartige Technologie, die die Abläufe in Call Centern verbessert. Sorgen Sie dafür, dass Ihre Abläufe solide sind und Sie vor der Investition die gebührende Sorgfalt haben walten lassen. In Kapitel 9 erfahren Sie mehr über Investitionen in neue Technologie.

Vermeiden Sie Technik um der Technik willen: Vorsicht vor Wundermitteln!

 Technologie kann teuer sein. Sie sollten nicht irgendetwas implementieren, wenn Sie nicht ziemlich genau wissen, was es für Sie tut und was als Ertrag dieser Investition zu erwarten ist.

In meiner Beratertätigkeit erlebe ich immer noch Unternehmen, die dazu neigen, in die neuesten und tollsten Werkzeuge auf dem Markt zu investieren, einfach nur, weil sie *cool* sind. Tappen Sie nicht in diese Falle. Ich habe viele Fälle mitbekommen, in denen Firmen Technologien eingeführt haben, die keinem realen Zweck dienten. Und siehe da – diese Firmen erzielten auch nicht die gewünschten Ergebnisse.

Technologie kann auch gefährlich sein. Deshalb sage ich auch »… und *schließlich* die Technologie.« Einerseits kann Technologie zu fantastischen Verbesserungen bei Effizienz und Geschwindigkeit führen, doch andererseits kann Technologie ohne einen wohldurchdachten Plan verhängnisvoll sein. Ich bin überzeugt davon, dass wenn Sie, selbst wenn Sie gute Leute haben, einen schlechten Ablauf nehmen und diesen automatisieren, landen Sie genau da, wo Sie nicht sein wollten – nur schneller. Das ist so, als ob Sie einen Ferrarimotor in eine Schrottkarre einbauen: Die Kiste wird auseinanderfallen, es wird nur nicht so lange dauern.

Menschen, Abläufe und schließlich Technologie

Ein Call Center implementierte Technologie, um den Agenten bereits wenige Minuten nach Abschluss eines Verkaufs statistische Daten direkt am Arbeitsplatz zu zeigen. Die Agenten sollten dabei zusehen können, wie ihr Kontostand mit jedem Verkauf, den sie abschlossen, anstieg. Dies sollte sie dazu antreiben, noch mehr Verkäufe abzuschließen.

Die Idee war gut. Leider gab es ein Problem. Der Prozess zur Datensammlung war fehlerhaft, und einige Verkäufe wurden doppelt oder sogar dreifach gewertet. Das größere Problem war natürlich, dass die Firma die Technologie zur Ausgabe der Statistiken implementiert hatte, bevor sie den eigentlichen Prozess verstanden hatte. Am Ende stand ein menschliches Problem, weil man den Agenten erklären musste, dass die erwarteten großen Beträge (einige davon sehr groß) dann doch nicht ausgezahlt würden, weil das Management einen Fehler gemacht hatte. Auwei!

Auswertungen: Geben Sie Feedback

Call Center sind Datenfabriken. Fast jedes Hilfsmittel, das ein Call Center-Agent verwendet, sammelt, speichert oder wertet irgendwelche Daten aus. Richtig angewendet versehen diese Informationen die Call Center-Manager mit enormen Kenntnissen, um die Performance zu analysieren, die besten Praktiken zur Verbesserung der Ergebnisse zu erfassen und Praktiken aufzudecken, die die Ziele der Abteilung nicht unterstützen.

Immer häufiger heuern Call Center Analysten mit hochrangigen Abschlüssen in Statistik und Ingenieurwissenschaften an, denn deren Ergebnisse sind sehr wertvoll, wenn es um Verbesserungen am Geschäftsmodell geht.

Auswertungen vervollständigen das Geschäftsmodell eines Call Centers. Informationsauswertungen geben den Managern das notwendige Feedback darüber, ob ihre Geschäftspraktiken und Performance-Faktoren in Einklang mit der Mission des Call Centers und den Unternehmenszielen stehen. In Kapitel 5 wird die Analyse erläutert, und in Kapitel 8 werden viele der Auswertungstypen vorgestellt, die in einem Call Center eingesetzt werden.

Zusammenfassung

Das Geschäftsmodell eines Call Centers, das in diesem Kapitel dargestellt wurde, versucht, folgende Elemente auf eine Linie zu bringen: die Mission des Call Centers, die Unternehmensziele, die Performance-Faktoren und die Geschäftspraktiken.

Aus meiner Erfahrung entsteht gute Performance nur dann, wenn Call Center wirklich an ihrer Mission und ihren Zielen ausgerichtet sind. Wenn Sie dann noch ein unterstützendes Arbeitsumfeld hinzufügen, dürfen Sie mit großartigen Ergebnissen rechnen.

Die Fähigkeit eines Call Centers, Daten zu sammeln und zu analysieren, liefert das Feedback, um herauszufinden, ob das Call Center seine Ziele verfolgt.

Die Rollen besetzen

Fachkorrektur: Oliver Erckert, Geschäftsführer go fast forward gmbh

3

In diesem Kapitel

▶ Die richtige betriebliche Struktur entwickeln

▶ Funktionen entwickeln und ausfüllen

▶ Die besten Leute für die Funktionen finden

▶ Eine unterstützende Unternehmenskultur aufbauen

In diesem Kapitel geht es um die Menschen, die Sie zum effektiven Betrieb eines Call Centers benötigen – wer sie sind, was ihre Funktionen sind und wie sie organisiert werden. Trotz der Entwicklung von Selbsthilfetechnologien geht es in Call Center immer noch in hohem Maße darum, dass Menschen anderen Menschen helfen.

Der organisatorische Aufbau ist ein wichtiger Bestandteil des Geschäftsmodells eines Call Centers: Wie ist der Betrieb hinsichtlich der Aufteilung in Funktionen und Verantwortlichkeiten aufgebaut, und wer legt wem Rechenschaft ab? Bei einer großen Anzahl von Mitarbeitern müssen die Bemühungen koordiniert sein, damit das Call Center seine Unternehmensziele erreicht. (Mehr zu diesen Zielen finden Sie in Kapitel 2.) Man braucht nicht allzu viele Leute, die an den verschiedenen Strängen ziehen, damit die Ergebnisse erreicht werden.

 Ein wichtiger Bestandteil des organisatorischen Aufbaus sind die richtigen Funktionen, um das Call Center an sein Ziel zu steuern. Mit der richtigen Mischung aus Menschen und Funktionen kann das Call Center in bestens abgestimmter Weise agieren. Wenn die Funktionen fehlen oder sich viele unnötige Funktionen in den Betrieb einschleichen, kann das Call Center aus dem Ruder geraten oder bürokratisch werden – und das eine wie das andere wird Ihren Marsch in Richtung Ziel verlangsamen.

Da Sie es mit Menschen zu tun haben, ist es notwendig, auf die Unternehmenskultur am Arbeitsplatz Call Center zu achten. Eine unterstützende Unternehmenskultur wird die »Kufen auch dann schmieren«, wenn der organisatorische Aufbau nicht so optimal ist. Eine nicht unterstützende Unternehmenskultur hingegen wird selbst den besten Aufbau sabotieren, was die Verbesserung des Call Centers erschwert.

 Fügen Sie einen guten Aufbau und eine gelungene Unternehmenskultur zusammen, und ein Unternehmen kann märchenhafte Ergebnisse hervorbringen.

Ein Organigramm erstellen

Der Organisationsentwurf ist Bestandteil Ihres Geschäftsmodells. Mit ihm richtet sich die Firma an der Mission aus. (In Kapitel 2 erfahren Sie mehr über die Entwicklung einer Mission.) Wenn Sie es richtig machen, liefert Ihnen der Entwurfsprozess eine flexible und skalierbare Organisation, die mit ebendiesem Entwurf auch weiter wachsen kann. Bei einem guten Organisationsentwurf können die Leute auf dieselben Ziele hinarbeiten, auch wenn viele ihre ganz eigenen Prioritäten haben.

 Bei einem schlechten Entwurf wird der Betrieb mit jeder Vergrößerung bürokratischer, weniger flexibel und aufgeblähter.

Die ranghöchste Person im Call Center bestimmt die Struktur des Betriebs. Diese Person besitzt die hierfür nötigen Kompetenzen.

Folgende Dinge sollten Sie dabei beachten:

✔ **Beginnen Sie mit einer klaren Mission und Vision.** Es sollte nicht notwendig sein, den Organisationsentwurf kontinuierlich zu ändern. Wenn das Call Center wächst, kann auch die Anzahl der Mitarbeiter steigen, die eine bestimmte Funktion ausüben – zum Beispiel Einsatzplanung –, aber es darf nicht erforderlich sein, ständig die Struktur zu verändern.

✔ **Bestimmen Sie die wichtigsten Aufgaben, die zur Unterstützung der Mission erledigt werden müssen.**

✔ **Gruppieren Sie Funktionen um ähnliche und aufeinander bezogene Prozesse.** Buchhaltung und Gehaltsabrechnungen sind beispielsweise ähnliche und aufeinander bezogene Prozesse, die der Finanzabteilung Bericht erstatten.

✔ **Überlegen Sie, wie die Funktionen zusammenarbeiten, um die Ziele des Call Centers zu erreichen.** Auch Widersprüche können ein gutes Kontrollmittel sein (beispielsweise möchte der Einsatzplaner alle an den Telefonen sitzen haben, während der Teamleiter alle in einer Schulung sehen möchte). Sie dürfen aber nicht vergessen, dass letztendlich alle Funktionen ineinandergreifen müssen, um die gemeinsame Mission erfüllen und die Unternehmensziele erreichen zu können.

Schauen Sie sich zehn Call Center an, und Sie finden wahrscheinlich zehn verschiedene Organisationsentwürfe. Der Schlüssel zum Erfolg ist in jedem Call Center, dass sichergestellt ist, dass die notwendigen Jobs gemacht werden – von wem auch immer.

Dinge, die getan werden müssen

Viele wichtige Aufgaben müssen erledigt werden, damit das Call Center richtig funktioniert. Beachten Sie diese Aufgaben beim Entwerfen der organisatorischen Struktur und beim Zuweisen der Funktionen und Verantwortlichkeiten. (Darum geht es in diesem Kapitel.)

Die folgende Liste ist keine vollständige Liste von dem, was alles getan werden muss. Sie enthält lediglich die wichtigsten Punkte. Gewiss werden Sie in Ihrem eigenen Call Center weitere wichtige Aufgaben entdecken.

✔ Bestimmen Sie die Mission des Call Centers. Wie in Kapitel 2 erwähnt, wird die Mission mehr oder weniger vom Call Center akzeptiert, kommuniziert und in das Geschäftsmodell der Abteilung integriert.

✔ Arbeiten Sie mit dem Führungsstab zusammen, um die Unternehmensziele des Call Centers festzulegen.

✔ Bestimmen Sie die Schlüsselvariablen (siehe Kapitel 2), die die Wirtschaftsprognose des Call Centers beeinflussen und direkte Auswirkungen auf die Unternehmensziele haben.

✔ Weisen Sie die Funktionen und Verantwortlichkeiten zu, die zum Erreichen der Ziele erforderlich sind. Bauen Sie Beziehungen wechselseitiger Rechenschaft auf.

✔ Besetzen, schulen und unterstützen Sie das Managementteam.

✔ Gründen und pflegen Sie eine Unternehmenskultur, die die Mission unterstützt.

✔ Generieren Sie ein System zur Dokumentation von Strategien und Prozessen. Generieren Sie ebenfalls ein System zu deren Aktualisierung, wenn Verbesserungen gemacht werden.

✔ Erstellen Sie ein Prüfungssystem, um festzustellen, ob die Strategien und Prozesse auch befolgt werden. Entwickeln Sie außerdem ein Korrektursystem, falls die Strategien und Prozesse nicht befolgt werden oder falls sich herausstellt, dass die bestehenden Strategien und Prozesse die Ergebnisse nicht optimieren.

✔ Stellen Sie Agenten und Personal zur Unterstützung ein.

✔ Schulen Sie die Agenten und das unterstützende Personal.

✔ Verwalten und unterstützen Sie die Performance der Agenten.

✔ Beurteilen Sie die Arbeitsqualität der Agenten und geben Sie Feedback.

✔ Stellen Sie einen Einsatzplan für das Personal und die Ressourcen auf, um den Anforderungen gerecht zu werden.

✔ Analysieren Sie Performance und Prozesse, und erstatten Sie Bericht. Finden Sie Möglichkeiten zur Verbesserung.

✔ Implementieren und verwalten Sie eine Telekommunikationsinfrastruktur.

✔ Implementieren und verwalten Sie ein Computernetzwerk.

✔ Benennen, entwickeln (oder kaufen) und warten Sie Applikationen, die zur Unterstützung des Call Centers notwendig sind.

✔ Sorgen Sie dafür, dass das Call Center den gesetzlichen Bestimmungen entspricht.

✔ Bieten Sie den Kunden bestmöglichen Support.

✔ Bieten Sie dem Managementteam Anleitung und Unterstützung.

Diese Liste führt die wichtigsten Aufgaben auf, die erledigt werden müssen, damit das Call Center seine Mission erfüllen und seine Unternehmensziele erreichen kann. Natürlich werden Sie noch viele andere Aufgaben entdecken, wie zum Beispiel Lohnzahlungen und Haushaltsplanung, Anlagenwartung uns so weiter.

Das Team des Call Centers: Funktionen und Verantwortlichkeiten

Die Funktionen und Verantwortlichkeiten, die im Folgenden beschrieben werden, sollen nur den Kern der Arbeit darstellen, die in einem Call Center getan werden muss. Wahrscheinlich werden Sie Ihr Call Center nicht exakt in dieser Weise aufbauen wollen. Die Größe der Vorgänge hat deutliche Auswirkungen auf die Struktur Ihres Betriebs. Abbildung 3.1 zeigt ein typisches Organigramm.

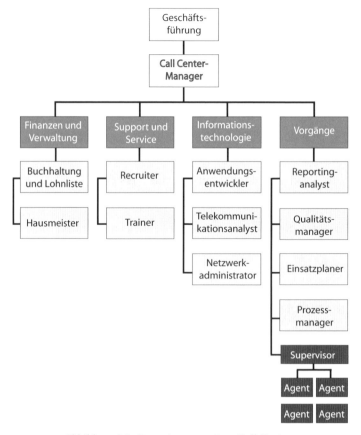

Abbildung 3.1: Organigramm eines Call Centers

Der andere Kunde

Alles beginnt mit dem »anderen Kunden«. Nein, das ist nicht der Mensch am Telefon, der wissen will, warum es den Tarif XY nicht mehr gibt. Ich rede von dem, der die Zahlungen anweist. In einem Firmen-Call Center ist dies das gehobene Management – der Chef, der nicht im Call Center arbeitet, Ihnen aber sagt, was Sie zu tun haben: mehr Gewinn erzielen oder die Kosten senken oder beides und die Kunden zufriedener machen. Wenn Sie ein outgesourctes Call Center leiten, ist dies die Auftraggeberfirma. So oder so gibt Ihnen der andere Kunde die Marschbefehle, und diese stehen in Ihrer Betriebsstruktur ganz oben.

Und diese Person besitzt Kompetenzen gegenüber dem Call Center. Sie sagt Ihnen zum Beispiel, was von Ihnen erwartet wird. Dazu gehört, dem Call Center die allgemeine Mission zu geben: »Wir sind hier, um den Kunden Support für dieses Produkt zu geben. Wir verlieren keine Kunden wegen mangelnden Supports!« (Mehr über Missionen erfahren Sie in Kapitel 2.)

Dazu gehört auch, Ihnen zu sagen, wie Ihre jährlichen Unternehmensziele lauten: »Die Firma will, dass das Call Center nächstes Jahr 500.000 neue Kunden akquiriert, wobei der durchschnittliche Gewinn pro Kunde 100 Euro beträgt und die Kosten pro Kunde 5 Euro betragen. Ach, und die Kundenzufriedenheit muss durchgehend bei 95 Prozent liegen, mit nicht mehr als einer Beschwerde pro 1.000 Kunden.« Hoffentlich werden die Ziele anhand des Inputs vom Call Center aufgestellt und basieren auf realistischerweise Erreichbarem.

Meiner Meinung nach sollte das gehobene Management sich an hochrangige Unternehmensziele halten – solche, die leicht in Firmenstrategie und Performance übersetzt werden können, wie zum Beispiel Kundenzufriedenheit, Kundenzuwachs, Gewinn pro Kunde, Kosten pro Kunde und andere Maßstäbe, die die Zufriedenheit der Kunden und die Rentabilität der Firma messen.

Eventuell werden Sie fragen: »Was ist denn mit Zielen in Sachen Service-Level?« Viele – vielleicht sogar die meisten – Manager diktieren, wie schnell ein Anruf entgegengenommen werden muss. Manchmal liegt das an behördlichen Auflagen, manchmal beruhen diese Vorgaben aber auch auf ein wenig bedenklichen Kosten-Nutzen-Analysen.

Im Idealfall sollte das Service-Level-Ziel auf Empfehlungen seitens des Call Centers basieren. Jede solche Empfehlung würde auf den Erkenntnissen über Kundentoleranz und den Kosten basieren, die durch verschiedene Servicegrade entstehen. Solche Kenntnisse kann nur das Call Center einbringen.

Wenn die Firmenleitung wirklich das Call Center vorantreiben will, wird sie *Grundziele* setzen – »Wir wissen, dass wir es schaffen können, wir dürfen nur nicht am Steuer einschlafen.« – und *erweiterte Ziele* – »Hierbei werden wir ein wenig Fantasie benötigen, aber wir werden es wohl hinbekommen.« Sollte das Call Center diese erweiterten Ziele erreichen, sollte es Belohnungen geben, die den Wert widerspiegeln, den das Erreichen dieser Ziele für das Unternehmen darstellt. (Nein, ein Kaffeebecher ist da nicht ausreichend.) Sollte das Call Center nicht einmal die Grundziele erreichen, heißt es: »Wir müssen mal reden.«

Die Firmenleitung arbeitet mit der Person zusammen, die die Gesamtverantwortung für die Ziele, Prozesse und den Output des Call Centers trägt – sie arbeiten zusammen, um diese Parameter zu setzen. Hoffentlich ist es eine bilaterale Beziehung, die zu realistischen Zielen zur Unterstützung des Unternehmens führt.

Und wer ist diese wunderbare Person, die die Gesamtverantwortung für das Call Center trägt? Der Verfechter der Rechte und Freiheiten eines Call Centers? Der Champion des kleinen Agenten? Es ist kein Geringerer als der wundersame, berühmte, Ehrfurcht einflößende *Call Center-Manager*!

Der Call Center-Manager

Vielleicht nennen Sie diese Person nicht Call Center-Manager. Vielleicht heißt sie Direktor, Vizepräsident, Abteilungsleiter, AVP (Assistent des Vizepräsidenten), SVP (Stellvertretender Vizepräsident), RDVP (Rambazamba Dingdong Vizepräsident) oder »Die Jeannette aus dem Call Center«. Es spielt nicht wirklich eine Rolle, wie das Unternehmen diesen Job betitelt: Wenn wir von einem Call Center-Manager sprechen, meinen wir die Person, die die Gesamtverantwortung für den Output des Call Centers trägt.

Falls Sie das noch nie gemacht haben: Es ist ein toller Job. Sicher gibt es Stress, Druck (der Kunde ist *genau jetzt* am Telefon) und Ungewissheit, aber es gibt auch noch die Leute, die Spannung und das Gefühl von Kontrolle, das Sie entwickeln, wenn Sie für komplette Geschäftsprozesse verantwortlich sind.

Der Call Center-Manager (kurz CCM) erhält Ausrichtung und Ziele von der Firmenleitung, kommuniziert sie in Form von Gesamtzielen und der Mission der Abteilung und übersetzt sie dann in die internen Ziele und Maßstäbe eines Call Centers. Er tut dies, indem er die Performance-Faktoren bestimmt, die sich auf die Unternehmensziele auswirken – die Abteilungsziele. Die Kosten pro Kunde beispielsweise werden bedingt durch Gesprächsdauer, Problemlösung beim ersten Anruf (»First-Call Resolution«), Mitarbeiterkosten pro Stunde und Mitarbeiterauslastung. (In Kapitel 5 erfahren Sie mehr darüber.)

Der Call Center-Manager verfolgt die Performance auf der Grundlage dieser Maßstäbe und stellt sicher, dass jeder sich ständig verbessert, um die Unternehmensziele zu erreichen. Der Call Center-Manager analysiert auch die Performance und erstattet Bericht darüber. Dabei muss er auf jeden Fall erklären, was passiert ist (ob gut oder schlecht), warum es passiert ist und wie man es anders machen könnte (besonders bei schlechten Ergebnissen). Außerdem gibt er eine Prognose über die künftige Performance ab. (In Kapitel 5 wird dieser Punkt detailliert behandelt.)

 Der Call Center-Manager verbringt viel Zeit damit, die Performance, alle Funktionen und Verantwortlichkeiten sowie alle Prozesse in der Abteilung auf ihre Richtigkeit zu überprüfen. Zu diesen Verantwortlichkeiten gehören:

✔ Die Vorgaben der Firmenleitung zur Mission des Call Centers bestimmen, kommunizieren und managen

✔ Zusammen mit der Firmenleitung realistische jährliche Unternehmensziele entwickeln

✔ Die Organisationsstruktur des Call Centers aufstellen und die Funktionen und Verantwortlichkeiten festlegen

✔ Sämtliche Strategien und Prozesse überwachen und überprüfen, um sicherzustellen, dass jede beziehungsweise jeder einzelne die Mission der Abteilung und die Unternehmensziele unterstützt

✔ Das übrige Managementteam im Call Center rekrutieren, schulen, unterstützen und aufbauen. Dazu gehören auch Leute, die alle übrigen Unterstützungsfunktionen ausüben: Rekrutierung, Schulung, Teamleitung/Betreuung, Qualitätssicherung, Einsatzplanung, Reporting, Analyse und Technologie.

Einen Call Center-Manager finden

Ein Call Center-Manager ist ein richtiger Business-Generalist. Er besitzt ausgewachsene Fähigkeiten auf den Gebieten Kommunikation, Kontakt, Führung und Analytik. Business-Training, darunter Buchhaltung und »Organizational Behaviour« (Verhalten in Organisationen), ist ebenfalls nützlich. Auch Kenntnisse der Call Center-Technologie sind hilfreich.

Vielleicht arbeitet Ihr künftiger Manager schon in Ihrem Call Center, als Teamleiter oder Supervisor, als Trainer oder in irgendeiner anderen Position. Vielleicht finden Sie ihn oder sie auch in einer anderen Position in der Firma, betraut mit der Leitung eines anderen Geschäftsprozesses.

 Womöglich stellen Sie auch einen Externen ein. Es ist jedoch ein Irrglaube, dass Sie jemanden mit Call Center-Erfahrung einstellen müssen. Die für ein Call Center notwendigen Fähigkeiten, Hilfsmittel und Fachtermini lassen sich recht leicht lernen. Schwieriger ist es hingegen, die richtige Mischung zu finden aus Führungsfähigkeiten und wirtschaftlichen Grundkenntnissen, wie etwa Statistik, Finanzwesen, Buchhaltung, Organizational Behaviour und Haushaltsplanung.

Das Performance-Team

Der Recruiter

Also gut, hier ist es – das uralte Geheimnis der Call Center, weitergereicht von Generation zu Generation über Generationen von Bergevins: *Sie brauchen Leute.* Wenn es gute Leute sind, läuft alles besser. Der Job des *Recruiters* ist es, genug Leute zusammenzubekommen und sicherzustellen, dass es auch gute Leute sind.

In vielen kleineren Call Centern ist der Job der Personalrekrutierung mit dem des Supervisors oder Teamleiters zusammengelegt. Das ist nicht besonders gut, wenn Ihr Call Center laufend neues Personal bekommt, weil Ihr Supervisor oder Teamleiter dann die ganze Zeit mit dem neuen Personal verbringt und das bereits vorhandene Personal nicht die notwendige Aufmerksamkeit erhält. Außerdem kann ein professioneller Recruiter die Qualität des Vorgangs verbessern, indem er den Erfolg Ihrer Rekrutierungen und Abläufe maximiert. Wenn Sie viele

Leute einstellen, die alle innerhalb von sechs Monaten kündigen, verschwenden Sie nur Ihre Zeit. Sollte Ihr Call Center praktisch laufend neue Leute bekommen, ist ein professioneller Recruiter die beste Lösung.

Der Job eines Recruiters ist hart. Wenn er gut ist, ist er Wahrsager, Forscher, Psychologe, Kaffeesatzleser, Rechtsanwalt und Spürhund in einer Person.

In gewisser Hinsicht muss ein Recruiter Wahrsager sein, denn er arbeitet mit den Einsatzplanern zusammen, um vorherzusagen, wann zusätzliches Personal benötigt wird. Vielleicht muss er zum Call Center-Manager gehen, um sich abzusichern, aber er sollte definitiv wissen, wann und wie viele neue Leute gebraucht werden. Dann beginnt er damit, Leute zu finden, die für die Firma arbeiten möchten. In dieser Phase wird der Recruiter zu einem Spezialisten für Werbung und Marketing. Zu dem Job gehört, den potenziellen Angestellten die Verfügbarkeit und Attraktivität eines Jobs in seinem Call Center schmackhaft zu machen.

Sobald der Recruiter einen ausreichenden Kandidatenpool beisammen hat, beginnt er damit, die Kandidaten an seinen Erfolgskriterien zu beurteilen. (Fieser Trick, was? Sie locken mit allen Künsten der Werbung und Promotion Kandidaten zum Gespräch in die Firma, und dann sagen Sie ihnen, dass sie sich erst noch qualifizieren müssen!)

Nun wandelt sich der Recruiter zum Forscher, Psychologen, Kaffeesatzleser: Er versucht zu bestimmen, wer erfolgreich sein wird und wer nicht. Anhand der Auswahlkriterien des Unternehmens entscheidet der Recruiter, welche Kandidaten – wenn überhaupt – wahrscheinlich passen und in dem Job und innerhalb der Firma erfolgreich sein können. Dies ist der harte Teil, und zu ihm gehören zwei Bereiche, die untersucht werden müssen. Erstens: Besitzt der Kandidat die Fähigkeiten und Begabungen, um in dem Job erfolgreich zu sein? Zweitens: Wird der Kandidat den Job lange genug schätzen, um ihn zu besserer Performance motivieren zu können? Der Recruiter führt Gespräche, liest Referenzen und nimmt Einstellungstests vor, um den Erfolg eines potenziellen Kandidaten vorhersagen zu können.

Wenn der Recruiter Leute findet, denen er beruflichen Erfolg zutraut, wird er diesen Kandidaten ein Angebot unterbreiten. An dieser Stelle wird der Recruiter teilweise zum Anwalt – er muss sicherstellen, dass das Arbeitsangebot rechtmäßig ist und nur verspricht, was es auch soll. Es muss klar und eindeutig sein. Sobald die Kandidaten akzeptieren, unterschreiben und die Schulungstermine erhalten, kann der Recruiter sich zurücklehnen – für kurze Zeit.

Wirklich gute Recruiter sind auch Spürhunde. Recruiter überprüfen den Erfolg der Angestellten und suchen nach Mustern, die ihnen bei künftigen Rekrutierungen helfen können. Angestellte, die die Firma verlassen, werden zu einem Gespräch gebeten, in dem der Recruiter herauszufinden versucht, warum sie gehen und wie dieser Weggang im Einstellungsgespräch hätte vorhergesagt werden können. (Damit wir uns recht verstehen: Eine gewisse Fluktuation ist schon in Ordnung, aber Sie sollten trotzdem die Gründe kennen.) Recruiter verbringen viel Zeit damit, sich mit den Familienverhältnissen und der Vergangenheit des Angestellten, den Einstellungstests und der Leistung am Telefon zu beschäftigen. Dadurch versuchen sie zu erkennen, was einen Menschen ausmacht, der qualifiziert ist und lange bleibt. Mit diesen Kenntnissen kann das ganze Einstellungssystem verbessert werden.

Recruiter finden

Recruiter ist eine Aufstiegsmöglichkeit für Agenten im Call Center, denn diese besitzen genaue Kenntnisse des Jobs, die sie an die Kandidaten weitergeben können. Trotzdem ist es wichtig, dass sich Recruiter mit Personalführung und den gesetzlichen Vorschriften auskennen.

Der Trainer

Ich habe mal irgendwo gelesen, dass eine Trainingseinheit ein Ort ist, wo Sie Ihren Job üben, und der Trainer derjenige ist, der den Leuten zeigt, wie sie ihren Job zu machen haben. Im Call Center leisten *Trainer* die anfängliche Schulung für neue Agenten, fortführendes Training für vorhandene Agenten sowie Management- und Führungstraining für Supervisoren beziehungsweise Teamleiter, Manager und anderes Personal, das nicht am Telefon sitzt.

Neben Facilitating-Trainingseinheiten (dort lernt man, Vorgänge zu vereinfachen) entwickeln viele Trainer auch Kursmaterial für Schulungen. Gute Trainer besitzen Fähigkeiten auf den Gebieten Erwachsenenbildung, Management und Motivation. Sie verwenden eine Vielzahl von Techniken, um die Fähigkeiten ihrer »Schüler« auszubilden.

Trainer im Call Center ist ein herrlicher Job. Bei den Schulungen geht selten etwas schief. Leider ist das im Arbeitsalltag eines Call Center-Agenten nicht immer so – Sie sollten für solche Fälle ein »Wenn etwas schiefgeht«-Rollenspiel im Trainingsprogramm haben.

Dieses Buch befasst sich nicht allzu sehr mit dem Thema Schulung und Trainer. Sie sollten allerdings wissen, dass der Nutzen guter Schulungen und guter Trainer in der Call Center-Umgebung vervielfacht wird. Bei Call Centern geht es um Menschen – viele Menschen, die Telefone bedienen. In Call Centern geht es auch um Zahlen und kleine, aber stetige Verbesserungen an diesen Zahlen.

Ein Call Center mit 1 Million Kunden, das seine Kontaktrate aufgrund intensiven Trainings um 1 Prozent reduziert, vermindert das Anrufvolumen um 10.000 Anrufe. Oder stellen Sie sich vor, Sie vermindern durch eine Schulung zur Gesprächssteuerung die Gesprächsdauer um 10 Sekunden, dann bedeutet das 4.000 Stunden weniger an Stellenbesetzung. Hierbei handelt es sich um realistische kleine Beispiele.

Gute Schulungen in den Bereichen Telefonmarketing, Verkauf, Gesprächssteuerung, Aggressionsbewältigung, Kundenservice und Ähnliches sind einer der einfachsten und schnellsten Wege, in Ihrem Call Center Verbesserungen anzubringen. Doch es beginnt mit einem guten Trainer.

Trainer finden

Sie können sicherlich in Ihrem Managementteam oder sogar unter Ihren Agenten gute Trainer finden. Hintergrundwissen in Pädagogik, Erwachsenenbildung und Personalwesen ist durchaus nützlich. Davon abgesehen ist ein kluger Angestellter, der exzellent kommuniziert und Probleme löst, auch für den Job geeignet – aber stellen Sie sicher, dass Sie genug Zeit aufbringen, um ihn mit didaktischen Techniken vertraut zu machen.

Der Teamleiter oder Supervisor

Im Sinne der operativen Performance ist der wichtigste Managementjob im Call Center wahrscheinlich der des *Teamleiters* (TL) oder *Supervisors* (SV). (Im Folgenden werde ich meist von Teamleiter sprechen, meine dabei aber immer auch den Supervisor.) Seine Hauptaufgaben sind das Festlegen der Erwartungen, das Coaching und die Unterstützung.

Gute Teamleiter spornen die Agenten und das Call Center zu großen Verbesserungen an. Schlechte Teamleiter verursachen niedrige Arbeitsmoral und stagnierende Performance. Fairerweise muss man sagen, dass schlechte Betreuung oft nicht einmal die Schuld des Teamleiters ist. Schlechte Betreuung kann auch durch eine unzureichend definierte Funktion des Teamleiters verursacht werden – der Teamleiter steht in Konflikt mit seinen Prioritäten und konzentriert sich schlussendlich nicht auf die Dinge, die die Angestellten motivieren und die Ergebnisse beeinflussen. Oftmals resultiert schlechte Betreuung auch aus mangelnder Schulung des Teamleiters. Viele Teamleiter stehen vor einem Dilemma: »Sie sind ein guter Agent – also dann mal los, seien Sie ein guter Teamleiter.«

 Gute Teamleiter kennen die Mitglieder ihres Teams und wissen, was sie motiviert und wie sie arbeiten.

Irgendwo habe ich mal gehört, was der Hauptgrund für den Misserfolg von Angestellten sei: Sie wissen nicht, was von ihnen erwartet wird. Dem kann ich nur zustimmen! Ich gehe sogar noch weiter und sage, dass die Angestellten nicht nur wissen müssen, was von ihnen erwartet wird, es muss auch sehr einfach, klar und unzweideutig sein. Hier ist ein Beispiel für diese Klarheit: »Dies erhält Ihren Job, dafür gibt es eine Zulage, hierfür gibt es eine große Zulage und jenes bedeutet Ihre Entlassung.« Aufgabe des Teamleiters ist es, die Erwartungen deutlich mitzuteilen und sicherzustellen, dass die Mitarbeiter immer wissen, wann sie von diesen Erwartungen abweichen.

Zum Coaching gehört auch, Feedback bezüglich der Leistung zu geben, wobei darauf zu achten ist, dass man auch zum Kern der Leistung vordringt, der zu den größten Verbesserungen bei diesem Mitarbeiter führt. Dazu gehört auch, dem Mitarbeiter direkte Tipps und Anleitungen zu geben, wie man Dinge zum Besseren verändert. Bei einigen Mitarbeitern ist das Coaching minimal – das sind die erfahrenen Profis. Geben Sie ihnen nicht zu viel Feedback, sie wissen, dass sie gut sind. Vielleicht kann Ihr Feedback so aussehen, dass Sie sie bitten, das Coaching für neue Mitarbeiter zu übernehmen. Mehr über Coaching und Feedback erfahren Sie in den Kapiteln 10 und 11.

Unterstützung ist ebenfalls ein wesentlicher Bestandteil der Aufgabe eines Teamleiters. Egal ob Unterstützung im Job oder in der Karriere, es bedeutet, für die Mitarbeiter da zu sein, wenn sie Hilfe brauchen – und den Weg freizuräumen. Dieser Teil des Jobs klingt vielleicht nicht so wichtig, aber er ist es. Wenn es Hindernisse gibt, die die Leistung des Mitarbeiters hemmen, stellt sich Frustration ein. Und wenn dann der Teamleiter diese Hindernisse nicht entfernt, richtet der Mitarbeiter seine Frustration gegen ihn. Unterstützung ist das Schmiermittel Ihrer Motivationsstrategien.

Teamleiter/Supervisor finden

Der Job des Teamleiters oder Supervisors ist eine Aufstiegsmöglichkeit für Call Center-Agenten, aber nicht jeder eignet sich dafür. Kommunikative, zwischenmenschliche und analytische Fähigkeiten sind wichtig. Kenntnisse in Menschenführung und eventuell eine betriebswirtschaftliche Ausbildung können auch hilfreich sein. Mindestens aber benötigen neue Teamleiter und Supervisoren eine Schulung in Menschenführung, Coaching und Personalführung.

 Recruiter, Trainer, Teamleiter und Supervisoren bilden das Performance-Team für die Agenten. Gemeinsam üben sie die wichtigsten Verantwortlichkeiten aus, die ich als schnelle Antwort auf das Leistungsmanagement der Mitarbeiter zusammenfasse:

1. Stellen Sie die richtigen Leute für den Job ein.

2. Sagen Sie ihnen, was sie tun sollen und warum.

3. Zeigen Sie ihnen, wie es geht.

4. Geben Sie ihnen Feedback zu ihrer Leistung

5. Machen Sie die Unterstützung der Agenten zu Ihrem wichtigsten Ziel.

Der Einsatzplaner

Das ist ein harter Job. Der *Einsatzplaner* oder auch *Scheduler* (in größeren Call Centern ist das eine Gruppe) ist verantwortlich für die Prognose des Anrufvolumens und für die Planung einer ausreichenden Menge an Personal, Tischen und Ausrüstung, um den Anforderungen des Call Centers gerecht zu werden (Service-Level und so weiter).

Dieser Job umfasst verschiedene Phasen der Prognose und Planung. Langfristig: »Hallo, Recruiter, im Januar brauchen wir 20 Leute mehr.« Mittelfristig: »Wir brauchen nächsten Monat in den Abendstunden ein paar Leute mehr.« Kurzfristig: »Am Freitagnachmittag haben wir zu viele Leute da. Lassen Sie uns eine Schulung ansetzen.« Aktuell: »Rechnen wir mal hoch. Heute Mittag wird bis 14:00 Uhr viel los sein. Also verschieben wir die Teambesprechungen auf morgen.« Alles hat mit Planung und Einteilung in verschiedene Zeitfenster zu tun. Wenn Sie wissen wollen, was im Call Center gerade läuft, fragen Sie den Einsatzplaner.

Einsatzplaner war mein erster Managementjob in einem Call Center. Wie ich das vermisse! Taschenrechner, Lotus 1-2-3, Millimeterpapier, Erlang-Tabellen … und mehr Haare auf dem Kopf.

 Ein guter Einsatzplaner kann die Ausgaben eines Call Centers um 5 Prozent oder mehr senken, ohne dass der Service beeinträchtigt wird. In vielen Call Centern macht das eine Menge aus. Kapitel 7 widmet sich ganz dem Thema Einsatzplanung im Call Center.

Einsatzplaner finden

Einsatzplaner müssen analytische Fähigkeiten besitzen und sollten mit Mathematik und Problemlösungsstrategien vertraut sein. Ohne Computerkenntnisse dürfte es auch schwierig werden. Und Kontaktfähigkeit wäre auch nicht schlecht.

Gute Einsatzplaner kommen möglicherweise aus der Buchhaltung, aus der Finanzabteilung oder aus dem Reportingteam. Vielleicht sogar aus der Gruppe der Agenten – insbesondere wenn sie eine Ausbildung im Bereich Buchhaltung, Wirtschaft oder Ingenieurwesen haben. Es funktioniert auch mit externen Kandidaten, wenn diese die für einen Einsatzplaner notwendigen Fähigkeiten besitzen. Erfahrungen im Call Center sind auch gut – ganz besonders in Verbindung mit guten Referenzen. Stellen Sie sich auf ein hohes Gehalt für jemanden ein, der bereits als Einsatzplaner erfolgreich war.

Der Telekommunikationsanalyst

Es muss mal gesagt werden: Ohne Leute ist ein Call Center kein Call Center, aber ohne Anrufe auch nicht. Die meisten Telefonsysteme sind so zuverlässig, dass wir das als gegeben hinnehmen. Doch handelt es sich bei den gigantischen Systemen in den heutigen Call Centern gar nicht so sehr um Telefonsysteme als vielmehr um ausgefeilte Telekommunikationsserver. Ganz ruhig bleiben – zuverlässig sind sie immer noch, aber sie brauchen ein wenig Zuwendung, um auch so bleiben. Und dann gibt es noch die Call Center-Gruppe – sie verlangt nach immer ausgefeilteren Datenwegen durch das System.

Der _Telekommunikationsanalyst_ wartet das Telefonsystem und die Netzwerkverbindung zum Telefonnetz der Welt außerhalb des Call Centers. Er ändert auch die Konfigurationen und stellt ausgeklügelte Applikationen bereit, die auf das Telefonsystem und das Netzwerk abgestimmt sind. Planungen in den Bereichen Telefonnetzwerk und Telefonsystem fallen auch oft in den Aufgabenbereich des Analysten; allerdings hilft dabei der Einsatzplaner der Abteilung, der dem Telekommunikationsanalysten sagt, wie viel Aufkommen zu erwarten ist.

Telekommunikationsanalysten finden

Telekommunikationsanalysten sind etwas ganz Besonderes. Sicherlich können Sie jemanden mit analytischen Fähigkeiten und ein paar Computerkenntnissen finden und schulen. Sie können auf solche Leute außerhalb der Firma oder in einem anderen Bereich innerhalb der Firma stoßen.

Der Computer- und Netzwerkadministrator

Der _Computer- und Netzwerkadministrator_ spielt eine wichtige Rolle. Er ist dafür verantwortlich, dass alle Arbeitsplätze im Call Center so oft wie möglich optimal funktionieren. Ich sage »so oft wie möglich« und nicht »immer«, weil sie nicht immer so funktionieren, wie sie sollen oder wie wir es gerne hätten.

Die meisten Call Center verlassen sich heutzutage völlig auf den Bildschirmarbeitsplatz, um Serviceprogramme und Informationen bereitzustellen. Wenn solche Hilfsmittel nicht verfügbar sind, kommt das Call Center schnell zum Stillstand. Stellen Sie sich ein Call Center mit 500 Agenten vor, die pro Stunde 4.000 Anrufe entgegennehmen. Und dann versagt das Netzwerk. Ganz abgesehen von den Kosten für 500 unbeschäftigte Agenten, dauert es nicht lange, um Tausende von Kunden zu verärgern. Sie können darauf wetten, dass in diesem Bereich Ausfallzeiten sehr ernst genommen werden.

Es ist nicht nur die Ausfallzeit, die dem Computer- und Netzwerkadministrator Sorgen bereitet: Wenn die Response Time die (die Zeitspanne für die Erledigung von nicht dringenden Aufgaben) die Gesprächsdauer hinauszieht, entsteht sofort ein Engpass im Arbeitsablauf des Call Centers. Dieser Engpass führt zu einem Anstieg der Gesprächsdauer, und das kann zu langen Warteschleifenzeiten für die Kunden und einer Erhöhung der Kosten des Call Centers führen. Bedenken Sie: Ein Call Center, das eine Million Anrufe pro Jahr beantwortet, erfährt bei einem Anstieg der Gesprächsdauer um eine Sekunde einen jährlichen Kostenanstieg in Höhe von 10.000 Euro – bei einer Verlängerung um *eine Sekunde*. Wenn die Computer langsamer werden, kann das noch viel mehr werden.

Dafür zu sorgen, dass alles läuft – gut läuft –, ist die Aufgabe des Computer- und Netzwerkadministrators. Einer dieser Administratoren sagte mir einmal: »Das ist einer dieser Jobs, bei denen Sie wissen, dass Sie alles richtig machen, wenn Sie von niemandem etwas hören. Aber wenn doch …« Das zeigt den Wert von guten Computer- und Netzwerkadministratoren. Wie Scotty im *Raumschiff Enterprise* können sie Wunder vollbringen, die Dinge am Laufen halten oder sie zumindest mit Warp-Geschwindigkeit wieder in Ordnung bringen, wenn sie mal nicht laufen.

Computer- und Netzwerkadministratoren finden

Computer- und Netzwerkadministratoren können Sie in Ihrem Call Center finden – halten Sie Ausschau nach jungen Leuten mit Computer- und Netzwerkkenntnissen, die sich nach einer Gelegenheit sehnen, ihre Fähigkeiten anwenden zu können. Vielleicht finden Sie sie auch in anderen Abteilungen oder außerhalb der Firma. Gute Administratoren besitzen die erforderlichen Computerkenntnisse, gehen analytisch vor und sind hervorragende Problemlöser. Teufelskerle!

Der Anwendungsentwickler

Der Bruder des Computer- und Netzwerkadministrators ist der *Anwendungsentwickler*. Sie brauchen diese Person. Gute Anwendungsentwickler zahlen sich im Laufe eines Jahres mehrfach aus … aber sie machen mir ein bisschen Angst. Wie kann jemand exakt 1,9 Stunden auf einen Monitor starren, aufstehen, innerhalb von 14,5 Minuten eine Cola Light trinken und dann wieder 1,9 Stunden auf den Monitor starren? Das ist doch nicht normal.

Trotzdem entwickeln sie die Werkzeuge, die das gesamte Call Center am Laufen halten – habe ich eigentlich schon gesagt, dass *Sie sie brauchen*? Sie entwickeln Datenbanken, Anleitungen zum Lösen von Problemen, IVR-Anwendungen (Interactive Voice Response) – das sind Anwendungen mit einem automatischen Service für Anrufer, die auch mit anderen Computern und Datenbanken kommunizieren können – und Scripting-Tools. Schließlich verbinden sie all diese Werkzeuge, damit sie nahtlos zusammenarbeiten.

Sie besitzen überragende Entwicklerfähigkeiten, können ohne Betreuung mehrere Monate am Stück arbeiten und trinken derartige Mengen an Cola Light, von denen Laborratten sich erheben und »Jailhouse Rock« singen würden. Sie gehen analytisch vor, verstehen sich glänzend aufs Problemlösen und sind meines Erachtens nicht besonders kommunikativ.

Anwendungsentwickler finden

Manchmal finden Sie Entwickler in Ihrem Call Center – oft gerade erst von der Schule abgegangen, je klüger, desto besser. Suchen Sie nicht in der Nacht nach ihnen.

Der Reportinganalyst

Früher wurde diese Funktion von der Person ausgeübt, die die Reportings der Abteilung verfasste. Die Position des _Reportinganalysten_ hat sich seitdem erheblich weiterentwickelt. Reports gehören immer noch in seinen Aufgabenbereich, machen aber nur einen Bruchteil davon aus. Der Reportinganalyst von heute ist nicht einfach der Typ, der gut mit Tabellen umgehen kann. In zunehmendem Maße ist es jemand mit hoch entwickelten Fähigkeiten in Statistik und Analyse.

Sicherlich erstellt diese Person Reports darüber, inwieweit das Call Center seinen Leistungsvorgaben entspricht. Diese Reports werden in fast jeder vom Management gewünschten Erscheinungsweise herausgebracht – stündlich, täglich, wöchentlich, monatlich – und die Erstellung dieser Informationen sollte größtenteils automatisiert werden. Der Reportinganalyst sorgt auch dafür, dass die Leistungsdaten der Agenten zur Verfügung stehen, damit die Teamleiter und Supervisoren ihren Leuten Feedback geben können.

Der Reportinganalyst ist so etwas wie der Scorekeeper der Firma (der Scorekeeper protokolliert den Ablauf eines Baseballspiels) – Sie müssen einfach einen haben!

Ein enormer Wert bei dieser Position liegt in den Möglichkeiten, die durch die Leistungsanalyse entstehen. Der Reportinganalyst ist der Hüter der Wirtschafsprognose und des Verhältnisses zwischen den Performance-Faktoren und den Unternehmenszielen. Durch die Untersuchung der messbaren Ergebnisse kann der Reportinganalyst mögliche Verbesserungen bei den Werkzeugen und Prozessen erkennen und Empfehlungen abgeben, die zu einer besseren Performance des Call Centers führen werden.

Reportinganalysten finden

Immer häufiger ist der Reportinganalyst jemand mit einer Ausbildung in Statistik, Analyse und der Verwendung von Computerapplikationen einschließlich Datenbanken. Menschen mit höheren Abschlüssen in Ingenieurwissenschaft, BWL, Mathematik oder Statistik kommen auch in Betracht. Erfahrung mit Ursachenanalyse, Six Sigma, Forschung oder anderen analytischen Disziplinen ist ebenfalls von Vorteil.

Der Qualitätsmanager

Die Aufgabe des Qualitätsmanagers ist es, die Arbeit der Agenten zu untersuchen und Einschätzungen dahingehend vorzunehmen, wie gut sich jeder Agent, gemessen an den Standards des Call Centers, schlägt. Der Hauptschwerpunkt liegt auf der Überwachung von Gesprächen im Hinblick auf die Produktkenntnis und die allgemeinen Fähigkeiten zur Bewältigung von Anrufen. Außerdem überprüft der Qualitätsmanager die Dateneingabe auf Genauigkeit und Vollständigkeit. Es bedarf großer Anstrengungen, den Job des Qualitätsmanagers so gut wie möglich zu unterstützen; eventuell sollten Sie über einen abgeschlossenen Raum als Arbeitsplatz für den Qualitätsmanager nachdenken.

 In vielen Call Centern übernimmt häufig der Teamleiter beziehungsweise Supervisor diese Funktion. Besser ist es jedoch, die Verantwortlichkeiten aufzuteilen, sodass der Teamleiter beziehungsweise Supervisor keine Informationen sammelt, sondern mit den Agenten zusammenarbeitet, um die Informationen zur Verbesserung der Leistung zu verwenden.

Qualitätsmanager finden

Die Funktion des Qualitätsmanagers ist ein gutes Trainingsgebiet für Agenten, die in der Call Center-Welt in die Gefilde der Trainer und Teamleiter aufsteigen möchten. Sie werden viele davon in Ihrem Call Center finden.

Der Prozessmanager

Dies ist eine relativ neue und in Call Centern eher selten gesehene Rolle, aber ich halte sie für wichtig. Der *Prozessmanager* ist »der Hüter der Abläufe« – was Sie tun und wie Sie es tun. Diese Funktion ist aus zwei Gründen wichtig. Zum einen unterliegen Call Center einer zunehmenden Zahl von Gesetzen, die ihr Verhalten bestimmen. Der Prozessmanager ist dafür verantwortlich, dass man sich im Call Center der gesetzlichen Auflagen bewusst ist, und er muss dafür sorgen, dass die Arbeitsprozesse entsprechend angepasst werden.

Das Managen der Call Center-Prozesse ist ebenfalls ein starkes und wichtiges Werkzeug, wie in Kapitel 12 nachzulesen ist. Diese Person ist verantwortlich für die Identifizierung der bestehenden Prozesse, deren Dokumentation und deren Aktualisierung, sobald Verbesserungen vorgenommen werden. Schließlich generiert der Prozessmanager ein Prüfverfahren, um sicherzustellen, dass sich die Angestellten an die festgelegten Arbeitsabläufe halten.

Prozessmanager finden

Diese Funktion erfordert jemanden, der gut organisiert, detailorientiert und kommunikativ ist. Es ist hilfreich, wenn diese Person Erfahrung mit dokumentierenden Qualitätsstandards besitzt, wie etwa ISO 9001 oder COPC oder ähnliche Zertifizierungsstandards.

Der Agent

Agenten sind die Menschen an den Telefonen, die mit Ihren Kunden sprechen. Sie sind dafür zuständig, die Kundenkontakte auf eine Art abzuwickeln, die alle Ziele des Call Centers und ihre persönlichen Leistungsziele unterstützt, die ihnen von ihrem Teamleiter oder Supervisor mitgeteilt werden sollten.

Viele Call Center verwenden andere Bezeichnungen für Agenten, zum Beispiel Kundenberater, Operator, Kundenservice-Mitarbeiter, Customer Service Representative oder Telemarketer – um nur einige zu nennen.

Dies ist die wichtigste Funktion im Call Center, ganz gleich, wie Sie sie nennen. Die Call Center-Maschinerie funktioniert ohne Agenten nicht, und sie können die Kundenerfahrung im Umgang mit Ihrer Firma positiv oder negativ gestalten.

Agenten finden

Agenten kommen aus vielen Bereichen. Wenn Sie Agenten auswählen, ist es am wichtigsten, ein Profil des idealen Kandidaten zu entwickeln. In Kapitel 10 erfahren Sie mehr zum Thema Rekrutierung von Agenten.

 Die genaue Struktur Ihres Unternehmens ist nicht so wichtig wie der Punkt, dass alle Hauptaufgaben zugewiesen werden und die Verantwortlichkeiten klar sind.

Wenn Sie einen eher kleinen Betrieb haben, kann vielleicht eine einzige Person mehr als eine der Funktionen und/oder Verantwortlichkeiten übernehmen, die ich beschreibe. Möglicherweise kümmert sich Ihr Teamleiter auch um die Neueinstellungen, oder der Analyst übernimmt auch einen Teil der Einsatzplanung. In größeren Unternehmen hingegen kann es sein, dass ganze Abteilungen eine einzige Funktion übernehmen. In großen Call Centern ist es beispielsweise nicht ungewöhnlich, dass mehrere Leute für die Einsatzplanung oder die Reportings zuständig sind. In ähnlicher Weise kann auch die Funktion des Teamleiters oder Supervisors in weitere Zuständigkeitsbereiche unterteilt werden: Die eine Gruppe von Teamleitern und Supervisoren kümmert sich um Coaching und Feedback, während sich eine andere mit disziplinarischen und personellen Angelegenheit sowie anderen Arten von Unterstützung befasst.

Eine Unternehmenskultur aufbauen und pflegen

Viele Menschen erkennen an, dass die Unternehmenskultur wichtig ist, und ich höre oft, wie wichtig es sei, die »Unternehmenskultur zu verstehen«, aber ich kenne nicht viele, die eine Unternehmenskultur *aufbauen*.

 Vor einigen Jahren hatte ich das Glück, eine Zeit lang mit dem Chef einer sehr erfolgreichen Firma zu verbringen, die eine erstaunliche Unternehmenskultur besaß. Jeder in dieser Firma sagte, die Unternehmenskultur sei der Grund für den Erfolg.

Die Angestellten liebten es, dort zu arbeiten, die Zulieferer liebten es, die Firma zu beliefern, und die Kunden wickelten ihre Geschäfte gerne mit ihr ab. Darüber hinaus war es eine sehr erfolgreiche Firma, der Umsatz und die Gewinne stiegen Jahr für Jahr, auch während einer Rezession und während eines Booms.

»Wie machen Sie das?«, fragte ich. »Ist es überlegene Planung, sind es bessere Finanzanalysten oder was?« »Das Wichtigste ist«, sagte der Chef zu mir, »eine unterstützende Unternehmenskultur aufzubauen und zu erhalten.«

»Sehen Sie«, sagte er, »wenn Sie die gewünschte Unternehmenskultur nicht entwerfen, aufbauen und pflegen, dann erhalten Sie eine andere Unternehmenskultur, eine, die Sie nicht vollständig verstehen und deshalb auch nicht kontrollieren können. Sie wird Sie kontrollieren.«

Den größten Teil der nächsten zwei Stunden verbrachten wir damit, über die Auswirkungen der Unternehmenskultur zu sprechen. Ich sagte: »Mir ist klar, dass die Unternehmenskultur wichtig ist, aber was ist mit den anderen Firmenbereichen wie Marketing und Finanzen. Sind die nicht wichtig?« Er antwortete: »Wenn die Unternehmenskultur stimmt, kommen die anderen Dinge von allein.«

Meine eigenen Erfahrungen der letzten zehn Jahre bestätigen diese Aussage. Wenn unsere Unternehmenskultur stimmt, können wir erstaunliche Dinge auf die Reihe bekommen. Selbst wenn andere Bereiche des Unternehmens nicht so ganz in Ordnung sind, gibt eine starke Unternehmenskultur dem Team unglaubliches Selbstvertrauen und die Kraft, Probleme zu überwinden. Wenn unsere Unternehmenskultur weg ist, scheint alles schwieriger zu sein. Ich kann mir ganz ehrlich nichts Wichtigeres für Unternehmen im Allgemeinen und für Call Center im Besonderen vorstellen. Schade, dass dieser Punkt nicht genug Aufmerksamkeit erhält.

Der Titel dieses Buches lautet nicht *Unternehmenskultur aufbauen für Dummies*, und es ist auch kein Buch über Führung, deshalb werde ich hier auch nicht zu sehr ins Detail gehen. Aber Sie können die Unternehmenskultur Ihres Call Centers positiv beeinflussen. Ich habe ein paar Dinge herausgefunden, die funktionieren:

✔ **Machen Sie eine Teamübung daraus.** Wenngleich ich nicht der Meinung bin, dass es bei der Erstellung einer Mission auf Konsens ankommt, ist die Entwicklung einer Unternehmenskultur eine große Teamübung. Auch wenn Sie nicht jeden in diese Übung einbeziehen können, wird jeder in die Kommunikation und in die Schulungen, die dabei herauskommen, einbezogen sein.

✔ **Überprüfen Sie die Mission und die Vision.** Die Mission ist Ihre übergeordnete Aufgabe. Die Vision ist das, wozu Sie als Team werden. Beides sind Aufträge, die Sie als Team auszuführen haben.

✔ **Bestimmen Sie, was Unternehmenskultur ist.** Ich definiere Unternehmenskultur gerne als das Verhalten, das aus den Überzeugungen und Werten entsteht, die Sie als Team teilen. Wenn Sie bestimmte Verhaltenskodizes aufstellen wollen, müssen Sie einige Werte und Überzeugungen festlegen, die in Ihr Arbeitsleben aufgenommen werden sollen. Das Verhalten, die Werte und die Überzeugungen sollten Ihre Mission und Vision unterstützen – sie dürfen ihnen keinesfalls widersprechen.

  • **Werte:** Das sind die festgelegten Verhaltensregeln. Die Werte beschreiben, wie jeder, der mit Ihrem Call Center zu tun hat – Management, Personal, Kunden, Zulieferer, einfach jeder –, die anderen behandeln und selbst behandelt werden sollte. Beispiele für solche Werte sind Ehrlichkeit, Würde, Respekt und so weiter.

  • **Überzeugungen:** Das sind die Vorstellungen, wie die Dinge am besten funktionieren. Sie beschreiben Ihre wichtigsten, grundlegenden Strategien, wie die Arbeit zu erledigen ist. Beispiele sind kontinuierliche Verbesserung, »Competitive Learning« (Lernen durch Erfahrung) und Win-Win-Win (Lösungen ohne Verlierer).

✔ **Entscheiden Sie, was Sie tun werden, um die Werte und Überzeugungen in eine Unternehmenskultur umzusetzen.** Sie werden sich die folgende Frage stellen müssen: »Wie können wir das erreichen?« Diese Werte und Überzeugungen müssen in Ihre Managementpraktiken, Ihre Strategien, Ihre Verhaltensregeln eingebunden werden. In meiner Firma sind Wertverletzungen Verstöße, die zu Gesprächen und im Wiederholungsfall zu disziplinarischen Maßnahmen führen. Überzeugungen, wie zum Beispiel Competitive Learning, werden durch laufende Weiterbildung und Forschung verstärkt. Wenn zwischen den Werten, Überzeugungen und den betrieblichen Abläufen genug Verbindungen hergestellt sind, wird schon bald die Unternehmenskultur entstehen, nach der Sie suchen.

Sie müssen standhaft und konsequent sein. Viele Versuche, Werte und Überzeugungen aufzustellen, verschwinden mit dem Flipchart-Blatt, auf das sie geschrieben wurden. Das Erstellen einer Unternehmenskultur ist ein aufwendiger Prozess.

Der Aufbau der Unternehmenskultur ist der Weg, nicht das Ziel

Es passiert, dass man vom Pfad der Unternehmenskultur abkommt. Sie handeln außerhalb Ihrer Werte, werden frustriert und stellen die Überzeugungen der Firma in Frage. An dieser Stelle kommen ihresgleichen und Kollegen ins Spiel. »Sag mal, Ralf, glaubst du wirklich, dass das gerade respektvoll war?« Eine derartige Frage kann mich auf meinem Weg aufhalten. Es ist die Aufgabe der Teammitglieder, sich gegenseitig an die Werte und Überzeugungen zu erinnern. Wenn es zu Verstößen kommt, müssen sich die Leute darauf ansprechen.

Auf lange Sicht wird sich Ihre Unternehmenskultur entwickeln und Fuß fassen. Wenn Sie denken, dass Sie sich niemals außerhalb dieser Unternehmenskultur bewegen werden, ist das ein sicherer Weg, um zu *verhindern*, dass die Unternehmenskultur Fuß fasst, und am Ende macht man sich nur selbst etwas vor – dann ist die Unternehmenskultur nur noch ein Plakat an der Wand.

Die Größe des Betriebs festlegen

Der generelle Aufbau des Call Centers sollte sich nicht in Abhängigkeit von der Größe ändern. Die notwendigen Funktionen sind in einem Call Center mit 20 Plätzen dieselben wie in einem mit 500 Plätzen. Der wesentliche Unterschied ist, dass in kleineren Unternehmen Aufgaben zusammengefasst und so von weniger Personen erledigt werden können.

In einen größeren Call Center sind die Aufgaben wahrscheinlich unterteilt, weil mehrere Personen zur Erledigung einer Aufgabe notwendig sind. Ein Beispiel: In einem kleinen Call Center kümmert sich der Teamleiter oder Supervisor auch um die Personalrekrutierung, die Schulungen und das Feedback, wogegen es in einem größeren Call Center eine ganze Abteilung für die Personalrekrutierung, Mitarbeiterschulungen und so weiter gibt. Die Anzahl der für diese Arbeiten notwendigen Leute wird durch die Komplexität der Aufgabe und das Arbeitsvolumen bestimmt.

Wie groß ein Call Center wird, hängt stark davon ab, wie viele Aufgaben es erledigen muss. In den Kapiteln 6 und 7 erfahren Sie, wie Sie die Anzahl der benötigten Agenten bestimmen. In den meisten Call Centern machen die Agenten den Großteil der Belegschaft aus.

Die Teamleiter-Agenten-Quote (siehe dazu auch die Besprechung über den Umfang des Managements weiter hinten in diesem Kapitel) legt fest, wie viele Teamleiter Sie benötigen. Wenn Ihr Call Center eine weitere Schicht mit Berichtslinien besitzt – Teamleiter beziehungsweise Supervisoren, die den Managern Bericht erstatten –, dann müssen Sie die optimale Quote von Managern pro Teamleiter festlegen, um die Größe des Managementteams zu berechnen.

Es bleiben die Unterstützungspositionen, deren Größe davon abhängt, wie viel Arbeit in jeder einzelnen Funktion zu tun ist.

Und wenn das Unternehmen wächst …

Wenn Ihr Call Center an Größe und Komplexität zunimmt, werden Sie feststellen, dass einige Dinge nicht mehr so funktionieren wie zuvor. Womöglich bemerken Sie sogar, dass einige Aufgaben komplett fehlschlagen. Beispielsweise kann in kleineren Call Centern eine Person mit recht einfachen Mitteln – zum Beispiel eigenen Tabellen – die Einsatzplanung des Call Centers vornehmen. Wenn das Call Center an Größe und Komplexität zunimmt, wird diese Person bemerken, dass sie ihre Arbeit nicht mehr an einem Tag erledigen kann.

Die gestiegene Arbeitsbelastung, die ein wachsendes Unternehmen mit sich bringt, kann auf zwei Arten bewältigt werden. Erstens kann man zusätzliche Leute einstellen, zweitens kann man den Arbeitsprozess ändern.

Wenn automatisch neue Leute dazugeholt werden, ergibt sich das Problem, dass diese Leute Wurzeln schlagen, gerne da bleiben und teuer sind.

In vielen Fällen entsprechen die alten Arbeitsprozesse nicht mehr den geschäftlichen Anforderungen, wenn die Firma wächst. Notwendig sind dann ein Wandel bei den Arbeitsprozessen, neue Technologie, aber nicht unbedingt zusätzliche Arbeitskräfte. Im Falle des Einsatzplaners, könnte eine automatisierte Einsatzplanung den Arbeitsablauf so stark verändern, dass der bereits vorhandene Einsatzplaner die gesamte Planung für das Call Center wieder allein durchführen kann.

Ich behaupte nicht, dass Sie keine zusätzlichen Leute einstellen sollten, aber Sie sollten beide Optionen in Erwägung ziehen, wenn die vorhandene Belegschaft die Arbeit nicht mehr schafft.

Die beste Management-Personal-Quote sicherstellen

Call Center-Manager verbringen viel Zeit damit, über den *Umfang* des Managements zu diskutieren – wie viele Agenten kann ein Teamleiter oder Supervisor beaufsichtigen oder wie viele Teamleiter kann ein Manager führen? Der Umfang des Managements in Ihrem Betrieb sollte direkt proportional sein zum Ausmaß der Unterstützung, die Ihre Agenten benötigen. Er hängt von der Komplexität der Arbeit im Call Center ab, von den Erfahrungen und den Fähigkeiten des Personals und von der Menge der Unterstützung, die durch Technologie und Hilfsmittel zur Verfügung gestellt wird, damit die Agenten ihre Arbeit tun können.

Manche bevorzugen einen geringeren Umfang an Kontrolle durch das Management, denn so haben die Teamleiter mehr Zeit für jeden einzelnen Agenten – das verbessert die Qualität der Anrufbearbeitung, verkleinert die Lernkurve des Angestellten und hebt die Arbeitsmoral. Der offensichtliche Nachteil ist, dass ein geringer Managementumfang mehr kostet.

Eine Quote von 15:1 schein der De-facto-Standard zu sein: »Im Zweifelsfalle nehmen Sie 15:1.« Ich bin nicht sicher, ob das so eine gute Idee ist. Der Umfang ist nicht festgelegt. Ich habe Unternehmen gesehen, die mit einer Quote von 30:1 gut zurechtgekommen sind; andere arbeiten sogar mit einer Quote von 5:1. Das hängt vom Betrieb ab. Meistens liegt man im Bereich 10 bis 20:1, und durchschnittlich ist es ungefähr 15:1. Am besten benutzen Sie einige dieser Kriterien, um für Ihr Unternehmen den richtigen Managementumfang zu finden.

Folgende Dinge erlauben es Ihnen, den Umfang der Kontrolle durch das Management zu vergrößern:

✔ Technologie zur Unterstützung der Call Center-Agenten, wie etwa Leistungsfeedback an den Arbeitsplatz oder Wissensdatenbanken mit Antworten auch auf sehr schwierige Fragen.

✔ E-Learning, das es den Agenten ermöglicht, Schulungen an ihrem Arbeitsplatz zu absolvieren

✔ E-Mail, die es den Teamleitern beziehungsweise Supervisoren erlaubt, effizienter mit ihrem Personal zu kommunizieren

✔ Automatische Anrufaufzeichnung, die die Produktivität des Teamleiters verbessert, weil sie es ihm ermöglicht, Feedback an mehr Personal im selben Zeitraum zu leiten

✔ Die Aufstellung eines eigenen Teams zur Anrufauswertung, das sich die Anrufe der Agenten anhört und für den Teamleiter auswertet – was diesem einige Arbeit abnimmt

✔ Unkündbare ältere Angestellte, die den Job gut kennen

✔ Eine Tendenz zur Selbstbestimmung am Arbeitsplatz

Ausgezeichnete Unterstützungswerkzeuge – ein größerer Managementbereich

Stellen Sie sich einmal vor, wie einer Ihrer Teamleiter ins Büro kommt, um seinen Job zu machen und das Personal zu unterstützen und anzuleiten. Erst einmal lässt er ein paar Reports aus verschiedenen Systemen ausdrucken, die etwas über die Performance des Teams aussagen. Dann fasst er diese Reports in einer Tabelle zusammen, sodass er die Stärken und Schwächen der einzelnen Agenten besser erkennen kann. Danach verbringt er ein paar Stunden damit, sich aufgezeichnete Gespräche anzuhören. (Das dauert eine Weile, weil es heute nicht so viele Anrufer gab.) Danach hört er sich ein paar komplette Gespräche von einigen Agenten an und untersucht und bewertet sie. Nun ist er, vorbereitet durch die Reports und Beispiele, bereit, den Agenten Anleitungen zu geben. Leider ist der Arbeitstag schon fast vorbei, und er muss noch ein paar Dinge erledigen, bevor er nach Hause fährt. Naja, das Coaching kann auch noch bis morgen warten.

Nun stellen Sie sich denselben Teamleiter mit besseren Werkzeugen vor. Wenn er in sein Büro kommt, schaltet er seinen Computer ein; dort wartet bereits eine statistische Leistungsanalyse für jeden Agent auf ihn. Diese Analyse ist viel detaillierter und weitreichender, als er es selbst je hätte zusammenstellen können, und umfasst auch eine Einschätzung der Stärken und Schwächen jedes Agenten. Und seine Agenten haben die Reports bereits gesehen, in denen ihre Schwäche aufgeführt werden, sowie eine Liste von Punkten, die im Coaching verbessert werden sollen.

Außerdem gibt es für jeden Agenten eine umfangreiche Beispielsammlung der geführten Anrufe. Die Anrufe wurden bewertet, und die Bewertungen sind ebenfalls an den entsprechenden Mitarbeiter gesendet worden. Da all diese Arbeiten schon erledigt sind, kann der Teamleiter seinen Tag damit beginnen, an die Agenten heranzutreten und ihnen Hilfe in den betreffenden Bereichen zu geben. Derartige Werkzeuge stehen heutzutage zur Verfügung; sie werden in den Kapiteln 8 und 9 detaillierter besprochen. Durch die Verwendung dieser Werkzeuge haben Teamleiter mehr Zeit, ihre Agenten mittels Coaching und Feedback zu unterstützen. Dies fördert einen größeren Umfang der Managementkontrolle.

Ich kann Ihnen aber immer noch nicht sagen, was der richtige Umfang der Management-kontrolle für Ihr Call Center ist. Ein zu geringer Umfang ist selten das Problem. Sorgen über die Kostenkontrolle, Wachstum des Call Centers und eine Ausrichtung des Managements auf neue Aufträge üben einen ständigen Druck nach oben auf den Umfang des Managements aus. Es ist jedoch wichtig, die Zeichen zu erkennen, die einen zu hohen Umfang der Managementkontrolle kennzeichnen:

✔ Die Call Center-Agenten beschweren sich darüber, dass ihr Teamleiter oder Supervisor nicht genug Zeit für sie hat.

✔ Die Qualität der Anrufbearbeitung sinkt oder ist verbesserungsbedürftig.

✔ Die Teamleiter schaffen nicht mehr all das, was sie sollen.

Dies sind Anzeichen, dass der Umfang des Managements zu hoch ist. Entweder muss die Art, in der der Teamleiter oder Supervisor seine Arbeit tut, geändert werden (durch Hinzufügen neuer Werkzeuge oder Prozesse) oder die Anzahl der Führungskräfte muss erhöht werden.

Es gibt keinen Königsweg

Ich glaube nicht, dass es einen Königsweg beim Aufbau der Organisationsstruktur eines Call Centers gibt. Ich glaube aber, dass es wichtig ist, die Funktionen und Verantwortlichkeiten innerhalb des Call Centers sorgsam zu überdenken. Es ist wichtig, sicherzustellen, dass jemand im Unternehmen dafür verantwortlich ist, die Aufgaben zu erledigen, die für den erfolgreichen Betrieb eines Call Centers wesentlich sind.

 Das Beste, was Sie beim Entwurf der Organisation tun können, ist, sicherzustellen, dass die Funktionen auf eine Weise koordiniert werden, die die Verantwortung aufteilt, aber dennoch sicherstellt, dass alle an der gemeinsamen Mission in Richtung Unternehmensziele arbeiten. Dieser Geschäftszweig hat mit Menschen zu tun, und wie in allen menschlichen Bereichen klappt es am besten, wenn jeder engagiert ist und alle in einer intakten, unterstützenden Unternehmenskultur zusammenarbeiten.

Ein eigenes Call Center aufbauen

Fachkorrektur: Stephan Gamm, Head of Competence Group CRM, Detecon International GmbH

4

In diesem Kapitel

▷ Die Fragen, die die Dinge zum Laufen bringen

▷ Art und Größe Ihres Call Centers festlegen

▷ Den Standort bestimmen

▷ Einen Outsourcing-Partner auswählen

D ie Einrichtung eines Call Centers beginnt mit einer Notwendigkeit – manchmal mit einer dringenden Notwendigkeit. Na gut, *oft* mit einer dringenden Notwendigkeit. Ein Unternehmen stellt fest, dass es viele Anrufe von Kunden erhält – beispielsweise weil das Geschäft gerade boomt –, aber es gibt keine Stelle, an die die Anrufe gehen können. Also beschließt irgendjemand: »Wir brauchen ein Call Center!« Oft und speziell in den dringenderen Fällen wird das Call Center schnell aufgebaut, um die bestehende Kundenkontaktfähigkeit der Firma auszuweiten.

In anderen Fällen wird das Call Center lange im Voraus sorgfältig geplant. Wenn Ihre Firma beispielsweise ein neues Produkt herausbringt und Sie damit rechnen, dass viele Leute anrufen, werden Sie wahrscheinlich im Voraus planen, um dem Bedarf nach höherer Anrufbearbeitung zu entsprechen.

In diesem Kapitel stelle ich einige der Fragen und liefere die betreffenden Antworten über das Warum, Was, Wo, Wenn und Wie beim Aufbau eines Call Centers.

Eins nach dem anderen: Fragen, die Sie sich stellen müssen

Sie brauchen die Antworten auf einige grundsätzliche Fragen, um die Logistik Ihres Call Centers festzulegen:

✔ Welchen Output wird das Call Center liefern?

✔ Welche Serviceleistungen wird das Call Center anbieten (Inbound-Kundenservice, Outbound-Inkasso)?

✔ Welche Arten von Management-Support wird das Call Center bieten (Supervisoren, Trainer, Einsatzplaner, Qualitätsmanager, Analysten)?

✔ Welche anderen Kundendienste sind notwendig (Bearbeitung von Garantieansprüchen, E-Mail-Beantwortung)?

✔ Welche Anforderungen werden an die Agenten und an das Management gestellt?

✔ Welche technologischen Anforderungen gibt es?

✔ Wie groß soll das Call Center werden?

✔ Welche Möglichkeiten gibt es für den Standort des Call Centers?

 Das Klären dieser Punkte wird den Planern helfen, die Anforderungsliste zu erstellen, die schließlich der Projektplan zur Erstellung des Call Centers wird.

Was sind die geschäftlichen Anforderungen?

Wie bereits in den Kapiteln 2 und 3 erwähnt wurde, gibt der Führungsstab des Unternehmens die Marschrichtung des Call Centers vor, indem er die Mission des Call Centers beschreibt. Wenn Sie bereits in einem frühen Stadium begreifen, was vom Call Center erwartet wird, hilft Ihnen das, mit der Bestimmung der künftigen Möglichkeiten und Anforderungen zu beginnen.

Kapitel 3 enthält mehr Informationen über den Service-Level und andere Call Center-Ziele sowie ein Modell, mit dem sichergestellt werden kann, dass Sie diese Ziele auch erreichen.

Welche Art von Service wird das Call Center bieten?

Die verschiedenen Arten von Service, die Ihr Call Center bietet, bestimmen die Fähigkeiten, die für diese Dienste erforderlich sind, und beeinflussen womöglich auch den Standort des Call Centers. Wenn Sie beispielsweise hochgradig technische Anrufe entgegennehmen, kann es klug sein, das Call Center in einer Gegend anzusiedeln, in der es eine Technische Hochschule gibt. Sollten viele Ihrer Anrufer Türkisch sprechen, benötigen Sie Agenten, die das auch tun. In diesem Fall würden Sie als Standort eher eine Gegend mit einem hohen türkischen Bevölkerungsanteil wählen.

Im Folgenden ein paar typische Dienste, die Ihr Call Center anbieten könnte:

✔ **Inbound-Kundenservice:** Bietet allgemeine Produktinformationen oder Hilfestellung für Kunden

✔ **Technischer Inbound-Support:** Hilft Kunden bei der Verwendung ihres Produkts oder ihrer Dienstleistung und bietet Lösungen für technische Probleme

✔ **Inbound-Verkäufe:** Hilft Kunden bei der Kaufentscheidung

✔ **Inbound-Abrechnung:** Hilft Kunden bei ihren Rechnungen und bietet allgemeine Kontoinformationen

✔ **Outbound-Telefonmarketing:** Verkauft neue Angebote an die Kunden

✔ **Outbound-Terminierung:** Vereinbarung von Kundenterminen für Vertriebsmitarbeiter im Innen- oder Außendienst

✔ **Outbound-Service:** Folgt bei Kunden mit Anfragen oder Problemen; liefert Informationen, sammelt Meinungen oder führt Umfragen durch

✔ **Outbound-Inkasso:** Versucht das Geld von Personen einzutreiben, die Sie nicht mehr als Ihre Kunden bezeichnen wollen

✔ **Inbound-Inkasso:** Bekommt Geld von Leuten, die Sie wahrscheinlich nach wie vor als Ihre Kunden bezeichnen

✔ **Back-Office:** Bearbeitet Kundenanfragen, die im Front-Office nicht bearbeitet werden können

Wie groß soll das Call Center werden?

Die Größe Ihres Call Centers hängt hauptsächlich vom Umfang der Ressourcen ab (insbesondere von der Anzahl der Agenten), die notwendig sind, um alle Kundenkontakte zu bearbeiten. Es wird unumgänglich sein, das Arbeitspensum des neuen Call Centers vorauszuplanen. Hierbei ist es sinnvoll, eine langfristige Planung vorzunehmen – für beispielsweise fünf Jahre, damit ein wenig Platz für Wachstum eingeplant wird. In den Kapiteln 6 und 7 werden die Planung und die Personalbesetzung besprochen. Außerdem wird erklärt, wie man die Größe eines Call Centers bestimmt.

 Die Bestimmung der Größe Ihres Call Centers verrät Ihnen eine Menge, zum Beispiel in welcher Umgebung der Standort liegen soll (einer mit einer ausreichenden Auswahl an Arbeitskräften, die die erforderlichen Fähigkeiten besitzen) und welche Art von Gebäude das Call Center beziehen soll (einem mit genügend Platz, Einrichtungen, Telekommunikationsinfrastruktur und Parkplätzen).

Soll es ein einzelnes Call Center werden oder Bestandteil eines Netzwerks?

Zu Ihrer Diskussion über die Größe des Call Centers gehört auch die Frage, ob es eine selbstständige Einheit sein soll – eine einzelne Einrichtung, die die gesamte Arbeit allein erledigt – oder Teil eines Netzwerks von Call Centern, die ähnliche Funktionen erfüllen. Ein neues Unternehmen erfordert mehr Planung und Forschung, weil es womöglich keine Vorlage gibt, auf die man seine Entscheidungen gründen könnte. Auf der anderen Seite kann es einfacher sein, sich einem Call Center-Netzwerk anzuschließen, weil das neue Unternehmen auf dem Modell seiner bereits bestehenden Vorläufer aufbauen kann.

Welche Unterstützungsdienste sollten integriert werden?

Die Planer sollten sich fragen, welche zusätzlichen Dienste neben der Anrufabwicklung noch angeboten werden sollen. Einige davon liegen auf der Hand, wie etwa Management-Unterstützungsfunktionen – Teamleiter, Einsatzplaner, Trainer und die anderen Funktionen, die in Kapitel 3 detailliert besprochen werden. Andere sind nicht so offenkundig und müssen vor dem Beginn des Call Center-Entwurfs festgelegt werden.

In Abhängigkeit von den Diensten, die das Call Center anbietet, kann neben den Telefonservices zusätzliche Arbeit anfallen. Ein Kundensupportcenter bietet vielleicht auch einen E-Mail-Service für die Kunden an, die diese Art der Kommunikation bevorzugen.

Hier einige Dienste und Funktionen, die erforderlich sein könnten und deshalb bei der Bestimmung der Anforderungen an das Call Center bedacht werden sollten:

✔ Kommunikation mit den Kunden per Fax, Internet, E-Mail oder Chat

✔ Herkömmliche Post bearbeiten

✔ Kundenbestellungen auf Firmensystemen beschaffen

✔ Ansprüche oder Gutschriften von Kunden überprüfen und bestätigen (oder ablehnen)

✔ Das Produkt liefern

✔ Garantieansprüche bearbeiten

Die Beantwortung der Fragen

Die Antworten auf die Fragen in diesem Kapitel verrät den Planern viel darüber, wie das Call Center einmal aussehen wird.

Da die Anforderungen eines Call Centers eine Vielzahl von Disziplinen einbezieht, ist es vorteilhaft, Leute mit sehr unterschiedlichen Fähigkeiten im Planungsteam zu haben. Zu den notwendigen Fachleuten gehören Spezialisten in Sachen Projektmanagement, Personalwesen, Betriebsanlagen und Personalplanung sowie jemand, der Erfahrung mit der Art von Call Center hat, das Sie gerade aufbauen – vielleicht ist das auch Ihr künftiger Call Center-Manager.

Wenn Sie diese Fachleute im Projektteam haben, ist das Risiko geringer, dass wichtige Voraussetzungen unberücksichtigt bleiben.

Den Standort für das Call Center finden

Die Hauptfaktoren – oder Kernkriterien –, die den Standort Ihres Call Centers beeinflussen, sind:

✔ Vorhandensein zuverlässiger Telekommunikationsinfrastruktur

✔ Vorhandensein fähiger Arbeitskräfte

✔ Gesamtkosten des Betriebs am Standort

✔ Finanzielle Unterstützung durch regionale Fördergesellschaften

Einige Firmen würden auch anführen, dass es für ihr Call Center wichtig sei, nahe bei anderen Firmenstandorten oder in der Nähe ihrer Kunden zu liegen. Fügen Sie einfach alle wichtigen Kriterien Ihrer Firma den Kernkriterien hinzu, und Sie verfügen über eine solide Basis, um die Betriebsmöglichkeiten zu vergleichen.

Sie sollten jedes einzelne Kriterium bedenken, wenn Sie nach dem besten Standort für Ihr neues Call Center suchen – und Sie haben viele Standortmöglichkeiten. Durch die weltweite Verfügbarkeit des Internets und der Telekommunikationsdienste hat sich der Arbeitsmarkt überall auf der Welt für den Betrieb von Call Centern geöffnet. Jeder Markt hat seine Vorteile, und ein Call Center kann sich – unter sonst gleichen Bedingungen – irgendwo auf diesem Planeten befinden und immer noch die angestrebte Mission erfüllen und die Firmenziele erreichen. Die Möglichkeiten waren noch nie größer.

Virtuelle Call Center einrichten

Sie müssen Ihr Call Center noch nicht einmal auf einen Standort beschränken: Sie können virtuelle Call Center einrichten, bei denen Agenten an verschiedenen Standorten rund um den Globus arbeiten und doch dieselbe Kundengruppe bedienen.

 Bei einem virtuellen Unternehmen ist die Tatsache, dass die Standorte auseinander liegen, irrelevant. Die Technik lässt die voneinander getrennten Gruppen als Einheit erscheinen. Call Center-Agenten müssen noch nicht einmal in einem Büro sitzen, sie können auch bequem von zu Hause aus arbeiten. Mehrere Agenten, die von zu Hause aus arbeiten, können via Internet und ein Telefonnetzwerk zu einem virtuellen Call Center zusammengefügt werden.

Virtuelle Call Center sind für Firmen nützlich, die einen hohen Call Center-Bedarf haben. Anstatt ein Mega-Call Center zu betreiben, kann die Firma mehrere Call Center errichten und virtuell miteinander verbinden.

Mehrere Call Center miteinander zu verbinden bietet auch ein hohes Maß an Chaosprävention. Falls eine Filiale aufgrund eines Notfalls oder einer Naturkatastrophe geschlossen ist, werden die anderen wahrscheinlich ohne Störung weiterarbeiten und dadurch das Call Center der Firma in Betrieb halten. Manche Firmen verbinden Agenten, die von zu Hause aus arbeiten, virtuell miteinander, um so viele Teilzeitarbeitsplätze zu sichern oder um Betriebskosten zu senken oder um den besten Agenten Vergünstigungen zu bieten. Einige der Besonderheiten in Zusammenhang mit diesem Thema finden Sie in den Kapiteln 8 und 9.

Den Arbeitsmarkt einer Gegend prüfen

Um zu prüfen, ob ein Markt ausreichend qualifizierte Arbeitskräfte bietet, geben Call Center-Manager Stellenanzeigen auf und untersuchen die Menge der Kandidaten, die sich melden. Ein gutes Rückmeldungsvolumen macht das Gebiet zu einem Kandidaten für das neue Call Center.

Meine Firma hat eine Bewerbungsanwendung entwickelt, die Interactive Voice Response (IVR) verwendet. (Mehr über IVR erfahren Sie in Kapitel 8.) Wenn wir uns nach neuen Standorten umsehen, geben wir in mehreren Gemeinden Annoncen auf, die alle nur eine anzurufende Nummer enthalten. Die Bewerber rufen unser IVR-System an, das die Bewerber anzeigt. Das IVR-System teilt uns damit die Höhe des Interesses mit und vermittelt einen ersten Eindruck von der Qualifikation der Bewerber.

Wir haben auch IVR verwendet, um sehr spezielle Standorte auszumachen. Kürzlich mussten wir binnen kurzer Zeit – wirklich *sehr* kurzer Zeit – ein neues Call Center eröffnen, um einem Kunden aus einer dringenden Notlage zu helfen. Unser Problem war, dass wir noch nicht den nächsten Standort bestimmt hatten. Wir hatten zwar eine kleine Liste mit sechs Städten, hatten uns aber noch nicht für eine entschieden. Unser Hauptaugenmerk lag darauf, einen Standort zu finden, der das nötige Arbeitskräftepotenzial besaß, um unseren langfristigen Ansprüchen zu genügen.

Wir entschlossen uns, in den einzelnen Städten Spots im Lokalradio ausstrahlen zu lassen und Anzeigen in den Zeitungen zu schalten. In beiden Fällen gab es eine Telefonnummer, die mit unserer Bewerbungs-IVR-Anwendung verbunden war. Die IVR war darauf eingerichtet, qualifizierte Bewerber herauszufiltern: Die Anrufer wählten die veröffentlichte Nummer und wurden von der IVR aufgefordert, Fragen bezüglich ihrer Qualifikation zu beantworten, wie zum Beispiel: »Haben Sie bereits Erfahrungen mit Call Centern?« »Worin besteht Ihrer Meinung nach dieser Job?« »Beschreiben Sie bitte eine Situation, in der Sie außergewöhnlichen Kundendienst geleistet haben.« Die IVR hat die Antworten der Bewerber aufgezeichnet und kategorisiert. Nach weniger als einer Woche mit Annoncen und Auswertungen besaßen wir genügend Informationen, um die beste Stadt auszuwählen. Ich glaube nicht, dass dies ohne eine automatische Vorauswahl der Bewerber möglich gewesen wäre.

Den Standort in der Nähe anderer Firmeneinrichtungen aufbauen

Wie sehr ist Ihr Call Center mit anderen Funktionen innerhalb Ihres Betriebs verknüpft? Muss die Firmenleitung unbedingt ständig im Call Center anwesend sein? Wenn die Antwort Ja lautet, sollten Sie Ihr Call Center in der Nähe des Hauptbüros einrichten.

Könnte ein Job im Call Center als Einstieg auf dem Weg zu anderen Funktionen innerhalb der Firma betrachtet werden? Falls dem so ist, ist es sinnvoll, nahe bei der Ausgangsposition zu bleiben, weil das Call Center zum Arbeitskräftereservoir für den Betrieb werden kann.

Es kann Kostenvorteile bieten, das Call Center in der Nähe anderer Firmeneinrichtungen und -funktionen – Datenbearbeitung, Personalwesen, Bewerbung, Schulung – aufzubauen. Sie können bei den Personalkosten sparen, weil Sie bestimmte Funktionen, die es bereits im Hauptbüro gibt, nicht besetzen müssen. Die Verfügbarkeit von Firmenräumlichkeiten (etwa Schulungs- oder Besprechungsräume) vermeidet Kosten für zusätzliche Gebäude für das Call Center.

 Mal etwas netter und freundlicher gesagt: Es kann für Ihre Firma wichtig sein, ein starkes Zusammengehörigkeitsgefühl aufzubauen, und ein Call Center in der Nähe der Basis trägt mit Sicherheit dazu bei.

Sich in der Nähe der potenziellen Angestellten ansiedeln

 Es ist wichtig, genügend qualifizierte Leute für den Job zur Verfügung zu haben, insbesondere wenn Ihr Call Center komplexe Arbeiten verrichtet, die spezifische Fähigkeiten oder höhere Qualifikationen erfordern. Eine schlechte Entscheidung hinsichtlich des Standorts kann die Rekrutierungs- und Schulungskosten in die Höhe treiben, falls die richtigen Leute nicht bereitstehen.

Denken Sie auch an die Kosten der verfügbaren Arbeitskräfte. Es ist billiger, ein Call Center in Niederkuckucksdorf mit Personal zu besetzen als in Oberglitzerstadt. Angesichts der Tatsache, dass die Arbeitskosten mit mehr als 60 Prozent Ihrer Gesamtkosten zu Buche schlagen werden, ist dies wirklich eine gründliche Überlegung wert.

 Ich sehe Call Center gerne inmitten von großen Wohngegenden. Dadurch weiß ich, dass die Angestelltenbasis nicht weit weg ist – eine wichtige Überlegung, wenn die Leute zu Ihnen zum Arbeiten kommen sollen. Wenn ein Call Center unerreichbar ist, ist das ein Hindernis beim Anlocken der größtmöglichen Anzahl hoch qualifizierter Mitarbeiter.

 Die unmittelbare Nähe zu einer Universität oder Hochschule ist ein nicht zu unterschätzender Vorteil bei der Rekrutierung von Mitarbeitern. Call Center bieten aufgrund ihrer Arbeitsweise ideale Voraussetzungen für Teilzeitkräfte und bieten so vielen Studenten eine interessante Möglichkeit, neben dem Studium berufstätig zu sein. Dabei sollte auf eine möglichst direkte ÖPNV-Verbindung zwischen Hochschule und Call Center geachtet werden, die es Studenten auch ermöglicht, bei längeren Pausen problemlos ein paar Stunden zu arbeiten. Nicht zu verachten sind die erheblich niedrigeren Sozialversicherungskosten für studentische Hilfskräfte (sofern sie unter 20 Stunden pro Woche arbeiten), da für diese nur die Rentenversicherungsbeiträge abgeführt werden müssen.

Dem Kunden nahekommen

Gibt es wichtige Vorteile beim Bedienen Ihrer speziellen Kunden? Bedarf Ihr Produkt oder Ihre Dienstleistung eines bedeutenden Maßes an Kenntnissen des Lokalkolorits? Wenn ja, ist Ihr Unternehmen möglicherweise eines der vielen, für die eine sehr intime Kenntnis der Firmenumgebung des Kunden sehr wichtig ist. Dies kann Grund genug dafür sein, das Call Center in der Nähe Ihrer Kundenbasis anzusiedeln.

Kunde: *Ich wohne in der Glückstalstr. 123*

Agent: *Ach, ist das nicht in der Nähe von Herberts Pizzatempel? Die Gegend kenne ich echt gut. Genauer gesagt haben wir sogar einen Laden bei Ihnen in der Straße …*

Da die Wirtschaftswelt jedoch zunehmend weltoffener wird, ist diese Art von persönlichem Kundendienst nicht so bedeutend und wird auch nicht so sehr erwartet.

Sie stellen natürlich eine gewisse kulturelle Vertrautheit her, wenn Sie das Call Center in dem Markt ansiedeln, der Ihre Kunden bedient. Alternativ kann die eventuell fehlende regionale Kenntnis des Call Agenten durch entsprechende Computersysteme zumindest teilweise ausgeglichen werden. Wenn Sie sich jedoch in Ihrem Land, aber außerhalb des Bundeslandes oder der Region ansiedeln, verlieren Sie vielleicht nicht viel in Sachen Kundenservice, gewinnen aber den Vorteil geringerer Kosten und gestiegener Kapazität – insbesondere wenn Ihr Markt ziemlich hohe Arbeitskosten mit sich bringt, wie zum Beispiel New York, Paris, London, Mailand oder München.

Weit, weit weg von den Kunden

Die bei Weitem preisgünstigste Alternative auf einer rein operativen Basis ist die Verlagerung des Call Centers ins Ausland. Wenn Sie sich irgendwo in Mittelamerika, in der Karibik, in Südafrika, auf Mallorca oder in China niederlassen, kann dies die Arbeitskosten stark senken.

 Mit einem solchen Umzug sind jedoch einige klare Risiken verbunden, weil Sie wahrscheinlich feststellen werden, dass es dort weniger qualifizierte Arbeitskräfte gibt und Ihre Kontrolle minimiert wird. Außerdem können kulturelle Unterschiede Probleme bei der Kommunikation und im Betrieb auslösen.

Natürlich ist die Verlagerung Ihres Call Centers ins Ausland kurzfristig nicht kostengünstig. Viel Vorfeldarbeit und Unterstützung sind notwendig, um den Erfolg eines Auslands-Call Centers zu gewährleisten. Ebenso wie es viele Erfolgsgeschichten gibt, gibt es auch viele Horrorgeschichten. Viele davon sind das Ergebnis eines schlecht geplanten und überstürzt durchgeführten Umzugs.

Wenn Sie wirklich die Auslandsoption in Erwägung ziehen, müssen Sie eingehende Forschung und Planung betreiben – vergessen Sie nicht, die örtlichen Effizienzlevel in die Überlegungen mit einzubeziehen, wenn Sie den Vergleich zu einem Call Center näher der Heimat anstellen. Ich würde auch empfehlen, dass sich ein Unternehmensvertreter permanent vor Ort befindet, um bei möglichen Kontroll- oder Kommunikationsproblemen Abhilfe zu schaffen.

Eine Heimat weit weg von daheim

Ganz gleich, wo Sie sich niederlassen: Sie sollten immer nach Wegen suchen, um gleichzeitig die Kosten zu senken und die Qualität zu heben – Ihre Kunden wollen ganz einfach hochwertige Produkte und Dienstleistungen zu wettbewerbsfähigen Preisen, und Ihre Investoren möchten für ihre Investitionen auch gute Gewinne sehen.

Wenn es für Sie kein wichtiges Kriterium ist, nahe bei Ihrer Kundenbasis oder anderen Firmeneinrichtungen beheimatet zu sein, dann wird Ihnen diese Freiheit gewisse Kostenvorteile einbringen. Wenn Sie sich jedoch irgendwo in den Pampas ansiedeln – hinter den Bergen, bei den sieben Zwergen, weit weg vom Hauptbüro –, dann gibt es wiederum andere Standortkriterien, die Sie berücksichtigen müssen.

Vorrangige Überlegungen

 Ob Sie sich nun entschließen, sich nahe der Heimat anzusiedeln oder nicht, müssen Sie doch immer die Verfügbarkeit einer ausreichenden Zahl qualifizierter Arbeitskräfte berücksichtigen, die Sie für Ihr Call Center benötigen.

Außerdem müssen Sie sich fragen, wie hoch der durchschnittliche Arbeitslohn in der Zielgegend ist. Um einen Fortzug Ihres Call Centers zu rechtfertigen, ist es nur sinnvoll, dass Sie einen Vorteil – und zwar vorzugsweise einen deutlichen Vorteil – bei den Arbeitskosten erlangen. Sie müssen auch die Fluktuation des Personals sowie das Call Center-Wachstum einkalkulieren. Die Bevölkerungsbasis Ihrer Zielgegend muss mehr bieten, als Ihren momentanen Anforderungen entspricht.

Gibt es in Ihrer Zielgegend Bildungseinrichtungen? Und wenn ja, bieten diese Programme an, die die Anforderungen Ihres Unternehmens unterstützen – also die Fähigkeiten, deren Träger Sie anwerben wollen? Zusätzliche Schulungen sind signifikante Call Center-Kosten; daher lohnt es sich, Ihr Call Center in einer Region anzusiedeln, in der es ausgebildetes Personal im Überfluss gibt. Denken Sie auch daran, dass Gemeinden mit einer Universität oder einer Fachhochschule eine reiche Quelle für Teilzeit- und Ferienarbeitskräfte darstellen.

Es klingt vielleicht banal, aber stellen Sie sicher, dass Sie an Ihrem neuen Standort ein qualifiziertes Managementteam bekommen können. Glauben Sie mir, es ist schon vorgekommen, dass die Planer ein Call Center an einem tollen, weit entfernten Standort eröffnet haben, nur um dann ihre liebe Not damit zu haben, ein qualifiziertes Managementteam dorthin zu bekommen. Sicherlich könnten Sie einen Manager aus der Gruppe der Call Center-Agenten ausbilden, aber das braucht seine Zeit.

Natürlich muss die Region, die Sie auswählen, mit der neuesten und besten Telekommunikationsinfrastruktur ausgestattet sein. Andere Einrichtungen, wie zum Beispiel die Stromversorgung, sind auch bedeutsam.

Technischer Fortschritt bedeutet, dass es nicht wichtig ist, ob Sie Ihr Call Center außerhalb der Stadt, des Kreises, der Region oder des Landes ansiedeln – die moderne Telekommunikation wird alles nahtlos mit dem Rest Ihres Unternehmens verbinden.

Diese *geografische Auslagerung* – ein Standort entfernt vom heimatlichen Büro oder von der Kundenbasis – wird schon lange vorgenommen und ist gängige Geschäftspraktik. US-Firmen, die einen Teil oder die Gesamtheit ihres Betriebs beispielsweise von New York nach Iowa verlagert haben, haben die Vorteile der geografischen Auslagerung genutzt.

Stadt contra Land

Wenn sich Ihr Call Center in einer Großstadt befindet, erhöht dies die Verfügbarkeit von Arbeitskräften, sodass auch der Kampf um die Arbeitsplätze größer sein wird. Und auch wenn die technischen Einrichtungen wahrscheinlich besser sind, werden auch die Löhne in städtischen Zentren höher sein.

Auf der anderen Seite gibt es in kleinen Gemeinden oft eine starke unterstützende Kultur bei Kundendienstprozessen. Häufig ist ein neues Call Center in einem kleineren Ort ein bedeutender Arbeitgeber, der die Arbeitslosigkeit senkt und dem unmittelbare Loyalität innerhalb des Ortes entgegengebracht wird.

Call Center funktionieren gut, wenn sie in der Nähe von Wohngebieten liegen – also in der Nähe der erforderlichen qualifizierten Arbeitskräfte. Kurze Anfahrtszeiten wirken auf potenzielles Personal sehr anziehend.

Nahes Ausland contra fernes Ausland

Nahes Ausland bedeutet die Verlagerung eines Call Centers in ein Nachbarland. Geläufige Beispiele sind US-Firmen, die ihre Call Center nach Kanada oder Mexiko verlagern, oder britische Firmen, die ihre Call Center in Irland ansiedeln.

Standort im nahen Ausland

Ihr Call Center im benachbarten Ausland anzusiedeln, ist eine einfache und gangbare Alternative, weil das Call Center sich in der Nähe des Heimatlandes befindet. Daher stellen Sprache, Bildung und Kultur eher keine größeren Probleme.

Ein Standort im benachbarten Ausland ist im Grunde nur eine Erweiterung der geografischen Ausbreitung im Heimatland, und Sie können einige Vorteile durch Arbeitskräftepotenzial, Arbeitskosten, Bildung und Qualifikation der Interessenten gewinnen.

Standort im fernen Ausland

Die Verlagerung ins ferne Ausland ist der nächste logische Schritt bei der geografischen Ausbreitung; er eröffnet sogar noch größere Einsparungen, insbesondere bei den Arbeitskosten. Außerdem haben die ständigen Verbesserungen in der Datenkommunikation, im Telefonwesen und beim Internet die technologischen Distanzen quasi wortwörtlich überbrückt – letztlich ist die Welt wirklich klein.

Ein bedenkenswerter Punkt bei der Verlagerung ins Ausland ist die Tatsache, dass es in einigen Ländern eine große Anzahl von bestens ausgebildeten und qualifizierten Leuten gibt, die Arbeit suchen. (In Indien machen beispielsweise jährlich Millionen von Menschen ihren Universitätsabschluss.) In vielen dieser Länder liegt die Verfügbarkeit von Jobs hinter der Fähigkeit zurück, qualifizierte Arbeitskräfte hervorzubringen.

Sie sollten auch berücksichtigen, dass im Gegensatz zu dem schlechten Ansehen, das in Nordamerika der Arbeit in einem Call Center anhaftet, Call Center-Jobs im Ausland oft sehr begehrt sind. Ein Kanadier mit einem MBA-Abschluss wird nicht viele Gedanken an einen Job im Call Center verschwenden, doch jemand mit dem gleichen Abschluss in Manila wird sich sofort darauf stürzen.

Wenn ein bezahlbares und scharenweise vorhandenes Arbeitskräftepotenzial, das sich für die Arbeit im Call Center interessiert und diese mag, in Ihrem Heimatland oder im benachbarten Ausland knapp wird, ist es sinnvoll, das Call Center ins Ausland zu verlagern. Wie in Kapitel 10 zu lesen ist, macht die Motivation mindestens die Hälfte der Leistungsfähigkeit eines Agenten aus. Einen Standort zu finden, wo qualifiziertes Personal die Arbeit wirklich zu schätzen weiß, ist wahrscheinlich das wichtigste Einzelkriterium für den Standort eines Call Centers.

 Die Verlagerung ins Ausland ist nur eine logische Erweiterung der geografischen Auslagerung – etwas, was schon eine ganz Weile passiert angesichts der Ausweitung der globalen, internationalen Wirtschaft. Da die internationale Verfügbarkeit von deutschsprachigen Call Center-Agenten nicht so hoch ist wie von englischsprachigen Agenten, sollten Sie eine entsprechend sorgfältige Auswahl treffen.

Eine Kombination

Wenn Sie ernsthaft darüber nachdenken, einen Standort im Ausland zu betreiben, bietet es sich an, den Umzug Ihres Call Centers in zwei Schritten durchzuführen.

Zuerst verschieben Sie einen Teil des Betriebs an einen nahe gelegenen Standort in einem weniger teuren Stellenmarkt. Nachdem Ihr Unternehmen Erfahrungen mit dem Betrieb eines entfernten Standorts gesammelt hat, kann das Auslandsprojekt beginnen.

Sie können dann entweder die zwei Unternehmen parallel laufen lassen – indem Sie vielleicht weniger komplizierte oder Nachtarbeiten ins Ausland verlagern – oder Sie können damit beginnen, alle Vorgänge ins Ausland zu verschieben, um den Vorteil der sehr geringen Arbeitskosten zu nutzen.

Einige große Firmen senden einen Teil ihrer Arbeit an einen nahe gelegenen Standort und gewinnen Effizienz und Nutzen durch im Übermaß vorhandene billige Arbeitskräfte, die die Arbeit sehr schätzen. Sobald die Firma gelernt hat, damit umzugehen, schickt sie die Arbeit ins Ausland und erzielt noch größere Kostenvorteile durch ein noch größeres, motiviertes Arbeitskräftepotenzial.

Möglicherweise behält die Firma die komplizierteren Anrufe im Inland, schickt einige weniger komplizierte ins nahe Ausland und die einfachsten ins ferne Ausland. Die Firma profitiert von verschiedenen Arbeitskräftepotenzialen, von der Redundanz für den Fall, dass eines der Call Center vorübergehend geschlossen werden muss (zum Beispiel wegen eines Schneesturms), von einer gemischten Erwerbsquote, die niedriger als im Inland, aber höher als die niedrigste Quote dort ist. Für einige ergibt dies eine gute Mischung aus Kosten, Kontrolle und Fähigkeiten.

 Wenn Sie sich noch nicht sicher sind, ob Sie Ihr Call Center in ein weit entferntes Land verlagern sollen, können Sie einen Test durchführen, indem Sie einige Ihrer einfacheren Anrufe oder andere Arbeiten ins Ausland schicken. Durch die Vermischung Ihres örtlichen Call Centers, das die komplizierteren und wertvolleren Arbeiten erledigt, mit dem Auslands-Call Center, das die einfacheren und weniger wertvollen Arbeiten erledigt, kann Ihre Firma die Auslandsoption ausprobieren und ihre Gesamtkosten senken. Vielleicht ist das alles, was Sie brauchen.

Weitere Überlegungen zum Standort

Auch andere Faktoren fallen in die Waagschale, wenn es um die Entscheidung bezüglich des Call Center-Standorts geht. Die Punkte der folgenden Liste sind vielleicht nicht das, woran Sie zuerst denken, aber sie können Ihre endgültige Entscheidung beeinflussen:

✔ Interesse und Unterstützung durch die Kreisverwaltung

✔ Steuervergünstigungen und Zuschüsse aufgrund der Niederlassung in der Gemeinde

✔ Nähe zu Fachhochschulen, Universitäten und anderen Bildungseinrichtungen, die die erforderlichen Fähigkeiten lehren

✔ Anzahl der anderen Call Center in der Gemeinde, die um die Arbeitskräfte konkurrieren

✔ Verfügbarkeit eines Gebäudes, in dem Sie Ihr Call Center einrichten können

✔ Zuverlässigkeit der örtlichen Versorger mit Strom und Wasser

✔ Öffentliche Verkehrsmittel

✔ Steuerliche Erwägungen

✔ Arbeitsrecht

Den Laden einrichten: Was muss sich im Call Center befinden?

Ungeachtet Ihrer Entscheidung bezüglich des Standorts Ihres Call Centers müssen Sie sich Gedanken darüber machen, wie es aussehen soll und welche speziellen Umstände Sie berücksichtigen sollten.

Jenseits von Ziegel und Mörtel: die Einrichtung

Sie haben also einen Standort für Ihr Call Center ausgewählt, aber was werden Sie eigentlich dort hineinstellen? Der Ausdruck *Call Center* beschreibt das Unternehmen schon ganz gut. *Anrufe* (»Calls«) werden beantwortet, und die Vorgänge sind *zentralisiert* (»centralized«) – werden also an einem Ort bearbeitet, ob nun real oder virtuell.

Die meisten Call Center besitzen einen oder mehrere große Räume mit vielen gruppierten *Arbeitsplätzen* – dazu gehören Schreibtische für die Agenten, einen Bildschirm, ein Telefon, ein Headset, ein Stuhl und so weiter –, die den Agenten die Zusammenarbeit erleichtern. Einige Call Center sehen ganz nett aus, bequem, modern, ansprechend – einige, leider nicht viele.

Die Gestaltung der Arbeitsplätze kann verschiedenartig sein, zum Beispiel das zusammengepferchte »Ich kann deinen Herzschlag hören«-Modell oder das allseits von der Schaltzentrale der Macht einsehbare »Ich behalte Sie im Auge, Bürschchen«-Modell. Irgendwo dazwischen gibt es einen netten Platz zum Arbeiten, der ausreichend groß, ruhig und angenehm ist.

Normalerweise gehören spezielle Räume zu Ihrem Call Center, die sich in verschiedenen Bereichen des Gebäudes befinden, beispielsweise:

✔ **Datenzentrum:** Dies ist ein separater Raum, der die Server und die Telefonanlage beherbergt.

✔ **Schulungsräumlichkeiten:** Ein oder mehrere Räume, in denen Schulungen sehr zweckdienlich abgehalten werden können. In vielen gibt es Flipcharts und audiovisuelle Geräte; einige verfügen auch über eingerichtete Arbeitsplätze, um Rollenverhalten und Anrufbearbeitung simulieren zu können. Die Schulungsräume müssen groß und zahlreich genug sein, um die verschiedenen Kurse unterbringen zu können, die mit der erwarteten Ausweitung oder der Verbesserung der Fähigkeiten einhergehen.

✔ **Besprechungsräume:** Sie haben wahrscheinlich schon erraten, dass in solchen Räumen Besprechungen abgehalten werden. Es gibt Besprechungsräume in jeder Größe: vom kleinen Raum mit einem Schreibtisch und ein paar Stühlen, der zur Durchführung von Bewerbungsgesprächen oder Einzelgesprächen dient, über das üppige Konferenzzimmer mit federnden Lederstühlen bis hin – für die ganz großen Tiere – zum sündhaft teuren Mahagonitisch, an dem die Bevölkerung eines kleinen Landes Platz nehmen könnte.

✔ **Speiseraum:** Das dürfte auch klar sein: ein Raum, in dem die Belegschaft Essen zu sich nehmen kann. Im Allgemeinen gibt es dort Stühle und Tische wie in einer Cafeteria und vielleicht sogar eine Küche, eine Cafeteria oder Automaten. Der Speiseraum muss besonders gut auf das Call Center abgestimmt sein. Zu wenige Sitzplätze werden Ihr Personal frustrieren, und das Fehlen von Annehmlichkeiten wie zum Beispiel Mikrowellenherde wird zu Schlangen führen und eine verspätete Rückkehr der Agenten vom Essen verursachen. Einige Call Center verfügen auf dem eigenen Gelände über ein Angebot an kalten und warmen Speisen. Dies kann sehr gut funktionieren, insbesondere wenn es keine entsprechenden Möglichkeiten außerhalb des Geländes gibt.

✔ **Getränke-Ecke:** Die Arbeit im Call Center ist sehr belastend für die Stimme. Wasserspender geben jedem Mitarbeiter die Gelegenheit, bei Bedarf die Stimme zu ölen. Diese kleine Investition ist nicht nur ein Zeichen der Wertschätzung der Mitarbeiter, sondern hilft auch Krankheitsquoten zu senken und die Qualität der Leistung aufrechtzuerhalten. Sie sollten mehrere Wasserspender an verschiedenen Punkten positionieren, um die Wege und Ausfallzeiten kurz zu halten.

✔ **Büros für verschiedene andere überaus wichtige Bürohengste:** Die meisten Call Center haben Büros für Geschäftsführer, Direktoren und alle Manager, die etwas mehr Privatsphäre fordern, als es sich der Durchschnittsangestellte leisten kann.

Vielleicht möchten Sie noch darüber hinausgehen – einige Firmen tun das – und einige nette Bequemlichkeiten für das Personal hinzufügen. Diese sind nicht zwingend notwendig, aber sie machen die Anwesenheit im Call Center etwas angenehmer und verschönern den Arbeitsplatz.

✔ **Spielzimmer:** Die Arbeit als Call Center-Agent kann sehr stressig sein, daher bieten einige Firmen ihren Angestellten einen Raum, wo sie sich entspannen und ihre Pause genießen können. In einigen dieser Räume gibt es Videospiele, Fernseher, Tischtennis, Air Hockey und dergleichen.

✔ **Ruheraum:** Auf ähnliche Weise bieten Ruheräume einen Platz, um sich in der Pause von der Hektik des Tages zu entspannen. Dort gibt es oft Liegestühle oder Sofas, eine Möglichkeit, die Füße hochzulegen, und ein paar Bücher oder Zeitschriften.

Sie können natürlich noch weiter gehen. Einige Firmen haben Fitnessräume, Massageeinrichtungen und sogar einen Basketballplatz in ihren Call Centern. Diese Ideen sind gar nicht so verrückt, wie sie sich anhören. Ihre Belegschaft bei der Stange und bei guter Laune zu halten, steigert den Gewinn.

Die ideale Größe festlegen

Die Gestaltung Ihres Call Centers ist sehr wichtig. Ein gutes Design ist zwingend notwendig, denn das Call Center soll im Sinne größtmöglicher Effizienz eingerichtet werden – vom Standpunkt der Kostenreduktion, versteht sich, aber auch hinsichtlich der Effizienz im Betrieb. Sie haben kein Interesse daran, dass die Teamleiter hinter den Agenten oder die Agenten hinter den Teamleitern herlaufen oder dass *irgendjemand* hinter den Tools herläuft, die er für den Job benötigt.

Der durchschnittliche Arbeitsplatz hängt stark von den speziellen Anforderungen der Funktion des Agenten ab. Ein Kundensupportcenter, in dem Agenten möglicherweise Zugriff auf gedruckte Handbücher benötigen, erfordert beispielsweise größere Schreibtische als eine einfache Informationsaktion. Sorgen Sie dafür, dass Ihre Agenten genug Platz haben, um ihre Arbeit zu erledigen, aber auch ein bisschen Privatsphäre haben.

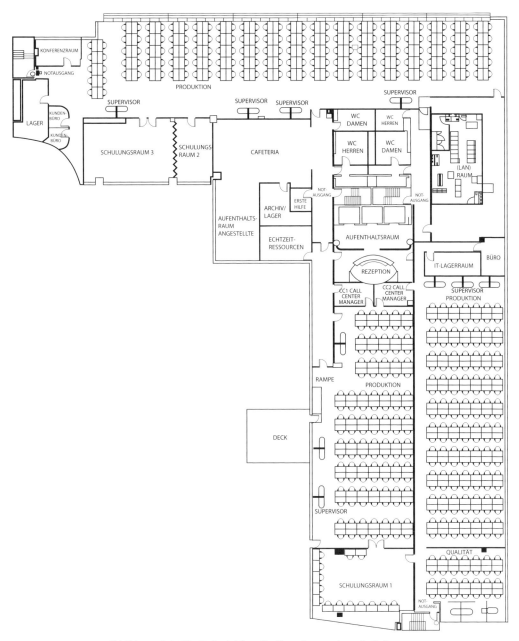

Abbildung 4.1: Ein Beispiel für die Gestaltung eines Call Centers

Wenn Sie die Einrichtung Ihres Call Centers entwerfen, sollten Sie darauf achten, dass Ihr Personal genug Platz zum Arbeiten hat, aber auch nicht so viel, dass jeder sein eigenes Büro besitzt. Die Arbeitsfläche kann von Call Center zu Call Center stark variieren – von gerade mal 4,5 Quadratmeter bis zu 13 Quadratmeter pro Arbeitsplatz.

Das Aussehen von Call Centern variiert oft auch sehr stark. Es gibt Call Center in der Größe und Ausstattung vom Tadsch Mahal, und es gibt Vororthäuser. Beide können gute Ergebnisse und zufriedene Angestellte hervorbringen. Abbildung 4.1 zeigt eine mögliche Einrichtung eines Call Centers.

Natürlich möchten Sie aus Gründen der Kostenkontrolle die Ausnutzung der Arbeitsfläche optimieren, aber wenn Sie versuchen, zu viele Schreibtische in ein Unternehmen zu quetschen, wird es mit dem Geräuschpegel schwierig. Richten Sie bitte keine Massenquartiere ein.

Am wichtigsten ist, dass Sie daran denken, alles zu *zentralisieren*. Andernfalls hätte es nicht sehr viel Sinn, das Ganze als Call *Center* zu bezeichnen.

Das ganze Drumherum verstehen

Die Atmosphäre, die Ihr Managementteam erzeugt – wie Ihre Leute behandelt werden und ob sie sich gut behandelt fühlen –, hat größere Auswirkungen auf die Arbeitsmoral als irgendwelche Annehmlichkeiten oder Bilder an den Wänden. Dennoch gibt es ein paar Dinge, die viel dazu beitragen können, aus dem Call Center einen tollen Arbeitplatz zu machen.

✔ Tageslicht

✔ Lärmschutz

✔ Bequeme Schreibtische und Stühle

✔ Sauberkeit/Ordnung

✔ Ausreichende Speise- und Ruhezonen

✔ Bequemlichkeiten wie eine Cafeteria mit warmen Essen, Ruheräume und Schließfächer

Besondere Bedürfnisse berücksichtigen

Ihr Call Center kann seine Türen für Menschen mit einer Vielzahl von besonderen Bedürfnissen öffnen, weil die Technologie es ermöglicht, viele Körperbehinderungen am Arbeitsplatz zu kompensieren. Hierzu gehört beispielsweise ein verbesserter Rollstuhlzugang – breite Gänge, rollstuhltaugliche Schreibtische und Aufzüge.

Erleichterungen für körperbehinderte Mitarbeiter hat nicht nur etwas mit sozialer Verantwortung zu tun, sondern auch mit Geschäften, weil Menschen mit Körperbehinderungen ein großes Potenzial an unterbeschäftigten, hoch qualifizierten Arbeitskräften darstellen.

Ein Call Center aufbauen: Schritt für Schritt

Beim Aufbau eines Call Centers müssen viele Dinge erledigt werden. Wie ich bereits in diesem Kapitel erörtert habe, besteht der erste Schritt darin, einen Projektmanager zu bestimmen – die Person, die dafür verantwortlich ist, das Projekt Call Center in den richtigen Bahnen zu halten. Der Projektmanager überwacht die Aufgaben und Verantwortlichkeiten und klopft jedem auf die Finger, der nicht mithält.

 Nehmen Sie hierfür auf jeden Fall jemanden mit Erfahrung im Projektmanagement. Ich wiederhole auch gerne, dass ein Team von Leuten nötig ist mit Erfahrung in Personalführung, Anlagenwartung, Technik, Personalplanung und allgemeinem Call Center-Management.

Tabelle 4.1 fasst einige der Schritte zusammen, nach denen meine Firma vorgeht, wenn wir unsere Call Center aufbauen. Wahrscheinlich gibt es für Ihr Call Center andere Überlegungen, aber dies ist ein guter Einstieg.

Schritt	Einige Einzelheiten
Stellen Sie die Ziele/ Gründe für den Aufbau auf.	Mission des Call Centers
	Wahrscheinliche Unternehmensziele
	Einzelnes Call Center oder Teil eines Netzwerks
Bestimmen Sie die Anforderungen des Call Centers.	Legen Sie die Servicetypen fest, die das Call Center den Kunden bieten wird – Inbound, Outbound, Support, Verkauf, E-Mail und so weiter.
	Bestimmen Sie die Unterstützungsfunktionen, die im Call Center benötigt werden: Supervisoren, Trainer, Einsatzplaner und so weiter.
	Bestimmen Sie die speziellen Fähigkeiten, die die Agenten benötigen.
	Legen Sie die technologischen Anforderungen fest.
Bestimmen Sie die Größe des Call Centers.	Größe der Einrichtung gemessen in Arbeitsplätzen und geplanter Größe pro Arbeitsplatz
Wählen Sie einen Standort für das Call Center aus.	Bestimmen Sie die Zielgebiete: Gibt es zum Beispiel Probleme mit Zeitzonen?
Kriterien: Kosten, verfügbare Arbeitskräfte, Telekommunikation und dergleichen	Bewerten Sie die in den Regionen vorhandenen Grundstücke und Häuser.
	Bewerten Sie die politischen und wirtschaftlichen Rahmenbedingungen.
	Wählen Sie eine Region aus.
	Bestimmen Sie potenzielle Märkte in der Region, die der Größe und den Arbeitsanforderungen entsprechen.
	Suchen Sie auf jedem Markt per Inserat nach Bewerbern.
	Stellen Sie eine Liste der Märkte mit ausreichender Rückmeldung auf.
	Bewerten Sie die Kandidaten auf jedem Markt.
	Bestimmen Sie die Fähigkeit der einzelnen Märkte, die Kapazität und das Wachstum des Call Centers zu unterstützen.
	Bewerten Sie die Verfügbarkeit von Strom und Telekommunikation in den einzelnen Märkten.

Schritt	Einige Einzelheiten
Entscheiden Sie sich für mieten, kaufen oder bauen.	Kontaktieren Sie das Amt für Wirtschaftsförderung, Immobilienmakler, Forschungsinstitute etc., um Hilfe zu erhalten.
	Überlegen Sie, sich in Stadtverwaltungen anzusiedeln: wirtschaftlich/industriell
	Suchen Sie nach staatlichen Hilfs- oder Unterstützungsprogrammen, Personal, Bildungseinrichtungen, einrichtungsbezogenen Unterstützungen, Steuervorteilen und so weiter.
	Suchen Sie nach einer ausreichenden Auswahl an Grundstücken zur Pacht.
	Abhängig von einem ausreichenden Platzangebot kann ein Kauf die Option sein.
	Gestaltung/Bau kann unmittelbaren Erwägungen entsprechen.
	Erstellen Sie eine vergleichende Analyse von pachten, kaufen oder bauen.
	Entwickeln Sie einen Plan.
Erstellen Sie einen Durchführungsplan.	Stellen Sie Budgets für den Bau und den Betrieb des Call Centers auf.
	Erstellen Sie einen Bauplan.
	Bestimmen Sie die anfänglichen Arbeitsschritte.
	Stellen Sie Personal ein und schulen Sie es.
	Installieren Sie Mobiliar, Ausrüstung und Technik.
	Erstellen Sie Zeitleisten.
Genehmigung	Legen Sie den Plan der Geschäftsleitung vor.
Führen Sie den Plan durch.	Ausführung und Start

Tabelle 4.1: Die Schritte beim Aufbau eines Call Centers

Das Projekt managen

Irgendjemand in der Geschäftsleitung wird das Projekt fördern, wahrscheinlich dieselbe Person, die die Mission für das Call Center erstellt und mit dem Call Center zusammenarbeitet, um die jährlichen Unternehmensziele aufzustellen. Als Sponsor gibt diese Person den Auftrag zum Bau des Call Centers und trifft die letzte Entscheidung für den Start. Dazu gehört auch die Bereitstellung der Gelder.

Sobald die Geschäftsleitung das Projekt abgesegnet hat, stellt der Projektleiter das Projektteam auf, und sie beginnen, den Planungsprozess zu durchlaufen. Dieser resultiert aus der Beantwortung der Fragen, die weiter vorn in diesem Kapitel detaillierter besprochen wurden.

✔ **Was ist der Zweck des Call Centers?** Das Team trifft zuerst die Entscheidung, ob das Call Center die Anforderungen bereits vorhandener Kunden bedienen oder neue Produkte und Dienstleistungen bereitstellen soll. Dadurch lernt das Team die Mission des Call Centers verstehen und weiß, welche Arten von Output die Firma erwartet.

✔ **Welche Möglichkeiten hat das Call Center?** Ausgehend vom Zweck bringt das Team seine gesammelten Erfahrungen ein, um die Dienstleistungen, die das Call Center anbieten wird – Inbound-Support, Outbound-Inkasso oder E-Mail-Support –, und die dafür erforderlichen Fähigkeiten der Agenten, wie etwa Verkauf, Technik und Sprachkenntnisse, zu bestimmen.

✔ **Soll es ein einzelnes Call Center oder Bestandteil eines Netzwerks sein?**

✔ **Welche Technik wird benötigt, um die vom Call Center angebotenen Dienste zu unterstützen?** Mit diesem Wissen bestimmt das Team, welche Art von Unterstützung das Personal benötigt, zum Beispiel Teamleiter, Trainer und Einsatzplaner.

✔ **Wie groß muss die Einrichtung sein?** Die Größe kann durch die Prognose der jährlichen Anforderungen innerhalb der nächsten fünf Jahre bestimmt werden. Das Team muss die Gesamtmenge des benötigten Platzes berücksichtigen. Das beginnt mit der Anzahl der Arbeitsplätze, der erforderlichen Fläche pro Arbeitsplatz und den anderen notwendigen Räumen und Einrichtungen. (In Kapitel 7 finden Sie mehr Informationen zu den Erfordernissen bei der Größenfestlegung.)

✔ **Wo soll sich das Call Center befinden?** Sie müssen die Kriterien verwenden, die für die Firma bedeutsam sind. Dazu gehören als Mindestmaß die Kosten, die Verfügbarkeit von Arbeitskräften mit den nötigen Fähigkeiten und das Vorhandensein einer angemessenen Telekommunikationsinfrastruktur. Dann sucht das Team nach potenziellen Standorten für das neue Call Center. Schließlich wird es sich für einen als besten Kandidaten entscheiden.

Zu den Überlegungen gehört, wie das neue Call Center finanziert werden soll, ob ein neues gebaut oder eine bestehende Einrichtung renoviert wird, ob ein Gebäude gekauft oder gepachtet wird. An einigen Standorten gibt es womöglich staatliche Zuschüsse für die Errichtung des Call Centers in der Gemeinde. Flächennutzungspläne müssen geprüft werden, bevor die Arbeit am neuen Call Center beginnen kann. An diesem Punkt steht das Team vor der Aufgabe der Budgetierung, wie viel der Bau und der Betrieb des Call Centers kosten werden.

Den Plan aufstellen

Sobald die Gebäude- und Budgetierungsfragen geklärt sind, kann das Team einen Implementierungsplan aufstellen. Dieser bestimmt alle Schritte, die für den Start des Call Centers notwendig sind. Dazu gehören auch die Budgets für den Betrieb und den Bau des Call Centers, die Bestimmung und Dokumentierung der ersten Arbeitsschritte, die Einstellung und Schulung von Personal, der Aufbau von Mobiliar, Ausrüstung und Technik. Der Implementierungsplan enthält Zeitleisten und Stichtage zum rechtzeitigen Start des neuen Call Centers. Um einen reibungslosen Start für die Kunden zu gewährleisten, empfiehlt es sich, eine Pilotphase vorzuschalten, während der Mitarbeiter, Freunde und weniger kritische Kunden (»friendly customers«) das neue Call Center testen.

Wenn der Implementierungsplan steht, kann er der Geschäftsleitung zur Genehmigung vorgelegt werden.

Einen Notfallplan aufstellen

Bei einem Notfallplan geht es darum, zu gewährleisten, dass Sie mit Ihren Geschäften auch dann fortfahren können, wenn etwas Katastrophales dem Standort Ihres Call Centers, Ihren Leuten oder Ihren Geräten widerfährt.

Jedes Call Center benötigt irgendeine Form von Notfallplan. Die Ausarbeitung Ihres Plans und der durch ihn gebotene Schutz hängen stark von der Auswirkung ab, die der Verlust des Call Centers auf die Firma haben würde – und sei es auch nur kurzfristig.

Einige Firmen sind ohne ihr Call Center funktionsunfähig, weshalb dieses als unabdingbar erachtet wird. Ein Center für Reservierung und Buchung von Flugtickets wäre ein Beispiel hierfür.

Notfallpläne reichen von der Gewähr, dass sämtliche Daten des Call Centers täglich gesichert werden, bis zu einem kompletten Duplikat des Call Centers, dessen Geräte allzeit einsatzbereit sind.

Mehrere Standorte

Notfallpläne bieten einen guten Grund, wenn möglich in verschiedenen Städten mehrere Einrichtungen zu besitzen. Auf diese Weise können Ihre Systemanforderungen dupliziert werden, wodurch eine gewisse Redundanz erzeugt wird. Mehrere Einrichtungen sichern Sie auch gegen zeitweilige lokale Probleme ab, wie etwa Unwetter, Stromausfall, Arbeitskräftefluktuation, Heuschreckenplagen …

Einzelne Call Center

Wenn Sie einen Einzelbetrieb haben – bei dem mehrere Betriebe keine Option sind –, sollten Sie Folgendes bedenken:

✔ **Ganz wichtig:** Sichern Sie mindestens einmal täglich Ihre wichtigen Daten.

✔ **Bieten Sie Infrastruktur doppelt an.** Dies gilt besonders für Telefon und Daten. Vielleicht duplizieren Sie auch ihr Datenzentrum *und* siedeln es an einem anderen Standort an.

✔ **Verwenden Sie eine Notfalleinrichtung.** Notfalldienste bieten stillgelegte Betriebe an, die über alle Einrichtungen verfügen, die Ihr Call Center benötigt (Telefonanlagen, Computer und Betriebssysteme). Sie warten nur darauf, verwendet zu werden. Auch Möglichkeiten zur Datensicherung können dazugehören.

✔ **Engagieren Sie einen Outsourcer.** Sich die Arbeit mit einem Outsourcer zu teilen, ist ein großartiger Weg, um die Arbeitsbelastung auszubalancieren, betriebliche Maßstäbe zu setzen und einen passenden Level in Notfällen zu bieten. Es gibt viele Möglichkeiten, mit einem Outsourcer zusammenzuarbeiten. Zum einen können Sie dem Outsourcer einen bestimmten Teil Ihres Gesamtvolumens schicken. In diesem Fall erhält der Outsourcer dieselben Anruftypen wie Sie. Es ist auch hilfreich, den Outsourcer als Maßstab Ihrer innerbetrieblichen Vorgänge zu verwenden. Sollte darüber hinaus Ihr Call Center beispielsweise einen wetterbedingten Stromausfall erleiden, können Sie Ihr gesamtes Arbeitsvolumen an den Outsourcer weiterleiten. Natürlich könnte er sich gar zu sehr über die zusätzliche Arbeit freuen, aber zumindest sind Sie nicht aus dem Rennen. Wenn Sie Arbeit auslagern, die von einem Moment zum andern gestoppt werden kann, wie zum Beispiel Outbound-Inkasso oder Telefonmarketing, dann kann der Outsourcer vielleicht sogar zwischenzeitlich die Anzahl der Anrufe erhöhen, die er entgegennehmen kann. Am Ende dieses Kapitels erfahren Sie noch etwas mehr über Outsourcing.

Zur Vorbereitung auf Notfälle gehören Vorkehrungen, um schnell auf diese Dinge zugreifen zu können:

✔ **Reservebatterien und Generatoren**

✔ **Ihre auf Papier festgehaltenen Vorgänge:** Sie müssen auf Kundeninformationen und Anrufprotokolle zurückgreifen können, falls das Datennetzwerk ausfällt.

✔ **Ihr Telefonnetzwerk:** Gegen entsprechende Zahlungen können Sie die Kontrolle über Ihr Telefonnetzwerk erhalten, sodass Kundenanrufe schnell an ein anderes Call Center weitergeleitet werden können.

✔ **Die Dienste eines Notfallcenters:** Das ist ein Call Center, das bereitsteht, wenn Sie es brauchen. Sie können es mit Ihrer eigenen Belegschaft betreiben.

✔ **Die Dienste eines Drittanbieters (Outsourcer):** Es ist keine schlechte Idee, im Fall von Arbeitsüberlastung eine entsprechende Vereinbarung zur Hand zu haben, sodass der Outsourcer sich an Ihre Firma und Ihre Kunden gewöhnen kann.

Wenn natürlich Ihr Call Center Teil eines Netzwerks ist, verfügen Sie schon über ein gewisses Maß an Notfallvorkehrungen. In diesem Fall müssen Sie Folgendes bedenken:

✔ **Hat Ihr Netzwerk einen *singulären Schwachpunkt*?** Gibt es eine Sache, die im Falle eines Fehlschlags das gesamte Netzwerk zum Erliegen bringen kann?

✔ **Kommt das verbleibende Call Center (oder die Call Center) mit dem zusätzlichen Arbeitsvolumen klar?** Und wenn ja, wie lange?

 Nahezu alles kann geplant werden – alles eine Frage des Geldes. Wenn Sie einen Notfallplan aufstellen, müssen Sie die Kosten gegen das Risiko eines Verlustes abwägen. Sie wenden wahrscheinlich mehr Zeit und Geld auf, wenn Sie ein 110er Call Center betreiben, als bei einem, das die Fragen der Kunden beantwortet, die die Nummer auf ihrer Zahnpastatube angerufen haben. (Das soll keine Beleidigung der im zahnmedizinischen Bereich tätigen Menschen sein.)

Sollen Sie das Call Center selbst betreiben oder auslagern?

Dies ist eine weitere Frage, die Sie sich vor dem Aufbau eines Call Centers stellen sollten. Sollen Sie es selbst machen oder einen anderen machen lassen? Die Entscheidung, ob das Call Center ausgelagert oder im Haus betrieben werden soll, ist ein viel diskutiertes Thema und wird es wahrscheinlich auch bleiben. Einige Unternehmen wollen ihr Call Center im Haus behalten, weil sie glauben, dass sie durch eine Auslagerung die Kontrolle über ihre betrieblichen Vorgänge verlieren.

Ein Outsourcer ist eine Firma, die Sie mit einem Teil Ihrer Arbeit in Ihrem Namen beauftragen können. In Ihrem Fall würden Sie einen Outsourcer engagieren, der sich auf Call Center spezialisiert hat.

Ein guter Outsourcer geht mit den Vorgängen besser um als ein Call Center im Haus selbst, denn schließlich ist der Betrieb von Call Centern das einzige Anliegen des Outsourcers: Er bedient sehr virtuos die Hebel der Kostenkontrolle, der Gewinnerzielung und der Kundenzufriedenheit.

Kostenreduktion durch Outsourcing

In den meisten Fällen dürfte es preisgünstiger sein, das Call Center von einem Outsourcer bei gleichbleibender Arbeitsqualität betreiben zu lassen. Viele Befürworter von Inhouse Call Centern sagen, das sei nicht wahr. Sie erklären: »Ich bezahle meinen Leuten 12,50 Euro die Stunde, aber der Outsourcer will 29.«

Das Problem an dieser Aussage ist, dass sie etwa so ist, als würde man Äpfel mit Gorillapranken vergleichen. In den 29 Euro für den Outsourcer ist alles enthalten: der Lohn des Agenten, der Lohn des Teamleiters, der Lohn des Trainers, Personalrekrutierungskosten, die Kosten für den Schreibtisch und das Telefonsystem, die Kosten für die Teppichreinigung, falls ein Besucher seinen Kaffee verschüttet, und so weiter.

Die meisten firmeneigenen Inhouse Call Center täten gut daran, sich ihre wahren Kosten pro Stunde anzusehen. Addieren Sie all Ihre Betriebskosten und teilen Sie sie durch die Gesamtzahl der Stunden, die Ihre Agenten auch wirklich am Telefon verbringen. Das könnte ein Schock sein. Meine Untersuchungen und meine Erfahrungen sagen mir, dass Outsourcing die Betriebskosten eines Call Centers normalerweise um 10 bis 30 Prozent reduziert.

Der Aufbau eines eigenen Call Centers wird Sie im Jahr über 10.000 Euro pro Arbeitsplatz kosten. Die Verwendung eines Outsourcers kann diese Investitionskosten vermeiden – und in variable Kosten umwandeln.

Die Nutzung eines Outsourcers erlaubt es Ihrer Firma, sich auf den Kern des Geschäfts zu konzentrieren. Sehen wir den Tatsachen ins Gesicht: Ihre Shareholder interessiert es nicht, ob Sie Ihr eigenes Call Center betreiben – sie wollen nur sicher sein, dass Sie mit ihren investierten Geldern ordentlich umgehen. Wenn Ihr Hauptgeschäft in der Herstellung von Eisskulpturen besteht, möchten Sie sich vielleicht lieber darauf konzentrieren. Dafür konzentrieren sich andere auf ein gutes Call Center.

 Andererseits gibt es auf dem Outsourcing-Markt für Call Center auch unzählige Firmen, die schlechte Arbeit leisten. Das Motiv Profit verleitet einige Outsourcer zu Dingen, die sie lieber nicht tun sollten – zum Beispiel Einsparungen bei Technologie, bei der Rekrutierung und bei den Schulungskosten oder indem sie mehr Arbeit annehmen, als sie bewältigen können. Die Nutzung eines schlechten Outsourcers kann sehr kostspielig werden und dem Ansehen Ihrer Firmen sowie den Kundenbeziehungen nachhaltig schaden.

 Ein Outsourcer soll wie eine Erweiterung Ihrer eigenen Firma wirken – eine mit spezieller Call Center-Erfahrung. Das läuft darauf hinaus, Ziele zu setzen und eng mit dem Outsourcer zusammenzuarbeiten, um sicherzustellen, dass diese Ziele erreicht werden. Klarheit ist wichtig – Klarheit über den Zweck, die Erwartungen, die Kommunikation … über die Arbeit!

Als Letztes sollten Sie über folgende Punkte nachdenken:

✔ Können Sie den Job genauso effektiv ausführen wie der Outsourcer, was die Kosten, die Gewinnerzielung und die Kundenzufriedenheit angeht?

✔ Wie dringend möchten Sie Ihre eigene Firma betreiben?

Wenn Sie sich für Outsourcing entscheiden, behalten Sie Ihren Outsourcer im Auge. Wenn Sie sich für ein Inhouse Call Center entscheiden, behalten Sie Ihre Konkurrenten im Auge.

Die Qualität bei einem ausgelagerten Call Center steuern

Die Befürworter der Inhouse-Lösung fühlen sich meist unwohl mit dem Gedanken, so etwas Wichtiges wie den Kundenservice in fremde Hände zu geben. Sie fürchten, die Servicequalität nicht mehr im Griff zu haben und steuern zu können, wenn sie den Service nicht selbst erbringen. Tatsächlich ist es schwieriger, die Servicequalität »aus der Ferne« zu steuern als im eigenen Call Center. Es gibt jedoch einige Kniffe, dies Problem in den Griff zu bekommen.

✔ **Key Performance Indicators (KPIs):** Die wesentlichen Qualitätsparameter werden im Vorfeld definiert und mit dem Dienstleister vereinbart. Solche Qualitätsparameter können zum Beispiel sein: Service-Level, First-Call Resolution-Rate, das heißt der Anteil der Anliegen, die im ersten Anruf fallabschließend bearbeitet werden konnten, durch Befragungen ermittelter Zufriedenheitsindex etc.

✔ **Bonus-/Malus-Regelungen:** Es ist zwar schön, die KPIs mit dem Dienstleister zu vereinbaren, nur was passiert, wenn er sich einfach nicht daran hält und immer irgendwelche Entschuldigungen anführt? Um der Vereinbarung eine gewisse Nachhaltigkeit zu verschaffen, sollten Sie Bonus-/Malus-Regelungen vereinbaren. Das heißt, wenn der Dienstleiter die vereinbarten Service-Parameter übererfüllt, erhält er vom Auftraggeber eine Bonuszahlung. Wenn er die Service-Parameter nicht erfüllt, erfolgt die Bezahlung nicht komplett, sondern mit einem Malus-Abschlag.

✔ **Mystery Calling:** Besser ist es natürlich, es erst gar nicht zu einem Malus kommen zu lassen. Ein etabliertes Instrument, die Qualität des externen Dienstleisters zu messen, ist das Mystery Calling. Was so geheimnisvoll und gruselig klingt, ist nichts anderes, als dass man jemanden beauftragt, sich als Kunde auszugeben, und diesen bittet, die Reaktion und das Verhalten des Dienstleisters zu bewerten. Es ist also eine Art Spion.

✔ **Zufriedenheitsbefragung:** Oder Sie lassen den Kunden einfach selbst die Bewertung vornehmen. Dies geht in Form von Zufriedenheitsbefragungen. Um diese kostengünstig durchzuführen, können Sie sie auch mithilfe eines Sprachcomputers automatisieren. Direkt nach dem Gespräch stellt der Sprachcomputer eine Reihe von Fragen, auf die der Kunde mittels vorgegebener Alternativen, zum Beispiel »gut«, »mittel«, »schlecht«, antworten kann.

✔ **Co-Management:** Wenn Sie nicht nur die Ergebnisse messen wollen, sondern lieber gleich bei der Leistungserbringung eingreifen möchten, können Sie auch zum Co-Management greifen. Dabei erfolgt die operative Führung der Mitarbeiter im ausgelagerten Call Center durch ein Team bestehend aus Auftraggeber und Auftragnehmer. Das heißt, ein Mitarbeiter des beauftragenden Unternehmens ist dauerhaft im ausgelagerte Call Center vor Ort. Das lohnt sich natürlich nur bei großen Aufträgen, ist aber dann ein sehr wirkungsvolles Instrument.

Teil II

Der Master-Plan – Finanzen, Analyse und Ressourcenmanagement

The 5th Wave By Rich Tennant

»Ich habe gestern versucht, mich krankzumelden, aber zuerst bin ich in der Warteschleife gelandet und dann ist das Gespräch plötzlich unterbrochen worden.«

Dies ist der Teil, in dem das Geschäftsmodell des Call Centers ins Spiel kommt – Analyse, Finanzierungsplanung und Personal. Sie finden hier einen kurzen Überblick darüber, wie (und welche) Größen (Dinge, die messbar sind) zusammenkommen, die die operative und finanzielle Performance zum Erreichen guter Ergebnisse vorantreiben.

Rekruiting ist vermutlich eines der großen Mysterien und führt bei den meisten Call Center-Experten zu Enttäuschungen. In diesem Teil des Buches gehe ich auch auf Prognosen, Einteilungsvorgänge und die Automatisierung des Workforce-Managements ein. Ich helfe Ihnen, einige der Geheimnisse der Call Center-Performance zu lösen.

Analysieren Sie es!

Fachkorrektur: Klaus Graf, Gründer und Inhaber der opti-serv Unternehmensberatung für Servicemanagement

5

In diesem Kapitel

▷ Die Bedeutung von Finanzen und Analyse

▷ Auf welche Unternehmensziele und Performance-Faktoren Sie Ihre Anstrengungen konzentrieren müssen

▷ Modelle generieren, um die Zahlen zu analysieren

▷ Die einheitliche Ausrichtung der messbaren Größen im Call Center gewährleisten

▷ Die Zahlen protokollieren und angemessene Ziele setzen

---

*E*inigen von Ihnen mag allein schon der Gedanke an die Call Center-Analyse ein wenig langweilig erscheinen, und anderen mag er sogar Kopfschmerzen bereiten, aber keine Sorge – so schwer ist das gar nicht, und es ist auch sehr wichtig.

Call Center können komplizierte Biester sein, und die Zahlen spielen dabei eine große Rolle. Daher ist Analyse für den effektiven Betrieb sehr wichtig. Call Center können sehr groß werden, und man kann mit ihnen viel Geld verlieren, sie können der übergeordneten Firma aber auch sehr viel Geld kosten.

Winzige Änderungen in den Abläufen können enorme Unterschiede bei den Ergebnissen hervorrufen. Dazu gehören – ganz besonders – Ergebnisse bei der Performance und den Finanzen. Immer häufiger bitten Manager das Analyseteam, Verbesserungsvorschläge zu machen. Ein guter Analyst ist für ein erfolgreiches Call Center unabdingbar.

Analysten machen in Ihrem Call Center vor allem zweierlei:

1. Sie protokollieren Ergebnisse und fertigen Reports darüber an.

2. Sie analysieren die Ergebnisse und zeigen Verbesserungsmöglichkeiten auf.

 Gute Analysten sorgen dafür, dass Ihre Call Center-Abteilungen ihre Ziele erreichen und sich stetig bei allen Firmenzielen verbessern. Außerdem liefern sie das Feedback, das Ihr Call Center-Management benötigt, um den Kurs zu halten – ähnlich wie die Flugzeuginstrumente dem Piloten Feedback geben.

Wie in Kapitel 3 erwähnt, werden die Analysten in Call Centern immer ausgefeilter. Ein Analyst mit einem Abschluss in Ingenieurwesen, Betriebswirtschaft oder Mathematik ist nichts Ungewöhnliches. Call Center investieren auch für bereits vorhandene Analysten in Programme und Schulungsmaßnahmen, wie zum Beispiel Six Sigma. (In Kapitel 13 erfahren Sie mehr über Qualitätssicherungsprogramme wie Six Sigma.)

Die Performance zu verstehen und zu verbessern geht nicht nur die Call Center-Analysten etwas an. Im Idealfall ist jeder im Call Center mit Performance und Zahlen befasst. Dieses Kapitel enthält grundlegende Informationen, die von möglichst vielen Leuten im Call Center verstanden und in die Praxis umgesetzt werden sollten – und auf jeden Fall vom gesamten Management.

Eins und eins macht zwei: Call Center-Mathematik

Ich mache es einfach, versprochen. Der größte Teil der Mathematik, die Sie jeden Tag in Call Centern verwenden, ist sogar sehr einfach. Natürlich können Sie auch richtig loslegen und komplizierte Techniken verwenden, wie zum Beispiel multiple Regression, aber mein Eindruck ist, dass solche Techniken nicht allzu oft verwendet werden. Und wenn sie verwendet werden, dann ist unsere Intelligenzbestie von Analyst zu begeistert, um die Ergebnisse in etwas für alle Verständliches zu übersetzen.

 Die meisten Call Center-Analysen und mathematischen Modelle können mit einigen ziemlich einfachen Konzepten durchgeführt werden. Sie benötigen Grundkenntnisse in

✔ Prozentrechnung und kumulierten Häufigkeiten

✔ Mittelwerten und gewichteten Mittelwerten

✔ Standardabweichung

✔ Einfachen Diagrammen, wie Balkendiagrammen und Kuchendiagrammen

✔ Diagrammen, die Veränderungen illustrieren, wie zum Beispiel Regelkarten und Run Charts

Ich erörtere diese Werkzeuge immer dort detailliert, wo sie in diesem Buch auftauchen.

Mathematische Modelle verwenden – Seht mal, was ich kann!

Sobald Sie Ihre Ziele gesetzt und verstanden haben, was zu deren Erreichung notwendig ist, können Sie mathematische Modelle verwenden, um herauszufinden, auf welche Level Sie abzielen sollten, oder um Was-wäre-wenn-Szenarien zu erstellen und zu analysieren. Dies bezieht sich auf die Kosten pro Kontakt, die Kosten pro Kunde, das Call Center-Budget und andere messbare Größen.

 Es ist sehr hilfreich, den Output eines Call Centers im Modell darstellen zu können. Verwenden Sie diese Faktoren, um eine Wirtschaftsprognose für Ihr Unternehmen aufzustellen und Sie werden wertvolle Ansichten darüber gewinnen, wie Ihr Call Center funktioniert.

Kontakte pro Stunde berechnen

Beispielsweise lassen sich die Kontakte pro Stunde sehr leicht berechnen, indem Sie die Auslastung und die durchschnittliche Gesprächsdauer in die folgende Formel einsetzen:

Kontakte pro Stunde = Auslastung x 3.600 / Gesprächsdauer (in Sekunden)

Hinweis: 3.600 ist die Anzahl der Sekunden in einer Stunde. Wenn nun die Auslastung Ihres Call Centers 75 Prozent beträgt und die Anruflänge 360 Sekunden ist, dann beträgt die Zahl der Kontakte pro Stunde 7,5:

75 % x 3.600 / 360 = 7,5

Aus diesem Modell können Sie erkennen, dass Sie zur Erhöhung der Kontakte pro Stunde einfach nur die Gesprächsdauer reduzieren oder die Auslastung erhöhen müssen.

Die betreffenden Ziele analysieren

Die Unternehmensziele Ihres Call Centers werden im Allgemeinen in vier Bereiche geschäftlicher Erfordernisse unterteilt: Gewinnerzielung, Kostenkontrolle, Kundenzufriedenheit und Mitarbeiterzufriedenheit.

In Kapitel 2 erörtere ich die Mission des Call Centers und inwiefern diese Aufschluss darüber gibt, was das Unternehmen vom Call Center benötigt. Ich spreche auch darüber, wie konkrete, messbare Unternehmensziele sich aus der Mission des Call Centers ergeben. In diesem Abschnitt nehmen wir diese geschäftlichen Anforderungen ins Visier. Außerdem betrachten wir die Variablen, die direkte Auswirkungen auf die Performance Ihres Call Centers haben – die Performance-Faktoren. Tabelle 5.1 nennt die Beziehungen zwischen den vier Zuständigkeitsbereichen, die Unternehmensziele, die die Performance in diesen Bereichen messen, sowie die Performance-Faktoren, die die Ergebnisse beeinflussen.

Unternehmensziele	Messbare Größen im Unternehmen	Performance-Faktoren
Gewinnerzielung	Gesamte Gewinnerzielung	Umsatz pro Kontakt
	Gewinn pro Kontakt	Eurowert pro Umsatz
	Gewinn pro Kunde	
Kostenmanagement	Abteilungsbudget	Auslastung
	Kosten pro Kontakt	Kosten pro Agenten-Stunde
	Kosten pro Kunde	Gesprächsdauer
	Kosten pro Lösung	Kontakte pro Kunde
		Agenten-Auslastung
Kundenzufriedenheit	Hohe Zufriedenheitswerte in Kunden-befragungen	Erreichbarkeit
		Anrufqualität der Agenten
		Lösung beim ersten Anruf

Unternehmensziele	Messbare Größen im Unternehmen	Performance-Faktoren
Mitarbeiterzufriedenheit	Hohe Umfragewerte bei Mitarbeiter-befragungen	Wertschätzung der Arbeit
		Unterstützung durch den Supervisor oder Teamleiter
		Anerkennung
		Umgebung

Tabelle 5.1: Unternehmensziele, messbare Größen und die entsprechenden Faktoren

Messbare Größen für die Unternehmensziele

Wie in Kapitel 2 erwähnt, sind Unternehmensziele der gewünschte Output des Call Centers – also das, was das Unternehmen hinsichtlich Gewinnerzielung, Kostenmanagement und Kundenzufriedenheit vom Call Center benötigt.

 Viele Unternehmen betrachten die Mitarbeiterzufriedenheit als Geschäftsbedingung. Dafür gibt es verschiedene Gründe. Einige halten es für einen Teil ihrer Verpflichtung als sozial verantwortlicher Arbeitgeber, eine gute Arbeitsumgebung zu bieten. Andere glauben, dass die Wahrung einer hohen Mitarbeiterzufriedenheit eine gute Geschäftspraktik ist – glückliche Angestellte sind produktive Angestellte. Darin liegt viel Wahres, insbesondere angesichts der jüngsten Untersuchungen, die den Zusammenhang zwischen glücklichen Angestellten und zufriedenen Kunden herausstellen. Wahrscheinlich ist Zufriedenheit ansteckend.

Im Folgenden umreiße ich einige übliche messbare Größen, mit deren Hilfe Sie feststellen können, ob die Unternehmensziele Ihres Call Centers erreicht wurden.

Das Betriebsbudget des Call Centers

Wie bei den meisten Geschäftsbereichen ist das Betriebsbudget ein wichtiger Planungsmechanismus. Die Botschaft ist recht einfach, wenn es um Budgets geht: »Überschreite es nicht. Und wenn's billiger geht – umso besser!«

Das Betriebsbudget ist die Summer aller Kosten, die mit dem Betrieb des Call Centers innerhalb eines bestimmten Zeitraums verbunden sind; üblicherweise ist das ein Jahr. Der größte Kostenfaktor im Call Center-Budget sind normalerweise die Lohnkosten. Budgets basieren auf Annahmen über die Anzahl der Anrufe, die das Call Center erhalten wird, wie lange die Gespräche dauern werden und wie schnell der Anruf entgegengenommen werden muss. Anhand dieser Annahmen wird bestimmt, wie viel Personal in Form von Agenten, Management und Support benötigt wird. In den Kapiteln 6 und 7 erfahren Sie, wie die Arbeitsanforderungen berechnet werden.

Firmen benötigen Betriebsbudgets, und die Verwaltung eines Budgets kann der Firma bei der Erreichung ihrer Ziele helfen. Äußerst effektive Call Center-Manager besitzen eine gute Kontrolle über ihre Kosten und können Ihnen normalerweise sagen, wie viel sie in einem bestimmten Monat ausgeben werden – lange bevor die Finanzabteilung eine Kostenabrechnung erstellt.

 Budgets haben allerdings auch ihre Grenzen. Ein Betriebsbudget einzuhalten oder zu unterbieten, sagt Ihnen nicht, ob Sie effizient waren oder ob Ihre generelle Geschäftsaktivität leichter war als geplant. In einer expandierenden Firma steigen normalerweise auch die Betriebsbudgets für Call Center. Ein steigendes Budget sagt aber nicht viel darüber aus, ob Sie das Call Center effizienter als im letzten Jahr betreiben.

Es ist auch nicht immer gut, das Betriebsbudget zu strikt zu verwalten. Die meisten würden wahrscheinlich Folgendem zustimmen: Wenn die Nachfrage nach Ihrem Produkt stark über die Nachfrage hinausgeht, die Ihr Call Center-Budget eingeplant hat, und als Ergebnis Ihr Call Center von Leuten überschwemmt wird, die Ihr Produkt wollen, dann wäre es gut, Ihr Budget zu erhöhen, um sich diesen Käufern anzupassen.

Das Call Center-Budget prognostizieren

Es ist sehr nützlich, das Call Center-Budget zu prognostizieren. Was-wäre-wenn-Szenarios geben Ihnen die Möglichkeit, die tatsächlichen Auswirkungen zu erkennen, die Änderungen an verschiedenen Faktoren unterm Strich haben würden. Außerdem kann dadurch jeder im Call Center eine einfache Kosten-Nutzen-Rechnung aufmachen.

Call Center-Budget = Kundenstamm x prognostizierte Anrufe pro Kunde x durchschnittliche Gesprächsdauer / geplante Auslastung beim Service-Level x Kosten pro Stunde

Nehmen wir als Beispiel Folgendes an:

✔ Anzahl der Kunden (Kundenstamm): 1 Million

✔ Voraussichtliche Anrufe pro Kunde (jährlich): 1,0

✔ Durchschnittliche Gesprächsdauer: 360 Sekunden

✔ Geplante Auslastung beim Service-Level: 75 %

✔ Kosten pro Stunde: 45 Euro

Call Center-Budget = 1 Million x 360 / 3.600 / 75 % x 45,00 € = 6,0 Millionen €

Nehmen wir mal an, Sie könnten die Gesprächsdauer um 30 Sekunden reduzieren. Ihre neue Berechnung des Budgets für die Abteilung würde dann wie folgt aussehen:

Call Center-Budget = 1 Million x 330 / 3.600 / 75 % x 45,00 € = 5,5 Millionen €

In diesem Fall macht eine Reduzierung der Gesprächsdauer um 30 Sekunden eine Ersparnis von 500.000 Euro aus. Vielleicht plant das Management einige wichtige Änderungen beim Prozess der Anrufabwicklung oder führt Schulungen zur Gesprächssteuerung durch. Vielleicht wird auch eine neue Software eingeführt, die die Abfrage von Informationen rationalisiert. So oder so: Wenn Sie in der Lage sind, schnell zu berechnen, wie sich Änderungen bei den Faktoren auswirken, sind Sie ein gutes Stück weiter auf dem Weg, das Management zu Verbesserungen zu motivieren.

Der knifflige Teil besteht darin zu wissen, welche Auslastungslevel Sie haben werden, wenn Sie Ihre Service-Level-Ziele erreichen. (Mehr über Auslastung erfahren Sie weiter vorn in diesem Kapitel und in Kapitel 6 geht es um das Thema Prognosen.) Dies ist allerdings leichter, als es zunächst scheint.

 Sehen Sie sich Ihre Ergebnisse im Zeitlauf an und bestimmen Sie, welchen Auslastungslevel Sie üblicherweise erreichen, wenn Sie Ihren anvisierten Service-Level erreicht haben. Dies gibt Ihnen einen Bezugspunkt, aufgrund dessen Sie sich verbessern können. Es ist einfach, aber effektiv.

Es hilft auch dabei, Ihre optimale Auslastung herauszufinden. Darüber erfahren Sie etwas in Kapitel 7.

Kosten pro Kontakt

Die Kosten pro Kontakt sind eine nützliche messbare Größe, weil sie Ihnen sagt, wie viel es kostet, wenn ein Kunde Sie anruft oder wenn Sie einen Kunden anrufen. Sie sagt Ihnen etwas über die Kostenkontrolle Ihres Call Centers, und wenn die Kosten pro Kontakt geringer werden, ist Ihr Chef wahrscheinlich zufrieden.

Dieser Wert erzählt allerdings nicht die ganze Geschichte. Wenn die Kosten pro Kontakt niedrig sind, weil sich die Agenten beeilen, um ihre Gesprächsdauer gering zu halten, oder wenn Sie einen sehr hohen Prozentsatz von wiederholten Anrufen haben, dann kann es sein, dass die Kosten pro Kontakt ein Problem verbergen.

Die Kosten pro Kontakt werden berechnet, indem Sie die Gesamtkosten des Call Center-Betriebs in einem bestimmten Zeitraum durch die Gesamtzahl der Kontakte im selben Zeitraum dividieren. Erinnern Sie sich an den Punkt mit den kurzen und wiederholten Anrufen. Daher ist dies eine der messbaren Größen, bei der Sie mit der Zeit Verbesserungen sehen möchten. Abbildung 5.1 zeigt einen Run Chart über die Kosten pro Kontakt in einem bestimmten Zeitraum.

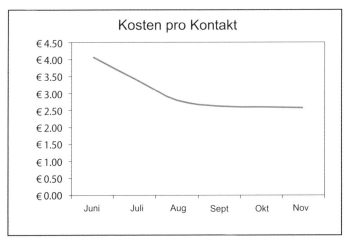

Abbildung 5.1: Ein Run Chart illustriert die Kosten pro Kontakt

Run Charts

Ein Run Chart gehört zu den statistischen Werkzeugen, die am einfachsten zu verstehen und zu verwenden sind. Es ist ein Liniendiagramm, das Dateneinträge in der Reihenfolge zeigt, in der sie erscheinen. Mit Run Charts kann man sehr schön Trends illustrieren – hoffentlich gute Trends. Ach ja, ich könnte mir den ganzen Tag Run Charts ansehen.

Tragen Sie einfach jeden Datenpunkt ein, beispielsweise wie lang die Gespräche Ihrer neuen Agentin Frau Sauerbier in einem bestimmten Zeitraum sind, und voilà – sofortige Analyse.

Es ist zwar bei Run Charts nicht allgemein üblich, aber es hilft, die Kontrollgrenzen in einem Run Chart einzutragen, wenn Sie die Performance eines Agenten beobachten. Mit den Kontrollgrenzen ist es einfacher, die Einzelleistungen mit dem Gruppentrend zu vergleichen und genau zu erkennen, welche Veränderungen mit der Zeit eingetreten sind.

Kosten pro Kontakt bestimmen

Es ist einfach, die Kosten pro Kontakt zu berechen, indem Sie die Formel für die Kontakte pro Stunde nehmen und erweitern, vorausgesetzt, Sie kennen Ihre Kosten pro Stunde:

Kosten pro Kontakt = Kosten pro Stunde / Kontakte pro Stunde

Angenommen, Ihre Kosten pro Stunde betragen 45 Euro und die Anzahl Ihrer Kontakte pro Stunde ist 7,5, dann betragen Ihre Kosten pro Kontakt 6,00 Euro. Um diesen Wert zu senken, müssen Sie die Kosten pro Stunde reduzieren (vielleicht durch Erhöhung der Agenten-Auslastung, wie ich weiter hinten in diesem Kapitel ausführe) oder die Anzahl der Anrufe pro Stunden erhöhen (zum Beispiel durch Erhöhung der Auslastung des Call Centers).

Modelle sind sehr nützlich, weil sie einen einfachen, aber effektiven Weg bieten, mit Was-wäre-wenn-Szenarien zu experimentieren. Modelle bieten sehr gute Möglichkeiten, Kosten-Nutzen-Analysen zu erstellen, und helfen Ihnen in vielen Fällen, das zu bekommen, was Sie wollen – etwa dieses Eckbüro und den Schlüssel zum Speiseraum der Geschäftsleitung (zwinker!).

Kosten pro Kunde

Die Kosten pro Kunde sind eine gute messbare Größe und besser als die Kosten pro Kontakt, solange Sie einen begrenzten Kundenstamm haben. Diese Größe ist aussagekräftiger als die Kosten pro Kontakt, weil sie wiederholte Anrufe berücksichtigt. Die Kosten pro Kunde berechnen Sie, indem Sie die Gesamtbetriebskosten des Call Centers in einem bestimmten Zeitraum durch die durchschnittliche Kundenzahl im selben Zeitfenster dividieren.

Wenn Ihre Kosten pro Kunde ständig sinken, bedeutet das, dass die Gesamtkosten Ihres Call Centers sinken – und Sie können darauf wetten, dass die Geschäftsführung beim Essen über Sie redet.

Kosten pro Lösung

Ich bin kürzlich auf diese Größe gestoßen und habe herausgefunden, was für eine großartige Messlatte für die Unternehmensziele sie ist. Die Kosten pro Lösung berücksichtigen, dass manchmal ein Kundenproblem nicht mit einem einzigen Kontakt gelöst werden kann. Sie berücksichtigen auch, dass Kunden manchmal wegen neuer Anliegen zurückrufen.

Es kann schwierig sein, die Kosten pro Lösung zu berechnen, weil es schwierig ist, einzelne Probleme zu verfolgen. Mit einer Software zur Kundenverwaltung, die die Kundenkontakte und die Einzelprobleme verarbeitet, ist es aber zu schaffen. Wenn Sie diese Daten haben, dividieren Sie die Gesamtkosten für diesen Zeitraum durch die Anzahl der gelösten Fälle. Auch hier sollten sich im Laufe der Zeit Verbesserungen ergeben.

Gesamteinnahmen

Die Gesamteinnahmen ähneln dem Betriebsbudget des Call Centers, das im regelmäßigen (vermutlich jährlichen) Planungsprozess enthalten ist. Wenn Ihr Call Center Gewinne erzielt, können Sie es sich als Profitcenter vorstellen. Ähnlich wie das Betriebsbudget sind auch die Gesamteinnahmen nicht eindeutig. Wenn eine Firma expandiert, erwarten Sie natürlich auch, dass das Call Center mehr Gewinn abwirft.

Ihre Finanz- oder Marketingabteilung berechnet die erzielten Gesamteinnahmen. Wahrscheinlich nimmt sie auch eine Schätzung über die Verkaufsanfragen vor, die Sie in einem bestimmten Zeitraum erhalten werden. Ebenso schätzt sie den Prozentsatz dieser Anfragen, den Ihre Agenten in Verkäufe umwandeln, sowie den durchschnittlichen Wert dieser Verkäufe.

 Es ist in Ordnung, das Ziel bei der Gewinnerzielung zu übertreffen, aber Sie müssen erst den Gewinn mit der Anzahl der Kunden, die das Call Center angerufen haben, in Relation setzen, um zu sehen, wie gut Sie Ihre Sache gemacht haben. Falls die Kundenanrufe den Plan um 100 Prozent übertroffen haben, aber die Gewinnerzielung den Plan nur zu 50 Prozent erfüllt hat, dann ist die Prognose für die Gewinnerzielung vielleicht nicht so gut.

Gewinn pro Kontakt

Dies ist ein ziemlich guter Maßstab dafür, wie viel Gewinn Ihre Call Center-Agenten pro Kontakt einfahren – je höher, desto besser.

Auch diese Größe ist leicht zu berechnen. Dividieren Sie den Gesamtgewinn des Call Centers in einem bestimmten Zeitraum durch die Anzahl der Kontakte im selben Zeitraum.

Der Gewinn pro Kontakt ist ein netter Maßstab, weil er die Kosten pro Kontakt gegenrechnet. Es macht Sinn, auch die Auswirkungen von Kundenabsagen in den Gewinn pro Kontakt mit einzurechnen, denn so erhält man den Nettogewinn pro Kontakt. Wenn Sie für einzelne Agenten den Umsatz pro Kontakt messen, finden Sie heraus, wer optimal verkauft.

Berücksichtigen Sie alle Anrufe, wenn Sie den Gewinn pro Kontakt berechnen. Fangen Sie gar nicht erst damit an, einzelne Anrufe aus der Zählung herauszunehmen (»Wenn ich die Anrufe herausnehme, die falsch verbunden waren, steigt meine Umsatzquote!«). In Call Centern hat jeder den gleichen Prozentsatz an fehlgeleiteten Anrufen oder solchen, die keinen Gewinn einbringen. Wenn man einzuteilen versucht, welche Anrufe zählen und welche nicht, führt das zu Subjektivität, Interpretation und schließlich zu Messfehlern. Nehmen Sie alle Anrufe – und es gelten für alle Agenten dieselben Bedingungen.

Gewinn pro Kunde

Der Gewinn pro Kunde bietet eine gute Vergleichsmöglichkeit zu den Kosten pro Kunde. Durch diese sichtbare Größe erfährt das Unternehmen, was Ihr Call Center pro Kunde leistet. Wie bei den Kosten pro Kunde berechnet sich der Gewinn pro Kunde, indem man den Gesamtgewinn innerhalb eines bestimmten Zeitraums durch die mittlere Kundenzahl im selben Zeitfenster dividiert.

Wenn Sie die Kosten pro Kunde ständig reduzieren und den Gewinn pro Kunde ständig erhöhen können, ist die nächste Beförderung vorprogrammiert!

Bewertung der Kundenzufriedenheit

Natürlich ist Kundenservice wichtig, aber nicht nur, weil Ihre Mutter, die Bundeskanzlerin oder die Königin von England anzurufen gedenkt. Kundenzufriedenheit ist ein wichtiger Faktor für künftige Geschäfte.

Zumindest ist ein *Mangel* an Kundenzufriedenheit der Hauptgrund für den Verlust künftiger Geschäfte. Sie möchten gewiss nicht, dass Ihre Kunden wegen eines schlechten Call Centers nicht mehr bei Ihnen kaufen. Deshalb sollten Sie mindestens guten Kundenservice bieten, sonst bekommen Sie vielleicht ernste Probleme.

Manche Call Center bieten einen so großartigen Service, dass die Anrufer sich freuen: »Oh toll, danke!« Wenn Sie das so oft machen, dass das Call Center den Kundenstamm Ihrer Firma vergrößert, werden Sie auf der Karriereleiter gleich zwei Stufen auf einmal nach oben stolpern.

Die Messung der Kundenzufriedenheit kann schwierig sein. Viele Call Center verlassen sich auf die Einschätzung der Supervisoren oder Teamleiter. Das heißt, der Supervisor hört sich (wenn der Betriebsrat dies erlaubt) aufgezeichnete Telefonanrufe zwischen Agenten und Kunden an. Vielleicht haben Sie schon die Ansage gehört: »Dieser Anruf wird zu Schulungszwecken aufgezeichnet.« Damit ist eine solche Aufzeichnung gemeint.

Diese Art der Bewertung – oft auch als *Monitoring* bezeichnet – ist nicht ganz unproblematisch. Erstens können Supervisoren möglicherweise nicht genug Anrufe bewerten, um einen genauen Überblick über die Anrufqualität zu bekommen. In den meisten Unternehmen hören sich die Supervisoren vielleicht drei bis fünf

Anrufe pro Agent und Monat an. Das ist nicht viel. Zweitens: Selbst wenn sich der Supervisor genug Anrufe anhören könnte, beruht die Bewertung der Anrufqualität normalerweise auf den subjektiven Vorstellungen des Managements, was ein guter Anruf sei, das heißt, es ist schwierig, zwei Manager gleicher Meinung zu finden. Nur der Kunde allein weiß, ob er zufrieden war. Drittens: Aus Datenschutzgründen ist das Aufzeichnen von Anrufen nicht erlaubt, es sei denn, der Betriebrat hat zugestimmt.

Bewertung der Mitarbeiterzufriedenheit

Die Motivation der Mitarbeiter ist ein komplexes Thema, auf das ich hier nicht allzu ausführlich eingehe. Um es kurz zu machen: Motivation ist enorm wichtig, man sollte sie zu einem Unternehmensziel machen und alles tun, um sie zu verbessern.

Die Mitarbeiterzufriedenheit lässt sich gut mit regelmäßigen Umfragen ermitteln. Diese sollten einmal pro Monat stattfinden.

Manch einer wird sagen, dass eine viertel- oder halbjährliche Befragung besser sei. Dem stimme ich nicht zu. Sicherlich messen Sie die Kosten pro Anruf nicht nur halbjährlich. Warum also sollten Sie die Mitarbeiterzufriedenheit weniger häufig messen als Ihre anderen Unternehmensziele? Häufige Messungen der Mitarbeiterzufriedenheit lassen Fortschritte besser erkennen und zeigen, ob Maßnahmen zur Verbesserung der Mitarbeiterzufriedenheit gefruchtet haben.

In dieser monatlichen Umfrage sollten Sie ein paar Fragen jedes Mal stellen, beispielsweise: »Arbeiten Sie gerne hier?« oder »Bietet Ihnen Ihr Supervisor oder Teamleiter genug Hilfestellung?« Darüber hinaus können Sie ein paar »Fragen des Monats« stellen, um den Dingen auf den Grund zu gehen.

In unseren Call Centern verwenden wir eine webbasierte Umfrage, die jederzeit bearbeitet und gestartet werden kann. In dieser Umfrage haben die Angestellten auch die Möglichkeit, Anregungen und Beschwerden zu äußern. Die Teilnahme ist vertraulich, was ich für notwendig halte, um offene Dialoge zu fördern. Die Applikation ordnet die Ergebnisse automatisch tabellarisch an und erzeugt Trenddaten zur allgemeinen Zufriedenheit und zur Zufriedenheit hinsichtlich der einzelnen Fragestellungen.

Es ist klar, dass Sie – wie bei den anderen messbaren Größen – auch bei der Mitarbeiterzufriedenheit einen möglichst hohen Wert erreichen wollen. Ein schlechtes Ergebnis kann und sollte der Grund zum Nachdenken und schnellen Handeln sein.

Verbesserungen (also steigende Kurven im Diagramm) – das ist es, was Sie suchen.

Die Mitarbeiterzufriedenheit beeinflussen

Es wurde schon viel über Mitarbeiterzufriedenheit und die Möglichkeiten, sie zu verbessern, geschrieben. Ich werde diese Diskussion hier nicht noch einmal aufwärmen, sondern nur einige der Grundlagen erneut benennen.

Mit den folgenden Mitteln halten Sie Ihre Mitarbeiter bei Laune:

✔ **Sie mögen ihre Arbeit.** Es ist ein großer Unterschied, ob Sie Leute anheuern, die den Job mögen und gerne weitermachen möchten. Kein Job ist für jedermann, und wenn Sie jemanden einstellen, weil der schnell Geld braucht, dann gehen Sie das Risiko ein, einen Angestellten zu haben, den Sie nicht motivieren können. Mehr über das Rekruiting erfahren Sie in Kapitel 10.

✔ **Sie bekommen die benötigte Unterstützung.** Es ist in Call Centern, wie überall, unangenehm, keine Hilfe bekommen zu können, wenn man welche braucht. Immer wieder bin ich erstaunt darüber, wie wichtig ein kompetenter Stab von Supervisoren und Teamleitern für die Mitarbeiterzufriedenheit ist.

✔ **Sie erhalten Anerkennung, wenn sie ihre Arbeit gut machen.** Wenn die Mitarbeiter etwas gut machen, möchten sie, dass jemand das bemerkt.

✔ **Sie empfinden die Arbeitsumgebung als angenehm.** Dazu können viele Dinge gehören: Unternehmenskultur, Freunde, mit denen man zusammenarbeitet, saubere Teppiche, angemessene Beleuchtung und so weiter.

All diese Faktoren und noch weitere können Basis für Ihre Meinungsumfragen unter den Mitarbeitern sein.

Es ist immer gut, offene Fragen zu stellen, um herauszufinden, was Ihren Mitarbeitern in Ihrer Firma wichtig ist. Wenn Sie dann wissen, was Ihren Mitarbeitern wichtig ist und was nicht funktioniert, können Sie Änderungen vornehmen.

Performance-Faktoren: Die Ergebnisse verwalten

Die Performance-Faktoren sind die Variablen, die Auswirkungen auf die Unternehmensziele Ihres Call Centers haben (siehe Kapitel 2).

Man nennt sie Performance-Faktoren oder auch Performance Drivers, weil Driver (deutsch: Antriebe) Dinge sind, die andere Dinge zum Laufen bringen, so wie eine Person die Bedienelemente eines Autos steuert oder Programme einen Computer funktionieren lassen. In diesem Fall treiben die Performance-Faktoren die Unternehmensziele an.

Statistiker stellen sich das Verhältnis zwischen den messbaren Größen der Unternehmensziele und den Performance-Faktoren als abhängige Variablen (messbare Größe der Unternehmensziele) (y) und unabhängige Variablen vor (x). Dadurch entsteht das Verhältnis $y = f(x)$ - y ist eine Funktion von x. Beispielsweise sind Budgets, neben anderen Dingen, eine Funktion der Gesprächsdauer.

Bestimmen, wer Einfluss auf die Performance-Faktoren hat

Die Modelle in diesem Kapitel zeigen Ihnen die messbaren Größen, mit denen Sie die Ergebnisse beeinflussen, besonders bei den sehr gut messbaren Zielen Kosten und Gewinn. Dies zu verstehen, ist allerdings nur der Anfang; Ergebnisse zu erzielen ist das, was zählt!

Eine Schlüsselkomponente beim Kontrollieren und Beeinflussen von Ergebnissen ist, überall im Unternehmen Verantwortlichkeiten zuzuweisen – am wichtigsten sind dabei die Call Center-Agenten, denn jeder Agent ist ein Mikrokosmos des Unternehmens.

Tabelle 5.2 zeigt, wie Sie auf der Ebene der Agenten die Ergebnisse protokollieren und verbessern. Verbesserungen bei einzelnen Agenten ziehen eine Verbesserung der Gesamtleistung der Agenten nach sich, die wiederum zu einer Gesamtverbesserung des Call Centers führt.

Faktoren für das Call Center	Faktoren auf dem Agenten-Level
Agenten-Kosten pro Stunde	Lohntarif
Agenten-Auslastung (E/B = eingeloggte Stunden zu bezahlten Stunden)	Einsatzplaneinhaltung
Gesprächsdauer	Gesprächsdauer
Kontakte pro Kunde	
First-Call Resolution	First-Call Resolution
Auslastung	Keiner
Umsatz pro Kontakt	Umsatz pro Kontakt
Geldwert pro Kontakt	Geldwert pro Kontakt
Erreichbarkeit	Keiner
Professionalität und Fähigkeiten des Agenten	Professionalität und Fähigkeiten des Agenten

Tabelle 5.2: Messbare Größen auf Agenten-Level

Beim Betrachten der Tabelle werden Sie schnell feststellen, dass einige der messbaren Größen – nämlich die, die nicht durch die Handlungen der Agenten kontrolliert oder beeinflusst werden können – nicht mit den messbaren Größen für einzelne Agenten korrelieren: Man betrachtet sie nicht als Teil der Zuständigkeiten eines Agenten. So sind beispielsweise Auslastung und Service-Level Gruppengrößen, die einzelne Agenten nicht steuern können. Ebenso wenig können Agenten direkt die Firmenrichtlinien oder -vorgänge steuern.

Die Kosten pro Stunde und Agent ist der Lohnsatz. Denn abgesehen von ihrem Lohn beeinflussen Agenten im Allgemeinen keine anderen Kosten.

Schließlich erscheint der Call Center-Faktor »Agenten-Auslastung« auf dem Agenten-Level als Einsatzplaneinhaltung. *Einsatzplaneinhaltung* ist der Prozentsatz der erwarteten Zeit, in der sich die Agenten tatsächlich am Telefon befinden. Eine schlechte Einsatzplaneinhaltung zeigt ungeklärte Fehlzeiten während der Arbeitszeit eines Agenten an.

Wenn Agenten ihren Einsatzplan schlecht einhalten, bedeutet das, dass sie weniger lang als erwartet am Telefon saßen, was sich direkt auf die Agenten-Auslastung (E/B) auswirkt – den Prozentsatz der Zeit, in der die Agenten am Telefon waren im Vergleich zur bezahlten Zeit.

Das Ziel ist, den Agenten zu helfen, stetige Verbesserungen in den Bereichen zu erreichen, für die sie zuständig sind.

 Teilen Sie, wann immer es möglich ist, die Faktoren in die kleinstmöglichen messbaren Größen auf, die Sie gerade noch aushalten können. Unterteilen Sie zum Beispiel die Gesprächsdauer in Gesprächszeit und Nachbearbeitungszeit. Wenn Sie diese noch weiter differenzieren, etwa nach Kontakttyp, ist es sogar noch besser.

Die Daten auf Agenten-Level festzuhalten ist ein weiterer Weg, um die Daten zu differenzieren und so die Faktoren besser zu verstehen.

 Es gibt wahrscheinlich Hunderte von Performance-Faktoren, die sich auf die Ergebnisse eines Call Centers auswirken. Ein Großteil des Jobs eines Analysten besteht darin, diese Beziehungen zu erkennen und besser zu verstehen, wie diese Beziehungen zwischen Unternehmenszielen und Performance-Faktoren funktionieren. In diesem Abschnitt haben wir uns die Großen angesehen, die Variablen, die die größten Auswirkungen auf die Ergebnisse eines Call Centers haben. Werden Sie dieser Herr, haben Sie alles besser im Griff.

Auslastung

Auslastung bezieht sich darauf, wie beschäftigt die Call Center-Agenten sind, wenn sie sich im Telefonsystem der Firma befinden. Sie ist einer der wichtigsten Performance-Faktoren im Call Center und hat große Auswirkungen auf die Kostenkontrolle.

Die Auslastung berechnet sich als Prozentsatz der eingeloggten Zeit eines Agenten – die Zeit, die ein Agent im Telefonsystem verbringt –, in der der Agent beschäftigt und nicht in der Lage war, Kundenanrufe entgegenzunehmen. Sie ist das Gegenteil des Leerlauf-Prozentsatzes – die Zeit, in der der Agent auf Kundenanrufe wartet.

Agenten können vielerlei Dinge tun, um beschäftigt gehalten zu werden. Dazu gehören das Kundengespräch, Nachforschungen zu Kundenproblemen, während sich der Kunde in der Warteschleife befindet, und die Bearbeitung der Kundendatei, nachdem der Kunde aufgelegt hat. Die Nachbearbeitungszeit wird durch einen Knopf am Telefon des Agenten signalisiert, der dem System mitteilt, dass der Agent momentan nicht für die Entgegennahme von Anrufen zur Verfügung steht.

 Eine der wichtigsten Beziehungen, die Sie verstehen müssen, ist die zwischen der Auslastung und der Zeit, die Sie brauchen, um ans Telefon zu gehen. Als Faustregel gilt: Je schneller Sie ans Telefon gehen (Sie haben viele Agenten, die auf Anrufe warten), desto stärker sinkt die Auslastung. Wenn Sie langsamer ans Telefon gehen (die Kunden müssen auf den »nächsten verfügbaren Agenten« warten), steigt die Auslastung.

Die andere wichtige Beziehung ist die zwischen der Auslastung und der Größe Ihres Call Centers. Hier lautet die Regel: Je größer das Call Center, desto größer ist die Auslastung auf jedem Service-Level. Suchen Sie sich einen Tag aus, an dem Sie früh oder spät am Tag Ihren Service-Level erreichen – wenn das Anrufvolumen gering ist. Dann vergleichen Sie dies mit der sehr betriebsamen Zeit des Tages, als Ihr Service-Level ungefähr ausgeglichen war. Sie dürften feststellen, dass die Auslastung während der betriebsamen Tageszeit höher war. Erstaunlich, nicht wahr? Viele strategische Entscheidungen bezüglich des Standorts und Fusionierungen basieren auf dieser Dynamik.

Was ist eingeloggte Zeit?

Es ist äußerst wichtig, dass sich jeder im Call Center völlig darüber im Klaren ist, was es bedeutet, in das Telefonsystem eingeloggt zu sein. Die Agenten sollten eingeloggt sein, wann immer sie Kundenanrufe bearbeiten. Dazu gehören alle Arbeitsschritte, die mit der Bearbeitung eines Anrufs zu tun haben: das Kundengespräch, der Kunde in der Warteschleife, die Nachbearbeitung und das Warten auf den nächsten Anruf.

Wenn Agenten arbeiten, aber nicht mit Kundenanrufen befasst sind, sollten sie nicht im Telefonsystem eingeloggt sein. Auch während Pausen, Besprechungen, Schulungen und dergleichen sollten sich die Agenten ausloggen.

Wenn man die eingeloggte Telefonzeit ausschließlich für die Zeit reserviert, die für die Bearbeitung von Kundenanrufen aufgewendet wird, wird es viel einfacher, die Daten, die mit der Anrufbearbeitung verknüpft sind, unverfälscht zu halten. Einige stimmen dem nicht zu und argumentieren, dass das Telefonsystem viele Verwendungen der Agenten-Zeit protokollieren kann. Ich habe jedoch herausgefunden, dass es immer wenn die Agenten weiterhin im Telefonsystem eingeloggt waren, ohne mit Anrufen befasst zu sein, unklar wurde, welche Zeit für Anrufe und welche für Unterbrechungen angefallen war. Sie können andere Wege zur Verfolgung der Agenten-Zeit finden. Halten Sie die eingeloggte Zeit unverfälscht.

Mit zufälligem Anrufaufkommen umgehen

Warum beträgt die Auslastung nicht 100 Prozent? Wäre das nicht effizienter? Sofern Ihr Call Center nicht mit Anrufen überschwemmt wird – sodass die Kunden lange warten müssen, bis sie zu einem lebendigen Agenten gelangen (zumindest hoffen wir, dass Ihre Agenten noch leben) –, wird die Auslastung niemals bei 100 Prozent liegen. Tatsächlich kommt die Auslastung noch nicht einmal in die Nähe von 100 Prozent. Eine Auslastung von 65 bis 75 Prozent ist nichts Ungewöhnliches. Der Grund dafür liegt in der zufälligen Natur des Anrufaufkommens, wie wir es in unserem Business auszudrücken pflegen. Einfach ausgedrückt: Ein Kundenanruf kommt selten allein.

Es wird Sie wahrscheinlich nicht überraschen, aber die Kunden nehmen nicht untereinander Kontakt auf, um sich in eine angenehme Reihenfolge zu bringen, bevor sie Ihr Call Center anrufen. »Du rufst um 9:00 Uhr an und bist bis 09:04 fertig, denn dann kommt Lisa …«

In Kapitel 7 erfahren Sie, dass das Ankunftmuster der Anrufe in einem typischen Call Center wechselhaft und zufällig ist. Stellen Sie sich vor, Ihr Call Center sei eine Pralinenfabrik und die Spitzen repräsentieren die Pralinen, die auf einem Förderband liegen und die Sie einwickeln müssen. Wenn Sie allein wären, würden Sie wahrscheinlich viele der Pralinen verpassen, insbesondere in Spitzenzeiten. Wenn es wichtig wäre, keine zu verpassen, würden Sie ein paar Freunde anrufen, die Ihnen beim Aufnehmen und Einwickeln der Pralinen helfen. Nun verpassen Sie und Ihre Freunde zwar keine Praline, aber Sie sind die meiste Zeit nicht allzu sehr beschäftigt. Und es ginge beim Einwickeln sehr langsam zu, wenn gerade wenige Pralinen ankommen.

Genauso ist es in Call Centern. Haben Sie zu wenige Leute, verpassen Sie Anrufe. Stellen Sie weitere Mitarbeiter ein, um keine Anrufe zu verpassen, verbringt Ihr Personal Zeit mit Warten.

 Da sich die Anrufer nicht untereinander absprechen, kommen die Anrufe zufällig, oftmals gebündelt. Die Folge dieses Anrufmusters ist, dass Sie nicht einfach nur die Telefone so besetzen können, als müsste in einer bestimmte Zeit die durchschnittliche Anrufzahl bearbeitet werden – die Spitzen würden Sie umbringen, wie in unserem Pralinenbeispiel. Um Anrufe einigermaßen schnell zu beantworten, muss die Personaldecke oberhalb der durchschnittlichen Anrufzahl und näher an den *Spitzen* im Anrufaufkommen liegen.

Die Differenz zwischen dem Arbeitsaufkommen durch die eingehenden Anrufe und der eigentliche Menge an Personal, die Sie benötigen, um diese Anrufe zu beantworten, ist die Wartezeit (unproduktive Zeit) Ihrer Call Center-Agenten.

Wenn Sie Kundenanrufe schnell beantworten wollen, werden Sie etwas Wartezeit bei den Agenten in Kauf nehmen müssen. Wenn Sie umgekehrt die Produktivität Ihrer Agenten erhöhen wollen (also die Auslastung anheben), müssen Sie weniger Agenten einsetzen. Dadurch reduzieren Sie die Wartezeit und lassen Ihre Kunden auf einen Agenten warten.

 Lassen Sie sich von niemandem einreden, dass Sie sich kein Ziel bei der Auslastung setzen können. Wie ich in Kapitel 7 erörtere, gibt es einen Unterschied zwischen optimaler Auslastung (die Sie mit perfekter Einsatzplanung erreichen würden) und der erwarteten Auslastung (die Sie mit den unvollkommenen Einsatzplänen von uns Menschen erreichen). Näher ans Optimum zu kommen, ist das Ziel eines jeden Einsatzplaners und wird durch bessere, flexiblere Einsatzpläne erreicht. In großen Call Centern summiert sich sogar eine einprozentige Verbesserung zu beträchtlichen Beträgen.

Auslastung als Kostenfaktor

Wie nun wirkt sich die Auslastung auf Ihre Kostenziele aus? Sie können für jedes beliebige Anrufaufkommen leicht bestimmen, wie viel Arbeit es bedeutet. Wenn Sie beispielsweise zehn Anrufe in einer halben Stunde bekommen und jeder davon im Schnitt drei Minuten zur Bearbeitung benötigt, heißt das nach Adam Riese, dass wir 30 Arbeitsminuten brauchen. In einer halben Stunde ist das eine Person. Das setzt aber voraus, dass unser Arbeiter zu 100 Prozent ausgelastet ist. Wenn die Anrufe aber alle zufällig eingehen – und Sie wissen, dass es so sein wird –, werden einige Anrufer keine sofortige Antwort erhalten. Falls es sehr wichtig ist, die Anrufe schnell zu beantworten, brauchen Sie eine weitere Person. Diese zweite Person sorgt dafür, dass die Anrufe schnell genug beantwortet werden, aber bei nur 30 Arbeitsminuten und zwei Personen ist Ihre Auslastung von 100 auf 50 Prozent gesunken, und die Kosten zur Beantwortung dieser Anrufe haben sich verdoppelt.

Sie kommen nicht daran vorbei: Sie müssen die Auslastung planen, wenn Sie das Call Center planen. Aber Sie *können* sie managen und maximieren – deshalb ist sie so ein starker Kostenfaktor.

Kosten pro Agenten-Stunde

Bei den Kosten pro Agenten-Stunde handelt es sich um eine wichtige Variable, die Call Center-Manager kennen und verstehen müssen. Sie ergibt sich aus den Gesamtbetriebskosten des Call Centers, bezogen auf eine Stunde, die man ins Telefonsystem eingeloggt ist. Sie berechnen sie, indem Sie die Gesamtkosten des Call Centers in einem bestimmten Zeitraum durch die gesamten eingeloggten Stunden innerhalb desselben Zeitraums dividieren.

Protokollieren Sie die Kosten pro Agenten-Stunde über die Zeit hinweg, denn sie ändert sich mit dem Anrufvolumen. Dies ist eine messbare und wunderbar steuerbare Größe. Mit ihr können Sie die Ziele beim Kostenmanagement in Ihrem Call Center sehr gut kontrollieren.

Sobald Sie die Kosten pro Agenten-Stunde berechnet haben, gibt es eine Reihe von Dingen, die Sie tun können. Als Erstes müssen Sie das Ergebnis untersuchen, zum Beispiel, indem Sie die Gesamtkosten pro Stunde in ihre Bestandteile auflösen. Wie viel davon ist Agenten-Arbeit, wie viel sind Bezüge, wie viel ist Management, wie viel ist Miete und so weiter?

Als Nächstes wollen Sie sich vielleicht mit anderen Unternehmen vergleichen, wenn dies möglich ist. Durch diesen Vergleich bekommen Sie ein Gefühl dafür, ob Ihre Ergebnisse hoch oder niedrig sind. Bedenken Sie dabei, dass Sie möglicherweise nicht in derselben Branche tätig sind oder vergleichbare Dienste anbieten wie die Firma, mit der Sie sich messen. Durch einen Leistungsvergleich stellen Sie fest, dass Sie alles richtig machen oder sich noch verbessern können – wenn Sie andere finden, die einen guten Betrieb mit weniger Kosten pro Agenten-Stunde führen, haben Sie zumindest eine Vorstellung davon, was möglich ist. Sie können Ihr Call Center mit Outsourcern vergleichen. Diese kennen ihre Kosten pro Agenten-Stunde nur zu gut und haben sie weitgehend zurechtgestutzt.

Die meisten der Variablen, die ich hier erörtere, werden wiederum von anderen Variablen beeinflusst. Die Kosten pro Stunde sind da keine Ausnahme. Zu den Schlüsselvariablen, die die Kosten pro Agenten-Stunde beeinflussen, gehören der durchschnittliche Lohnsatz, die Zulagen und etwas, was ich als »eingeloggte Stunden zu bezahlten Stunden« bezeichne, oder kurz »E zu B«. Oder noch kürzer: »E/B«.

Eingeloggt/Bezahlt (E/B)

E/B bezieht sich auf die gesamte eingeloggte Zeit aller Call Center-Agenten, dividiert durch alle Abrechnungsstunden. Wenn Sie E/B nicht kennen, sollten Sie sich damit unbedingt beschäftigen. Manche nennen E/B auch Agenten-Auslastung. Es ist eine Quote, die die Gesamtproduktivität Ihres Call Centers veranschaulicht. Ich habe in Call Centern schon E/B-Quoten von unter 50 bis über 80 Prozent gesehen.

In einem großen Unternehmen, das ich kürzlich beraten habe, sorgte ein einprozentiger E/B-Anstieg für eine Ausgabenreduktion von etwa 1 Million Euro oder ungefähr 2 Prozent des Gesamtbudgets. Darüber lohnt es sich nachzudenken.

Die beste Möglichkeit, die ich zur Verwaltung von E/B kenne, ist die Erfassung der Zeit, die nicht an den Telefonen verbracht wird – die Differenz zwischen E/B und 100 Prozent. Wenn Sie sich diesen Wert bislang noch nicht angesehen haben, möchte ich wetten, dass Sie dort potenzielle Einsparungen finden.

Gesprächsdauer

Die Gesprächsdauer ist ein größerer Baustein im Call Center. Zusammen mit dem gewünschten Anrufvolumen und dem gewünschten Service-Level (Antwortgeschwindigkeit) sagt sie Ihnen, wie groß Ihr Unternehmen sein muss, wie viele Leute benötigt werden, wie viele Telefonleitungen Sie brauchen und so weiter.

Die Gesprächsdauer ist auch eine der wichtigsten messbaren Größen im Call Center. Es gibt Leute, die glauben, dass der Gesprächsdauer zu viel Aufmerksamkeit beigemessen wird und andere Größen zu wenig beachtet werden. Sie fürchten, eine Überbewertung der Gesprächsdauer könne dazu führen, dass die Agenten die Sprechzeiten reduzieren und dabei die Qualität des Kundenservices sinkt.

Es ist richtig, dass ein zu starker Fokus auf harte und schnelle Leistungsmarken bei der Gesprächsdauer schädigend und unangemessen sein kann, aber ich glaube auch, dass keine andere messbare Größe Ihnen mehr über Ihr Unternehmen erzählt als die Gesprächsdauer – sie ist ein Spiegel der Ablaufs.

Eines haben unsere internen Recherchen ergeben: Die Kunden wollen dasselbe wie das Call Center, nämlich schnelle, genaue und vollständige Lösungen für die Probleme oder Anfragen. Bei sehr langen Sprechzeiten muss man sich fragen, ob die Kunden auch bekommen, was sie wollen. Oft stellt sich heraus, dass lange Sprechzeiten das Ergebnis sehr komplexer Probleme sind.

Ihre Bemühungen, die Prozesse der Anrufbearbeitung zu verbessern und die Gesprächsdauer zu verkürzen, sparen dem Call Center nicht nur Geld, sondern sorgen auch für zufriedenere Kunden – vorausgesetzt, die geringere Gesprächsdauer wird von gleicher oder verbesserter Dienstleistung und Lösung begleitet.

Auch bei einer kurzen Gesprächsdauer besteht die Gefahr, dass die Kunden nicht optimal bedient werden. Normalerweise sind kurze Anrufe das Ergebnis einfacher Probleme, aber manchmal erlaubt es der Anrufbearbeitungsprozess den Agenten nicht, die Kunden ideal zu unterstützen. In diesen Fällen sähe ich die Gesprächsdauer gerne steigen – zusammen mit der Kundenzufriedenheit und der Lösung.

Gesprächsdauer berechnen

Die Anrufbearbeitung ist ein komplexer Vorgang. Die Telefonsysteme müssen sich den verschiedenen Vorlieben anpassen, die verschiedene Benutzer bei verschiedenen Anrufbearbeitungsprozessen haben. Im Ergebnis können Berechnungen der Gesprächsdauer, die aus dem Telefonsystem kommen, manchmal zu hoch oder zu niedrig ausfallen.

 Hier ist eine Berechnungsmethode, die ich seit Jahren verwende, um die Gesprächsdauer zu einer zuverlässigen messbaren Größe zu machen – eine, der Sie bei der Analyse und der Einsatzplanung vertrauen können. Nehmen Sie die gesamte Zeit, in der Ihre Agenten in das Telefonsystem eingeloggt sind, subtrahieren Sie die Zeit, in der sie auf Anrufe warten, und dividieren Sie dies durch die Anzahl der beantworteten Anrufe, ausgedrückt in Sekunden. Ich nenne dies die Anruf-Service-Zeit oder CST (Call Service Time). Sie werden feststellen, dass sich diese ein wenig von der durchschnittlichen Bearbeitungszeit (AHT, Average Handling Time) unterscheidet, die von Ihrem Telefonsystem angegeben wird. Dies liegt daran, wie die verschiedenen Telefonsysteme die AHT berechnen.

Ermitteln Sie Ihre Sprechzeiten der verschiedenen Anruftypen, die Sie entgegennehmen. Sobald Sie wissen, was der längste Anruftyp ist, legen Sie den Ablauf eines typischen Anrufs dieser Art fest. Dann versuchen Sie, einen kürzeren Weg der Anrufbearbeitung zu finden. Verfolgen Sie weiterhin die Dauer dieses Anruftyps – hoffentlich sehen Sie Verbesserungen. Machen Sie dann mit dem nächsten Anruftyp weiter. Mit der Zeit werden Sie definitiv die Kostenkontrolle und die Kundenzufriedenheit verbessern.

Kontakte pro Kunde

Auch die Kontakte pro Kunde sind eine nützliche messbare Größe, um Prognosen anzustellen und die Kostenkontrolle des Call Centers über die Zeit zu verfolgen. Wenn Sie die Anzahl der Kontakte pro Kunde auf monatlicher oder täglicher Basis erfassen und dies mit der aktuellen Kundenanzahl multiplizieren, erhalten Sie eine sehr hilfreiche Prognose für das Anrufaufkommen.

 Die Reduzierung der Kontakte pro Kunde ist für viele Service-Center oder Call Center ein vorrangiges Ziel in Sachen Kostenkontrolle, denn je öfter ein Kunde anruft, desto mehr Anrufe müssen Sie entgegennehmen und desto mehr Agenten müssen Sie für die Anrufbearbeitung einteilen. Wenn die Kunden natürlich bei jedem Anruf etwas von Ihnen kaufen, braucht es Sie nicht zu beunruhigen, wenn sie oft anrufen.

Es ist ausgesprochen wichtig, Fehler und unnötige Rückrufe zu reduzieren oder zu eliminieren, wenn Sie nach Verbesserungen bei der Kostenkontrolle streben. Die First-Call Resolution-

Rate – der Prozentsatz der Anrufer, die innerhalb eines gewissen Zeitfensters nicht zurückrufen müssen (üblicherweise ein Tag), um eine Problemlösung zu erhalten – ist eine nützliche messbare Größe, über die Sie weiter hinten in diesem Kapitel noch mehr erfahren.

Balkendiagramm/Histogramm

Balkendiagramme eignen sich hervorragend, um Zusammenhänge aufzuzeigen oder anschaulich zu machen, wie oft etwas passiert. In Ihrem Call Center könnten Sie Anrufe anhand des Wochentags auflisten oder anhand der Anruftypen, die am Tag eingehen. Ein Beispiel finden Sie in Abbildung 5.2.

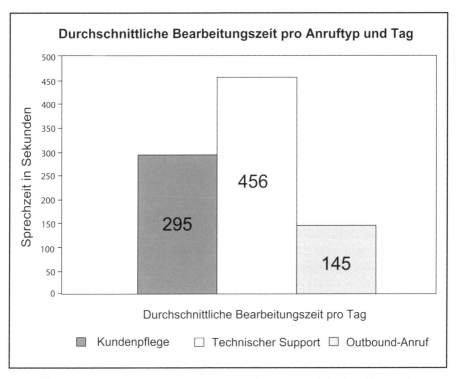

Abbildung 5.2: Die durchschnittliche Gesprächsdauer anhand des Anruftyps verfolgen

Umsatz pro Kontakt

Lassen Sie mich eine Sache klarstellen. Ein *Kontakt* besteht jedes Mal, wenn Sie »Hallo« sagen, sei es am Telefon, per E-Mail, im Chat oder wo auch immer. Ein *Umsatz* liegt immer dann vor, wenn Sie bei einem Kontakt Gewinn erzielen oder etwas einsparen.

Beim Umsatz gilt: Höher ist besser. Punkt. Es ist mir egal, ob der Kunde nur angerufen hat, um zu fragen, ob der Laden in Oberkuckucksdorf geöffnet hat; wenn Sie es geschafft haben, ihm bei seinem Anruf etwas zu verkaufen, ist das etwas Gutes: Umsatz ist immer gut – und mehr ist immer besser.

In den meisten Call Centern sind die Chancen, den Umsatz pro Kontakt zu steigern, sehr, sehr gut! Ein großer Teil der Zeit wird in Call Centern dafür aufgebracht, diese Variable zu verbessern, denn der Umsatz pro Kontakt wirkt sich auf die gesamte Gewinnerzielung und andere Gewinnvorgaben aus.

Geldwert pro Umsatz

Möchten Sie Pommes frites dazu? Es ist die eine Sache, viele Verkäufe abzuschließen, eine andere Sache ist es, viele *große* Verkäufe abzuschließen. Damit kommen die Ausdrücke »Upselling« (Verkaufen eines höherwertigen Produkts) und »Cross-Selling« (Verkaufen von Zusatzprodukten) ins Spiel. Wenn Sie größere oder umfangreichere Verkäufe abschließen können, steigt diese Variable; dadurch wiederum steigt der Gesamtgewinn, der Gewinn pro Kunde, der Gewinn pro Anruf und so weiter.

Erreichbarkeit

Ich benutze hier den Ausdruck *Erreichbarkeit*, obwohl dieser in der Call Center-Branche nicht eindeutig definiert ist. Es gibt 100 Wege, um zu beschreiben, wie schnell Sie ans Telefon gehen. Erreichbarkeit bedeutet: Wie einfach ist es für die Anrufer durchzukommen? Wie schnell also gehen Sie ans Telefon? Und das ist wichtig, denn es hat Auswirkungen auf die Kundenzufriedenheit und die Kostenkontrolle.

Die Erreichbarkeit ist auch eine Planungsnotwendigkeit bei Call Centern. Ein gut gewähltes Erreichbarkeitsziel stellt eine Balance zwischen der Kundenzufriedenheit und den Kosten her, die für diesen Grad der Erreichbarkeit anfallen. Die Erreichbarkeit beeinflusst die Kosten hinsichtlich der Frage, wie viele Agenten für jedes Maß an Anrufaufkommen notwendig sind. Letztlich beeinflusst die Erreichbarkeit mittels Auslastung die Kosten.

Es gibt drei übliche Größen unter den vielen, mit denen die Erreichbarkeit berechnet wird:

✔ **Service-Level:** Dies ist wahrscheinlich der geläufigste Ausdruck, um Erreichbarkeit zu definieren. Er bezieht sich auf den Prozentsatz der Anrufer, deren Anrufe innerhalb einer gewissen Zeit entgegengenommen wurden oder die innerhalb dieses Zeit aufgelegt haben. Wenn Ihr Grenzwert beispielsweise 20 Sekunden beträgt, haben Sie womöglich ein Service-Level-Ziel von 85 Prozent in 20 Sekunden. Das bedeutet, Ihr Ziel ist es, 85 Prozent der im Call Center eingehenden Anrufe innerhalb dieser ersten 20 Sekunden zu beantworten.

Nur um Sie wach zu halten: Der Service-Level wird auch manchmal als Telefon-Servicefaktor (TSF) bezeichnet. Wenn dieser Ausdruck verwendet wird, wird die anvisierte Sekundenzahl – die 20 in 85/20 als TSFT bezeichnet (Telephone Service Factor Threshold = Grenzwert des Telefon-Servicefaktors).

Das Schöne beim Service-Level ist, dass Sie eine sehr spezifische messbare Größe erhalten, die besonders nützlich sein kann, wenn Sie sich die Zeit nehmen, Kosten und Nutzen der Service-Level-Ziele zu untersuchen.

✔ **Durchschnittliche Antwortgeschwindigkeit:** Auch als ASA (Average Speed of Answer) bekannt, bezieht sich diese Größe auf die Zeit, die die Anrufer im Schnitt in der Warteschleife verbracht haben, bevor ein Agent sie begrüßt hat. Im Allgemeinen gilt: Weniger ist besser.

✔ **Abbruchrate:** Die Abbruchrate bezieht sich auf den Prozentsatz der Anrufer, die aufgelegt haben, bevor ein Agent ihren Anruf entgegengenommen hat. Das ist kein guter Maßstab für den Service-Level, sondern eher für die Kundenzufriedenheit. Was bedeutet es wohl, wenn Ihre Kunden oft auflegen? Sie mögen Ihre Servicegeschwindigkeit nicht. Wenn sie nicht so oft auflegen, machen Sie es wahrscheinlich richtig.

Gehen Sie jedoch mit dieser Richtlinie sorgsam um. Falls die Kunden nicht auflegen, obwohl sie es normalerweise unter diesen Umständen tun würden, sie aber *unbedingt* mit Ihnen sprechen müssen, dann kann es zu unangenehmen verbalen Scharmützeln zwischen frustrierten Kunden und überarbeiteten Agenten kommen, wenn der Aufenthalt in der Warteschleife zu lang war.

Professionalität und Fähigkeiten der Agenten

Die Fähigkeiten der Agenten sind ein wenig schwerer zu bestimmen, aber sie sind sicherlich eine der wichtigsten Voraussetzungen, die Kunden restlos glücklich zu machen. Ob die Kunden ein Kontaktcenter anrufen oder neue Schuhe kaufen, sie erwarten dasselbe: Sie sollen verstehen, wovon Sie reden, und freundlich sein!

Umfragen zur Kundenzufriedenheit, über die wir bereits gesprochen haben, helfen sicherlich herauszufinden, wie fähig Ihre Agenten sind. Die Kunden werden Ihnen sagen, welche Agenten nicht freundlich sind oder ihren Job nicht beherrschen. Wenn Sie die richtigen Fragen stellen, werden Ihnen die Kunden auch ganz genau sagen, in welchen Bereichen sich Ihr Unternehmen verbessern muss. Diese Erkenntnisse können als ausgezeichnetes Schulungsmaterial dienen.

Wie bereits erwähnt sollten Sie sich, wenn dies vom Betriebsrat genehmigt ist, viele Call Center-Gespräche ihrer Agenten anhören, um festzustellen, ob die Agenten professionell und befähigt sind. Dies wird oft als »Anrufauswertung« oder »Monitoring« bezeichnet. Wenn sich der Auswerter diese Anrufe anhört, bewertet er die Agenten anhand einer Tabelle mit Schlüsselvorgaben beim Anrufverhalten. In Kapitel 15 erzähle ich mehr über Monitoring und allgemeine Hilfsmittel bei der Anrufbearbeitung.

Monitoring und Anrufbewertung sind nicht schlecht, aber Sie sollten unbedingt zuerst die Kunden fragen, was für sie wichtig ist. Eine schnelle, höfliche Antwort ist sicherlich wichtiger als den Kundennamen dreimal zu sagen. Der Kunde ist König. Lang lebe der Kunde!

First-Call Resolution

Die First-Call Resolution (kurz FCR, Problemlösung beim ersten Anruf) bezieht sich auf den Prozentsatz der Kundenanfragen, die beim ersten Anlauf erledigt werden können. Wenn die Kunden mehrmals anrufen müssen, weil das Call Center die Anfrage oder Beschwerde nicht beim ersten Mal klären konnte, sinkt die First-Call Resolution.

Es ist recht schwierig, diesen Faktor zu verfolgen, weil das Call Center jeden protokollieren muss, der angerufen hat, und seinen Grund für den Anruf. Das klingt vielleicht einfach, aber bei Hunderten oder Tausenden von Anrufen pro Tag, kann das schon eine ziemliche Herausforderung sein.

Die Protokollierung der First-Call Resolution kann durch die Verwendung entsprechender Tracking-Software vereinfacht werden.

Der Nutzen der Verfolgung von FCR ist groß. Verbesserungen an dieser messbaren Größe wirken sich auf die Kundenzufriedenheit aus – die Kunden wollen dasselbe wie Sie, nämlich schnelle und exakte Lösungen für ihre Probleme und Anliegen. Sie verbessern auch die Kostenkontrolle – Verbesserungen der FCR wirken sich direkt auf die Anrufe pro Kunde aus und reduzieren sie, weil die Anzahl der wiederholten Anrufe sinkt. Wie Sie sehen, sind die Bedürfnisse des Call Centers und die der Kunden oftmals sehr ähnlich.

Richtlinien und Abläufe von Unternehmen und Call Centern

Die bisher genannten Faktoren sind nicht die einzigen, die Ihren Betrieb beeinflussen. Ein Großteil der Arbeit Ihres Analysten wird darin bestehen, zu verstehen, wie man diese und andere Faktoren der Call Center-Performance bestimmt und beeinflusst. Sobald er die Variablen festgelegt hat, die zur Performance beitragen, wird er sich die Richtlinien und Abläufe von Firma und Call Center ansehen, um das Verfahren hinter jedem Faktor zu untersuchen.

Letztlich sind es die Abläufe, die Ihrem Call Center die Antworten darauf geben, wie Sie Ihre Performance-Faktoren steuern und verbessern. Deshalb ist es schlau, detaillierte Dokumentationen der Firmenrichtlinien und -abläufe zu besitzen – bis hin zur genauen Funktionsweise von Abläufen. Wenn Ihre Abläufe gut dokumentiert sind, brauchen Sie bei einer Kontrolle des Ablaufs nicht viel Zeit mit Recherchen zu verbringen. Tatsächlich ist die Arbeit, einen Arbeitsablauf zu dokumentieren, eine Verbesserungsübung. Wenn ein Arbeitsvorgang später auf Papier vorliegt, können Sie oder andere ihn sich ansehen und sagen: »Na großartig, das ist total sinnlos!« Und dann kann man den Vorgang verbessern. Mehr über Prozessmanagement erfahren Sie in Kapitel 12.

Performance-Ziele setzen

Es ist äußerst wichtig, Performance-Ziele zu setzen. Mit genauen Zielen können Ihre Mitarbeiter besser arbeiten, schwammige Ziele dagegen führen auch zu schwammigen Ergebnissen.

Leider ist meine Erfahrung, dass das Setzen von Zielen in vielen Call Center stiefmütterlich behandelt wird (oder gar nicht) – wahrscheinlich, weil es nicht leicht ist, effektive Ziele zu setzen. Natürlich ist es leicht zu sagen: »Ich möchte, dass Sie morgen 25 Anrufe beantworten und alle Kunden zufriedenstellen.« Aber zu wissen, ob diese Ziele effektiv sind, ist eine andere Sache.

Zuerst müssen Sie herausfinden, was das richtige Ziel ist. Sobald Sie das richtige Ziel ausgewählt haben, müssen Sie bestimmen, welches Maß an Performance Sie für dieses Ziel erwarten.

 Ein zu niedrig angesetztes Ziel führt dazu, dass Ihr Unternehmen unter Niveau arbeit. Ein zu hoch angesetztes Ziel frustriert Ihre Mitarbeiter. Ein großer Teil der Problembewältigung liegt in der Erkenntnis, dass Call Center (oder, nebenbei gesagt, jede andere Branche) das Ergebnis Tausender verschiedener Inputs und Prozesse sind.

Sich hier zurechtzufinden und das perfekte Leistungsziel zu finden, erfordert ein wahres Superhirn. Ich habe leider keines, aber ich habe hier einige Ideen, die Ihnen helfen können, Ihre Gehirne einzusetzen, um angemessene Ziele für einige der wichtigsten Call Center-Faktoren zu setzen.

Erreichbarkeit/Service-Level

Im Folgenden finden Sie einige Beispiele für Methoden, mit denen Sie Performance-Ziele beim Service-Level setzen können.

Machen Sie's wie alle anderen

Der Standard beim Service-Level hinsichtlich der Beantwortung von Anrufen pendelt sich bei etwa 80/20 ein (80 Prozent der Anrufe werden in 20 Sekunden oder weniger beantwortet oder beendet). Bei den meisten Unternehmen führt dies zu einer relativ kurzen durchschnittlichen Wartezeit für die Kunden (8 bis 18 Sekunden), und die meisten Kunden bleiben auch so lange in der Leitung.

Auch wenn 80/20 *gut genug* für viele Unternehmen ist, sollten Sie zur Kenntnis nehmen, dass die Wartezeit auf der anderen Seite der »80« in 80/20 (also die 20 Prozent der Leute, die länger als 20 Sekunden warten) ziemlich lang sein kann – nämlich ein bis zwei Minuten oder mehr. Das ist nicht übermäßig schlimm, wenn Sie anrufen, um Ihren Lotteriegewinn geltend zu machen, aber der Mensch, der die 112 wählt, weil sein Haus abbrennt, wird nicht übertrieben zufrieden sein.

Bitte beachten Sie, dass die Erreichbarkeit der Service-Level, die Wartezeiten, die Abbruchquoten und auch die Auslastung sehr stark von der Größe des Call Centers und der durchschnittlichen Anruflänge abhängt.

Schwimmen Sie mit dem Strom der Branchen

Viele Branchen legen selbst fest, wie schnell Call Center ans Telefon gehen müssen oder dies ist behördlich reguliert – ich denke da ans Kabelfernsehen. Einige regulierte Ziele sind aggressiv; andere sind passiv, abhängig von der Branche und dem Service. Wenn Sie Ihren Service-Level auf diese Weise festlegen, heißt das, dem De-facto-Standard zu folgen – na los, zeigen Sie Rückgrat!

Entwickeln Sie eine Fallstudie

Nehmen Sie eine Kosten-Nutzen-Analyse vor, um Ihr Service-Level-Ziel zu bestimmen. Dann sind Sie bereit mitzumischen. Eigentlich ist es ganz einfach. Erarbeiten Sie die Kosten für das Anbieten von schnellerem Service durch ein breites Spektrum von Service-Leveln – 50/20, 60/20, 70/20, 80/20, 85/20, 90/20 – und Sie erhalten eine Vorstellung. Überlegen Sie sich dann, welchen Vorteil schnellerer Service bringt.

Beispielsweise kommen mehr Kunden zu Ihrem Call Center durch (das bedeutet, sie legen nicht auf und rufen die Konkurrenz an); wenn sie durchkommen, sind sie nicht grummelig. Ihre Agenten verausgaben sich nicht völlig, weil sie acht Stunden lang einen Anruf nach dem anderen annehmen müssen (und deshalb melden sie sich auch nicht krank und brauchen keine zusätzliche Verschnaufpause zwischen zwei Anrufen). Und Sie bezahlen keine zusätzlichen Kosten für eine gebührenfreie 0800-Nummer, unter der sich Ihre Kunden eine Endlosschleife mit Fahrstuhlmusik anhören können.

Wenn Sie diese Analyse sorgsam durchführen, können Sie die Gewinnschwelle zwischen den Kosten für schnelleren Service und dessen Nutzen finden.

Auch wenn Sie manchmal Vermutungen anstellen, wird das Ergebnis eine solide Geschäftsgrundlage sein, die Ihnen helfen wird, Ihr Call Center-Budget zu rechtfertigen.

In Tabelle 5.3 zeige ich eine einfache Analyse, die Sie zur Bestimmung Ihres idealen Service-Levels verwenden können. Im Folgenden finden Sie Erklärungen zu den Informationen in der Tabelle, Spalte für Spalte.

Um den Service-Level zu erhöhen, benötigen Sie mehr Agenten am Telefon, also steigen die Personalkosten (die Personalkosten sind geschätzt auf der Grundlage der Personalanforderungen, die mit einem Erlang-C-Rechner kalkuliert wurden; siehe hierzu Kapitel 6). Gleichzeitig sinkt die Abbruchrate, weil die Kunden nicht wegen langer Wartezeiten auflegen. Zusätzlich bedeuten weniger verlorene Kunden auch weniger verlorenen Gewinn. Und da Sie die Anrufe schneller beantworten, sinkt die Gesamtdauer der Kundenwartezeit, also sinken auch Ihre Kosten für die 0800-Nummer – ein weiterer Vorteil für Sie.

Daher bestehen die Mehrkosten einfach auf den zusätzlichen Personalkosten, die mit dem Anheben Ihres Service-Level-Ziels verbunden sind. Der Mehrnutzen misst sich in den vermiedenen Kosten – Sie nehmen die vermiedenen Mehreinbußen beim Gewinn und fügen die vermiedenen Kosten für die 0800-Wartezeit hinzu.

Sehen Sie sich beispielsweise die Zahlen in den ersten beiden Zeilen von Tabelle 5.3 an, die einen Wechsel Ihres Service-Levels von 50/20 auf 60/20 darstellen. Die Personalkosten steigen von 200.000 € auf 220.000 €, das sind Mehrkosten von 20.000 €. Die Umsatzeinbußen (wegen Kunden, die vorzeitig auflegen) sinken von 180.000 € auf 120.000 €, ein zusätzlicher Vorteil von 60.000 €. Außerdem sinken die 0800-Kosten von 2.100 € auf 1.733 €, was wiederum 367 € Ersparnis ausmacht. Wenn man diese Zahlen addiert, erhält man einen gesamten Mehrnutzen von 60.367 €.

Schließlich geht es bei der Analyse darum, diesen wundervollen Punkt zu finden, wo die Mehrkosten vom Mehrnutzen aufgewogen werden. In diesem Beispiel würden wir wohl irgendwas in der Nähe eines 85/20-Ziels empfehlen.

Achten Sie dabei darauf, dass sich bei unterschiedlichen Gesprächsdauern diese Werte verändern und deshalb die Berechnungen in jedem Call Center divergieren können. In unserem Beispiel sieht das folgendermaßen aus:

Service-Level	Personal-kosten	Abbruch-rate	Gewinn-einbuße	Wartezeitkosten für die 0800-Nummer	Mehrnutzen	Mehrkosten
50/20	200.000 €	18%	180.000 €	2.100 €	-	-
60/20	220.000 €	12%	120.000 €	1.733 €	60.367 €	20.000 €
70/20	244.000 €	8%	80.000 €	1.281 €	40.452 €	24.000 €
80/20	270.000 €	5%	50.000 €	851 €	30.430 €	26.000 €
85/20	290.000 €	3%	30.000 €	508 €	20.343 €	20.000 €
90/20	320.000 €	2%	20.000 €	336 €	10.172 €	30.000 €

Tabelle 5.3: Eine Analyse von Service-Level-Zielen

Gesprächsdauer

Dies ist die uralte Frage, die von Call Center-Mystikern, -Gurus und -Schamanen seit Ewigkeiten gestellt wird: »Was ist der richtige Wert für die durchschnittliche Gesprächsdauer?« Ehrlich gesagt, ich weiß es nicht. Keiner weiß es! Es gibt *viel zu viele* Variablen, die sich alle ständig ändern und in die Gesprächsdauer eingehen. Hier einige der Variablen:

✔ Komplexität des Produkts

✔ Systemfähigkeiten

✔ Zuständigkeit

✔ Verfügbarkeit

✔ Arbeitsumgebung

✔ Temperatur

✔ Geräuschpegel

✔ Schulung

✔ Wettbewerbsorientierte Umgebung

✔ Strategien und Prozesse

✔ Ablenkung von der Arbeit

All diese Faktoren und viele weitere beeinflussen die Gesprächsdauer. Fügen Sie dann noch die individuellen Unterschiede hinzu, die zwischen all Ihren Agenten bestehen, und Sie haben es mit einem sehr komplizierten Prozess zu tun. Die *richtige* Gesprächsdauer zu bestimmen, ist nahezu unmöglich.

Sie können – und sollten – so viel wie möglich über die Gesprächsdauer Ihres Call Centers in Erfahrung bringen (genauer gesagt: bei jeder einzelnen Aktion). Natürlich sollten Sie auch versuchen, die Gesprächsdauer so konsistent wie möglich zu halten.

Kontrolle durch den Ausschluss von Abweichungen gewinnen

Was würde geschehen, wenn Ihr Call Center Tag für Tag genau dieselbe Gesprächsdauer benötigte und jeder Agent Tag für Tag dieselbe Gesprächsdauer hätte wie die anderen? Dann wäre diese Gesprächsdauer höchstwahrscheinlich das Produkt Ihrer festgelegten Arbeitsabläufe. Alle Agenten würden tagaus, tagein dieselben Abläufe befolgen. Dann könnten Sie damit experimentieren, Änderungen an den Arbeitsabläufen vorzunehmen, und die Auswirkungen messen, die sich dadurch für die Gesprächsdauer ergeben. Wenn Sie dies in ausreichendem Maße täten, hätten Sie sichere Kenntnisse und Kontrolle über die Gesprächsdauer, und die Aufgabe, Verbesserungen zu erzielen, wäre stark vereinfacht.

Leider geht das aber nicht so einfach. In den meisten Call Centern gibt es bei der Gesprächsdauer große Abweichungen von Agent zu Agent. Von Tag zu Tag – oft sogar von Stunde zu Stunde – erzeugt Ihr Call Center sehr verschiedene Anruflängen, was Planungen und Ablaufverbesserungen erschwert.

Das heißt natürlich nicht, dass Sie das Handtuch werfen sollen. Verwenden Sie zu Planungszwecken, wie zum Beispiel zur Einsatzplanung des Personals oder zur Aufstellung des Budgets, die bisherige durchschnittliche Gesprächsdauer. In Kapitel 6 erfahren Sie mehr Details darüber.

Um die Konsistenz zu erhöhen und Ihre Performance-Ziele zu erreichen, sollten Sie eine Variationsanalyse erstellen, die Abweichungen in der Gesamtleistung des Call Centers und bei jedem einzelnen Agenten erkennen lässt.

Variationsanalysen verwenden

Als Erstes zeichnen Sie das, was Sie analysieren wollen (normalerweise einen der wichtigen Faktoren), in ein Schema ein (Abbildung 5.2 zeigt ein Beispiel). Nun finden Sie die Agenten heraus, die aus dem Rahmen fallen – also diejenigen, die über der oberen Kontrollgrenze oder unter der unteren Kontrollgrenze liegen – und teilen Sie diese zum Coaching und zu Trainings ein.

Der erste Schritt Ihrer eigentlichen Analyse ist die Suche nach Unterschieden. Aus welchen Gründen zeigen diese Agenten die statistischen Abweichungen bei diesem Faktor? Wenn die Unterschiede positiv sind, bringen Sie sie den anderen im Team bei. Wenn sie negativ sind, prügeln Sie sie aus den Agenten heraus (im übertragenen Sinn natürlich!). Denken Sie daran: Das Gesamtziel dieser Analyse ist, die Abweichungen zu reduzieren und Ihr Verständnis der Situation zu verbessern.

Hinweis: Dieser Ansatz sollte bei allen messbaren Agenten-Größen verwendet werden – First-Call Resolution, Conversion Rate – und nicht nur bei der Gesprächsdauer.

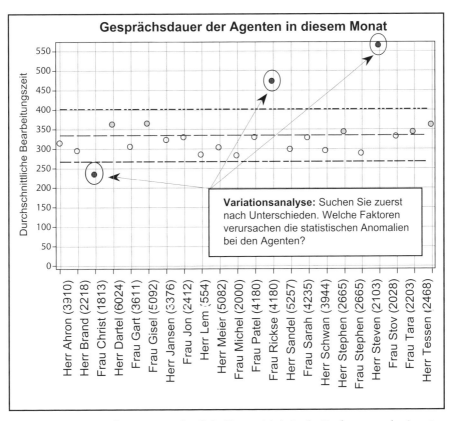

Abbildung 5.3: Das Schema veranschaulicht Unterschiede in der Performance der Agenten

Falls Sie ein bestimmtes Ziel bei der Gesprächsdauer für nötig halten, schlage ich vor, die obere oder untere Kontrollgrenze zu verwenden – beispielsweise die obere für die Gesprächsdauer, die untere für die Conversion Rate. Sie müssen sicherstellen, dass diese Grenzen bereits seit einigermaßen langer Zeit galten, sagen wir, etwa seit 90 Tagen.

Wenn sich in Ihrem Call Center etwas Wichtiges ändert, das die Gesprächsdauer beeinflusst, ändern sich auch die Kontrollgrenzen, und auch das Ziel sollte sich ändern. Die obere oder untere Kontrollgrenze ist das Leistungsniveau, das die meisten – ungefähr 84 Prozent des Personals – erreichen. Viele derer, die nicht die untere Grenze erreichen, werden nur knapp darunter sein. Da die obere oder untere Kontrollgrenze auf der Leistung basiert, die das Personal derzeit erreicht, ist sie ein vernünftiges Minimalziel. Die Ängstlichen kann man so motivieren, die Performance aufs Minimum anzuheben.

Im Betrieb sollten Sie die tägliche durchschnittliche Gesprächsdauer in einem Run Chart festhalten, mit den oberen und unteren Kontrollgrenzen als Standardabweichung plus/minus 1. Abbildung 5.4 zeigt dies. Wenn Sie die Größe verstehen und kontrollieren wollen, sollten Sie sich mit den Ausnahmen beschäftigen – wo die Größe außergewöhnlich hoch oder niedrig ist oder wo die Abweichung am größten ist. So werden Sie bald verstehen, was passiert ist und warum es passiert ist.

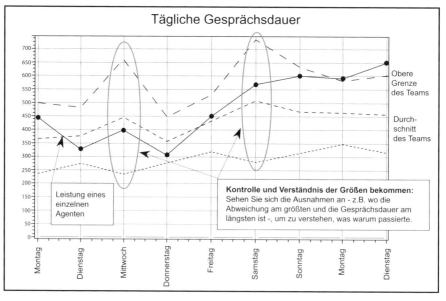

Abbildung 5.4: Ein Run Chart veranschaulicht Trends bei der Abweichung

Ein Beispiel: Sie haben festgestellt, dass die Gesprächsdauer in einer bestimmten Woche im Vergleich zu den Vorwochen signifikant gestiegen ist. Vielleicht war das eine Woche mit vielen Neulingen an den Telefonen oder die Computersysteme waren langsam oder Sie hatten ein kompliziertes Rechnungsproblem, das viele Kunden betraf.

Was auch immer passiert, diese Analyse wird Ihnen helfen, die Auswirkungen vieler Ereignisse zu verstehen und zu quantifizieren – und womöglich können Sie diese Erkenntnisse verwenden, um die Arbeitsweise Ihrer Firma zu ändern. Diese Art von Analyse und Zielsetzung ist auch bei anderen Größen hilfreich, wie etwa Umsatz, First-Call Resolution und so weiter.

Auslastung

Die Auslastung ist eine Performance-Größe, die schwerer in den Griff zu bekommen ist, aber es ist wichtig, über sie nachzudenken. Es gibt eine rege Debatte unter Call Center-Profis darüber, welche Auslastung man anvisieren und wie man sie managen soll. Einige meinen, ein guter Service-Level sei ein ausreichendes Ziel – wenn Sie dieses Service-Level-Ziel erreichen, haben Sie Ihre Möglichkeiten maximiert. Ich würde noch etwas hinzufügen: Wenn Ihr Service-Level-Ziel gut durchdacht ist – mit einer soliden Kosten-Nutzen-Analyse –, dann ist das Erreichen eines konsistenten Service-Levels, der so nah wie möglich am Ziel liegt, ein effektiver und effizienter Weg, Ihr Unternehmen zu leiten.

 Wenn Ihr Service-Level zu weit über dem Ziel liegt, verursacht er zu viele Arbeitskosten. Wenn er weit unter dem Ziel liegt, kostet er sie Kundenzufriedenheit, Gewinn und andere Ausgaben. Die Kostenkontrolle ist im Gleichgewicht, wenn der Service-Level genau im Ziel liegt.

Die Auslastung und den Service-Level verwalten

Ihr Ziel ist es, die Auslastung zu maximieren und gleichzeitig Ihr Service-Level-Ziel zu erreichen. Die beste Möglichkeit dafür ist bessere Zeiteinteilung. Je genauer Sie die Anzahl der Agenten treffen, die für die anstehenden Anrufanforderungen eingeteilt werden, desto mehr verringern Sie die Zeiten mit Unter- oder Überbesetzung. Abbildung 5.5 und Abbildung 5.6 zeigen zwei Möglichkeiten – eine gute und eine schlechte –, einen Service-Level von 80/20 zu erreichen.

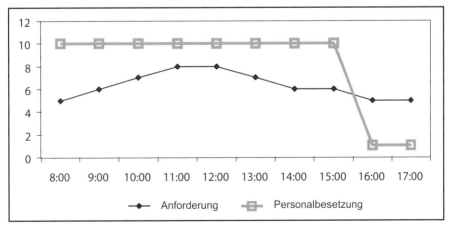

Abbildung 5.5: Den Service-Level mit geringer Auslastung erreichen

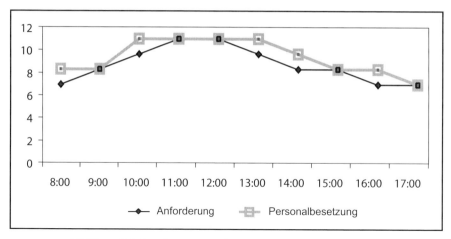

Abbildung 5.6: Den Service-Level mit hoher Auslastung erreichen

In jedem dieser beiden Szenarien, die in diesen Diagrammen dargestellt sind, hat das Call Center am Ende des Tages das Service-Level-Ziel von 80/20 erreicht (80 Prozent der Anrufe wurden in weniger als 20 Sekunden entgegengenommen oder vorzeitig abgebrochen). Im ersten Szenario (Abbildung 5.5) geschah dies durch Erreichen eines sehr hohen Service-Levels (nahe an 100 Prozent) zu 80 Prozent des Tages, allerdings mit einem jämmerlichen Service-Level während des Rests des Tages. In diesem Fall wäre die Auslastung während der ersten 80 Prozent des Tages schlecht gewesen, weil das Call Center in dieser Zeit völlig überbesetzt war.

In Abbildung 5.6 hat das Call Center das Service-Level-Ziel dadurch erreicht, dass eine passende Anzahl von Agenten während des gesamten Tages am Telefon saß. So wurde eine viel höhere Auslastung beibehalten.

Die richtigen Leute am rechten Ort zur rechten Zeit: Ressourcenmanagement

6

Fachkorrektur: Jens Kuppert, Personalentwicklung, BI-LOG AG

In diesem Kapitel

▶ Die wichtigsten Konzepte des Ressourcenmanagements

▶ Das richtige Timing

▶ Performance-Ziele setzen

▶ Wie man ungewöhnliche Situationen vorausplant

*W*enn Sie in der Personal- oder Planungsabteilung arbeiten, ist es Ihr Job, dafür zu sorgen, dass in Ihrem Call Center die richtigen Leute, die richtigen Hilfsmittel und die richtige Ausrüstung zur rechten Zeit am rechten Platz sind, um die Ziele hinsichtlich Service, Gewinn und Effizienz zu unterstützen, die vom Unternehmen – durch die Geschäftsleitung – vorgegeben sind. Grundlegende mathematische Kenntnisse helfen Ihnen sicher dabei und mit den Kenntnissen einiger Schlüsselkonzepte und -prozesse können Sie ein Genie beim Call Center-Ressourcenmanagement werden.

Aufgaben und Konzepte des Ressourcenmanagements

Entspannen Sie sich. Es tut überhaupt nicht weh. Sie brauchen dieses Zeug, und es ist ganz einfach. Dies ist eine Übersicht über die Schlüsselkonzepte und -hilfsmittel, die beim Call Center-Ressourcenmanagement eingesetzt werden – und wichtig für die Einsatzplanung sind.

Prognose

Ähnlich wie die Wettervorhersage (aber hoffentlich mit größerer Genauigkeit), bedeutet Prognose in einem Call Center, die Zukunft vorherzusagen – insbesondere, wie viel Arbeit Ihr Call Center haben wird.

Entscheidend ist, das Arbeitsvolumen genau zu bestimmen und danach die verfügbaren Ressourcen diesen Anforderungen anzupassen. Sie müssen auch vorhersagen, wie viele verschiedene Arten von Arbeit anfallen werden und wie lange die einzelnen Arbeiten dauern werden, weil verschiedene Arbeitstypen unterschiedlich Zeit beanspruchen.

Gehen Sie nicht davon aus, dass der Zeitaufwand zur Bearbeitung von Anrufen (oder E-Mails) immer gleich ist. Eine sehr einfache Kundenanfrage erfordert natürlich weniger Bearbeitungszeit als ein hoch kompliziertes technisches Problem. Die Gesprächsdauer ist Schwankungen unterworfen, ebenso wie das Anrufvolumen.

Einsatzplanung

Einsatzplanung ist das bedarfsgerechte Einteilen von Ressourcen. Beim Ressourcenmanagement richtet sich die Prognose auf das _Wieviel_. Die Einsatzplanung hingegen zielt auf das _Wer_, _Was_, _Wo_ und _Wann_. In Kapitel 7 erfahren Sie mehr zum Thema Einsatzplanung.

Mitarbeiterkapazität

Mitarbeiterkapazität (kurz: MAK) ist eine Möglichkeit, zu formulieren, wie viele Leute Sie einteilen müssen. Die personellen Voraussetzungen werden durch die Anzahl der Leute zum Ausdruck gebracht, die Vollzeit arbeiten. In meiner Firma entspricht eine MAK 7,5 bezahlten Stunden. (In Ihrer Firma ist sie vielleicht ein wenig anders, beispielsweise 7,0 oder 8,0, aber sie entspricht immer der Tagesarbeitszeit eines Vollzeitbeschäftigten.) Nehmen wir meine Firma als Beispiel: Wenn das Anrufvolumen 750 bezahlte Stunden erfordert, um die Arbeit an einem Tag zu erledigen, entspricht das 100 MAK.

Da nicht alle Ihre Agenten Vollzeit arbeiten, liegt die eigentliche Anzahl des eingeteilten Personals normalerweise über der Zahl der eingeplanten MAK.

Echtzeitmanagement der Ressourcen

Wie der Name schon sagt, bedeutet Echtzeitmanagement, die Ressourcen im Call Center _genau jetzt_ zu verwalten. Eine genauere Erklärung zu diesem Thema gibt es weiter hinten in diesem Kapitel und in Kapitel 7. Aber im Wesentlichen bedeutet es, die notwendigen laufenden Änderungen an Ihrem ursprünglichen Plan vorzunehmen, die sich durch aktuelle Veränderungen beim Anrufvolumen und der Personalverfügbarkeit ergeben, damit Ihr Call Center jeden Tag die bestmöglichen Ergebnisse erzielen kann.

Prognose: Timing ist alles

Ressourcenmanagement ist viel einfacher, als die meisten glauben. Die Sachverhalte sind einfach, und Berechnungen für Dinge wie Abteilungsbudgets oder personelle Voraussetzungen können ohne komplizierte Einsatzplanungssysteme vorgenommen werden.

Die Bestimmung der benötigten Ressourcen hängt zum großen Teil vom fraglichen Zeitfenster ab. Ich empfehle, bei der Prognose vier einzelne Zeitfenster zu betrachten.

Langfristig: Budget- und Kapitalberechnungen

Langfristige Planungen beziehen sich auf einen Zeitraum von drei Monaten bis zu ein paar Jahren. In dieser Phase prognostizieren Sie den Bedarf Ihres Call Centers und berechnen die gesamten benötigten Ressourcen: wie viele Leute, wie viele Arbeitsplätze, wie groß das Telefonsystem sein muss, wie viel Datenzugriff Sie benötigen und so weiter.

Sie verwenden diese prognostizierten Informationen zur Entwicklung von Betriebsbudgets (wie viel Geld Sie brauchen werden, um die Sache am *Laufen* zu halten) und Kapitalbudgets (wie viel Geld Sie brauchen werden, um die Sache *aufzubauen*).

Mittelfristig: Einsatzplanung

 In der langfristigen Planung bestimmen Sie, wie viele Leute und Arbeitsplätze Sie brauchen. Die mittelfristige Einsatzplanung sagt Ihnen, wann Sie die Leute und die Ausrüstung einsetzen müssen.

Üblicherweise sollte dies für einen Zeitraum von drei Monaten bis zu einem Jahr geschehen – so lange, wie Sie Ihre Einsatzplanung für zuverlässig halten. Einige Unternehmen haben eine Einsatzplanung, die höchstens ein paar Wochen gilt, andere können einen Einsatzplan für ein Jahr oder mehr aufstellen.

Während der mittelfristigen Planungsphase werden den Einsatzplänen Namen zugewiesen, sodass Sie (normalerweise) wissen, wer wann arbeiten wird.

Kurzfristig: Anpassungen

Zwischen dem Tag, an dem Sie einen Einsatzplan aufstellen, und dem eigentlichen Tag der Anrufbearbeitung kann eine Menge passieren. Änderungen beim Anrufkommen und bei der Verfügbarkeit des Personals sind ganz normal. Bei den kurzfristigen Berechnungen, die im Allgemeinen eine Woche vorher durchgeführt werden, passen Sie Ihre Einsatzplanung an alle jüngst aufgetretenen Änderungen hinsichtlich Anrufvolumen oder Personalverfügbarkeit an.

Echtzeit: Änderungen

Der einfachste Weg, zu verstehen, worum es bei Echtzeitressourcen geht, ist, jemanden aus der Personalabteilung eines meiner vielen Call Center zu Wort kommen zu lassen. Also, auf geht's:

»Der Tag beginnt, und Sie fangen an, Anrufe anzunehmen, und – naja – Sie könnten Ihre ganzen tollen Prognosen und die Einsatzplanung auch glatt wieder vergessen – alles ist Chaos. Das passiert oft, weil Vorhersagen irgendwie nie zutreffen.

Nehmen wir mal diesen einen Tag. Es gab eine große Party, und ein Teil des Personals hatte sich noch nicht davon erholt und meldete sich krank. Total unverschämt! Um es noch schlimmer zu machen, hatte Herr Maier vom Marketing die Welt zum Verkauf ausgeschrieben, aber keinem davon erzählt – die Flasche! Die Telefone klingelten Amok. Also warteten haufenweise Anrufer darauf, durchzukommen, und wenn sie dann durchkamen, waren sie ziemlich angefressen. Das war heftig, ehrlich! Natürlich ging auch eine Menge Zeit drauf, weil die Anrufer erst einmal erklärten, wie angefressen sie waren. Und das war viel zu stressig, also haben alle angefangen, zusätzliche Pausen zu nehmen. Herr Schulze ging früher nach Hause, und alle wussten, dass er nur simulierte. Solche Tage sind eine totale Katastrophe. Was soll man da machen? Ich meine, man kann ja nicht einfach abhauen. Also macht man stattdessen den ganzen Planungskram noch einmal.

Entspannen Sie sich erst einmal und stellen Sie sich folgende Frage: Wie wird der Rest des Tages aussehen? Wie schlimm wird es werden? Wenn Sie das wissen, können Sie die erforderlichen Änderungen vornehmen. Sie können alle Besprechungen oder Schulungen absagen, die gerade laufen. Sie können die Supervisoren und Teamleiter bitten, auch ans Telefon zu gehen – nicht, dass sie es unbedingt täten, aber Sie können ja mal fragen. Sie können die Leute, die schon am Telefon sitzen, bitten, Überstunden zu machen. Sie können den ganzen Plan umkrempeln. Ist schon toll, was?«

Notwendige und nützliche Hilfsmittel

In Kapitel 7 komme ich zum Kern bei der Einsatzplanung – eines Jobs, der viel Arbeit mit sich bringen kann, insbesondere in größeren Call Centern. Glücklicherweise gibt es viele Hilfsmittel, die die Einsatzplanung automatisieren (einige davon stelle ich hier kurz vor). Bevor Sie nun fragen: »Warum haben Sie mir das nicht gesagt, bevor ich diesen ganzen Kram hier gelesen habe?«, muss ich Ihnen sagen, dass ich glaube, dass gute Einsatzplaner die Grundlagen der Einsatzplanung verstehen sollten, und zwar auch auf die altmodische Art – mit Papier, Stift, Taschenrechner und vielleicht einer Erlang-Tabelle oder einem Erlang-Rechner. Ausgerüstet mit diesen Grundkenntnissen, die ich Ihnen in diesem und im nächsten Kapitel beibringe, sowie den handelüblichen Hilfsmitteln können Sie großartige Einsatzpläne wahr werden lassen.

Erlang C

Erlang C ist eine mathematische Formel, mit deren Hilfe man bestimmen kann, wie viele Call Center-Agenten für das prognostizierte Anrufaufkommen benötigt werden. Ich erspare Ihnen die eigentliche Formel, aber in ihr werden das erwartete Anrufvolumen, die Gesprächsdauer und der erwünschte Service-Level berücksichtigt, um zu berechnen, wie viele Leute an den Telefonen sitzen müssen. Und das Beste ist: Sie berechnet die Auslastung Ihrer Agenten, sodass Sie den Auslastungsgrad nicht für jede einzelne halbe Stunde schätzen müssen.

Ich nenne die Erlang-C-Formel hier nicht, aber Sie können Erlang-C-Rechner und -Tabellen im Internet finden.

Ein Däne hat damit angefangen

Agner Karup Erlang war ein Statistiker, der 1908 von der Kopenhagener Telefongesellschaft engagiert wurde, um herauszufinden, wie viele Telefonleitungen nötig sein würden, um ein ganzes Dorf mit Telefon zu versorgen.

Erlang bemerkte, dass es keine hundertprozentig richtige Antwort gab. Das Spektrum erstreckte sich zwischen zwei extremen Möglichkeiten:

✔ Man installiert nur eine Leitung, und die Anrufer müssen warten, bis sie frei ist. Dies wäre in der Installation billig, aber der gebotene Service wäre jämmerlich.

✔ Man installiert eine Leitung für jeden Besitzer eines Telefons, sodass niemand warten muss. In diesem Fall wäre der Service hervorragend, aber die Sache wäre unglaublich teuer … nicht machbar!

Also nahm Erlang detaillierte Untersuchungen des Fernsprechverkehrs vor und erstellte am Ende eine mathematische Formel, um das bestmögliche Szenario bei der Balance zwischen Kosten und Service zu berechnen. (Er hatte an der Berufsakademie studiert.)

Seit 1946 bezeichnet man in Anerkennung seiner Arbeit eine Grundeinheit (eine Stunde) des Fernsprechverkehrs als ein Erlang.

Mit Kalkulationstabellen planen

Kalkulationstabellen sind vielleicht das beste Hilfsmittel, das je für Call Center entwickelt wurde, und wahrscheinlich sind sie das am häufigsten verwendete. Viele Einsatzplanungsprogramme sind entweder professionell oder im Eigenbau in Tabellenkalkulationsprogramme integriert. Erlang-C-Add-Ins sind auch üblich.

Alle Daten in den Tabellen und den entsprechenden Abbildungen und Diagrammen von Kapitel 7 können problemlos mit einem einfachen Tabellenkalkulationsprogramm verwaltet werden.

Software zur Personaleinsatzplanung verwenden

Wenn Sie ein sehr großes Call Center haben, was die manuelle Einsatzplanung zur großen Herausforderung macht, oder wenn Sie einfach nur jede zusätzliche Arbeit vermeiden wollen, dann haben Sie Glück. Das Geschäft für Software zur Personaleinsatzplanung in Call Centern blüht und gedeiht. Es gibt viele Personaleinsatzplanungssysteme und viele Anbieter, und viele dieser Systeme sind sehr gut, manche sogar hervorragend. Viele können alles, was ich in diesem und im nächsten Kapitel beschreibe – und noch mehr – unter anderem Protokollieren der Arbeitsvolumina und Performance, Prognose, Berechnung des Personalbedarfs (und Was-wäre-wenn-Szenarios), Aufstellen von Arbeitsplänen, Einteilen der Schichten, Zuweisen der

Agenten in die Einsatzpläne, Einrichten von Pausen, Verwalten von Urlaubs- und Schichtzeiten und so weiter.

 Prognosen sind eine wertvolle Übung und können – richtig ausgeführt – Ihrer Firma jede Menge Geld sparen. Seien Sie daher nicht überrascht, wenn Sie die Preise einiger dieser Einsatzplanungssysteme sehen. Die Hersteller kennen den Wert ihrer Programme und den Einsatzplanungsprozess. Denken Sie aber bitte daran, dass der Wert im Vorgang der Prognose beziehungsweise Planung und nicht im Werkzeug selbst liegt. Ein großartiges Programm mit einer schlechten Prognosefunktion erreicht nicht viel Gutes, aber eine gute Prognosefunktion macht ein tolles Programm noch besser.

Das Arbeitsvolumen prognostizieren

Lange bevor Sie Einsatzpläne aufstellen, müssen Sie herausfinden, wie viel Arbeit erledigt werden muss. Der erste Schritt bei der Einsatzplanung (mehr dazu gibt es in Kapitel 7) besteht darin, die Anzahl der erwarteten Kontakte vorherzusagen sowie die Zeit, die innerhalb eines bestimmten Zeitraums zur Bearbeitung dieser Kontakte nötig sein wird. Dies ist Ihr Arbeitsvolumen.

Die verschiedenen Call Center verwenden viele verschiedene Verfahren für die Prognose. Einige sind einfach, und einige sind geradezu schmerzhaft kompliziert. (Und nachdem dieses Buch nicht *Call Center für Mathematikgenies* heißt, tauche ich jetzt nicht in Unmengen komplexer Prognoseformeln ab. Wenn Sie sich dafür interessieren, holen Sie sich ein Buch über quantitative Methoden.)

Eines weiß ich sicher: Egal welche Methode Sie wählen, Ihre Prognose wird wahrscheinlich falsch sein. Wie falsch sie ist, wird Ihren Erfolg bei der effektiven Personalplanung bestimmen.

 Wenn Sie etwas vorhersagen, müssen Sie das Anrufvolumen (und E-Mails und so weiter) vorhersagen sowie deren Länge oder Bearbeitungszeit. Beides zusammen bringt Sie mithilfe folgender Formel zur prognostizierten Arbeitsbelastung:

Arbeitsbelastung (oder Anrufbelastung) = Anrufvolumen x durchschnittliche Gesprächsdauer

 Ein fünfprozentiger Anstieg bei der Gesprächsdauer hat die gleichen Auswirkungen auf den Personalbedarf wie ein fünfprozentiger Anstieg des Anrufvolumens.

Bevor Sie mit Ihrer Prognose fertig sind, müssen Sie das gesamte Planungsspektrum prognostizieren – von der langfristigen Budgetierung bis zur Vorhersage von 30-Minuten-Intervallen (nächsten Dienstag von 14:30 bis 15:00 Uhr beispielsweise).

Der Unterschied zwischen Anrufvolumen und Anrufbelastung

Bei denjenigen, denen die Konzepte der Personaleinsatzplanung im Bereich Call Center neu sind, ist es ein häufig vorkommender Fehler, die Arbeitsmenge mit dem Anrufvolumen gleichzusetzen. Ich erläutere den Unterschied anhand eines Vergleichs:

Stellen Sie sich vor, Sie arbeiten für eine Firma, die Ziegel herstellt. Große Lkws laden viele Ziegel ab, die Sie dann sortieren und auf kleinere Lkws laden, damit diese die Ziegel zu Baustellen bringen, wo Wohnhäuser, Schulen, Krankenhäuser und so weiter gebaut werden. (Ich komme gleich zur Sache, versprochen.) Angenommen, Sie seien der diensthabende Teamleiter. Sie wissen, dass Sie und Ihr Team an einem bestimmten Tag ein Gesamt*volumen* von 10.000 Ziegeln bearbeiten müssen. Da Sie ein guter Teamleiter sind, wissen Sie, dass Ihre Ziegelverteilungsagenten (Ihr Personal) im Schnitt 1.000 kg Ziegel am Tag tragen können. Wie viele Agenten teilen Sie also für den Tag ein?

Wenn Sie zehn Agenten gesagt haben, raten Sie noch einmal. Sie können es gar nicht wissen, weil Sie nicht genug Informationen erhalten haben! Um zu bestimmen, wie viel Personal Sie brauchen, müssen Sie das Gewicht der Ziegel einkalkulieren. Denken Sie mal nach: Wenn jeder Ziegel 1 kg wiegt, dann haben Sie 10.000 kg an *Belastung* (Volumen = 10.000 Ziegel, durchschnittliches Ziegelgewicht 1 kg), und das bedeutet, dass Sie tatsächlich zehn Mann benötigen (von denen jeder 1.000 kg trägt.)

Aber was ist, wenn ein Ziegel 15 kg wiegt? Das bedeutet, die Belastung beträgt 150.000 kg. Sie werden ein paar Leute wegen Überstunden anrufen müssen!

Das Bestimmen der Arbeitsbelastung im Call Center funktioniert im Wesentlichen genauso. Es reicht nicht, einfach nur vorherzusagen, wie viele Anrufe Sie erhalten werden. Sie müssen auch das Gewicht jedes einzelnen Anrufs kennen, genauer gesagt: die *Belastung* durch jeden Anruf. Die Belastung des einzelnen Anrufs ist einfach die durchschnittliche Dauer, die zur Bearbeitung eines Anrufs notwendig ist.

Somit entspricht die gesamte Arbeitsbelastung im Call Center dem Anrufvolumen multipliziert mit der durchschnittlichen Gesprächsdauer. Und das ist die Information, die Sie wirklich brauchen, um mit dem Vorgang der Personalplanung zu beginnen.

Zunächst das Langfristige

Ein Ansatz bei der Prognose besteht darin, mit der langfristigen Prognose anzufangen und sich dann auf die Ebene der Intervalle vorzuarbeiten.

Als Ausgangspunkt denken Sie an den Bedarf, den Sie im vergangenen Jahr hatten. Wenn Ihr Call Center im letzten Jahr 1.638.000 Anrufe erhalten hat und Sie keinen Grund zu der Annahme haben, dass sich in diesem Punkt etwas ändern wird, dann ist das letztjährige Anrufvolumen ein guter Ausgangspunkt.

Sie fügen dieser Prognose ein wenig Tiefgang hinzu, wenn Sie den Trend im Laufe der letzten Jahre in Ihre Überlegungen einbeziehen. Wenn das Arbeitsvolumen in den letzten zehn Jahren jedes Jahr um 10 Prozent gestiegen ist, wäre es nur logisch, anzunehmen, dass es in diesem Jahr auch um 10 Prozent steigt.

Abweichend davon können Sie auch berechnen, wie hoch das Anrufvolumen pro Kunde war. Wenn Sie in den letzten Jahren konstant 2,0 Anrufe pro Kunde erhalten haben und Sie wissen, dass sich Ihr Kundenstamm vergrößert, dann erhöhen Sie Ihre Bedarfsprognose um den erwarteten Anstieg des Kundenstamms.

 Prognostizierter Bedarf = Kontakte pro Kunde x erwarteter Kundenstamm

Wenn Sie natürlich wissen, dass irgendetwas Ihr Arbeitsvolumen massiv ändern wird, etwa ein neues Sortiment oder ein Bankrott, dann wäre es klug, diese Faktoren in Ihre Prognose einfließen zu lassen.

In Intervalle aufschlüsseln

Eine langfristige Prognose kann jährlich oder monatlich sein; das liegt bei Ihnen und der speziellen Dynamik Ihrer Situation. Wo immer Sie beginnen, sobald Sie eine langfristige Prognose aufgestellt haben, unterteilen Sie diese in Monats-, Wochen-, Tages- und 30-Minuten-Intervalle. Zur Aufstellung dieser Art von Prognosen, die einfach nur das Anrufvolumen für eine bestimmte Zeit ausgedrückt in Prozent sind, können Sie Anrufmuster aus der Vergangenheit verwenden.

Zu typischen Intervallen gehören:

✔ Prozentuale Verteilung pro Monat bezogen auf ein Jahr

✔ Prozentuale Verteilung pro Tag bezogen auf ein Jahr

✔ Prozentuale Verteilung pro 30 Minuten (oder pro 60 Minuten) bezogen auf ein Jahr

Tabelle 6.1 zeigt die prozentuale Verteilung pro Monat, basierend auf dem tatsächlichen Anrufvolumen des letzten Jahres. Auf diese Prozentsätze stützt sich Ihre Prognose für das Anrufvolumen des laufenden Jahres.

Monat	Anrufvolumen im letzten Jahr	Prozentuale Verteilung
Januar	150.000	9,16
Februar	145.000	8,85
März	148.000	9,04
April	135.000	8,24
Mai	130.000	7,94
Juni	120.000	7,33

Monat	Anrufvolumen im letzten Jahr	Prozentuale Verteilung
Juli	110.000	6,72
August	105.000	6,41
September	150.000	9,16
Oktober	135.000	8,24
November	140.000	8,55
Dezember	170.000	10,38
Gesamt	1.638.000	100

Tabelle 6.1: Prozentuale Verteilung pro Monat bezogen auf das letzte Jahr

Die Daten in Tabelle 6.1 enthalten für jeden Monat das Anrufvolumen im gesamten Jahr. In der rechten Spalte ist die Anteile berechnet, die die einzelnen Monate am Gesamtjahresvolumen haben. Sie sehen, dass das Anrufvolumen – und der entsprechende monatliche Anteil – im Zeitraum Juni bis August gesunken sind. Im Einzelhandel ist diese Art von Anrufmuster normal, weil während der Sommermonate weniger Kunden wegen Verkäufen oder Serviceanfragen anrufen. Das Anrufvolumen steigt im September (auf 9,16 Prozent des Gesamtjahresvolumens), wenn die Kunden wieder zur Schule oder zur Arbeit gehen, und noch einmal im Dezember (10,38 Prozent), wenn die Leute wegen ihrer Weihnachtseinkäufe anrufen.

Idealerweise wird der monatliche Prozentsatz anhand des monatlichen Anrufvolumens mehrerer Jahre berechnet. Diese Prozentsätze sind sehr nützlich bei der Vorhersage des künftigen Anrufvolumens. Wenn Sie zum Beispiel wissen, dass Ihr Unternehmen im nächsten Jahr um 10 Prozent wachsen wird, und das Anrufvolumen mit ihm, dann ist die Berechnung sehr einfach: Erhöhen Sie das Anrufvolumen des letzten Jahres um 10 Prozent und multiplizieren Sie das neue Gesamtanrufvolumen mit den monatlichen Prozentsätzen.

Nachdem Sie den Prozentsatz des Volumens für einen Zeitraum berechnet haben (Monat, Woche, Tag), ist es nützlich, das Ganze grafisch darzustellen (wie in Abbildung 6.1) und sich den Trend anzusehen. Oft stellen Sie fest, dass die Trends Sinn ergeben.

Sie können in Abbildung 6.1 leicht erkennen, dass das Call Center in diesem Beispiel in den Wintermonaten sehr beschäftigt ist, im Sommer weniger zu tun hat, eine Arbeitsspitze im September hat und im Dezember das höchste Volumen erreicht. Diese Trends machen Sinn, insbesondere dann, wenn dieses Call Center im Einzelhandel oder in der Touristikbranche arbeitet. Der Winter ist für die meisten Menschen Arbeitszeit, Urlaub und Schulferien sind im Sommer, im September gehen viele wieder zur Arbeit oder zur Schule und der Dezember ist der betriebsamste Zeitraum des Jahres.

Um eine Prognose zu erstellen, die auf den Ergebnissen des letzten Jahres basiert, und dabei anzunehmen, dass das Anrufvolumen des nächsten Jahres um 10 Prozent steigt, multiplizieren Sie das Anrufvolumen des letzten Jahres, 1.638.000, mit 10 Prozent und fügen das Ergebnis dem Volumen des letzten Jahres hinzu.

1.638.000 x 10 % = 16.3800

1.638.000 + 16.3800 = 1.801.800

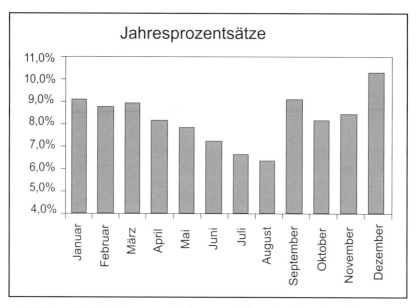

Abbildung 6.1: Ein Diagramm mit der monatlichen Anrufverteilung, basierend auf den Zahlen des letzten Jahres

Damit kommen Sie zu einer Prognose von 1.801.800 Anrufen. Wenn Sie das Anrufvolumen für den Monat Januar im nächsten Jahr vorhersagen wollen, multiplizieren Sie das prognostizierte Jahresanrufvolumen mit dem Prozentsatz des vergangenen Januars, der in diesem Beispiel 9,16 Prozent betrug:

1.801.800 x 9,16 % = 165.045

Also beträgt das prognostizierte Gesamtanrufvolumen für den kommenden Januar 165.045 Anrufe. Keine komplizierte Prognose, aber eine Prognose – und vielleicht sogar eine gute.

Als Nächstes müssen Sie die Verteilung der Arbeit auf die Wochentage und die Stunden des Tages bestimmen. Dabei gehen Sie wieder so vor, dass Sie bisherige Anrufmuster untersuchen.

Sie werden diese Berechnungen ständig aktualisieren müssen. Generell gilt: Je mehr Daten Sie verwenden – also je größer die berücksichtigten Zeitfenster sind –, desto besser.

Mit diesen Informationen können Sie eine langfristige Prognose aufstellen und berechnen, was diese im Hinblick auf einen bestimmten 30 Minuten umfassenden Zeitraum des Jahres bedeutet. Angenommen, Sie haben auf der Grundlage der Ihnen vorliegenden Daten Folgendes bestimmt:

✔ Prognose für dieses Jahr = 1.801.800

✔ Anteil des Monats März am Jahr = 9,04 %

✔ Anteil des Mittwochs an der Woche = 16 %

✔ Anteil des Zeitraums von 14:00 bis 14:30 Uhr auf den Tag bezogen = 5,1 %

Wie viele Anrufe dürfen Sie an einem Mittwoch im März zwischen 14:00 und 14:30 Uhr erwarten, wenn sich Ihre Prognose auf 1.801.800 Anrufe pro Jahr beläuft? Die einfache Berechnung ist nachstehend zu sehen:

Prognose des Anrufvolumens für ein Intervall

Prognose/Verteilung	Anrufvolumen/Prozentsatz
A Jahresprognose	1.801.800
B März	9,04 %
C Mittwoch	16 %
D Zeitraum zwischen 14:00 und 14:30 Uhr	5,10 %
E = A x B / 31* x 7** x C x D	30

* 31 = Tage im März; ** 7 = Arbeitstage im Call Center pro Woche

 Um das monatliche Volumen auf eine Woche des Monats umzurechnen, müssen Sie durch die Anzahl der Tage im Monat teilen und mit der Anzahl der Arbeitstage pro Woche multiplizieren.

Mit diesen Informationen können Sie nun Ihre Prognose für jedes Intervall des Jahres formulieren.

Die Gesprächsdauer prognostizieren

Sie können aus einer Vielzahl von Methoden wählen, um eine Prognose der Gesprächsdauer zu erstellen – von ganz einfach bis sehr komplex. Ich beobachte gerne die Gesprächsdauer auf halbstündiger Basis und verwende den Durchschnitt über beispielsweise einen im Turnus wechselnden vierwöchigen Zeitraum (siehe Tabelle 6.2).

Intervall	Woche 1	Woche 2	Woche 3	Woche 4	Durchschnitt
10:30	351	375	366	345	359
11:00	344	365	378	324	353
11:30	356	378	398	345	369
12:00	365	376	367	387	374
12:30	324	334	342	345	336
13:00	345	323	332	354	339

Tabelle 6.2: Die durchschnittliche Gesprächsdauer wochenweise für 30-Minuten-Intervalle

Besondere Situationen einkalkulieren

Das künftige Anrufvolumen zu prognostizieren ist nicht immer eine schöne Aufgabe. Manchmal geschehen Dinge, die nicht in das bisherige Schema passen. Und auch wenn diese »besonderen Situationen« die Einsatzplaner oftmals auf die Palme bringen, können auch sie prognostiziert werden. Der Trick besteht darin, ihre Auswirkungen auf bisherige Anrufmuster herauszufinden.

Feiertage wie beispielsweise Weihnachten durchbrechen in den meisten Call Centern das übliche Anrufmuster; selbst wenn Ihr Call Center an Heiligabend besetzt ist, ist es unwahrscheinlich, dass Sie dasselbe Anrufvolumen haben wie an einem normalen Arbeitstag.

 Ein guter Einsatzplaner beobachtet die bisherigen Auswirkungen, die ein Tag wie Weihnachten auf normale Anrufmuster hat, und passt seine Prognose entsprechend an.

Angenommen, Weihnachten fällt in diesem Jahr auf einen Mittwoch. Und nun sehen wir uns unsere Prognosedaten an:

✔ Jahresprognose: 1.800.801 Anrufe

✔ Prozentsatz für Dezember: 10,38 %

✔ Prozentsatz für Mittwoch: 16 %

✔ Wirkung von Weihnachten: 30 %

Bei den ersten drei Angaben hat sich nichts geändert. Sie haben Ihre normalen Prognosedaten zusammengestellt. Ihr Einsatzplaner weiß aus Erfahrung, dass es am Heiligabend ein geringeres Anrufvolumen als an einem normalen Tag gibt – nämlich nur 30 Prozent. Ihre Berechnung für das nächste Weihnachtsfest lautet also:

1.800.801 x 10,38 % / 31* x 7** x 16 % x 30 % = 2.026

* 31 = Tage im Dezember; ** 7 = Arbeitstage im Call Center pro Woche

Nun haben Sie eine Prognose für Heiligabend. Der Einsatzplaner weiß vielleicht auch, dass das Anrufvolumen an diesem Tag nicht so verteilt ist wie an anderen Tagen. Ihm liegen Aufzeichnungen über die Anrufzeiten an Weihnachten vor, und er benutzt dieses Schema, um das Anrufvolumen pro 30 Minuten vorherzusagen.

 Derselbe Ansatz kann für andere besondere Ereignisse benutzt werden, die das normale Anrufvolumen sprengen, wie etwa Ferienzeit, Unwetter, Werbekampagnen – alles, was das Anrufvolumen beeinträchtigt. Ihr Einsatzplaner hält diese Auswirkungen fest und wendet sein Wissen in späteren Planungen entsprechend an.

Die Genauigkeit der Prognose protokollieren

Ein guter Einsatzplaner wird Experimente anstellen und neue und verschiedene Prognosetechniken untersuchen. Welche Methode es auch immer ist, es ist wichtig zu wissen, wie erfolgreich oder erfolglos Ihre Prognose ist.

Ein einfacher Vorgang zur Protokollierung der Genauigkeit der Prognose ist etwas, was ich die »absolute Prognosevarianz« nenne. Das Wort »absolut« bezieht sich auf »keine negativen Zahlen«. Wenn Sie also berechnen, wie falsch Ihre Prognose war, drücken Sie den Irrtum immer in positiven Zahlen aus, denn mit der Zeit würden sich bei der Protokollierung positive und negative Werte gegenseitig aufheben, wodurch Ihre Gesamtprognose genauer wirken könnte, als sie in Wirklichkeit ist.

 Vor ein paar Jahren habe ich einem Freund geholfen, der in einem Call Center als Einsatzplaner arbeitete und seine Prognosen verbessern wollte. Ich fand heraus, dass er die Genauigkeit seiner Prognosen mit positiven und negativen Zahlen festhielt und dass es realistischer wäre, die Genauigkeit in absoluten Zahlen festzuhalten. Er stimmte sofort zu, dass dies der bessere Weg wäre, sagte aber auch, dass seine Firma dies nicht tun würde. Als ich ihn nach dem Grund fragte, sagte er: »Oh, ganz einfach – meine Gratifikation basiert darauf, wie genau meine Prognosen sind.«

Wenn Sie positive und negative Zahlen verwenden, könnte Ihre Prognosevarianz so aussehen:

Die Protokollierung der Prognosevarianz mit positiven und negativen Zahlen

	Prognose	Tatsächlich	Varianz
Tag 1	10.000	20.000	10.000
Tag 2	20.000	10.000	-10.000
Gesamt	30.000	30.000	0
Fehlerprozentsatz			0 %

Weil sich die positiven und die negativen Werte gegenseitig aufheben, sieht die Gesamtprognose perfekt aus, auch wenn die Prognose für beide Tage völlig daneben lag.

Wenn man nur positive Zahlen verwendet, sieht die Varianz eher so aus:

Die Protokollierung der Prognosevarianz mit »absoluter Prognosevarianz«

	Prognose	Tatsächlich	Varianz
Tag 1	10.000	20.000	10.000
Tag 2	20.000	10.000	10.000
Gesamt	30.000	30.000	20.000
Fehlerprozentsatz			67 %

Diese überarbeitete Tabelle lässt die negativen Zahlen weg und zeigt den Gesamtabweichung der täglichen Prognosen. Das sieht dann nicht so gut aus, zeigt aber besser, wie gut Ihre Prognosen sind.

Ihr Einsatzplaner sollte diese Art von Analyse für die Daten der monatlichen, täglichen und halbstündlichen Anrufe und Prognosen vornehmen. Das Ziel ist es, die Abweichung auf den kleinstmöglichen Wert zu reduzieren. Einige Einsatzplaner werden zwei oder drei verschiedene Prognosemethoden ausprobieren, bevor sie die genaueste Methode gefunden haben, um das Anrufvolumen vorherzusagen.

Ein letztes Wort zum Thema Prognose

Weiter vorn in diesem Kapitel habe ich gesagt, dass Sie sich bei einer Prognose über eines ganz sicher sein können, nämlich dass sie falsch ist. Das ist zwar im Prinzip richtig, aber es sollte nur dazu dienen, zu verdeutlichen, dass eine Prognose ein Prozess ist. Je näher Sie daran kommen, die Zukunft vorherzusagen, desto genauer werden Ihre Einsatzpläne letztendlich sein und desto effizienter wird Ihr Call Center arbeiten.

Der *Prozess* der Prognose ist absolut wichtig für den Erfolg eines Call Centers. Und – auch wenn ich zögere, das zu sagen – Prognose ist sowohl Kunst als auch Wissenschaft. Ein guter Einsatzplaner ist geschickt in seinem Verständnis und seinem Gespür für das Geschäft und dafür, wie unvorhergesehene Ereignisse das Anrufvolumen beeinflussen können. Aber er ist Wissenschaftler im Benutzen mathematischer Verfahren für die Prognose.

Die Techniken, die ich in diesem Kapitel vorgestellt habe, sind nicht sonderlich komplex. Was Sie hier lernen, bietet allerdings die Basis für solide effektive Call Center-Prognosen. Die Grundlagen, die dieses Kapitel bietet, können natürlich um ausgefeiltere statistische Verfahren ergänzt werden. Und während man nach besseren Prognoseverfahren sucht, sollte man immer daran denken, dass es das Ziel ist, eine möglichst genaue Prognose zu erstellen – wie auch immer das am besten funktioniert.

Call Center-Einsatzplanung:
So einfach wie das kleine Einmaleins ...

7

Fachkorrektur: Michael Esser, Manager Competence Center
TELCO & CRM, PASS IT-Consulting Group

In diesem Kapitel

▸ Bestimmen, welche Ressourcen benötigt werden

▸ Einsatzpläne erstellen

▸ Mit besonderen Situationen bei der Einsatzplanung zurechtkommen

---

Im Gegensatz zu dem, was der Titel des Kapitels auch suggerieren mag, ist es nicht einfach, einen Einsatzplan für ein Call Center aufzustellen. Es ist sogar noch schwieriger, als ein bewegliches Ziel zu treffen. Tatsächlich ist es ungefähr so, wie ein bewegliches Ziel zu treffen, während Sie sich selbst auch bewegen. Dennoch muss der Mechanismus nicht besonders kompliziert sein, solange Sie in Ihren Bemühungen einem relativ genau vorgegebenen Prozess folgen, um sicherzustellen, dass die richtigen Leute zur richtigen Zeit am richtigen Ort sind, um alle Anrufe zu beantworten.

In diesem Kapitel erhalten Sie einen Überblick über die typischen Schritte beim Prozess der Einsatzplanung.

 Die Tatsache, dass Agenten unterschiedliche Fähigkeiten (sogenannte *Skills*) haben, erschwert die Einsatzplanung. Wenn Sie Agenten mit ähnlichen Skills in der gleichen Gruppe arbeiten lassen, dann funktioniert die in diesem Kapitel beschriebene Einsatzplanungsmethode für diese Gruppen. Haben Sie sehr unterschiedliche Agenten mit ganz unterschiedlichen Fähigkeiten, wird die Einsatzplanung erheblich schwieriger.

Die für den Job erforderlichen Ressourcen berechnen

Sobald Sie Ihr Anrufvolumen und die durchschnittliche Gesprächsdauer für jedes 30-Minuten-Intervall des Jahres prognostiziert haben (siehe Kapitel 6), besteht der nächste Schritt in der Bestimmung des Bedarfs an Personal, das Sie benötigen, um mit dem prognostizierten Anrufvolumen im ausgewählten Zeitraum zurechtzukommen.

Die Auslastung berücksichtigen

Die wichtigste Beziehung, die Sie beim Ressourcenmanagement verstehen müssen, ist die zwischen der Arbeitsbelastung durch die Anrufe (Anrufvolumen x durchschnittliche Gesprächsdauer) und dem gesamten Personalbedarf. Machen Sie sich keine Sorgen, Sie müssen nur eine einfache Formel anwenden, um den Personalbedarf zu berechnen. (Mehr zum Thema Auslastung erfahren Sie in Kapitel 5.)

Das ist wichtig! Im Ernst: Machen Sie in diese Seite ein Eselsohr, legen Sie an dieser Stelle ein Lesezeichen ein oder streichen Sie es sich mit Textmarker an, wenn es Ihnen hilft.

Personalbedarf = prognostiziertes Anrufvolumen x prognostizierte Gesprächsdauer/ erwartete Auslastung

Die Bedeutung der erwarteten Auslastung

So sehr Sie sich auch wünschen mögen (zumindest vom reinen Produktivitätsstandpunkt aus betrachtet), dass Ihre Agenten zu 100 Prozent ausgelastet sind – also mit Kundenkontakten zu tun haben: Es ist einfach nicht möglich (und klug ist es auch nicht). Wenn Sie Ihren Personalbedarf bestimmen, müssen Sie die Tatsache einkalkulieren, dass Ihre Agenten manchmal nichts zu tun haben werden.

Sobald Sie also die Arbeitsbelastung prognostiziert haben – die Gesamtmenge der Zeit, die notwendig ist, um die Anrufe zu bearbeiten –, teilen Sie einfach diese Zahl durch die erwartete Auslastung, um die Menge der Personalzeit zu bestimmen, die Sie einplanen müssen.

Nehmen wir als Beispiel an, Sie haben für den Tag 150 Stunden Arbeitsbelastung prognostiziert – das bedeutet, Sie erwarten 150 Stunden Telefonanrufe. Nehmen wir ebenfalls an, dass Ihre erwartete Auslastung 75 Prozent beträgt – das bedeutet, dass Ihre Agenten im Durchschnitt 25 Prozent der Zeit, in der sie am Telefon sitzen, nichts zu tun haben werden. Die erforderliche Anzahl an Personalstunden, die für diese Arbeitsbelastung notwendig ist, beträgt 150 Stunden Arbeitsbelastung dividiert durch 75 Prozent Auslastung, also 200 Stunden.

Irritiert? Dann sehen Sie sich die Gleichung mal von der anderen Seite an. Wenn Sie 200 Personalstunden an den Telefonen hätten, und die Agenten 75 Prozent der Zeit ausgelastet wären, wie viele Stunden wären sie dann ausgelastet?

75 Prozent von 200 Telefonstunden = 150 Stunden ausgelastete Zeit

Anders gesagt: Sie würden 150 Stunden arbeiten (das Anrufvolumen bewältigen).

Eine detaillierte Erklärung der Auslastung finden Sie in Kapitel 5.

Die erwartete Auslastung berechnen

Um Ihren Personalbedarf zu berechnen, müssen Sie zuerst die erwartete Auslastung kennen.

Sie haben einige Möglichkeiten zur Auswahl, um zur erwarteten Auslastung zu gelangen. Bei etablierten Call Centern ist es am einfachsten, sich die Auslastung anzusehen, die Ihr Unternehmen üblicherweise hat, wenn das Ziel bezüglich des Service-Levels/der Erreichbarkeit erreicht wird. Wenn Ihr Call Center also üblicherweise eine monatliche Auslastung von 74 Prozent beim Erreichen der Service-Level-Ziele hat, sind 74 Prozent eine realistische zu erwartende Auslastung für den Monat.

Seien Sie aber ein bisschen vorsichtig damit, denn in geschäftigeren Monaten wird die erwartete Auslastung höher sein und in ruhigeren Monaten niedriger. Der Unterschied wird nicht übermäßig dramatisch sein, also regen Sie sich nicht zu sehr darüber auf – behalten Sie ihn einfach im Auge.

 Sie müssen auch ein wenig vorsichtig mit den Zeitfenstern sein, die Sie benutzen, wenn Sie mit der erwarteten Auslastung arbeiten. Die Auslastung schwankt im Tagesverlauf. Wie in Kapitel 5 erwähnt, ändert sich die Auslastung mit den Anforderungen, und da das Anrufvolumen im Tagesverlauf schwankt, schwankt auch die Auslastung. Dies führt zu einem Spektrum von verschiedenen erwarteten Auslastungen. Die gute Nachricht ist, dass die monatlichen und täglichen Auslastungen im Rahmen eines vorgegebenen Service-Levels nicht allzu sehr schwanken.

 Vergessen Sie nicht, dass eine verbesserte Einsatzplanung die erwartete Auslastung verbessert. Planen Sie also in der Berechnung Ihrer erwarteten Auslastung im Laufe der Zeit kleine Verbesserungen ein und beobachten Sie diese. Selbst eine einprozentige Verbesserung bei der erwarteten Auslastung könnte Ihren Job für Monate oder Jahre sichern.

Eine weitere Möglichkeit, die erwartete Auslastung zu berechnen, ist die Verwendung einer Erlang-C-Tabelle, die ich in Kapitel 6 beschreibe. Damit können Sie die optimale Auslastung für jede Stunde und halbe Stunde des Tages berechnen. Dann multiplizieren Sie die optimale Auslastung, die Sie mit Erlang C berechnet haben, mit Ihrer bisherigen Einsatzplanungseffizienz. (Mehr zum Begriff Einsatzplanungseffizienz finden Sie im Kasten »Ihre Einsatzplanungseffizienz bestimmen« in diesem Kapitel.)

Sie könnten natürlich auch ein gutes Personaleinsatzplanungssystem kaufen und es die erwartete Auslastung für Sie ausarbeiten lassen. Viele gehen diesen Weg. Wenn Sie jedoch diesen großartigen Hilfsmitteln erlauben, ihre Arbeit zu tun, möchte ich Sie ermutigen, immer eine Sache im Auge zu behalten und zu verstehen: den Unterschied zwischen der tatsächlichen und der optimalen Auslastung. Kleine Änderungen daran machen einen großen Unterschied bei der Effizienz von und der Kostenkontrolle in Call Centern aus.

Erwartete Auslastung contra optimale Auslastung

Wie in Kapitel 5 beschrieben, ist die Auslastung als die Zeit definiert, in der die Agenten aktiv mit etwas beschäftigt sind (sie sind ausgelastet, nicht inaktiv). Ausgedrückt wird diese Zeit als Prozentsatz der Zeit, während derer sie im Telefonsystem eingeloggt sind. Es sollen zunächst einmal einige Begriffe im Zusammenhang mit dem Thema Auslastung definiert werden. Der erste ist *optimale Auslastung*.

Die optimale Auslastung ist die Auslastung, die ein Call Center erreichen würde, wenn es in jeder Stunde perfekt mit Personal besetzt wäre. Dies würde bedeuten, dass genau die richtige Anzahl von Leuten inaktiv beziehungsweise aktiv wäre, sodass die Anrufe im Rahmen des Service-Level-Ziels entgegengenommen werden können – nicht schneller und nicht langsamer. Eine Möglichkeit, sich der optimalen Auslastung anzunähern, ist die Verwendung eines Erlang-C-Rechners zum Berechnen der Personalzahl für jede Stunde des Tages. Wenn Sie Ihr Personal genau nach diesen Anforderungen besetzen würden, hätten Sie für diesen Tag die optimale Auslastung erreicht.

Call Center erreichen selten die optimale Auslastung und gleichzeitig ihre Service-Level-Ziele. Wahrscheinlicher ist eine geringere Auslastung. Dies geschieht aus vielerlei Gründen. Zunächst einmal tritt das Anrufvolumen nicht genau wie erwartet ein. Dadurch entsteht ein Ungleichgewicht zwischen dem tatsächlich eingeteilten Personal und dem, was für eine optimale Auslastung wirklich notwendig wäre. Außerdem funktioniert auch Ihr Personalplan nicht immer so, wie Sie sich das gedacht haben. Leute kommen zu spät oder fehlen oder es treten in letzter Minute Anforderungen auf, wie etwa Schulungen, durch die Leute von ihrer vorrangigen Pflicht der Anrufbearbeitung ferngehalten werden. Diese unerwarteten Änderungen werfen Ihren Personalplan über den Haufen und erschweren es, die optimale Auslastung zu erreichen.

Die größte Herausforderung beim Erreichen der optimalen Auslastung ist schließlich eine vollkommen flexible Belegschaft. In einer perfekten Welt würde das Personal kommen und gehen, so wie die Anrufer kommen und gehen. Dies würde es dem Call Center ermöglichen, genau dem Anrufaufkommen zu entsprechen. In dieser Wunderwelt würden die Agenten nur dann arbeiten, wenn Sie sie benötigen – ein paar Minuten hier, ein paar Minuten dort.

Ihre Einsatzplanungseffizienz bestimmen

Ich benutze gerne den Ausdruck »Einsatzplanungseffizienz«. Er bezieht sich darauf, wie dicht das Call Center an seine optimale Auslastung herankommt. Wenn beispielsweise die optimale Auslastung eines Call Centers bei 90 Prozent liegt und das Call Center eine tatsächliche Auslastung von 80 Prozent erreicht, dann beträgt die Einsatzplanungseffizienz 88,8 Prozent (80 Prozent dividiert durch 90 Prozent ergibt 88,8 Prozent). Das Beste, was ich bei der Einsatzplanungseffizienz für möglich halte, ist ungefähr 92 Prozent.

In diesem Beispiel ist die erwartete Auslastung des Call Centers 80 Prozent. Sie wissen, dass die optimale Auslastung 90 Prozent beträgt, aber Sie erwarten 80 Prozent. Das bedeutet nicht, dass Sie sich nicht verbessern und näher an die optimale Auslastung herankommen wollen, aber Sie wissen, dass Sie in der letzten Zeit mit 80 Prozent gefahren sind. Wenn sich die Einsatzplanungseffizienz verbessert, werden Sie Ihre Prognose für die Einsatzplanungseffizienz verbessern.

Die *erwartete Auslastung* ist also der Auslastungsgrad, den Ihr Call Center angesichts des bestehenden Bedarfs und der bestehenden Einsatzplanung zu erreichen gedenkt.

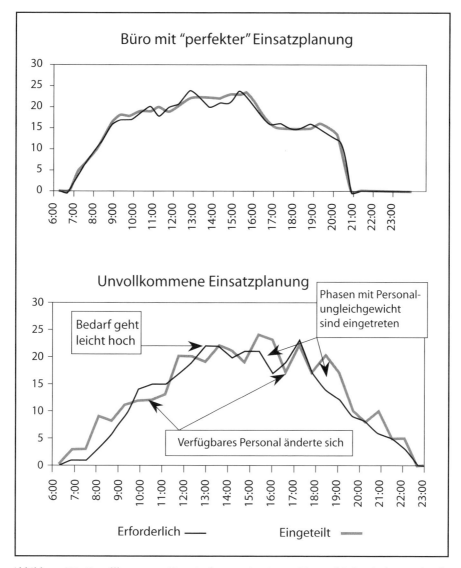

Abbildung 7.1: Unvollkommene Einsatzplanung trägt zum Unterschied zwischen optimaler und erwarteter Auslastung bei

Abbildung 7.1 zeigt im oberen Teil einen Einsatzplan in der perfekten Welt, wogegen im unteren Teil ein realistischerer, unvollkommener Einsatzplan zu sehen ist– hier ein bisschen zu viel und da ein bisschen zu wenig.

Wenn Sie diese Art von Analyse vornehmen – und den monatlichen Personalbedarf berechnen –, erhalten Sie ein ungefähres Bild davon, wie viel Personal benötigt wird. Diese Übersicht könnten Sie beispielsweise zu Budgetierungszwecken verwenden. Um diese Berechnung vorzunehmen, benötigen Sie ein prognostiziertes Anrufvolumen, eine prognostizierte Gesprächsdauer und eine erwartete Auslastung, die auf Ihrem anvisierten Service-Level basiert.

Hier ein Beispiel:

✔ Für das kommende Jahr haben Sie, ausgehend vom letztjährigen Anrufvolumen, einen zehnprozentigen Anstieg auf 1.638.000 Anrufe prognostiziert.

✔ Die Anrufe im März stellen 9,04 Prozent des Jahres dar.

✔ Die Anrufe dauern im Schnitt 350 Sekunden.

✔ Ihre erwartete Auslastung beträgt 74 Prozent für den Monat, bei einem Service-Level von 80 Prozent in 20 Sekunden.

Die folgende Tabelle zeigt die Berechnung des Personalbedarfs für einen Monat.

Die Berechnung der benötigten Personalstunden für einen bestimmten Monat

A	Anrufvolumen des letzten Jahres	1.638.000
B	Prognostizierter Anstieg	10 %
C	Prozentsatz des Monats März	9,04 %
D	Prognostizierte Gesprächsdauer	350 Sekunden
E	Erwartete Auslastung	74 %
F = A x (1+B) x C x D / 3.600* / E	Personalbedarf für März	21.400 Stunden

* 3.600 Sekunden pro Stunde

Um das prognostizierte Anrufvolumen mit der prognostizierten Gesprächsdauer zu bearbeiten, benötigen Sie an den Telefonen 21.400 Agenten-Stunden.

Hier finden Sie eine Aufschlüsselung der Berechnung von F:

1. A x (1+B): Dieser Teil der Berechnung erzeugt die neue jährliche Prognose.

2. x C: Multipliziert mit dem Märzprozentsatz ergibt die Prognose für den März des nächsten Jahres.

3. x D: Multipliziert mit der prognostizierten Gesprächsdauer ergibt die »Arbeitsbelastung« für März.

4. / 3.600: Dividiert durch die Anzahl der Sekunden pro Stunde ergibt die Arbeitsbelastung in Stunden.

5. / E: Dividiert durch die erwartete Auslastung wandelt die Arbeitsbelastung in den Gesamtpersonalbedarf für den Monat März um, ausgedrückt in Stunden.

 Vergessen Sie nicht die Division durch 3.600, um das Ergebnis in Stunden umzuwandeln. Andernfalls wird Ihr prognostizierter Personalbedarf in Sekunden ausgedrückt (und Sie wollen doch nicht riskieren, dass Ihre Einsatzplaner einen Herzstillstand erleiden, wenn sie diese Zahl sehen).

Die Auslastung beeinflussen

Gemäß den »unabänderlichen Gesetzen« des Call Centers, gibt es drei wesentliche Möglichkeiten, die Auslastung zu beeinflussen:

1. **Ändern Sie die Geschwindigkeit, mit der ans Telefon gegangen wird.** Wie schnell Sie in Ihrem Call Center ans Telefon gehen, wirkt sich auf die Auslastung aus. Schneller ans Telefon zu gehen bedeutet, dass die Agenten mehr Zeit damit verbringen, auf Anrufe zu warten (die Auslastung sinkt). Langsamer ans Telefon zu gehen bedeutet, dass Ihre Agenten weniger Zeit damit verbringen, auf Anrufe zu warten – womöglich warten sogar die Anrufe auf sie! Nicht so schnell ans Telefon zu gehen *steigert* die Auslastung.

2. **Bündeln Sie Ihre Ressourcen: Größer ist besser.** Wenn Sie Ihr Call Center vergrößern (indem Sie beispielsweise Standorte oder Anrufe aus verschiedenen Aktionen zusammenlegen), ist die Verteilung der Anrufe weniger willkürlich und das Muster des Anrufeingangs beginnt sich zu glätten.

   Abbildung 7.2 zeigt einen Vergleich des Anrufeingangs in einem kleineren und in einem größeren Call Center. Da der Unterschied zwischen den Spitzen im Anrufvolumen und dem durchschnittlichen Anrufvolumen geringer ist als in unserem Beispiel mit dem kleineren Anrufvolumen, ist weniger Personal notwendig, um die Anrufe schnell entgegenzunehmen.

   Im Ergebnis heißt das: Der Mehrbedarf an Personal ist in einem größeren Call Center nicht direkt proportional zum Anstieg in der Arbeitsbelastung/dem Anrufvolumen. Wenn das Unternehmen wächst, machen sich Rationalisierungseffekte bemerkbar.

   Um diese Rationalisierungseffekte nutzbar machen zu können, müssen Sie sicherstellen, dass Sie die Anzahl der einzelnen Beantwortungsgruppen im Call Center minimieren. Hierfür können die Agenten ein Cross Training durchlaufen lassen, sodass sie bei mehreren verschiedenen Aktionen glänzen können, und Sie können Gruppen verschmelzen, wo immer das möglich und praktikabel ist.

3. **Verbessern Sie Ihre Einsatzplanung.** Die dritte Möglichkeit zur Beeinflussung der Auslastung liegt in verbesserter Einsatzplanung. Wenn Ihre Personalplanung zu massiver Überbesetzung bei 80 Prozent Ihrer Betriebsstunden führt und zu massiver Unterbesetzung bei den verbleibenden 20 Prozent, dann haben Sie im Ganzen einen 80-prozentigen Grad der Erreichbarkeit (ein übliches Ziel in Call Centern). Jedoch ist Ihre Gesamtauslastung niedrig, und 20 Prozent der Kunden sind unzufrieden (nämlich die, die in der Zeit der Unterbesetzung angerufen haben).

Bedenken Sie die Auswirkungen

Es kostet Geld, guten Service zu bieten. Bevor Sie beschließen, die Kosten einzusparen, indem Sie Personal reduzieren, und sich mehr Zeit zu lassen, ans Telefon zu gehen, denken Sie an Ihre Kunden. Vielleicht haben die ein Problem damit, eine Stunde oder zwei warten zu müssen, bevor sie den gewünschten Service erhalten.

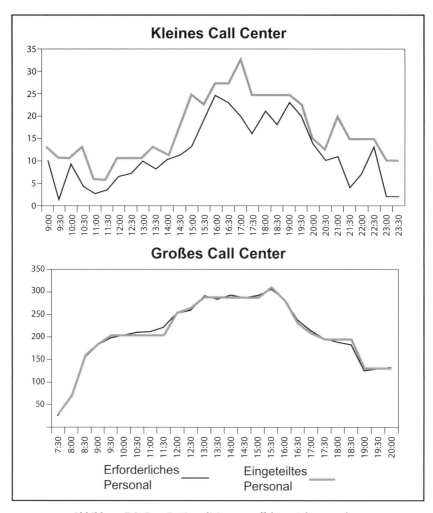

Abbildung 7.2: Den Rationalisierungseffekt nutzbar machen

Die Einsatzplanung *nah an der Kurve* ist ein besserer Weg, zum Ziel in Sachen Erreichbarkeit zu gelangen. Er bedeutet, Ihr Personal nah am Anrufaufkommen einzusetzen. Zu bestimmten Zeiten des Tages werden Sie etwas überbesetzt sein und zu anderen Zeiten ein wenig unterbesetzt. Alles in allem werden Sie immer noch eine 80-prozentige Erreichbarkeit erzielen, aber Ihre Auslastung wird viel höher sein – und die restlichen 20 Prozent der Anrufer werden wahrscheinlich weniger verstimmt sein, weil ihre Anrufe nur ein bisschen langsamer entgegengenommen werden.

Diese Szenarien sind in den Diagrammen in Abbildung 7.3 veranschaulicht. Beachten Sie, dass die Anrufeingänge exakt gleich sind und in beiden Fällen eine 80-prozentige Erreichbarkeit erzielt wird, aber das eingeteilte Personal ist im zweiten Diagramm besser an den Bedarf angepasst, und die Gesamtauslastung ist besser.

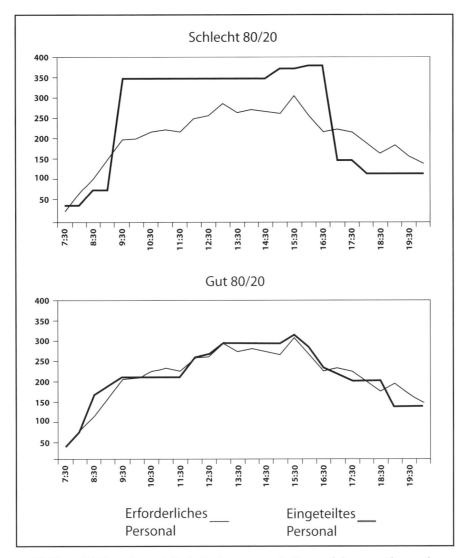

Abbildung 7.3: Es verbessert die Auslastung, wenn die Personalplanung näher an den Anforderungen liegt.

Das Personal schonen: Pausenzeiten einkalkulieren

Den Personalbedarf für die Telefonbesetzung zu berechnen ist aber noch nicht alles. Wenn Leute in Ihrer Firma arbeiten, bezahlen Sie sie nicht nur für die Zeit, die sie am Telefon verbringen. Ihr Personal wird auch für Schulungen, Besprechungen, Pausen und so weiter bezahlt. Und bevor Sie sich jetzt aufregen, lesen Sie bitte erst einmal weiter.

Sie müssen die Agenten-Auslastung einkalkulieren. Welchen Prozentsatz der Zeit, die Sie Ihren Agenten bezahlen, verbringen sie tatsächlich mit Arbeit – also zum Beispiel am Telefon mit der Bearbeitung von Anrufen oder am Computer mit der Beantwortung von E-Mails?

Nachdem Sie bestimmt haben, wie viel Personal Sie brauchen, um nur die Arbeit zu erledigen, müssen Sie daran denken, diesen Leuten Zeit für Besprechungen, Pausen, Urlaub, Schulungen und so weiter zu geben. Sie müssen Ihre erwartete oder anvisierte Agenten-Auslastungsquote hieran anpassen.

In Kapitel 5 habe ich die Agenten-Auslastung als messbare Größe definiert, die protokolliert, welcher Anteil der Agenten-Zeit mit der Erledigung der Arbeit verbracht wird. Ich nenne dies auch E/B – »eingeloggt/bezahlt«. Wenn Sie einem Agenten zehn Stunden bezahlen und er sieben Stunden davon eingeloggt ist und Telefonanrufe bearbeitet und die anderen drei Stunden nicht am Telefon, sondern in der Pause oder in Besprechungen ist, dann beträgt die Auslastung 70 Prozent.

Die Protokollierung, Planung und Kenntnis vergangener Auslastungsraten sind wichtige Einsatzplanungsfunktionen. Mit der Zeit können die meisten Unternehmen die Agenten-Auslastungsquoten mit einem passablen Grad an Genauigkeit prognostizieren.

Ähnlich wie bei der Berechnung der Auslastung dividieren Sie einfach die prognostizierten Arbeitsstunden durch die Agenten-Auslastung, und Sie erhalten die Gesamtanzahl aller Stunden, die bezahlt werden müssen.

Erforderliche bezahlte Stunde = prognostizierte Personalarbeitsstunden / Agenten-Auslastung

Wir fahren mit dem vorigen Beispiel fort und nehmen an, dass Ihre prognostizierte Agenten-Auslastung 70 Prozent beträgt.

Die erforderliche bezahlte Zeit für einen bestimmten Monat berechnen

F	Personalbedarf für März	21.400 Stunden
G	Agenten-Auslastung	70 %
H = F + G	Erforderliche bezahlte Stunden für März	**30.751 Stunden**

Sie benötigen also 30.571 bezahlte Arbeitsstunden, um die vorhergesagten Anrufe zu bearbeiten.

Nehmen wir nun an, dass ein normaler Vollzeitmitarbeiter in Ihrem Call Center 155 bezahlte Arbeitsstunden pro Monat erhält.

Mit den bezahlten Stunden die monatliche Mitarbeiterkapazität (MAK) berechnen

H	Erforderliche bezahlte Stunden für März	30.751 Stunden
I	Monatliche Stunden pro MAK	155
J = H / I	Benötigte MAK für März	**198***

* aufgerundet

Also benötigen Sie im März 198 MAK-Agenten in Ihrem Büro. (Normalerweise ist eine MAK – eine »Mitarbeiterkapazität« – die Anzahl der Stunden, die ein normaler Vollzeitangestellter in einem bestimmten Zeitraum arbeitet. Sie wird zur Berechnung des Personalbedarfs verwendet, wie ich in Kapitel 6 erläutere.) Beachten Sie, dass Sie die MAKs bis zur nächsten ganzen Zahl aufrunden müssen. Eine MAK steht für eine ganze Person, und normalerweise stellen Sie keine halben Leute ein.

Die finanziellen Auswirkungen von Änderungen bei der Agenten-Auslastung berechnen

Es ist von Vorteil, die zusätzlichen Kosten für jeden Prozentpunkt zu berechnen, um den Ihre Agenten-Auslastung sinkt. Lassen Sie Ihre Personalberechnungen mit verschiedenen Agenten-Auslastungsgraden ablaufen und multiplizieren Sie die Ergebnisse mit Ihren Arbeitskosten (einschließlich Zulagen).

Diese Information dient nicht nur dazu, Sie zu Tode zu erschrecken, sondern Sie hilft Ihnen auch sehr dabei, Ihr Budget zu kontrollieren oder Kosten-Nutzen-Rechnungen aufzustellen.

Vor nicht allzu langer Zeit zeigte ich dem Leiter eines Call Centers die Auswirkung eines einprozentigen Wandels bei der Agenten-Auslastungsquote. Eine einprozentige Änderung machte in diesem Call Center mehr als 25.000 € pro Monat aus. Bis zu diesem Zeitpunkt hatte dieses Call Center der Agenten-Auslastung keine besondere Aufmerksamkeit geschenkt. Nachdem ich den Leiter mit dieser Zahl konfrontiert hatte, wurde die Agenten-Auslastung in diesem Call Center ein heißes Thema und verbesserte sich schon im nächsten Monat deutlich.

Bestimmen, wann die Ressourcen benötigt werden

Sie wissen nun, dass Sie im März 198 Leute benötigen. Sie wissen jetzt auch, wie viel Sie für das Personal bezahlen werden, aber Sie wissen noch nicht, *wann* diese Leute arbeiten müssen.

Sie müssen die Prognose auf eine genauere Detailebene bringen, um zu bestimmen, wann die Ressourcen benötigt werden – auf täglicher und halbstündlicher (Intervall-) Basis. Auch hierfür wenden Sie wieder Ihre bisherigen Prozentsätze an und verwenden Ihre Personalformel, um den Bedarf zu bestimmen.

Den Personalgrundbedarf für ein 30-Minuten-Intervall berechnen

Wir verwenden weiterhin das obige Beispiel. Sie müssen nun den Personalbedarf für jedes Intervall im März berechnen, um den Planungsbedarf aufzustellen.

Wir nehmen ein Intervall als Beispiel – 14:00 bis 14:30 Uhr am Mittwoch – und die historischen Daten, die Sie unten finden. Mit diesen werden wir ein Rechenbeispiel durchführen.

Zusätzliche historische Daten:

✔ Anteil des Mittwochs an der Woche = 16 %

✔ Anteil des Intervalls von 14:00 bis 14:30 Uhr = 5,1 %

Den Personalbedarf für ein 30-Minuten-Intervall berechnen

A		Prognostiziertes Anrufvolumen für März	162.883
B		Anteil des Mittwochs an der Woche	16 %
C		Anteil des Intervalls am Tag	5,1 %
D		Prognostizierte Gesprächsdauer (in Sekunden)	350
E		Erwartete Auslastung	77 %
F = A / 31 x 7 x B x C x D / E / 1800*		Personalbedarf für Mittwoch zwischen 14:00 und 14:30 Uhr	**76****

* 1.800 Sekunden pro 30-Minuten-Intervall; ** aufgerundet

Also brauchen Sie mittwochs im März zwischen 14:00 und 14:30 Uhr 76 Agenten.

Sie müssen ein paar Dinge beachten, während Sie diese Berechnung durchgehen:

✔ Sie erhalten das prognostizierte März-Anrufvolumen, indem Sie das Volumen des letztes Jahres nehmen, es um 10 Prozent erhöhen und mit dem historischen Anteil des März am Jahr (9,04 %) multiplizieren, so wie ich es in der Berechnung der erforderlichen Personalstunden für einen bestimmten Monat in diesem Kapitel bereits beschrieben habe.

✔ Zu Beginn der Berechnung dividieren Sie die monatliche Anrufvolumenprognose durch die Anzahl der Tage dieses Monats. Dadurch erhalten Sie das durchschnittliche tägliche Anrufvolumen. Dann multiplizieren Sie dieses mit der Anzahl der Arbeitstage pro Woche, um das Anrufvolumen für die durchschnittliche Woche des Monats zu erhalten.

In diesem Beispiel dividiere ich das prognostizierte Anrufvolumen für März durch 31 (weil der März 31 Tage hat) und multipliziere dann mit 7 (der Anzahl der Arbeitstage in diesem Call Center). Dies drückt das monatliche Volumen umgerechnet für eine Woche aus. Dadurch wird es leicht, die Mittwoch-Tage vorherzusagen, indem man einfach die wöchentliche Prognose mit 16 Prozent (dem Anteil des Mittwochs an der Woche) multipliziert. Somit erhält man 5.885 Anrufe.

✔ Dies multipliziert man mit dem Anteil des Zeitraums von 14:00 Uhr bis 14:30 Uhr (5,1 Prozent), um so zum prognostizierten Anrufvolumen für dieses Intervall zu gelangen: 300 Anrufe. Dann multiplizieren Sie diesen Wert mit der durchschnittlichen Gesprächsdauer von 350 Sekunden, um zu einer Gesamtarbeitsbelastung von 105.000 Sekunden zu kommen.

Die Auslastung ändert sich im Tagesverlauf

Ein Call Center besteht in Wirklichkeit aus vielen verschiedenen Call Centern im Lauf eines Tages. Wenn Sie morgens anfangen, leiten Sie ein eher kleines Unternehmen und haben ein kleineres Anrufvolumen als zu einem späteren Zeitpunkt des Tages. Eines der Dinge, die die Auslastung beeinflussen, ist das Anrufvolumen – höhere Anrufvolumina führen zu höherer Auslastung.

 Bei der Berechnung der Personalstunden für einen bestimmten Monaten dividieren Sie den berechneten Wert (in Sekunden) durch 3.600 (Sekunden pro Stunde), um den Bedarf in Arbeitsstunden auszudrücken. Um jedoch zu bestimmen, wie viel Personal Sie benötigen, um die Arbeit in einem 30-Minuten-Intervall auszudrücken, dividieren Sie durch 1.800 (Sekunden pro halbe Stunde).

In unserem Beispiel kommen wir bei 105.000 Sekunden dividiert durch 1.800 Sekunden auf 58,33 Beschäftigte, die während des Zeitraums von 14:00 bis 14:30 Uhr benötigt werden.

 Wenn Sie wissen wollen, wie viele Arbeitsstunden gemacht werden müssen, dividieren Sie den Wert durch 3.600 und multiplizieren die Gesamtarbeitsstunden mit 2, um zu bestimmen, wie viele Leute Sie benötigen, um diese Arbeit in einer Stunde zu erledigen. Sie kommen dann zu demselben Ergebnis, als wenn Sie einfach durch 1.800 dividieren würden.

Beachten Sie als Nächstes, dass ich eine prognostizierte Auslastung von 77 Prozent verwendet habe, und nicht den März-Durchschnitt von 74 Prozent, den ich bei der Berechnung der Personalstunden für einen Monat verwendet habe. Der Grund dafür ist die schwankende Auslastung im Tagesverlauf.

Basierend auf dem erwarteten Volumen zwischen 14:00 Uhr und 14:30 Uhr, kommt das Call Center nahe an seine Spitze, was zu einer höheren als der durchschnittlichen Auslastung führt – ungefähr 77 Prozent. Dividieren Sie den beschäftigten Personalbedarf durch Ihre erwartete Auslastung von 77 Prozent, und Sie sehen, dass Sie 75,76 Personen an den Telefonen brauchen. Runden Sie diesen Wert auf – es sei denn, Sie haben irgendwo eine Dreiviertelperson auf Lager – und Sie wissen, dass Sie in diesem Jahr im März mittwochs zwischen 14:00 und 14:30 immer 76 Agenten einteilen müssen.

Einfach genial, oder?

Und nun gehen Sie zurück an die Arbeit und nehmen diese Berechnung für jedes 30-Minuten-Intervall des Monats (und Jahres) vor, um Ihr Belegungsmuster zu bestimmen. Für den Anfang helfe ich Ihnen mit einem Beispiel in Tabelle 7.1. Dort wird der nach Intervallen gestaffelte Personalbedarf für den gesamten Mittwoch berechnet. Das Resultat sehen Sie in Abbildung 7.4 grafisch aufbereitet.

Intervall	Anrufvolumen	Gesprächsdauer	Erwartete Auslastung	Personalbedarf
	A	B	C	D = A x B / C / 1.800
08:00	81	355	68 %	24
08:30	115	357	72 %	32
09:00	185	360	75 %	49
09:30	265	357	76 %	69
10:00	300	365	77 %	79
10:30	323	367	77 %	86
11:00	312	355	77 %	80
11:30	300	352	77 %	76
12:00	265	349	75 %	68
12:30	277	376	77 %	75
13:00	312	371	77 %	84
13:30	312	368	77 %	82
14:00	300	350	76 %	76
14:30	277	354	76 %	72
15:00	277	349	76 %	71
15:30	265	343	75 %	67
16:00	254	341	76 %	64
16:30	242	338	76 %	60
17:00	231	339	75 %	58
17:30	196	343	74 %	51
18:00	185	340	74 %	47
18:30	173	335	74 %	44
19:00	162	333	73 %	41
19:30	138	329	72 %	35
20:00	81	331	66 %	22
20:30	58	335	65 %	16

Tabelle 7.1: Berechnung des Stammpersonalbedarfs, gestaffelt in 30-Minuten-Intervalle

Den Bedarf für »Off-Phone-Zeiten« hinzufügen

Nun haben Sie die Anzahl des Stammpersonals bestimmt, das für jedes 30-Minuten-Intervall des Tages notwendig ist. Jetzt müssen Sie den Personalbedarf für sogenannte Off-Phone-Zeiten (Zeiten, für die die Agenten bezahlt werden, die sie aber nicht am Telefon verbringen, wie etwa Pausen, Schulungen, Krankmeldungen und Urlaub) draufpacken.

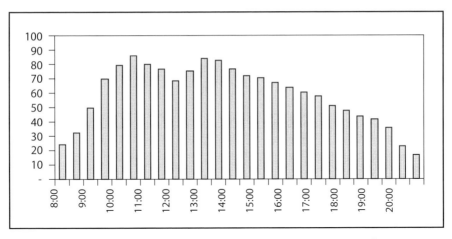

Abbildung 7.4: Stammpersonalbedarf je 30-Minuten-Intervall

Bestimmen Sie zunächst, welcher Prozentsatz Ihres Personals auf die einzelnen Aktivitäten entfällt. Sie können Durchschnittswerte aus der Vergangenheit verwenden oder einen Plan darüber aufstellen, was Sie erwarten. Einige Dinge, wie zum Beispiel Krankmeldungen, geschehen einfach, und Sie können sie nicht genau vorhersagen, also müssen Sie sie als Prozentsatz berücksichtigen, der auf Durchschnittswerten basiert. Anderes, wie zum Beispiel Schulungen, kann um die Spitzenzeiten herum geplant werden. Tabelle 7.2 zeigt den Personalbedarf für Mittwoch, der unter Berücksichtigung der unproduktiven Zeiten (wenn der Agent nicht am Telefon ist) aus dem Personalbedarf für ein 30-Minuten-Intervall berechnet wurde. Dadurch erhält man den Gesamtpersonalbedarf für jedes Intervall des Tages. Das Ergebnis ist in Abbildung 7.5 grafisch dargestellt.

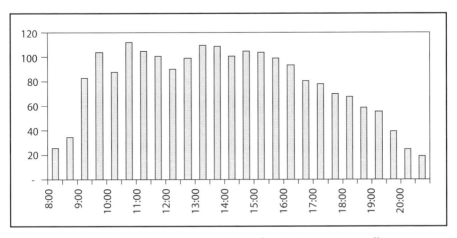

Abbildung 7.5: Gesamtpersonalbedarf je 30-Minuten-Intervall

Intervall	Anruf-volu-men	Gesprächs-dauer	Erwartete Auslastung	Personalbedarf zur Bearbeitung der Anrufe	Krank	Pausen	Bespre-chungen	Gesamt-personal-bedarf
	A	B	C	$D = A \times B \times C / 1.800$	E	F	G	$H = D + E + F + G$
08:00	81	355	68 %	24	2			26
08:30	115	357	72 %	32	2			34
09:00	185	360	75 %	49	3	30		82
09:30	265	357	76 %	69	4	30		103
10:00	300	365	77 %	79	5	5		88
10:30	323	367	77 %	86	5	21		112
11:00	312	355	77 %	80	5	20		105
11:30	300	352	77 %	76	5	19		100
12:00	265	349	75 %	68	5	17		90
12:30	277	376	77 %	75	5	19		99
13:00	312	371	77 %	84	5	21		110
13:30	312	368	77 %	82	5	21		108
14:00	300	350	76 %	76	5	19		100
14:30	277	354	76 %	72	5	18	10	105
15:00	277	349	76 %	71	5	18	10	104
15:30	265	343	75 %	67	5	17	10	99
16:00	254	341	76 %	64	4	16	10	94
16:30	242	338	76 %	60	4	16		80
17:00	231	339	75 %	58	4	16		78
17:30	196	343	74 %	51	3	16		70
18:00	185	340	74 %	47	3	17		67
18:30	173	335	74 %	44	3	12	12	59
19:00	162	333	73 %	41	2	12	12	55
19:30	138	329	72 %	35	2	2	2	39
20:00	81	331	66 %	22	2			24
20:30	58	335	65 %	16	2			18

Tabelle 7.2: Den Gesamtpersonalbedarf je 30-Minuten-Intervall berechnen

Fahren Sie mit dieser Berechnung für jedes Intervall jedes Tages in jeder Woche des Monats fort, und Sie werden wissen, wie viele »Hintern auf Stühlen« Sie zu jedem Zeitpunkt des Monats benötigen. Verwenden Sie diese Daten zur Planung und zur Aufstellung der Arbeitspläne in Ihrem Call Center.

> ### ✒ *Achtung, »verfliegendes« Personal*
>
> Wussten Sie, dass Jahr für Jahr 2 Prozent des Whiskeys, der in Fässern da-
> hinreift, verdampft? Man nennt dies auch »den Anteil der Engel«. In Call
> Centern löst sich einfach ein Teil Ihres Personals in Luft auf, wenn es am Telefon sitzt.
> Die Fehlzeiten haben viele Ursachen: zu lange Pausen, zusätzliche Pausen, ungeplante
> Besprechungen und Diskussionen und so weiter. Es passiert einfach und kann beim bes-
> ten Wissen nicht vermieden werden. Ignorieren Sie es nicht. Versuchen Sie natürlich,
> die Zeiten zu minimieren, aber gleichzeitig müssen Sie das auch einplanen. Wenn Ihre
> Ausfallzeit 5 Prozent beträgt, addieren Sie dies auf Ihren Einsatzplan. Es ist besser, ein
> bisschen Personal zu viel zu haben, als unterbesetzt zu sein.

Die Prognose zum Bestimmen der Größe des Call Centers verwenden

Falls Sie planen, ein eigenes Call Center aufzubauen (wie in Kapitel 4 besprochen), ist die Berechnung dieser »Hintern auf Stühlen« das, was Sie im Wesentlichen brauchen, um die Größe
Ihres Call Centers zu bestimmen. Folgen Sie einfach den bereits genannten Schritten, um den
Personalbedarf für jedes Intervall des Jahres zu berechnen, und suchen Sie dann das Spitzenin-
tervall – das mit dem höchsten Personalbedarf. Diese Zahl repräsentiert die maximale Anzahl
der Agenten, die Sie in Ihrem Call Center zu jedem beliebigen Zeitpunkt benötigen, um Ihre
Service-Level-Ziele und die anvisierte Auslastung zu erreichen. Diese Zahl sagt Ihnen auch, wie
viele Arbeitsplätze Sie brauchen. Es ist ein vereinfachtes Verfahren, aber es funktioniert.

Die verfügbaren Ressourcen entsprechend dem Anrufaufkommen einteilen

Sobald Sie bestimmt haben, wie der Personalbedarf pro 30-Minuten-Intervall aussieht, müssen
Sie den Einsatzplan passend zu diesem Bedarf aufstellen. Machen Sie sich an dieser Stelle keine
besonderen Gedanken darüber, wer diese Pläne erfüllen wird. Stellen Sie einfach Pläne auf, die
dem Bedarf so gut wie möglich entsprechen.

Die Einsatzplanung mit den Vollzeitschichten beginnen

Es gibt einen sehr guten Ansatz, um die verfügbaren Ressourcen mit dem Anrufaufkommen
in Einklang zu bringen: Erstellen Sie ein Diagramm, um das Anrufaufkommen mit dem ins-
gesamt eingeteilten Personal zu vergleichen. Abbildung 7.6 zeigt das Anrufaufkommen im
Tagesverlauf anhand des Bedarfs, der in Tabelle 7.2 berechnet wurde.

Als Nächstes habe ich die geplanten Schichten in dieses Diagramm eingetragen, um die Personalbesetzung mit dem Anrufaufkommen in Einklang zu bringen. Als ersten Schritt beim

Erstellen des Einsatzplans habe ich eine Schicht von 26 Leuten eingetragen, die von 08:00 bis 16:00 Uhr arbeiten. Die Balken in der Abbildung repräsentieren die Gesamtmenge des benötigten Personals, um dem Anrufaufkommen pro halber Stunde zu entsprechen. Die Linie zeigt die Anzahl der Leute, die für die einzelnen 30-Minuten-Intervalle an den Telefonen geplant sind.

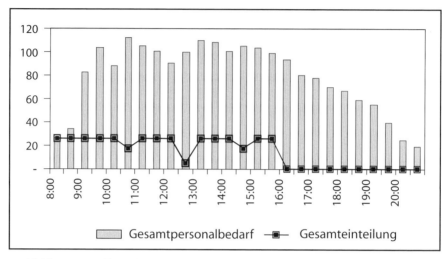

Abbildung 7.6: Vollzeitschichten hinzufügen, um dem Personalbedarf zu entsprechen

Sie werden feststellen, dass die Personallinie in dieser Abbildung nicht gleichmäßig ist. Das Diagramm zeigt, dass die eingeteilte Gesamtpersonalmenge um 11:00, 13:00 und 15:00 Uhr »einknickt«. Diese Senken stellen Pausen dar, die das Personal im Laufe des Tages nehmen wird. Natürlich nehmen nicht alle ihre Pausen zur selben Zeit, und Sie können auch Pausen verschieben, wenn Sie wollen. Doch in diesem Stadium des Planungsprozesses lassen Sie die Pausen, wie sie sind, weil Sie es immer noch mit der Grobeinteilung zu tun haben. Später, beim Feinschliff des Einsatzplans, passen Sie die Pausen an.

Ganz offensichtlich zeigt das Diagramm, dass diese eine 8-Stunden-Schicht von 26 Mitarbeitern nicht genug ist, um das Anrufaufkommen des gesamten Tages zu bewältigen. Als Nächstes müssen Sie weitere Schichten hinzufügen, um Ihren Einsatzplan zu vervollständigen.

In Abbildung 7.7 sehen Sie in der Mitte des Arbeitstages, von ungefähr 13:30 bis 18:00 Uhr eine »Beule« mit sich überschneidenden Schichten. Diese Beule entsteht, weil sich das Ende einer Vollzeitschicht mit dem Anfang einer weiteren Vollzeitschicht überschneidet. Das ist eine der Herausforderungen bei der Einsatzplanung mit vielen Vollzeitmitarbeitern. Wie Sie sich sicher vorstellen können, würden Sie, falls Sie weiterhin nur Schichten mit Vollzeitpersonal hinzufügen, wahrscheinlich in der Mitte des Tages eine beträchtliche Menge an Überbesetzung haben – eine *große* Beule.

Die Zeiträume mit sich überschneidenden Schichten können durch die Verwendung von Teilzeitkräften minimiert werden.

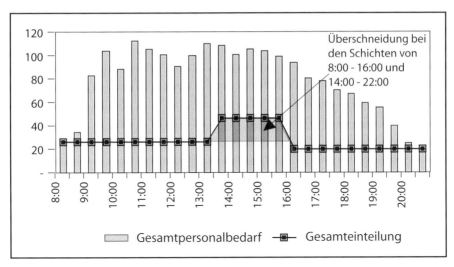

Abbildung 7.7: Es kommt zu Überschneidungen, wenn weitere Vollzeitschichten hinzugefügt werden.

Fügen Sie weitere Schichten hinzu, und nach nicht allzu langer Zeit entsteht ein Muster, wie in Abbildung 7.8 zu sehen.

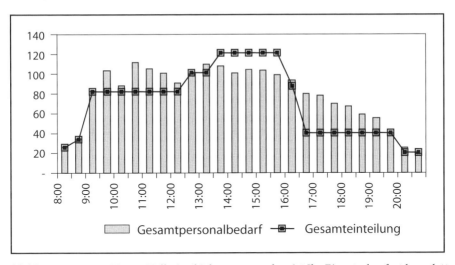

Abbildung 7.8: Wenn Sie nur Vollzeitschichten verwenden, ist Ihr Einsatzplan fast komplett.

An diesem Punkt fängt die Einsatzplanung an, Spaß zu machen. Nun fügen Sie Schichten mit verschiedenen Anfangs- und Endzeiten hinzu. Das Ziel ist es, die Linie des verfügbaren Personals in Übereinstimmung mit den Balken des Anrufaufkommens zu bringen. Aber es gibt ein kleines Problem. Sie können nur so viele Schichten verwenden, wie auch Leute da sind, die besagte Schichten arbeiten. Eine Schicht pro Angestelltem – das war's.

Nun sind Sie fast fertig. Sie müssen nur noch die Lücken füllen. In unserem Fall würde das Hinzufügen weiterer Vollzeitschichten eine große Menge an Überschneidungen verursachen. Sie können entweder diese Überschneidungen akzeptieren und weiter Vollzeitschichten verwenden. In diesem Fall wären Sie wahrscheinlich an verschiedenen Zeiten des Tages einigermaßen über- oder unterbesetzt, und Ihre Einsatzplanungseffizienz würde abnehmen (sie würde sinken infolge von Auslastungen unter dem Optimum). Oder aber Sie versuchen, einige Teilzeitschichten einzuflechten. Mehr dazu gleich anschließend.

Die Lücken mit Teilzeitschichten füllen

Teilzeitschichten sind klasse, weil sie dabei helfen, die Lücken in Ihrem Einsatzplan zu füllen, die durch Überschneidungen entstehen, wenn nur Vollzeitschichten verwendet werden. Abbildung 7.9 zeigt den endgültigen Einsatzplan für unser Mittwoch-Beispiel.

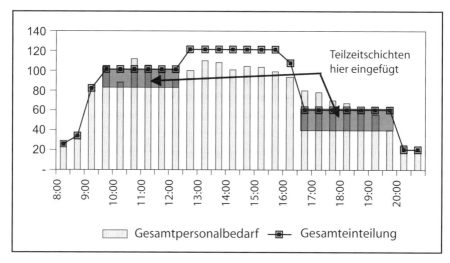

Abbildung 7.9: Ein Einsatzplan mit Vollzeit- und Teilzeitschichten

Sie werden keinen perfekten Einsatzplan aufstellen können – und das ist auch in Ordnung so. Im Idealfall sind Sie so nahe an Ihrer Bedarfslinie wie möglich. Ein paar Überschneidungen (in Form von Überbesetzung) in der Mitte des Tages können auch ganz nützlich sein, um zum Beispiel Schulungen oder Besprechungen abzuhalten oder wichtige Arbeiten, die nichts direkt mit der Anrufabwicklung zu tun haben, zu erledigen.

Sie können auch die schwachen Stellen stützen – da, wo Sie etwas unterbesetzt sind –, indem Sie die Pausen- und Essenszeiten anpassen. Gewiss sollte der Einsatzplaner jeden auf die Schwachpunkte in Ihrem Einsatzplan aufmerksam machen, damit niemand in diesen Zeiträumen Besprechungen ansetzt.

Teilzeitschichten bereiten jedoch auch einige Probleme. Das Managen ist schwieriger, wenn Sie eine große Anzahl von Agenten haben, die für kurze Schichten eingeteilt sind; und oft ist es schwierig, gute Teilzeit-Agenten anzuwerben. Noch schwieriger ist dies in Unternehmen, die Teilzeit-Agenten schlechter entlohnen als Vollzeit-Agenten.

 Mein Rat ist, Teilzeit-Agenten auf Stundenbasis mindestens genauso gut zu bezahlen wie Vollzeit-Agenten. Es amortisiert sich unmittelbar in Form von gesteigerter Effizienz (Auslastung).

Eine Einsatzplanübersicht erstellen

Wenn Sie fertig sind, haben Sie einen Haufen verschiedener Schicht-Einsatzpläne, die jeweils eine gewisse Anzahl an Stellen erfordern. Tabelle 7.3 zeigt, wie die Gesamtzahl der Einsatzpläne für das Mittwoch-Beispiel aussehen könnte.

Einsatzplan	Stellen
08:00 bis 16:00	26
08:30 bis 16:30	8
09:00 bis 17:00	48
13:30 bis 21:30	20
12:30 bis 20:30	20
09:30 bis 13:30	20
16:00 bis 20:00	20

Tabelle 7.3: Ein Beispiel für Schicht-Einsatzpläne und die Anzahl der Leute, die für den Gesamttagesplan notwendig sind

Wenn Sie mit dem Mittwoch fertig sind, müssen Sie das alles wieder und wieder und wieder tun – für jeden einzelnen Tag der Woche. Wenn Sie damit fertig sind, haben Sie eine Übersicht über die Einsatzpläne, die ziemlich genau so aussieht wie in Tabelle 7.4.

Schicht	Montag	Dienstag	Mittwoch	Donnerstag	Freitag	Samstag	Sonntag
1	08:00 bis 16:00	08:00 bis 16:00	08:00 bis 16:00	08:00 bis 16:00	08:00 bis 16:00	09:00 bis 17:00	09:00 bis 17:00
2	08:00 bis 16:00	08:00 bis 16:00	08:00 bis 16:00	08:00 bis 16:00	08:00 bis 16:00	09:00 bis 17:00	09:00 bis 17:00
3	08:00 bis 16:00	08:00 bis 16:00	08:00 bis 16:00	08:00 bis 16:00	08:00 bis 16:00	09:00 bis 17:00	09:00 bis 17:00
4	08:00 bis 16:00	08:00 bis 16:00	08:00 bis 16:00	08:00 bis 16:00	08:00 bis 16:00	09:00 bis 17:00	09:00 bis 17:00
5	08:00 bis 16:00	08:00 bis 16:00	08:00 bis 16:00	08:00 bis 16:00	08:00 bis 16:00	09:00 bis 17:00	09:00 bis 17:00
6	08:00 bis 16:00	08:00 bis 16:00	08:00 bis 16:00	08:00 bis 16:00	08:00 bis 16:00	09:00 bis 17:00	09:00 bis 17:00

Schicht	Montag	Dienstag	Mittwoch	Donnerstag	Freitag	Samstag	Sonntag
7	08:00 bis 16:00	08:00 bis 16:00	08:00 bis 16:00	08:00 bis 16:00	08:00 bis 16:00	09:00 bis 17:00	09:00 bis 17:00
8	08:00 bis 16:00	08:00 bis 16:00	08:00 bis 16:00	08:00 bis 16:00	08:00 bis 16:00	09:00 bis 17:00	09:00 bis 17:00
9	08:00 bis 16:00	08:00 bis 16:00	08:00 bis 16:00	08:00 bis 16:00	08:00 bis 16:00	09:00 bis 17:00	09:00 bis 17:00
10	08:00 bis 16:00	08:00 bis 16:00	08:00 bis 16:00	08:00 bis 16:00	08:00 bis 16:00	09:00 bis 17:00	09:00 bis 17:00
11	08:00 bis 16:00	08:00 bis 16:00	08:00 bis 16:00	08:00 bis 16:00	08:00 bis 16:00	09:00 bis 17:00	09:00 bis 17:00
12	08:00 bis 16:00	08:00 bis 16:00	08:00 bis 16:00	08:00 bis 16:00	08:00 bis 16:00	09:00 bis 17:00	09:00 bis 17:00
13	08:00 bis 16:00	08:00 bis 16:00	08:00 bis 16:00	08:00 bis 16:00	08:00 bis 16:00	09:00 bis 17:00	09:00 bis 17:00
14	08:00 bis 16:00	08:00 bis 16:00	08:00 bis 16:00	08:00 bis 16:00	08:00 bis 16:00	09:00 bis 17:00	09:00 bis 17:00
15	08:00 bis 16:00	08:00 bis 16:00	08:00 bis 16:00	08:00 bis 16:00	08:00 bis 16:00	09:00 bis 17:00	09:00 bis 17:00
165	13:00 bis 21:00	13:00 bis 21:00	13:00 bis 21:00	13:00 bis 21:00	13:00 bis 21:00		
166	13:00 bis 21:00	13:00 bis 21:00	13:00 bis 21:00	13:00 bis 21:00	13:00 bis 21:00		
167	13:00 bis 21:00	13:00 bis 21:00	13:00 bis 21:00	13:00 bis 21:00	13:00 bis 21:00		
168	13:00 bis 21:00	13:00 bis 21:00	13:00 bis 21:00	13:00 bis 21:00			
169	13:00 bis 21:00	13:00 bis 21:00					
170	13:00 bis 21:00	13:00 bis 21:00					
171	13:00 bis 21:00	13:00 bis 21:00					
172	13:00 bis 21:00	13:00 bis 21:00					
173	13:00 bis 21:00	13:00 bis 21:00					
174	13:00 bis 21:00	13:00 bis 21:00					
175	13:00 bis 21:00	13:00 bis 21:00					
176	13:00 bis 21:00	13:00 bis 21:00					

Schicht	Montag	Dienstag	Mittwoch	Donnerstag	Freitag	Samstag	Sonntag
177	13:00 bis 21:00	13:00 bis 21:00					
178	13:00 bis 21:00	13:00 bis 21:00					

Tabelle 7.4: Eine Einsatzplanübersicht für eine ganze Woche

Wochenarbeitspläne erstellen

Die Einsatzplanübersicht listet alle Einsatzpläne auf, die Sie erstellt haben, um den täglichen Agenten-Bedarf abzudecken. Der nächste Schritt besteht darin, Schichten aus der Übersicht auszuwählen und hierfür wöchentliche Einsatzpläne zu erstellen.

 Ein Wochenarbeitsplan enthält mehrere Tagesschichten und mindestens zwei aufeinanderfolgende freie Tage.

Wochenpläne zu erstellen ist eine einfache Angelegenheit: Wählen Sie Schichten aus der Einsatzplanübersicht aus, fügen Sie sie in eine Vorlage für Wochenarbeitspläne ein und vergewissern Sie sich, dass jeder Schicht mindestens zwei freie Tage folgen.

In Wochenarbeitsplänen gibt es mehr Zeilen, als es Schichtzeilen im Tagesarbeitsplan gibt. Der Grund dafür: Wenn Sie freie Tage einfügen, um die Pläne fertigzustellen, erzeugen Sie 5-Tage-Arbeitswochen innerhalb der sieben Tage und erzeugen dadurch mehr Zeilen.

 Das Wichtige ist, dass Sie alle erzeugten Tagesschichten verwenden und jede einem Wochenarbeitsplan zuweisen.

Personal einteilen und funktionierende Einsatzpläne erstellen

Ihr Einsatzplan ist nun so weit fertig, dass Sie die Namen der Agenten zuweisen können, die in den einzelnen Schichten arbeiten werden. Sie können natürlich einfach Namen in den Einsatzplan eintragen – damit werden Sie sich aber sicher keine Freunde in der Belegschaft machen.

 Der sicherste (und gerechteste) Weg – gerade in großen Call Centern – ist wahrscheinlich, die Einsatzpläne auszuhängen und dem Personal zu ermöglichen, sich für die verfügbaren Schichten zu »bewerben«.

Das Wahlrecht richtet sich dabei normalerweise nach dem Dienstalter – der dienstälteste Agent genießt Vorrang. Sie könnten aber auch andere Kriterien anlegen, zum Beispiel die Leistung – die Agenten, die in der letzten Zeit die besten Leistungen erbracht haben, genießen Vorrang.

Der Angestellte mit dem ersten Wahlrecht darf sich zuerst eintragen – damit ist die gewählte Schicht aus dem Spiel und steht den anderen Agenten nicht mehr zur Verfügung. Die Agenten mit der nächsthöheren Priorität wählen danach, und so geht es weiter, bis alle Schichten verteilt sind.

Solche Schichtverteilungen können zeitraubend sein. Und so funktioniert es:

✔ Die verfügbaren Schichten werden dem Personal mitgeteilt, und das Personal wird Zeit benötigen – oft länger als eine Woche –, um sich die Schichten anzusehen.

✔ Dann sammeln Sie die Listen ein, in die die einzelnen Agenten die von ihnen bevorzugten Schichten eingetragen haben.

✔ Als Nächstes sortieren Sie die Eintragungen der Agenten in der Reihenfolge ihrer Priorität und beginnen dann, die Schichten zuzuweisen – dabei fangen Sie mit der ersten Wahl des Angestellten an, prüfen, ob die Schicht verfügbar ist, und wenn dem so ist, weisen Sie sie ihm zu. Wenn die erste Wahl des Agenten nicht mehr verfügbar ist, suchen Sie nach seiner nächsten Präferenz und so weiter.

Ich brauche wohl nicht zu sagen, dass dies ein sehr komplexer und langwieriger Prozess ist, wenn er manuell vorgenommen wird.

Natürlich gibt es auch Alternativen zu diesem Vorgehen. Beispielsweise könnte das Personal im Turnus die Schichten wechseln (also gewissermaßen geteiltes Leid) oder man arbeitet gemäß den persönlichen Präferenzen der Agenten, die Zuweisung erfolgt anhand der Leistungsfähigkeit der Agenten, oder es gibt ständige feste Schichten. Sämtliche dieser Methoden wurden in Call Centern schon angewendet.

Viele Call Center, die sich im Wachstum befinden, arbeiten mit einem dienstalterbasierten Bewerbungssystem, denn wenn ein Call Center wächst, wird es zunehmend schwieriger, den individuellen Bedürfnissen jedes Belegschaftsmitglieds zu entsprechen. Außerdem können sich die Schichten in großen Call Centern stark verändern. Das Personal im Turnus die Schichten wechseln zu lassen ist sehr effektiv und gerecht, wird aber von den älteren Angestellten nicht immer bevorzugt. Nach meiner Erfahrung ist das dienstalterbasierte Bewerbungssystem das geläufigste (und angenehmste), um in größeren Call Centern die Schichten zu vergeben.

 Wenn Sie beschließen, die Leistung oder das Dienstalter zur Bestimmung der Priorität bei der Schichtbewerbung zu benutzen, gehen Sie mit Bedacht vor, wenn Sie Schichten an gerade eben eingestelltes Personal vergeben. Wenn mehrere Neulinge zur selben Zeit mit der Arbeit beginnen, sollten Sie ihnen vielleicht eine kurze Schicht nach einer Schulung zuweisen, anstatt ihnen einfach die Schicht zu geben, die in der Hierarchie ganz unten angesiedelt ist. Andernfalls stehen Sie wahrscheinlich mit einem großen Prozentsatz von Neulingen dar, die gleichzeitig arbeiten (normalerweise in den Nachtschichten). Das belastet das Managementteam und erzeugt ein Ungleichgewicht bei der Personalbesetzung. Bedenken Sie, dass neue Leute normalerweise länger brauchen, um Kunden zu bedienen, und somit die durchschnittliche Gesprächsdauer in ein falsches Licht gerückt wird.

 Mit einer Kurzzeitschicht nach einer Schulung können Sie die Neulinge über die Schichten verstreuen und dadurch die Auswirkungen verringern, die durch ihren Mangel an Erfahrung verursacht werden.

Die Einsatzpläne mit dem Personal abstimmen

Seien wir ehrlich: In vielen Call Centern gibt es Schichten, die nicht gerade begehrenswert sind. Dies kann das Personal demotivieren, wenn man bedenkt, dass die meisten Leute lieber von 9:00 Uhr bis 17:00 Uhr arbeiten würden. Hier einige Vorschläge, um ihre Bedenken zu mindern:

✔ **Neubewerbungen:** Es ist gut, den Einsatzplan ab und zu neu aufzustellen, weil sich nach und nach Probleme einschleichen werden. Wenn beispielsweise neue Angestellte dazukommen und andere gehen, erhöht sich das Dienstalter der Verbleibenden. Eine Neubewerbung ist für Ihr Personal wie ein Licht am Ende des Tunnels, weil sie in der Hierarchie aufsteigen und nun diejenigen Schichten bekommen können, die ihnen besser gefallen. Das kann die Motivation Ihres Teams richtig verbessern.

Wenn Ihr Call Center kein Schichtbewerbungssystem benutzt, müssen Sie Lücken in Ihrem Einsatzplan auf eine Weise mit neuem Personal füllen, die von Ihrer Belegschaft als gerecht angesehen wird.

✔ **Tauschen von Schichten:** Ach ja, das gute alte Tauschen von Schichten. Es ist tatsächlich so einfach, wie es klingt: Räumen Sie Ihren Angestellten die Möglichkeit ein, Schichten tauschen zu können – »Du machst meine von neun bis fünf, und ich mach deine von eins bis neun«. Normalerweise geschieht so etwas tageweise, aber Sie können Ihren Angestellten auch gestatten, ganze Schichtpläne zu tauschen.

✔ **Zeitkonto/Gleitzeit:** Zusätzlich zum regulären Urlaub können Sie Ihren Angestellten die Möglichkeit eröffnen, ihre Überstunden *anzusparen* und dann zu einem späteren Zeitpunkt abzufeiern. Dieser Ansatz funktioniert gut, wenn er überwacht und sorgfältig protokolliert wird. Wichtig ist dabei ein System, das es den Angestellten ermöglicht, zusätzlich zu ihrem regulären Urlaub tageweise freizunehmen.

Besondere Situationen berücksichtigen

Die meisten Diskussionen über die Einsatzplanung in Call Centern gehen von einem ziemlich typischen, allgemeinen Inbound-Vorgang aus: Ein Anruf geht in einem Betrieb ein. Wenn das Leben nur so einfach wäre! Es folgen ein paar besondere Situationen und Umstände, die Sie möglicherweise bedenken müssen.

Einsatzplanung für verschiedene Arbeitstypen

Anrufarbeit, die nicht inbound ist, muss geplant und eingeteilt werden, aber die Frage, was damit zu tun sei, stellt die Einsatzplaner regelmäßig vor Probleme. Die Einteilung der Nicht-Inbound-Arbeit hängt vom speziellen Typ der Arbeit ab.

Outbound-Anrufe sind wahrscheinlich die häufigste andere Art von Arbeit, die Sie einteilen werden, und sie sind sogar leichter vorherzusagen als Inbound-Anrufe. Das Anrufvolumen von Outbound-Anrufen ist gut prognostizierbar (sogar, wenn Sie einen *Predictive Dialer* verwenden; mehr dazu in Kapitel 8), sodass Sie die erwartete Auslastung und die durchschnittliche Gesprächsdauer ebenfalls berechnen können.

Wie ich in Kapitel 8 noch näher erläutern werde, ist ein Predictive Dialer eine Technologie, die zur Verbesserung der Effizienz beim Wählen von Outbound-Anrufen verwendet wird. Der Dialer platziert mehr Outbound-Anrufe, als Agenten verfügbar sind, sortiert aber Anrufbeantworter, Besetztzeichen und Ähnliches aus, bevor die echten Gespräche an die Agenten vermittelt werden.

Wenn Sie ein einzelnes Outbound-Projekt leiten, bedeutet Einsatzplanung, einfach nur zu entscheiden, wie viele Anrufe Sie innerhalb einer bestimmten Tageszeit tätigen wollen. Dabei müssen Sie ausrechnen, wie viel Personal Sie dafür pro Stunde brauchen, und die Stellen dann entsprechend besetzen. Die Mathematik dahinter ist genau dieselbe wie für die Inbound-Prognose, die in Kapitel 6 beschrieben wird.

Notfallpläne: Was tun, wenn die Dinge nicht richtig laufen?

Was geschieht nun, wenn Sie alles geplant haben und immer noch mehr Anrufer haben, als Sie bedienen können – oder Sie haben zu viel Personal und zu wenig Anrufer. Und glauben Sie mir, das passiert!

Zwischen Ihrer Prognose sowie der Erstellung Ihres Einsatzplans und dem Eingehen der Anrufe kann sich vieles ändern. Es kann zu einem unerwarteten Anstieg im Anrufvolumen kommen, ein großer Prozentsatz des Personals kann sich krankmelden und/oder die Systeme verlangsamen sich, was die Gesprächsdauer nach oben schnellen lässt. Solche Situationen treten immer mal wieder ein. Der Erfolg hängt davon ab, wie Sie mit diesen Situationen umgehen. Im Folgenden zeige ich einige Strategien auf.

Verschiedene Arbeitstypen vermischen

Blending (oder auch *Vermischung*) bedeutet, die Bearbeitung von Inbound-Anrufen mit anderen Arbeiten zu vermischen, vorzugsweise Arbeit, die beiseitegelegt oder unterbrochen werden kann, wenn der Inbound-Verkehr es wieder erforderlich macht. Beispiele dafür sind Outbound-Arbeit (Inkasso, Kundendienst, Telefonmarketing), E-Mail-Bearbeitung, Bearbeitung normaler Post und so weiter.

Envelope Scheduling implementieren

Eine Technik, die ich Envelope Scheduling nenne (dt. etwa »Hüllen-Einsatzplanung«), ist eine großartige Strategie, die den Vorteil der Anrufvermischung nutzt, um die Flexibilität zu verbessern und die Einsatzplanungseffizienz zu maximieren.

Die Funktionsweise von Envelope Scheduling ist einfach;

✔ Als Erstes führen Sie die normale Einsatzplanung für Ihre Inbound-Anrufe wie gewohnt durch – wie zuvor in diesem Kapitel beschrieben.

✔ Als Nächstes fügen Sie einfach zusätzliches Personal hinzu, also mehr Mitarbeiter, als notwendig sind, um den Inbound-Bedarf zu decken – dadurch erzeugen Sie eine »Hülle« von zusätzlichen Agenten. Fügen Sie ausreichend zusätzliche Agenten hinzu, um die zusätzlich benötigten Stunden für alle Outbound- oder anderen anstehenden Arbeiten zu berücksichtigen.

✔ Dann, während Zeiträumen mit geringem Inbound-Anrufvolumen, können Sie einige Agenten zum Outbound-Telefonieren abstellen – das erzeugt Verkäufe, wodurch die Kostenkontrolle maximiert wird und ebenso die Gewinnerzielung.

Abbildung 7.10 zeigt, wie das funktioniert. Wo immer die Linie der Envelope-Besetzung oberhalb der Linie des erforderlichen Personals liegt, können Sie Agenten für andere Arbeiten abstellen.

 Die Kombination aus Envelope Scheduling und Blending kann Ihre Gesamtkosten pro Anruf um bis zu 25 Prozent senken.

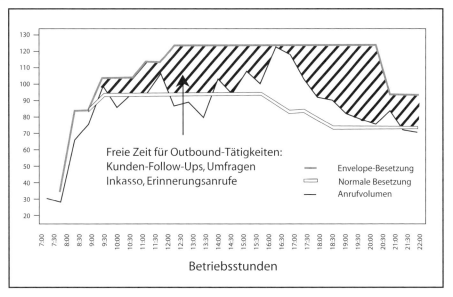

Abbildung 7.10: Envelope Scheduling

Überstunden fahren

Der strategische Einsatz von Überstunden kann auch helfen, insbesondere beim Übergang zwischen den Schichten. Sie können entweder die Schichten derer verlängern, die schon an den Telefonen sitzen, oder Agenten, die für einen späteren Zeitpunkt des Tages eingeteilt sind, fragen, ob sie früher kommen können.

Früheren Feierabend, späteren Arbeitsbeginn oder verlängerte Essenspausen ermöglichen

In Zeiten mit einem Anrufvolumen, das sich unterhalb der Erwartungen befindet, können Sie Ihrem Personal anbieten, früher zu gehen oder später zu kommen – es wird oft Gebrauch davon gemacht werden. Eine Variation besteht darin, verlängerte Essenspausen anzubieten. All diese Optionen reduzieren das Telefonpersonal in ruhigeren Phasen und erhöhen dadurch die Auslastung des verbleibenden Personals. Die Wirkung auf die Kosten pro Anruf kann signifikant sein.

Einen Overflow-Partner engagieren

Ein Overflow-Partner – ein weiteres Call Center, an das Sie Anrufe senden können, wenn Ihr Anrufaufkommen die Personaldecke übersteigt –, ist ein effektiver Weg, um Spitzen und Tiefen im Anrufvolumen zu meistern. Der Overflow-Partner kann ein Drittanbieter-Outsourcer sein, der sich auf diese Art von Geschäftsbeziehung spezialisiert hat, oder eine weiteres Call Center innerhalb Ihres Unternehmens. Zusätzlich zum schnellen Zugriff auf zusätzliches Personal kann der Overflow-Partner eine Notfallfunktion erfüllen.

Einsatzplanung für Call Center mit mehreren Standorten

 Wenn Ihre Firma mehr als ein Call Center betreibt, kann die Einsatzplanung komplexer sein. Sie können sich jedoch das Leben (oder das Ihres Einsatzplaners) erleichtern, wenn Sie Ihren Anrufstrom angemessen verteilen (routen) – verschiedene Gruppen von Anrufen werden an bestimmte Agenten-Gruppen oder Call Center-Standorte geschickt.

Wenn Sie jedes einzelne Call Center als Insel behandeln – mit eigenen Anrufvolumina aus eigenem Kundenstamm oder als Teilgruppe des Gesamtkundenstamms –, dann können Sie die Einsatzplanung für jedes Call Center unabhängig vom anderen vornehmen, als wenn es das einzige Call Center in Ihrem Unternehmen wäre.

Oftmals befinden sich Call Center an mehreren Standorten im selben Netzwerk, sodass sie wie ein größeres Call Center zusammenarbeiten. Anrufe aus Ihrem Kundenstamm werden an den ersten verfügbaren Agent geleitet – wo immer der auch sitzt. Es spielt keine Rolle, ob die Call Center durch ein paar hundert Meter, ein paar tausend Kilometer oder einen Ozean getrennt sind, Sie können sie zu Einsatzplanungszwecken als eines betrachten.

Teil III

Erleichterung durch Technologie

The 5th Wave   By Rich Tennant

»Um zusätzlichen Software-Support zu erhalten, gehen Sie wie folgt vor:
Wählen Sie die 9 und drücken Sie die Raute-Taste. Geben Sie dann die
Durchwahlnummer geteilt durch Ihre Kontonummer ein und drücken Sie
die Sternchen-Taste. Pusten Sie anschließend zweimal in den Hörer,
geben Sie Ihre Hutgröße ein …«

In diesem Teil ...   *Jede ausreichend fortgeschrittene Technologie ist von Magie nicht zu unterscheiden. (Arthur C. Clarke)*

Teil III hilft Ihnen, die scheinbare Magie, die die Call Center-Maschinerie zum Laufen bringt, zu entzaubern. Dieser Teil betrachtet Call Center-Technologien aus der Laienperspektive. Ein zentrales Argument in diesem Teil ist, dass Technologie nicht implementiert werden sollte, wenn nicht feststeht, dass sie die Unternehmensbelange des Call Centers voranbringt.

Die Dinge zum Laufen bringen: Eine Einführung in die Call Center-Technologie

8

Fachkorrektur: Ingo Scheidweiler, Gründer und Managing Partner der O'Donovan Consulting AG

In diesem Kapitel

▸ Die richtige Technologie für Ihr Call Center finden

▸ Telekommunikationstechnologie nutzbringend verwenden

▸ Daten und Informationen effizient verwalten

▸ Ergebnisse und höhere Profitabilität mithilfe von Technologie erzielen

Die Technologie im Call Center hat in der Regel drei Aufgaben:

✔ Sie stellt den Kunden eine Möglichkeit zur Verfügung, mit Ihrer Firma zu kommunizieren.

✔ Sie ermöglicht es dem Call Center, leichter Informationen über die Kunden zu sammeln, auf diese zuzugreifen und sie zu bearbeiten.

✔ Sie ist ein Mittel, das Call Center mithilfe von Reports über die Aktivitäten innerhalb des Call Centers zu steuern.

Call Center-Technologie wird immer stärker integriert – sie sorgt für verbesserte Abläufe und kann zu einem Anstieg der Kundenzufriedenheit, der Effizienz und der Profitabilität des Call Centers führen.

Die Notwendigkeit angemessener Technologie

Call Center sind sowohl ein Produkt des Informationszeitalters als auch eine Voraussetzung dafür. Der Fortschritt des Telefons und der Telekommunikation machten das Call Center möglich, während Fortschritte in der Datenkommunikation und beim Internet dazu führten, dass es ausgefeilter und effizienter wurde.

Call Center sind eine Antwort auf den Wunsch nach Bequemlichkeit in einer Welt, die immer schneller wird. Kunden haben weder Zeit noch Lust, jedes Mal ins Stadtzentrum zu fahren, wenn sie etwas kaufen oder eine Dienstleistung bekommen wollen. Technologie beschleunigt die Dinge und ist das Fundament, auf dem Call Center gebaut sind.

Ein Call Center zu betreiben hat aber immer noch mit Menschen und Abläufen zu tun, und da die Technologie so fundamental ist, sollten Sie sich nicht zu sehr auf sie verlassen. Technologie um der Technologie willen kann zum Problem werden – ein sehr teures Problem –, wenn sie Ihrer Firma keinen adäquaten Nutzen bringt.

 Gute Unternehmen integrieren Menschen, Prozesse und Technologie in effektive Lösungen, die die Kundenzufriedenheit, Kostenkontrolle und Profitabilität maximieren – der langfristige Wert der Beziehung zwischen diesen Faktoren wird maximiert. Wenn Sie die richtige Technologie im Rahmen einer wohldurchdachten Call Center-Planung anwenden und dabei mit guten Mitarbeitern und sauber gestalteten Prozessen arbeiten, werden Sie eine effektive Gesamtlösung für Ihr Unternehmen aufbauen.

Ein Call Center-Netzwerk im Überblick

Abbildung 8.1 zeigt den grundlegenden Aufbau eines typischen Call Center-Netzwerks mit vielen der technischen Bestandteile, über die ich in diesem Kapitel spreche.

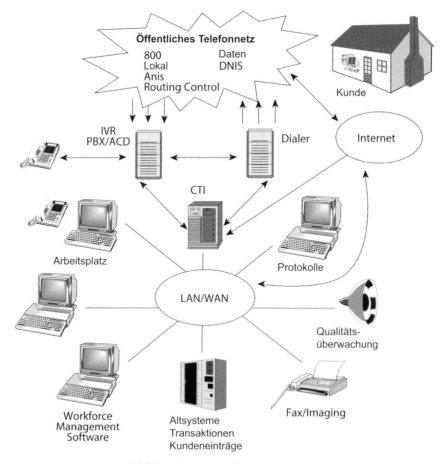

Abbildung 8.1: Das Call Center-Netzwerk

Telekommunikation:
Den Kundenanruf ins Call Center bekommen

Der erste technische Bestandteil, den Sie brauchen, ist ein Mittel, um den Kundenanruf in Ihr Call Center zu bekommen. In den meisten Fällen geschieht dies über das öffentliche Telefonnetzwerk – etwas, das ein so grundsätzlicher Bestandteil des Call Centers ist, dass man nicht viele Gedanken daran verschwendet. Die Kunden nehmen einfach den Hörer ab und wählen eine Nummer, um mit Ihrem Unternehmen verbunden zu werden.

Wie viele Call Center verwendet vielleicht auch Ihres eine gebührenfreie 0800-Nummer. Der Kunde wählt eine Nummer, die mit 0800 beginnt, und auch wenn das Call Center Hunderte Kilometer entfernt liegt, muss er keine Ferngesprächsgebühren bezahlen (daher »gebührenfrei«). Irgendjemand muss natürlich die Rechnung bezahlen – sie geht ganz schlicht ans Call Center statt an den Kunden.

Die andere Seite der Medaille sind die Call Center, die mit 0900-Nummern arbeiten. Für diese Anrufe bezahlt der Kunde ... manchmal sehr viel! Ich habe mal versucht, einen Job in einem dieser Call Center zu bekommen, aber anscheinend hatte ich nicht den richtigen »Ton« dafür.

Dazwischen liegen die 0180-Rufnummern (sogenannte »shared cost-Rufnummern«), bei denen sich Anrufer und Call Center die Kosten teilen.

Die heutigen Telefonnetze bieten Ihrem Call Center einige wertvolle Dienste an, zum Beispiel:

✔ Automatische Rufnummernerkennung (ANI, Automatic Number Identification)

✔ Dienst zur Identifizierung gewählter Rufnummern (DNIS, Dialed Number Identification Service)

✔ Dynamische Netzwerkweiterleitung

✔ Automatische Anrufverteilung (ACD, Automatic Call Distribution)

✔ Predictive Dialer

✔ Interaktives Sprachsystem (IVR, Interactive Voice Response) mit Spracherkennung

Automatische Rufnummernerkennung
(ANI, Automatic Number Identification)

ANI ist ein Dienst, der die Telefonnummer des Kunden überträgt und an das Telefonsystem Ihres Call Centers übermittelt. Dies kann sehr hilfreich sein, weil die Informationen verwendet werden können, um den Kunden zu identifizieren und seine Kontoinformationen einzusehen, noch bevor ein Agent auch nur »Hallo« sagt. Sie können diese Informationen verwenden, um dem Anrufer eine spezielle Behandlung zukommen zu lassen – beispielsweise könnten Ihre besten Kunden auch an Ihre besten Agenten weitergeleitet werden. Die spezielle Anrufweiterleitung (engl. Routing) ist ein großartiges Mittel, um die Kundenzufriedenheit und den Gewinn pro Kunde zu steigern. Im weiteren Verlauf dieses Kapitels erfahren Sie noch mehr über Routing.

Alternativ dazu verwenden Sie ANI vielleicht auch einfach nur dafür, die Informationen des Kundenkontos aufzurufen, sodass Ihre Agenten auf die Kundenanfrage vorbereitet sind. Diese Informationen reduzieren die durchschnittliche Gesprächsdauer womöglich nur um ein paar Sekunden, aber die daraus resultierenden Einsparungen, aus Tausenden von Anrufen zusammengesetzt, sind enorm.

Eine beliebte Anwendung für ANI

Bei Ihrem Telefon zu Hause sehen Sie ANI in Aktion, wenn Sie einen ISDN-Anschluss haben. Die Nummer eines eingehenden Anrufs wird angezeigt, und Sie können entscheiden, ob der Anrufer wichtig genug ist, dass Sie den 12-Stunden-Marathon von »Raumschiff Enterprise« unterbrechen. Wer weiß? Vielleicht ist es die Reinigung, die anruft, um mitzuteilen, dass Ihr Klingonen-Kostüm abholbereit ist. Den Anruf würden Sie sicher nicht verpassen wollen.

Dienst zur Identifizierung gewählter Rufnummern (DNIS, Dialed Number Identification Service)

Da Ihr Call Center wahrscheinlich mehrere verschiedene 0800-Nummern hat – abhängig von den verschiedenen Diensten oder Produkten, die Sie anbieten –, ist es wichtig für Sie zu wissen, welche dieser Nummern der Kunde angerufen hat. Mit DNIS teilt Ihnen das Telefonsystem die Nummer mit, die der Kunde gewählt hat. Diese Information sagt dem Telefonsystem, wie der Anrufer weitergeleitet werden muss. Dem Agenten kann sie sagen, mit welcher Grußformel er sich melden soll.

Dynamische Netzwerkweiterleitung

Dieser Dienst läuft unter vielen verschiedenen Namen, aber das Grundkonzept ist immer dasselbe. Einige Call Center haben ein Computerterminal, das direkt mit der Vermittlungsstelle der Telefongesellschaft verbunden ist. Dieser Computer erlaubt es Ihnen, die Weiterleitung Ihrer Kundenanrufe auf der Netzwerkebene zu steuern – bevor sie auf Ihr Telefonsystem stoßen.

Wenn beispielsweise das Anrufvolumen das Niveau überschreitet, das in Ihrem Call Center noch bedient werden kann, können Sie Anrufe an andere Call Center weiterleiten, mit denen Sie eine Overflow-Vereinbarung abgeschlossen haben. (Über Overflow-Vereinbarungen erfahren Sie mehr in Kapitel 7.) Die Anrufe können anhand verschiedener Kriterien weitergeleitet werden, wie zum Beispiel einer vordefinierten prozentualen Zuweisung an jeden Standort. Und da die Weiterleitung im Telefonnetzwerk geschieht, werden Ihre 0800-Kosten nicht nachteilig beeinflusst, und die Weiterleitung erscheint dem Kunden nahtlos.

Die dynamische Netzwerkweiterleitung ermöglicht es Ihnen auch, Call Promoting direkt im Telefonnetzwerk anzubieten (beispielsweise: »Drücken Sie 1 für Englisch, 2 für Französisch«).

Automatische Anrufverteilung (ACD, Automatic Call Distribution)

Die automatische Anrufverteilung kann als das Herz des Call Centers betrachtet werden. Wenn Kundenanrufe eingehen, werden sie an die ACD übermittelt – ein Telefonsystem, das ein großes Volumen eingehender Anrufe an eine Gruppe wartender Agenten weiterleitet. Es unterscheidet sich von anderen Telefonsystemen insofern, als es Warteschleifen anstelle von Durchwahlen verwendet.

Warteschleifen fungieren als eine Art Wartezimmer für die Anrufer. Dort hören die Kunden eine Bandansage wie etwa »Zurzeit sind alle unsere Mitarbeiter in der Kaffeepau … äh … im Kundengespräch. Bitte bleiben Sie in der Leitung.«

Die Betreiber von Call Centern haben schon vor Jahren begriffen, dass man große Effizienz bei der Personalbesetzung erreicht, wenn man eingehende Anrufe in eine Warteschleife einreiht und dann an den nächsten freien Agenten weiterleitet. (Stellen Sie sich mal die Alternative vor: Tausende von Kunden, die individuelle Agenten-Durchwahlen anrufen.) Die Warteschleifenfunktion ist ein wesentliches Element der Effizienz Ihres Call Centers. Sie können innerhalb Ihrer ACD eine große Anzahl verschiedener Warteschleifen erzeugen – die Anrufer können dann an verschiedene Schleifen weitergeleitet werden, abhängig vom gewünschten Service, der bevorzugten Sprache und so weiter.

Die ACD besitzt einige weitere wichtige Funktionen:

✔ **Warteschleifenansage:** Dies ist die Bandsage, die mitteilt: »Vielen Dank für Ihren Anruf; zurzeit sind alle unsere Anschlüsse belegt …«. Warteschleifenansagen teilen den Kunden mit, dass sie an der richtigen Stelle sind, und sie sind sehr nützlich, um Kunden kurz zum Warten zu animieren. Die ACD bietet dem Call Center mehrere Ansagen, die Sie jederzeit während der Wartephase eines Kunden abspielen können.

✔ **Music On Hold:** Music on hold (Warteschleifenmusik) wird zwischen den Warteschleifen-ansagen gespielt. Wiederum ist es das Hauptziel der Musik, die Kunden dazu zu bringen, auf den nächsten Agenten zu warten. Wichtig ist, ansprechende Musik oder Informationen abzuspielen. Achten Sie darauf, dass die Warteschleifenansagen die Musik nicht zu oft un-terbrechen, denn sonst werden sie zum Ärgernis, und am Ende legt der Kunde womöglich noch *schneller* auf.

✔ **Fähigkeitsbasierte Weiterleitung (engl. Skill-based Routing):** Als Variante zur Weiter-leitung an Warteschleifen verfügen die meisten ACDs über die Möglichkeit, stattdessen an Sachgebiete weiterzuleiten. Die fähigkeitsbasierte Weiterleitung wird eingesetzt, um jedem Wunsch eines Anrufers den Agenten zuzuweisen, der über die besten (der aktuell verfügbaren) Fähigkeiten verfügt, um diese Wünsche zu bedienen.

Der erste Schritt bei der fähigkeitenbasierten Weiterleitung besteht darin, für alle Agenten festzustellen, welche besonderen Fähigkeiten sie besitzen. Als Nächstes ermitteln Sie, welche dieser Fähigkeiten der Kunde benötigt. Dies kann auf mehrere Arten geschehen: durch die vom Kunden gewählte Nummer, die Informationen, die der Kunden durch telefonische Eingabeaufforderungen gibt (»Drücken Sie 1 für Deutsch ...«), oder die Telefonnummer des Kunden, die durch die automatische Rufnummernerkennung ermittelt und mit den Daten der Kundendatenbank verglichen wurde, um wichtige Informationen über den Kunden abzurufen. Mit ANI könnten Sie zum Beispiel herausfinden, dass ein Anrufer ein sehr kauffreudiger VIP ist. Mit diesem Wissen können Sie die fähigkeitenbasierte Weiterleitung dazu verwenden, den Anrufer an einen Ihrer besten Agenten zu leiten.

 Die fähigkeitenbasierte Weiterleitung verhindert keine Warteschleifen; es ändert jedoch für jeden Anrufer dynamisch die Warteschleife.

✔ **Reports:** ACDs besitzen großartige Reportingfunktionen – sowohl historisch als auch in Echtzeit. Echtzeit-ACD-Reports sagen Ihnen alles, was Sie über Ihre aktuelle Call Center-Performance wissen müssen. Wenn Sie sich die Echtzeit-Reports ansehen, erfahren Sie, wie viele Anrufer auf Bedienung warten, wie viele Agenten die Telefone besetzen und wie lange die Agenten brauchen, um Anrufe zu bearbeiten. Sie sagen Ihnen auch, wie viele Kunden während der Wartezeit aufgelegt haben und wie schnell dies geschah.

Reports von der ACD sammeln

Die automatische Anrufverteilung Ihres Telefonsystems bietet die Basis für Ihre Protokollierungsanforderungen. Sie können von der ACD Reports aus drei großen Bereichen sammeln: Mitarbeiter-Performance, Warteschleifen-Performance und Leitungsperformance. Aller Arbeitsaufwand beginnt mit einem Kundenanruf, und das Telefonsystem protokolliert Volumen, Timing und Aufwand, alles, was mit der Annahme der Telefonanrufe verbunden ist.

Mitarbeiter-Performance

ACD-Reports über die Mitarbeiter-Performance, wie das Beispiel in Abbildung 8.2, liefern Statistiken über jeden einzelnen Agenten: Wie lange brauchte der Agent zur Bedienung von Anrufen, wie viele Anrufe wurden beantwortet, wie lange war der Agent eingeloggt und wann? (Mehr über das Messen der Mitarbeiter-Performance erfahren Sie in den Kapiteln 5 und 11.). Wesentlich ist auch die Zusammenführung der Agenten-Reports zu Team-Reports, die Aufschluss über die Performance von Agentengruppen geben. In Deutschland ist oft von Betriebsratsseite nur das Reporten auf Teamebene erlaubt.

Agent-Bericht

Quartal	(Alle)									
Monat	(Alle)									
Wochenende	(Alle)									
Datum	(Alle)									
Supervisor	(Alle)									
ZIEL					660					
AGENT	EINGE-LOGGTE STUNDEN	AUS-LASTUNG	BEANT-WORTETE ANRUFE	BEARB.-ZEIT ∅	SPRECH-ZEIT ∅	ARBEITS-ZEIT ∅	WARTE-ZEIT ∅	OUTBOUND-ANRUFE	OUTBOUND-ZEIT ∅	HILFS-ZEIT ∅
Agent 1	285.59	59.44%	1304	458.75	458.64	0.10	8.16	32	64.66	1.76
Agent 2	149.93	65.33%	684	489.58	487.59	1.99	18.21	57	77.23	7.76
Agent 3	432.24	60.08%	1652	510.11	476.92	33.18	50.65	89	59.57	5.17
Agent 4	263.42	66.52%	1099	534.89	486.51	48.38	37.26	42	15.38	1.81
Agent 5	407.09	56.96%	1454	493.16	471.45	21.71	78.22	21	127.76	274
Agent 6	355.24	60.28%	1322	538.10	533.41	4.68	36.70	85	97.68	8.34
Agent 7	501.58	63.24%	1896	522.27	481.85	40.42	73.83	96	105.39	6.22
Agent 8	382.66	59.41%	1338	570.05	539.89	30.16	32.71	54	108.48	8.93
Agent 9	358.05	63.78%	1335	549.35	546.76	2.59	57.76	95	95.41	8.67
Agent 10	265.29	62.04%	962	583.26	580.19	3.07	25.26	46	96.37	7.43
Agent 11	202.82	69.91%	826	576.75	565.89	10.86	28.57	77	108.09	12.62
Agent 12	2.05	75.92%	9	585.67	585.67	0.00	22.89	2	57.00	14.78
Agent 13	281.71	62.77%	1019	566.11	529.52	36.59	50.88	61	102.23	7.74
Agent 14	178.06	61.54%	631	575.58	533.70	41.88	38.97	32	93.16	10.64
Agent 15	275.95	65.53%	1034	562.20	535.80	26.39	57.32	61	125.46	9.27
Agent 16	374.19	62.21%	1331	573.09	554.89	18.20	50.14	61	105.00	6.35
Agent 17	468.34	62.55%	1671	568.13	539.58	28.56	55.70	66	108.24	7.28
Agent 18	422.08	63.26%	1512	593.81	522.93	70.88	36.07	32	143.53	5.88
Agent 19	274.35	57.04%	882	592.93	580.63	12.30	37.81	62	88.48	7.95
Agent 20	194.33	70.65%	767	601.89	579.76	22.13	26.20	95	92.76	16.36
Agent 21	405.56	62.80%	1413	555.83	521.47	34.36	86.66	84	91.99	6.38
Agent 22	175.06	71.00%	686	618.23	616.19	2.04	27.16	48	53.50	6.90
Agent 23	208.52	65.54%	750	630.16	608.21	21.95	1.13	36	143.00	24.65
Agent 24	314.09	63.26%	1808	600.44	577.38	23.06	43.23	107	120.27	13.77
Agent 25	451.88	62.37%	1537	630.96	619.42	11.54	21.04	79	80.28	8.18
GESAMT	7630.07	63.74%	195195	563.25	541.37	21.88	40.10	1520	94.44	8.70

Abbildung 8.2: Ein ACD-Protokoll zur Mitarbeiter-Performance

ACD: Bester Freund des Spendenmarathons

Ach ja, die Jugendzeit – als ich mit meiner Familie vor der Flimmerkiste saß und eine dieser Spendensendungen angesehen habe. Ich konnte ja damals noch nicht wissen, wie sehr mir diese Fernsehsendung in meinen späteren Jahren helfen würde, und sei es auch nur, um ACD zu erklären.

Während des Spendenmarathons schaltete der Hauptsender gelegentlich mal zum Lokalsender. Sehr oft sah man eine Gruppe von Freiwilligen an ihren Tischen mit Telefonen, bereit, Spenden entgegenzunehmen. Normalerweise saßen sie an Tischen in Reihen zu drei bis fünf, ein Telefon vor jedem Freiwilligen, und der Tisch dahinter leicht versetzt, sodass wir alle ihre strahlenden Gesichter sehen konnten. Wenn man aufmerksam hinsah, konnte man beobachten, dass die Person unten links auf dem Bildschirm beinahe immer am Telefon war und Spenden angenommen hat. Die Person neben ihm war ebenfalls fast immer am Telefon. Die nächste Person war etwas weniger beschäftigt, und schließlich die

Person oben rechts auf dem Bildschirm schien fast nie am Telefon zu sein. Warum? Sie hatten keine automatische Anrufverteilung.

Ohne ACD waren die Telefonleitungen beim Lokalsender etwa so eingerichtet, als ob Sie mehrere Telefonanschlüsse zu Hause oder in einer kleinen Firma hätten. Wenn also der erste Anruf kommt, geht er an den ersten verfügbaren Agenten – die Person auf dem Stuhl unten links. Wenn der nächste Anruf kommt, erkennt das System, dass die erste Person beschäftigt ist, und leitet den Anruf an den nächsten verfügbaren Agenten weiter – Agent 2. Auf ähnliche Weise wird Anruf 3 an Agent 3 weitergeleitet, weil 1 und 2 beschäftigt sind. Nehmen wir nun an, dass Agent 1 inzwischen seinen Anruf beendet hat. Was passiert nun wohl, wenn Anruf 4 eingeht? Das Telefonsystem sucht nach dem ersten freien Agenten, oder? Da alle Telefonleitungen im Wesentlichen in Reihe geschaltet sind, bedeutet das, dass wiederum Agent 1 als erster verfügbarer Agent den Anruf bekommt. Darum sind die Agenten am Ende der Reihe so gelangweilt. Die einzige Möglichkeit, dass Agent 15 einen Anruf bekommt, ist, dass alle 14 Agenten vor ihm gleichzeitig mit Anrufen beschäftigt sind. Das ist nicht fair, oder? Und in einem Call Center, in dem wahrscheinlich Hunderte von Agenten an den Telefonen sitzen, die alle für dieselbe Arbeit bezahlt werden, macht es einfach keinen Sinn, dass einige immer beschäftigt und andere fast immer inaktiv sein sollen.

Hier kommt ACD ins Spiel. Wenn Anrufe im Call Center eingehen, findet die ACD den Anrufer, der von allen in der Warteschleife am längsten wartet, und sucht nach dem Agenten, der am längsten inaktiv (also nicht im Gespräch) war, und verbindet die beiden miteinander.

Warteschleifen-Performance

Eine Warteschleife ist eine Beantwortungsgruppe – sie repräsentiert den gebotenen und den erhaltenen Service für eine Unzahl von Anrufern mit ähnlichen Bedürfnissen. Kunden mit verschiedenen Sprachvoraussetzung beispielsweise werden in Warteschleifen eingereiht, die mit Agenten besetzt sind, die den Service in der gewünschten Sprache bieten können.

Warteschleifen-Reports teilen Ihnen mit, wie viele Leute angerufen haben, wie schnell Sie ans Telefon gegangen sind, wie viele Kunden aufgelegt haben, wie lange es im Schnitt gedauert hat, einen Anruf zu bedienen, wie viele Agenten im System eingeloggt waren und so weiter.

Trunk- oder Leitungsperformance

Telefonleitungen werden auch mit dem englischen Begriff »trunk« bezeichnet. Die Reports zur Trunk-Performance bieten Informationen über die Telefonleitungen, die in die ACD führen, und können verwendet werden, um die richtige Kapazität an Leitungen sicherzustellen. Sie liefern Informationen über die Auslastung der einzelnen Leitungen und die Dauer, in der sie belegt waren. Waren die Leitungen stark belegt, steigert dies die Wahrscheinlichkeit, dass Anrufer ein Besetztzeichen bekommen.

Sie können anhand dieser Reports auch ablesen, wie ausgelastet Ihre Arbeitsplätze und Telefonleitungen sind. Im Gegensatz zu Ihrer Bankfiliale können Sie im Call Center die Kunden nicht sehen, wie sie bedient werden oder auf Bedienung warten, aber Sie können dennoch ein sehr klares Bild davon bekommen, was sie gerade erleben. Anhand der ACD-Reports können Sie analysieren, ob Ihre Kunden zu lange warten, ob Ihre Agenten nicht ausreichend beschäftigt sind oder ob Ihr Büro perfekt funktioniert. Dann können Sie Maßnahmen ergreifen, um alle Ungleichgewichte auszubalancieren – zum Beispiel Personal hinzufügen, um den wartenden Kunden zu helfen, oder Agenten für andere Arbeiten abstellen, wenn Sie übersetzt sind.

Das historische ACD-Protokoll bietet eine komplette Übersicht über den Service-Level und die Produktivität, die beim Bedienen der Kunden über Tage, Wochen und Monate hinweg erreicht wurden. Die Menge der verfügbaren Daten ist enorm, und Ihr Reportinganalyst kann Ihnen sogar noch mehr Details liefern. Zu den Informationen, die Sie aus historischen Reports erhalten, gehören im Allgemeinen Anrufvolumen, Gesprächsdauer, Informationen darüber, wie schnell die Kunden bedient wurden (Antwortgeschwindigkeit), Informationen darüber, wie beschäftigt Ihre Agenten waren, und Informationen darüber, wie viele Mitarbeiter die Telefone bedient haben. Alle diese Informationen werden zusammengefasst und in einer Vielzahl von Zeitfenstern präsentiert, zum Beispiel nach Tageszeit, nach Tag, nach Woche oder nach Monat.

Auch wenn die Daten, die von der ACD stammen, sehr bedeutsam sind, ist es immer noch am wichtigsten, dass Sie die Möglichkeit haben, die Informationen in Ihre Reporting-Datenbank herunterzuladen. Die ACD-Hersteller haben es sehr leicht gemacht, historische Daten über das LAN (Local Area Network) in eine Datenbank zu übertragen. (Ein LAN ist ein internes Netzwerk, das Onlinedienste innerhalb eines Unternehmens anbietet; eine komplette Definition finden Sie weiter hinten in diesem Kapitel.) Hierdurch können die ACD-Daten mit Informationen aus anderen Systemen, zum Beispiel Ihrem CRM-System, kombiniert werden, um einige sehr aussagekräftige Reports für Ihr Managementteam zu generieren (siehe Kapitel 5).

Predictive Dialer

Ein Predictive Dialer ist ein Gerät, das zum Beispiel von Inkasso-Abteilungen und Telemarketern verwendet wird, um große Volumina von Outbound-Anrufen zu verwalten – Anrufe, die von Ihrem Call Center ausgehen. Der Dialer erhöht die Produktivität der Agenten, indem er mehr Outbound-Anrufe platziert, als Agenten verfügbar sind. Dann sortiert er Anrufbeantworter, Besetztzeichen und andere nicht-menschliche Interaktionen aus, bevor echte Gespräche an die Agenten vermittelt werden.

Diese Technologie kann die Agenten-Produktivität gegenüber dem manuellen Wählen um 300 Prozent oder mehr erhöhen, indem die Listenverwaltung vom Agenten abgezogen und die Wartezeit zwischen den echten Anrufen verkürzt wird. Sie kann aber auch die Verärgerung der Kunden um 500 Prozent erhöhen, wenn sie verantwortungslos eingesetzt wird.

Zusätzlich zum Ausfiltern von Anrufbeantwortern, Besetztzeichen, Faxgeräten und so weiter kann das Call Center steuern, wie aggressiv der Predictive Dialer beim Anwählen von Kunden ist. Wenn Sie Ihre Agenten sehr beschäftigt halten wollen, lassen Sie den Dialer schneller wählen. Dies hat jedoch seinen Preis.

In einigen Fällen kann der Dialer so schnell eingestellt werden, dass er nicht nur die unerwünschten Anrufe herausfiltert, sondern auch echte Kunden auf den nächsten freien Agenten warten lässt. Darum hören Sie manchmal eine lange Pause, bevor bei Telefonmarketing-Anrufen ein Agent zu sprechen beginnt. (Klingeling …»Hallo?« … lange Pause … klick »Guten Tag, dürfte ich bitte mit … äh … dings … Raimund Albers sprechen?«

Ich stimme zu, dass dies eine rücksichtslose und übertrieben aggressive Praxis ist. Glücklicherweise gibt es in einer Reihe von Ländern Gesetze darüber, wie aggressiv Firmen ihre Predictive Dialer einsetzen dürfen.

Die Namensliste der Kunden, die angerufen werden, sind bei der Verwendung eines Predictive Dialers der Schlüssel zum Grad Ihres Erfolgs. Diese Listen enthalten normalerweise den Kundennamen, einige sachdienliche Kundeninformationen und die Telefonnummer.

Die effektive Verwaltung Ihrer Kundenliste ist ein wichtiger Bestandteil der Outbound-Telefonie. Um die Effektivität jeglicher Liste zu maximieren, müssen Sie sie daraufhin überprüfen, ob sie unvollständige oder nicht korrekte Informationen enthält. Scrubbing (dt. schrubben, löschen) bezieht sich auf den Prozess, die Personen von der Liste zu streichen, die Sie nicht anrufen wollen.

Das »Schrubben« von Listen geschieht am besten auf der Grundlage anderer Informationen, beispielsweise dem Interesse des Kunden an dem angebotenen Produkt oder Service. Es könnten zum Beispiel Kunden, die in Gegenden mit geringem Einkommen leben, von Listen gestrichen werden, die sich auf ein erstklassiges, teures Produkt beziehen. Indem Sie Kunden löschen, die ein von Ihnen beworbenes Produkt wohl eher nicht wollen, erhöhen Sie die Qualität oder Effektivität Ihrer Liste und tätigen während der Lebensdauer der Liste mehr Verkäufe. Im Ergebnis wird das Wählen effektiver.

In den meisten Ländern sind Gesetze bezüglich der Call Center-Praktiken im Parlament eingebracht oder bereits in Kraft. Diese Gesetze beziehen sich im Allgemeinen auf Telefonverkäufe, die Verwendung von Predictive Dialern und Datenschutz. In den USA beispielsweise gibt es eine »Nicht anrufen«-Gesetzgebung; dieses Gesetz verlangt von den Call Centern, ihre Telefonmarketing-Listen gemäß von der Regierung aufgestellten Nicht-anrufen-Listen zu bereinigen. Wenn Sie jede Liste sowohl anhand der Regierungsliste als auch anhand ihrer eigenen internen Nicht-anrufen-Liste überprüfen, können Sie sicher sein, dass Sie keine Kunden anrufen, die nicht wegen irgendwelcher Angebote angerufen werden möchten. In Deutschland heißt diese Liste »Robinson-Liste«. In Kapitel 12 erfahren Sie mehr über Gesetze, die Call Center betreffen.

Nehmen Sie das ernst! Es ist wirklich, wirklich wichtig, Ihre Liste mit einer Negativliste zu vergleichen. Ihr Dialer nimmt viele, viele Anrufe pro Agenten-Stunde vor. Selbst wenn Sie nur zehn Agenten ansetzen, bedeutet das, dass Sie Tausende von Anrufen pro Tag machen. Wenn Sie vergessen haben, die Liste gemäß der

Negativliste zu bereinigen, könnten Sie Tausende Male pro Tag gegen das Gesetz verstoßen! Es gibt Strafen bis zu mehreren Tausend Euro pro Verstoß, also dauert es nicht lange, bis da eine Menge Geld zusammengekommen ist. Und die Leute, die die Gesetze überwachen, verstehen ihr Geschäft – übertreten Sie die Gesetze, dann bezahlen Sie auch.

Die Nicht-anrufen-Liste ist ein Vorteil für das Call Center, weil sie mehr Informationen über den Kunden bietet, zusammen mit einem schnellen und kosteneffektiven Weg, die Listen und damit letztlich auch die Effektivität des Wählens zu verbessern.

Predictive Dialer-Reports

Wie die ACD protokolliert auch der Predictive Dialer die Agenten-Produktivität, die Teamproduktivität und die Leitungsperformance. Der Dialer protokolliert die Ergebnisse jedes Anrufs, einschließlich Verkäufen pro Stunde, Ablehnungen, Gründe für die Ablehnung und die Anzahl der erreichten Anrufbeantworter. Weil der Dialer mehr Kunden anwählt, als Agenten verfügbar sind, werden Sie manchmal vor der Situation stehen, dass Agenten nicht verfügbar sind, wenn der Kunde ans Telefon geht. Der Dialer muss protokollieren können, wie viele Kunden auf einen Agenten warten mussten und wie viele währenddessen aufgelegt haben. Mit diesen Reports können Sie dann die Einstellungen Ihres Dialers wiederum optimieren.

Interaktives Sprachsystem (IVR, Interactive Voice Response)

Die IVR ist eine Anwendung, die den Kundenservice eines Call Centers automatisiert. Dies geschieht mittels computergenerierter Dialoge – manchmal sogar mit synthetisiertem Text (»text-to-speech«). Stellen Sie sich eine IVR als einen Roboter-Agenten vor. Wann immer Sie Ihre Bank angerufen haben, um Ihren Kontostand abzufragen, und die automatische Kontoabfrage benutzt haben, die Ihnen Ihren Kontostand mit einer Computerstimme vorliest, haben Sie eine IVR verwendet.

Eine IVR ist sehr kosteneffektiv. Die Kosten eines Dienstes, der von einer IVR angeboten wird, können weniger als ein Fünftel dessen betragen, was derselbe Dienst mit einem echten Agenten kosten würde. Darüber hinaus bietet eine IVR in der Regel schnelleren und bequemeren Service. Selten wird Ihr Kunde auf den »nächsten freien IVR-Agenten« warten müssen – und da die IVR buchstäblich immer verfügbar ist, ist sie da, wann immer der Kunde da ist: 24 Stunden pro Tag.

Die Amortisationszeit für eine Investition in IVR dürfte für Sie sehr kurz sein – deutlich unter einem Jahr. Sie können den Nutzen in Form von Anrufvermeidung messen. Anrufe, die es nicht bis zu Call Center-Agenten schaffen, reduzieren die Gesamtkosten pro Kunde.

Hier einige einfache Tricks zum größeren IVR-Erfolg:

✔ **Bieten Sie ein schnelles »Aus« an.** Bieten Sie Anrufern, die IVR nicht verwenden wollen, einen schnellen Fluchtweg an, indem sie beispielsweise jederzeit die 0 drücken können, um zu einem Agenten zu gelangen.

✔ **Halten Sie es kurz und knapp!** Der IVR-Dialog sollte schnell, klar und auf den Punkt gebracht sein. Menschen können Sprache viel schneller als mit 100 Wörtern pro Minute interpretieren, und dennoch sind die meisten IVR-Systeme langsamer. Als Ergebnis werden die Anrufer gelangweilt und wählen das schnelle Aus. Formalitäten sind nicht notwendig. Die Anrufer wissen, dass sie einer Maschine zuhören, also bleiben Sie höflich, aber nerven Sie nicht mit vielen zusätzlichen Nettigkeiten.

✔ **Folgen Sie der »3 und 3«-Regel.** Versuchen Sie nicht mehr als drei Optionen gleichzeitig anzubieten, und gehen Sie im IVR-Dialog nicht tiefer als drei Menü-Ebenen runter. Wenn Sie diese Regel brechen, stellen Sie wahrscheinlich schnell fest, dass die Kunden aus Ihrem IVR-Service herausgehen und sich für einen echten Agenten entscheiden.

✔ **Ihre Kunden müssen es akzeptieren.** Überlegen Sie sich genau, welche Abläufe Sie in Ihrem Call Center automatisieren wollen. Nicht selten geht der Automatisierungserfolg zu Lasten der Kundenzufriedenheit. Fragen Sie Ihre Kunden.

Spracherkennung

Traditionelle IVRs akzeptieren Eingaben durch Mehrfrequenzton. Mit einer Spracherkennungssoftware kann IVR auch Befehle in menschlicher Sprache entgegennehmen. Spracherkennung kann ein breites Spektrum haben, vom einfachen »Wenn Sie die Verkaufsabteilung erreichen möchten, sagen Sie 'Verkauf'« bis zu »Bitte nennen Sie den Namen des gewünschten Teilnehmers«. Darauf könnten Sie dann antworten: »Jupps Pizza- und Pommes-Palast«. Die IVR-Anwendung würde Jupps heraussuchen und Ihnen die Telefonnummer mitteilen. Nette Sache, das!

 »Roboter-Agenten« machen keine Kaffeepausen.

IVR-Reports

Die IVR-Einheit bietet Reports über die erhaltenen Anrufe, die von den Kunden ausgewählten Optionen, die Zeit, die die Kunden mit der Verwendung von IVR-Diensten zugebracht haben, und den Zeitpunkt, wann sie das getan haben. Abbildung 8.3 zeigt ein IVR-Protokoll für eine Anwendung zur Meinungsumfrage unter Kunden. Das Protokoll führt auf, wie viele Anrufe gemacht wurden und wie groß die durchschnittliche Gesprächsdauer in jedem 30-Minuten-Intervall des Tages war. Außerdem wird protokolliert, welche IVR-Auswahlen von den Kunden vorgenommen wurden, die an der Umfrage teilnahmen. Das IVR-Protokoll sagt Ihnen etwas über den Erfolg der Anwendung, die die IVR benutzt.

IVR-Bericht								
Antwortergebnisse								
Wie zufrieden waren Sie mit der Zeit, die unser Mitarbeiter benötigte, um ihre Anfrage zu bearbeiten?								
Intervall	Erhaltene Anrufe	Durchschn. Zeit für Kundenservice	1 Sehr un- zufrieden	2 Un- zufrieden	3 Unent- schieden	4 Zufrieden	5 Sehr zufrieden	Gesamt
10:00	11	153.14				1	10	11
10:30	14	142.01					14	14
11:00	10	100.90			1		5	6
11:30	17	105.79	3			2	12	17
12:00	11	142.53			1		17	18
12:30	15	162.77		1	1	3	13	18
13:00	14	124.01	2			1	23	26
13:30	15	151.68	1				17	18
14:00	11	147.48					7	7

Abbildung 8.3: Ein IVR-Protokoll

Informationen zum Agenten bekommen

Die zwei wichtigsten Geräte für Ihre Call Center-Agenten (oder Manager) sind das Telefon und der Computer. Das Telefon leitet einen Anruf vom privaten oder geschäftlichen Festnetz- oder Mobiltelefon des Kunden an einen Ihrer fähigen Agenten weiter. Ohne das Telefon wäre offensichtlich von Ihrem Call Center nicht mehr viel übrig.

Nachdem der Anruf an einen Agenten weitergeleitet wurde, braucht dieser Agent die bestmöglichen Werkzeuge und Ressourcen, um diesem Kunden einen schnellen und genauen Service zu bieten. Die modernen vernetzten Computersysteme sind die Mittel, durch die die Agenten auf diese Funktionen zugreifen. Dazu gehören:

✔ Kundenkonten

✔ Produkt- und Serviceinformationen und -preise

Dies ist das Minimum und auch, was so ziemlich jedes Call Center seinen Agenten zur Verfügung stellt. Ausgefeiltere Arbeitsumgebungen bieten außerdem Zugriff auf Folgendes:

✔ Firmeneigene Wissensdatenbanken mit Anleitungen zur Problemlösung sowie Richtlinien und Abläufen

✔ Gesprächsleitfäden für Anrufe, darunter manchmal dynamische Texte, die die Empfehlungen für den Umgang mit Telefonaten basierend auf individuellen Kundencharakteristiken und -vorlieben anpassen

✔ Eine persönliche Performance-Übersicht, auf der die Agenten wichtige Informationen bezüglich ihrer Job-Performance ablesen können

✔ Kommunikationshilfsmittel, um mit anderen Abteilungen, Kollegen und dem Management in Kontakt zu treten

✔ Internet

✔ Andere Hilfsmittel wie Software für E-Mail, Chat, Onlinezusammenarbeit, Faxe und Briefe

Wichtig ist, den Agenten alles an die Hand zu geben, was sie brauchen, um ihren Job auszuüben. Wenn dies mit so wenigen Anwendungen wie möglich geschehen kann, umso besser.

 Je einfacher Ihre Agenten auf alles zugreifen können, was sie zum Bedienen der Anrufer benötigen – einschließlich Kontoinformationen, Fachwissen, Tipps zur Problemlösung, Anrufstrategien und Telefondienste –, desto erfolgreicher werden sie bei jedem Anruf sein.

Nichts ist besser als ein gutes Werkzeug ...

Vor nicht allzu langer Zeit arbeitete ich für ein Call Center eines Reisebüros. Die Gesprächsdauer war schon immer lang, wurde aber noch länger. Das Management wurde verständlicherweise immer besorgter. Als Resultat der steigenden Gesprächsdauer gerieten die Kosten außer Kontrolle, und die Kunden wurden zunehmend unzufrieden. Ich stellte schnell fest, dass der Hauptgrund für die langen Gespräche darin bestand, dass die Agenten andere Reiseunternehmen anrufen mussten, um Pauschalreisen zu buchen. In einigen Fällen warteten die Agenten meines Kunden 40 Minuten oder länger, um zu den Agenten der anderen Firma durchzukommen. Wir berechneten, dass diese Verzögerung zu 100 Prozent die Ursache für die Sorgen meines Kunden wegen der Gesprächsdauer war.

Wir machten uns sofort daran, ein Onlinesystem zur Reisereservierung zu finden, das es den Agenten ermöglichen würde, das Call Center der anderen Firma zu umgehen. Nach mehr als einer Woche Forschung saß ich mit einem der Agenten meines Kunden beim Essen, als ich ihm beschrieb, was ich herauszufinden versuchte. Dieser Agent wusste sofort, wovon ich sprach. »Irgendetwas wie Urlaub online«, sagte der Agent. »Ja, irgendetwas wie Urlaub online«, sagte ich. »Wir könnten Urlaub online echt gut gebrauchen«, sagte der Agent. »Jau, irgendwas wie Urlaub online könnten wir echt gut gebrauchen«, sagte ich. Das ging noch einige Minuten so weiter, bis ich merkte, dass der Agent mir erzählte, dass es wirklich eine Anwendung namens Urlaub online gibt. »Was macht Urlaub online?«, fragte ich. »Es ermöglicht uns, mit den Daten all unserer Zulieferer zu arbeiten«, sagte der Agent. »Was glauben Sie, wo wir Urlaub online bekommen könnten?«, fragte ich. »Wir haben es«, sagte der Agent. »Bitte?!«, fragte ich. »Wir haben es. Schon ganz lange«, sagte der Agent. »Taugt es nichts?«, fragte ich. »Es ist fantastisch!«, sagte der Agent. »Und warum benutzen Sie es dann nicht?«, fragte ich leicht genervt. »Es ist noch nicht freigegeben, es befindet sich noch in der Testphase«, sagte der Agent.

Ich brauche wohl nicht zu sagen, dass alle überrascht waren. Es war wohl so, dass derjenige, der die Software angeschafft hatte, die Firma vor einiger Zeit verlassen hatte. Um die Geschichte etwas zu verkürzen: Sie haben sofort begonnen, die Software zu verwenden, und so die durchschnittliche Gesprächsdauer um mehr als 100 Sekunden verkürzt. Ich brauche Ihnen wohl nicht zu sagen, welche finanziellen Auswirkungen dies hatte. (Falls doch, schlagen Sie in Kapitel 5 nach.)

Die Moral von der Geschichte ist die Macht, die im unmittelbaren Zugriff auf Call Center-Werkzeuge liegt.

Recruiter und Trainer können eine äußerst fähige und motivierte Person ans Telefon setzen. Die Fähigkeit dieses Agenten wird vergrößert durch das, was dem Agenten über den Arbeitsplatz bereitgestellt wird. Das führt zu einer verbesserten Leistung bei den Performance-Faktoren und letztlich zu einer Verbesserung hinsichtlich Ihrer weiter gefassten Unternehmensziele.

Der Arbeitsplatz selbst sollte sehr ordentlich und relativ geräumig sein. Der Computer sollte ein Betriebssystem auf dem neuesten Stand verwenden, mit einer grafischen Benutzeroberfläche, die mit einer Maus oder einer Tastatur bedient werden kann. Insbesondere in einem Call Center sollte viel Wert auf das Thema Arbeitsplatzergonomie gelegt werden. Fehler, die hier gemacht werden, schlagen sich unter anderem schnell in einem höheren Krankenstand nieder.

Es ist wichtig, den Arbeitsplatz so einzurichten, dass man alles zur Hand hat. Aber es ist noch wichtiger, die Möglichkeit zu schnellen Veränderungen und Verbesserungen an diesem Arbeitsplatz zu haben. Neue Richtlinien, Produkte und Dienste wird es immer geben, und Ihr Team sollte stets bessere Wege finden, um die Arbeit zu erledigen und die Kunden zu bedienen.

Diese laufende Verbesserung wird sehr schwierig sein, wenn Sie nicht die Möglichkeit haben, Ihre Werkzeuge schnell anzupassen. Aus diesem Grund ist es ratsam, mindestens einen IT-Spezialisten im Personal zu haben, der die Kontrolle über den Inhalt der Anwendung behält.

 Wenn Sie imstande sind, ständige Veränderungen am Prozess der Bearbeitung von Zehntausenden von Anrufen pro Monat vorzunehmen, kann dies die Kosten für einen festangestellten IT-Spezialisten locker wieder aufwiegen. (In Kapitel 5 finden Sie mehr zu den Möglichkeiten, Verbesserungen zu messen.)

Die Call Center-Medien sind voll von Angeboten mit Arbeitsplatzwerkzeugen und -hilfsmitteln, von denen viele speziell für die Call Center-Branche entwickelt wurden – selbst für Spezialfälle *innerhalb* dieser Branche. Andere sind klassische Kundenabrechnungs- und -informationssysteme, die innerhalb und außerhalb des Call Centers vorkommen.

Einige Beispiele für Call Center-Anwendungen sind:

✔ **Kontaktmanagement-Software:** Software, die Kundenkontakte, Gründe, Lösungen und Nacharbeiten protokolliert

✔ **Help Desk Software:** Software, die Support-Anfragen innerhalb eines Unternehmens aufzeichnet, protokolliert und deren Analyse ermöglicht

✔ **Knowledge Management Software:** Software, die den Call Center-Agenten einen Weg zur Befragung und Diagnose bietet, der zur Lösung eines Kundenproblems führt

✔ **Verkaufs- und Marketing-Software:** Software, die Call Center-Agenten dabei hilft, ihre Verkaufs und Marketingbemühungen zu maximieren, indem sie Produktinformationsdetails, Preisgestaltung, Cross-Sell- und Upsell-Möglichkeiten bietet sowie Nacharbeiten für Agenten zeitlich organisiert

✔ **Telemarketing-Software**

✔ **Abrechnungssysteme**

✔ **Reservierungssysteme**

✔ **E-Learning- und Coaching-Systeme**

Papierlos ist besser

Vor einigen Jahren hatten wir in meinen eigenen Call Centern zwei Abläufe: einen Ablauf mit Papier und jeder Menge Kleber und Formulare und einen Netzwerkzugriff auf unser Kundenabrechnungssystem. Unser Abrechnungssystem war sehr zuverlässig in Sachen Betriebszeit, aber es war nicht besonders flexibel. Es war fast unmöglich, Agenten-Prozesse zu automatisieren. Alles, was wir automatisieren konnten, erforderte Monate für die Implementierung. Im Endeffekt erzeugten wir mehr Papier und noch mehr Nachbearbeitung für dieses Papier. Das System funktionierte, war aber nicht sonderlich effizient und sehr fehleranfällig. Letztendlich ist diese Art von System nicht besonders benutzerfreundlich für einen Call Center-Agent.

Eine Verbindung zum Local Area Network (LAN) herstellen

Das Local Area Network (LAN) ist ein internes Netzwerk, das Onlinedienste innerhalb eines Unternehmens für jeden mit einem intelligenten Endgerät bereitstellt. Ein solches Endgerät kann beispielsweise ein PC sein. Durch ein LAN und ein intelligentes Endgerät am Arbeitsplatz des Agenten schaffen Sie eine Vielzahl von Möglichkeiten. Dienste, wie zum Beispiel Kunden-abrechnungssysteme, können an das LAN angeschlossen werden. Damit sind solche Dienste für jeden innerhalb des LAN leicht verfügbar, ohne dass der Anwender eine Veränderung im Erscheinungsbild des Abrechnungssystems wahrnimmt.

Andere Dienste, die an ein LAN angeschlossen werden können, sind:

- ✔ Fax- und Imaging-Server
- ✔ E-Mail- und Chat-Server
- ✔ CRM-Technologie (Customer Relationship Management)
- ✔ Datenverwaltungstool
- ✔ Internet
- ✔ Arbeitsplatzrechner

Fax- und Imaging-Server

Wenn in der Vergangenheit ein Kunde Informationen an ein Call Center faxen musste, musste dieses auf einem Gerät vor Ort ausgedruckt und in das Posteingangsfach des Agenten gelegt werden. Der Agent bearbeitete dann das Fax und legte es zu den Akten – und schuf damit viele potenzielle Probleme. Faxe können leicht falsch verteilt oder abgelegt werden, sodass der Kunde sie noch einmal schicken muss. Die verschwendeten Ressourcen könnten enorm sein.

Wenn Sie einen Fax-Server im LAN installieren, können Sie diese Probleme vermeiden. Müssen Kunden Ihnen etwas faxen, werden die Faxe elektronisch auf Ihrem Fax-Server gespeichert. Die Agenten können dann die Faxe einfach von ihrem Arbeitsplatz aus abrufen und müssen sich keine Gedanken um die Ablage machen. Die Zeitersparnis und die Fehlerreduktion sind also groß.

Derselbe Server kann auch Bilder speichern (daher *Imaging*-Server). Das gibt Ihnen die Möglichkeit, Dokumente einzuscannen und elektronisch zu speichern. Ihre Agenten haben dann vom Arbeitsplatz über das Netzwerk Zugriff auf die gespeicherten Dokumente. Sollte also ein Kunde einen Brief schreiben oder einen Beleg bezüglich Garantieansprüchen schicken, kann das Dokument dauerhaft gescant und gespeichert sowie bei Bedarf schnell abgerufen werden. Systeme, die den Umgang mit elektronischen Dokumenten erleichtern, heißen auch Dokumenten-Management-Systeme (DMS).

 Fax- und Imaging-Funktionen helfen sehr bei der Aufgabe, zum »papierlosen« Call Center zu gelangen. Die Gesprächsdauer wird reduziert, weil die Agenten leichteren und schnelleren Zugang zu den Informationen bekommen, und es gibt weniger Fehler und Nachbearbeitungen, weil es weniger (oder gar keine) falsch abgelegten Dokumente gibt.

E-Mail- und Chat-Server

Immer häufiger möchten Kunden die Call Center elektronisch kontaktieren, etwa per E-Mail oder Chat. Der E-Mail- und Chat-Server stellt diese Funktionen am Agenten-Arbeitsplatz zur Verfügung.

Dieser Server ist ein wenig komplexer als die E-Mail- oder Chat-Dienste, die Sie vielleicht zu Hause nutzen. In einem Call Center leitet der E-Mail- und Chat-Server die Kundenkontakte an die Arbeitsplätze der Agenten weiter und verwaltet optimal das große Volumen der Kontakte, etwa so wie die ACD ein großes Volumen von Anrufen verwaltet (lesen Sie hierzu den Abschnitt für ACD weiter vorn in diesem Kapitel).

Das System steuert, welcher Agent den nächsten Kontakt bekommt – aus einer großen Menge von Kundenkontakten –, und sammelt auch Statistiken über den Service-Level und die Produktivität, die das Call Center zu diesen Kontakten erbracht hat. Es ermöglicht Ihnen auch, Vorlagen zu erzeugen und wiederzuverwenden, um häufige Kundenfragen zu beantworten. Ein Beispiel hierfür wäre eine Eingangsbestätigung.

Ähnlich einer IVR gibt es auch Systeme, die den E-Mail-Kundenkontakt automatisieren, sogenannte E-Mail-Management-Systeme. Sie erkennen mit einer gewissen Trefferquote den Inhalt einer E-Mail und produzieren automatisch einen Antwortvorschlag.

Software zur Einsatzplanung

Haben Sie schon die Beschreibungen zur Einsatzplanung in Kapitel 7 gelesen? Ich habe tolle Nachrichten: Es gibt eine Software, die all die Arbeit für Sie erledigt. Workforce-Management-Software ist ein System, das das Anrufvolumen und die Gesprächsdauer vorhersagt, den

Personalbedarf bestimmt, Arbeitspläne erzeugt und organisiert, eine automatische Schicht-bewerbung durchführt und festhält, wo Ihre Angestellten sein sollten. Die heutigen Systeme sind in das Netzwerk des Call Centers integriert und ermöglichen es, Daten mit anderen Systemen gemeinsam zu nutzen. Außerdem können Benutzer überall im Call Center die Mög-lichkeiten nutzen. Die Systeme haben sich über die reine Einsatzplanung hinausentwickelt und bieten nun auch andere Dienste wie etwa Qualitätskontrolle, Verwaltung der Mitarbeiter-Performance, Lohn- und Gehaltsabrechnung und Reporting.

Bemerkenswerterweise scheinen viele dieser Systeme zunächst einmal gar nichts so Besonderes zu sein. Vieles, was Sie in den Kapiteln über Einsatzplanung gelesen haben, hat viel mit dem zu tun, was die Systeme machen. Sie speichern historische Daten, prognostizieren das Anrufvolumen auf Halbstundenbasis, nehmen Erlang-C-Berechnungen vor und weisen die verfügbaren Agenten dem Personalbedarf zu. Der größte Nutzen der Workforce-Management-Software ist wahrscheinlich ihre Fähigkeit, all die tausend kleinen Informationsschnipsel festzuhalten, die zum Aufstellen eines Call Center-Einsatzplans notwendig sind.

Workforce-Management-Reports

Das Workforce-Management-System bietet eine Menge an Daten und Reports, die mit der Ver-wendung der Arbeitskraft in einem Call Center zu tun haben. Die aktuellen Systeme speichern und reporten die Mitarbeiter-Performance, den Einsatz Ihres Call Center-Personals und die Effizienz Ihrer Call Center-Besetzung.

Verschiedene Technologien für Reports und Daten

Mit der Weiterleitung von Anrufen an Ihr Call Center beginnt der Vorgang, Ihren Kunden Service zu bieten. Wenn die Agenten immer das entsprechende Werkzeug und die richtigen Informationen zur Hand haben, können Sie sicherstellen, dass Sie diesen Service mit einem angemessenen Grad an Effizienz und Genauigkeit bieten. Ohne Reports können Sie natürlich nicht wissen, wie gut Sie sind, ob Sie sich verbessern oder eher verschlechtern.

Um effektiv zu sein, müssen Reports zeitnah, vollständig und genau sein – alles einfacher gesagt als getan. Es lohnt sich, die Zeit und die Mühe aufzuwenden, um gute Protokollsysteme aufzubauen. Nur wenige Entscheidungen sollten ohne Bezug auf Ihre Management-Reports getroffen werden.

Call Center-Systeme neigen dazu, viele verschiedene Reports auszugeben. Ihre Call Center-Manager werden Ihnen sagen, dass Reports das lebenswichtige Feedback über die Parameter und geschäftlichen Maßnahmen bieten, die kontinuierliche Verbesserungen ermöglichen. Die meisten Manager und Teamleiter sind der Meinung, dass die ihnen zur Verfügung stehenden Reports sehr nützliche Werkzeuge sind – sie möchten sicherlich nicht mehr ohne sie aus-kommen.

Wie bereits in diesem Kapitel erwähnt, kann Ihr Call Center Reports aus den folgenden Systemen erhalten:

✔ Automatic Call Distribution (ACD)

✔ Predictive Dialer

✔ Interactive Voice Response (IVR)

✔ Einsatzplanungssystem

✔ Arbeitsplatzanwendungen wie CRM

Nicht genug Daten für Sie? Sie können auch Umfragen durchführen.

Andere Systeme, zum Beispiel das Lohnsystem der Abteilung, können auch Protokolldaten liefern, die für das Call Center wichtig sind.

Das Lohnsystem kann wichtige Informationen über die Anzahl der Stunden, für die Ihre Agenten bezahlt werden, liefern und über die Kosten, die dadurch entstehen, dass diese Agenten für ihre Zeit bezahlt werden.

Diese Systeme bieten viele Reports und ein riesiges Datenvolumen. Sie liefern Informationsbrocken, aber sie zeichnen nicht das gesamte Bild. In Wirklichkeit kann es sogar sehr irreführend sein, nur ein Stück Information ohne die Wirkung anderer Daten zu betrachten. Ein Agent mit einer sehr hohen Gesprächsdauer kann zum Beispiel unproduktiv erscheinen, wenn man außer Acht lässt, dass dieser Agent in der Firma für die höchsten Verkäufe und die größte Kundenzufriedenheit sorgt.

Versuchen Sie, sich nicht im Labyrinth der Call Center-Reports und -Auswertungen zu verirren. Am besten ist es, Daten aus verschiedenen Systemen zu kombinieren, um aussagekräftige Informationen über die für Sie entscheidenden Faktoren und Ihre Firmen-Performance zu erhalten.

Sie können sich vorstellen, wie schwierig und mühevoll es ist, Daten manuell zu kombinieren. Es ist arbeitsintensiv, langsam und nicht sehr ausgefeilt. In einigen Call Centern läuft das so: Reports werden zusammengefügt und die täglichen Ergebnisse aus einer Vielzahl von Systemen gedruckt, die dann schließlich in einer formatierten Tabelle aufgeschlüsselt werden. Mit einem derart mühseligen Prozess ist es nahezu unmöglich, detaillierte Reports zu erstellen, die bis zu den Abläufen vordringen. Die Teamleiter müssen ihre eigenen Mitarbeiter-Performance-Reports erstellen, und diese Reports werden oft Fehler enthalten. Sie werden viel mehr Zeit damit verbringen, Reports aufzustellen, als diese zu analysieren und dann entsprechend zu handeln.

Andere Call Center (darunter meine) haben große Schritte in ihrer Protokollfähigkeit gemacht, indem sie die Sammlung von Protokolldaten durch das Anlegen eines Datenspeichers (Data Warehouse) automatisiert haben, der mit dem LAN verbunden ist. Routinen werden erzeugt, die vorbereitete Protokollvorlagen mit den Protokolldaten füllen. Dann erzeugt das Protokollteam Vorlagen und überprüft, ob die Protokolldaten richtig eingefügt wurden. Dies erhöht die Produktivität enorm. Wichtiger noch: Es ermöglicht die Erzeugung einer viel größeren Zahl von Reports, die präzisere Aussagen bis hinunter auf Detail-Prozessebene ermöglichen.

Teamleiter brauchen nicht länger ihre eigenen Mitarbeiter-Performance-Reports aufzustellen. Stattdessen verwenden sie die automatisch erzeugten Reports, um ihren Agenten gezieltes Coaching geben zu können.

 Reports mit diesem Grad an Details, Geschwindigkeit und Genauigkeit sind sehr wichtig bei den Bemühungen eines Call Centers, die Abläufe und die Performance-Parameter zu verwalten. Die Redewendung »Was du nicht messen kannst, kannst du nicht managen« gilt in besonderem Maße in der Call Center-Branche.

Mit all diesen verfügbaren Daten und einer automatisierten Methode, um diese Daten zu aussagekräftigen Informationen zu machen, die sich auf Ihre Performance-Faktoren und Unternehmensziele beziehen, dürften Sie sehr gute Kenntnisse über die Leistungsfähigkeit Ihres Unternehmens besitzen. Sie werden verstehen, welche Leistungen Sie erbringen, warum Sie diese Ergebnisse erzielen und wie Sie Ihre Leistungen verbessern könnten. All dies gibt Ihnen sehr viele Kontrollmöglichkeiten. Und es wird nicht sehr teuer. Die Amortisation dafür, die Performance bei Bedarf ablesen und beeinflussen zu können, geschieht praktisch sofort.

Ein hilfreiches Instrument zur Strukturierung der Daten Ihrer Reports ist die Balanced Scorecard-Methode (Details dazu in Kapitel 11).

Technologische Fortschritte: Mit den neuesten und tollsten Sachen arbeiten

Fachkorrektur: Sven Klindworth, Deutsche Telekom AG, T-Com

In diesem Kapitel

▶ Fortschritte in der Technik verwenden, um kontinuierliche Verbesserungen zu gewährleisten

▶ Wissen, wie man angemessene Technologie empfiehlt

Als Teil ihrer Strategie der kontinuierlichen Verbesserung haben Call Center immer nach tollen neuen Technologien gesucht, die zu Verbesserungen in ihren Geschäftspraktiken führen können. Na gut – vielleicht sind nicht alle »toll«, aber sie lassen alles definitiv besser funktionieren.

Verbesserungen mit Technik antreiben

Der Analyst Ihres Call Centers ist hauptsächlich dafür verantwortlich, Verbesserungsmöglichkeiten zu bestimmen, aber jeder steuert Ideen und Empfehlungen bei. Der Manager für den Bereich Technik beispielsweise wird wahrscheinlich Wirtschaftszeitungen lesen und sich mit Zulieferern treffen, um bei Neuentwicklungen auf dem Laufenden zu bleiben. Vielleicht stößt er auf etwas, was zu einer klaren Verbesserung führt, und sollte deshalb ganz allgemein eine Antwort parat haben, wenn sich jemand erkundigt, ob es eine technische Lösung gibt, die Call Center-Parameter auf besondere Art beeinflusst.

In diesem Kapitel erhalten Sie ein paar Beispiele für technologische Fortschritte.

Computer-/Telefonverbindung (CTI)

Computer-/Telefonverbindung (engl. Computer Telephony Integration – CTI) bezeichnet ein System aus Hardware und Software, das die Kommunikation zwischen dem Telefonsystem und dem Computersystem ermöglicht. Durch diese Kommunikation sind Sie in der Lage, beiden Systemen Anweisungen zu geben, sodass sie zusammenarbeiten und einige interessante und leistungsfähige Anwendungen hervorbringen. CTI ist für ein Call Center wie Sekundenkleber, nur noch besser.

Eine übliche und beliebte CTI-Anwendung ist der »Screen Pop«. Hierbei erfasst das System die Telefonnummer des Anrufers, entweder durch automatische Rufnummernerkennung oder das interaktive Sprachdialogsystem (mehr über ANI und IVR in Kapitel 8; unter Einhaltung der rechtlichen Rahmenbedingungen ist sogar eine Anruferidentifizierung im Netz bei unterdrückter Rufnummer des Anrufers möglich), und übergibt diese Information an das CTI-System. Dieses sucht dann in der Datenbank nach den Kundeninformationen. Wenn ein Kundenkonto gefunden wird, koordiniert sich das CTI-System mit dem Telefonsystem, um den Anruf und die Kundeninformation gleichzeitig an das Telefon und den Arbeitsplatz des Agenten zu schicken. Der Agent braucht nicht nach dem Kundenkonto zu suchen – es erscheint im selben Moment auf seinem Bildschirm, in dem der Anruf sein Telefon erreicht. Schätzungen besagen, dass die Funktion 10 bis 15 Sekunden bei der durchschnittlichen Gesprächsdauer einspart. Wie erwähnt, reduziert diese Zeitersparnis direkt die Betriebskosten eines Call Centers.

Dies ist nur ein Beispiel für die Anwendung von CTI. Hier einige weitere nette Beispiele, die durch diese Technologie ermöglicht werden:

✔ **Dateneingabe erzwingen:** CTI kann verwendet werden, um die Eingabe wichtiger Daten zu erzwingen, bevor ein Agent den nächsten Anruf annehmen kann. Sind Sie beispielsweise verärgert, weil einige Agenten vergessen, den Kunden zu fragen, was ihn zum Anruf veranlasst hat? Machen Sie das Ausfüllen des Feldes »Grund des Anrufs« zur Pflicht, bevor der Agent sich mit dem nächsten Anruf befassen kann.

✔ **Soft Phone-Funktionalität:** Soft Phone ist die Art, in der Technikfreaks ausdrücken, dass das Telefon des Agenten als Anwendung fungiert, die den Agenten und seinen Computer verbindet. Durch die Verwendung eines softwarebasierten Telefons steigt die Menge der zu sammelnden Informationen darüber, wie die Agenten ihre Zeit nutzen. Wann immer beispielsweise der Agent seinen Platz verlässt, kann die Soft Phone-Anwendung ihn auffordern, seine Zeit zu erfassen. »Mittagspause« könnte ein Eintrag sein, den Agenten im Soft Phone eingeben, wenn sie sich für eine halbe Stunde vom Arbeitsplatz entfernen.

✔ **Fortgeschrittene Protokolle:** Das CTI-System protokolliert einen Kundenanruf von Anfang bis zum »bitteren« Ende. Das bedeutet: In dem Moment, in dem das Telefonsystem einen Kundenanruf erkennt, verfolgt es diesen Anruf während seiner gesamten Dauer im Call Center. CTI weiß, wie lange der Kunde auf den Service gewartet hat, was er bei der IVR angegeben hat, CTI kennt die Telefonnummer, weiß, an welchen Agenten der Kunde weitergeleitet wurde, welche Maßnahmen der Agent mithilfe von Firmenanwendungen ergriffen hat, ob der Kunde weitervermittelt wurde und zu wem. Diese unglaublich reiche Informationsquelle ermöglicht sehr detaillierte Protokolle und Analysen. Sie können zum Beispiel nicht nur die Gesprächsdauer protokollieren, sondern auch, wie lange ein Agent in den einzelnen Bestandteilen der Firmenanwendungen verbracht hat.

✔ **Leerlaufzeit-Schulungen:** Das ist eine richtig tolle Sache. CTI kann überwachen, wie ausgelastet die Telefone im Call Center zu jedem Zeitpunkt sind. Wenn es eine Flaute im Anrufaufkommen entdeckt, kann es Schulungsinformationen an inaktive Agenten weiterleiten. Mehr noch: Es kann die individuellen Schwächen jedes Agenten ausfindig machen und die am besten passenden Trainingsmaßnahmen für den jeweiligen Agenten bestimmen. Was für eine großartige Anwendung! Sie erhalten maßgeschneiderte Agenten-Schulungen ohne einen Verlust in der Agenten-Auslastung. So etwas nennen die Eingeweihten eine »Killer App« (dt. etwa »Mords-Anwendung«).

✔ **Koordinierte Bildschirmübertragung:** Diese Funktion ermöglicht es den Agenten, das zu übertragen, was sich auf dem Bildschirm des Agenten befindet, wenn sie Anrufe an einen anderen Agenten oder den Supervisor weiterleiten. So braucht der Kunde nicht seinen Namen und seine Kundeninformationen zu wiederholen, nachdem diese übertragen wurden. Das spart nicht nur Zeit, sondern demonstriert auch guten Kundendienst.

✔ **Anrufweiterleitung:** CTI kann verwendet werden, um die Anrufweiterleitung an Agenten zu steuern, womit diese Funktion im Wesentlichen von der ACD (automatische Anrufverteilung) gelöst wird. Wenn CTI die Anrufweiterleitung steuert, liegt der Nutzen in der zusätzlichen ausgeklügelten Logik bei den Weiterleitungsentscheidungen. Bei CTI kann beispielsweise eine Vielzahl von Informationen verwendet werden, um dynamische Weiterleitungsentscheidungen zu treffen. Wenn ein Kunde anruft, kann CTI auf dem Kundenkonto die Vorgeschichte abrufen, sich auf die Vorhersage des Analysten hinsichtlich der Kundenpräferenzen und sein wahrscheinliches Verhalten beziehen und dann auch noch auf die Auswahl des Kunden bei der IVR Bezug nehmen, bevor es entscheidet, an welchen Agenten der Anruf (auch standortübergreifend) weitergeleitet wird.

✔ **Dynamisches Scripting:** Sobald ein Anrufer an einen Agenten weitergeleitet wurde, kann CTI dem Agenten ein maßgeschneidertes Skript oder einen Gesprächsleitfaden anzeigen, um diesen speziellen Kunden zu bedienen. Dabei bezieht sich CTI auf eine analytische Kundendatenbank, die die Vorlieben des Kunden vorhersagt und die am besten passende Gesprächsstrategie vorschlägt.

✔ **Anruf-Blending:** Anruf-Blending tritt dann auf, wenn Agenten jederzeit zwischen verschiedenen Arbeitstypen hin- und hergeschaltet werden können. Beispielsweise könnte ein Agent zwischen Inbound-Anrufen zum Kundendienst und Outbound-Inkasso wechseln. CTI kann diesen Vorgang steuern, indem es das Inbound-Anrufaufkommen überwacht und dynamisch Agenten zwischen Inbound- und Outbound-Anrufen hin- und herbewegt. Dies erhöht die Effizienz der Inbound-Anrufbearbeitung enorm. In Kapitel 7 wird die optimale Auslastung besprochen. Vom CTI unterstütztes Anruf-Blending ist eine effektive Möglichkeit, die Auslastung näher ans Optimum heranzubringen.

✔ **Webfähiges Call Center:** Wie in Kapitel 1 erwähnt, werden Call Center zunehmend als *Contact Center* bezeichnet, weil es neben den Inbound- und Outbound-Telefonanrufen auch multimediale Kontaktmethoden gibt. Wege, andere Kontaktmethoden in das Call Center einzugliedern, sind die CTI-Integration und das Blending (Vermischung). In diesen Fällen werden andere Kontaktformen, wie etwa E-Mail, Chat, Onlinezusammenarbeit oder eingescannte Briefe an die Agenten weitergeleitet, die über die entsprechenden Fähigkeiten verfügen, um diese Kontaktformen zu bearbeiten.

Wiederum kontrolliert das CTI-System die Weiterleitung dieser Kontakte. CTI kann auch diese anderen Kontaktformen mit Inbound-Anrufen vermischen, wodurch eine höhere Effizienz beim Anruf-Blending erzielt wird. Voilà! Ihr Call Center ist soeben zum Contact Center geworden.

Es gibt noch viele, viele weitere CTI-Anwendungen. Auch nach Jahren der CTI-Nutzung bin ich immer noch fasziniert von den Kunststücken, die diese Technik in einem Call Center vollbringen kann. Es ist ein Werkzeug, das sich ideal für die Kreativität und zur kontinuierlichen Verbesserung eignet. Mit einem guten CTI-Team ist das Management nur noch durch seine Fantasie in dem begrenzt, was es machen kann.

Datenbank für Agenten-Protokolle

Eine Datenbank für Agenten-Protokolle ist auf dem Markt womöglich schwer zu finden. Beispielsweise haben mein Team und ich eine für unsere eigenen Call Center entwickelt. Unsere Supervisoren für die Angestelltenleistung wünschten sich ein schnelles Verfahren, um alle Protokolle über die Agenten-Performance zusammenzufassen, die aus unseren verschiedenen Systemen kamen, darunter Lohnabteilung, Einsatzplanung, automatische Anrufverteilung und Management-Anwendungen für die Kundenbeziehungen. Einige Teamleiter haben ihre eigenen Protokolle erstellt, indem sie Daten aus den verschiedenen Systemen in Tabellen aufgeschlüsselt haben. Das erforderte viel Zeit und war fehleranfällig, sodass wir unsere eigene Datenbank für die Agenten-Performance entwickelten.

In unserem Fall entwickelten meine Programmierer ein Data Warehouse (Datenspeicher), das die notwendigen Agenten-Daten erfasst, Statistik-Tools zur Analyse dieser Daten verwendet und zusammengefasste Protokolle erstellt, die die Agenten-Performance in die einzelnen Parameter und in eine Zusammenfassung aller Parameter aufschlüsseln. Wir nennen dies System »Continuous Improvement Module« (dt. etwa »Modul für kontinuierliche Verbesserungen«) oder kurz CIM.

Dieses System sammelt Daten aus allen Agenten-Systemen, verbindet die Daten zu aussagekräftigen Informationen und präsentiert diese Informationen auf gleich bleibende Art. All dies geschieht auf dem Agenten-Level und steht bereit, wenn die Teamleiter morgens zur Arbeit kommen.

Das Ziel ist es, Daten über die Performance-Faktoren zu sammeln und Protokolle über die individuelle Agenten-Performance bezüglich dieser beeinflussenden Parameter zu erstellen. Das ist ein sehr bedeutendes Mittel, um Verbesserungen bei der betrieblichen Effektivität anzustreben, damit die Firmenziele und die Firmenmission erreicht werden. Ohne ein Hilfsmittel, das all diese Protokollinformationen zusammenfasst und die individuelle Agenten-Performance protokolliert, ist es buchstäblich unmöglich, gleichbleibende, rechtzeitige und zuverlässige Protokolle zu generieren.

Ein Werkzeug wie CIM hilft zu bestimmen, welche Agenten die echten Stars auf ganzer Linie sind. Das dient dem Zweck der kontinuierlichen Verbesserung und dem Lernen durch Erfahrung enorm.

Qualitätsüberwachung

In den meisten Call Centern gibt es jede Menge Qualitätsüberwachung. In vielen Fällen geschieht dies durch zufälliges Anhören und Bewerten der Telefongespräche von Agenten, oftmals elektronisch aufgezeichnet. Gelegentlich setzt sich der Supervisor (oder ein Mitglied eines besonders guten Teams) neben den Agenten und untersucht den Anruf unmittelbar nach dessen Beendigung.

In anderen Fällen zeichnet der Supervisor den Anruf auf und bespricht ihn einen Tag später mit dem Agenten. Diese Methode kann effektiv sein, hat aber Nachteile. Der wichtigste ist, dass sie für den Supervisor sehr zeitaufwendig ist. Die Leerlaufzeiten zwischen den Anrufen und dem Organisieren der Speicherung, Aufzeichnung und Bewertung der Anrufe machen den Prozess sehr ineffizient. Einige Supervisoren haben angegeben, dass sie ungefähr einen Anruf pro Stunde schaffen können, wenn sie Feedback geben. (Mehr über Feedback erfahren Sie in Kapitel 11.)

Da der Prozess so arbeitsintensiv ist, ist es schwierig und unpraktisch, auf spezielle Agenten-Anforderungen zu zielen – wie etwa hohe Gesprächsdauer, schlechte Kundenmeinung, niedrige Verkaufszahlen oder hohe Rückläufe.

Für die meisten Call Center ist es nützlich, ein automatisiertes Qualitätsüberwachungssystem zu erwerben und in ihr LAN zu integrieren. Dies wird die Produktivität Ihrer Supervisoren deutlich erhöhen und sie in die Lage versetzen, den Agenten mehr und detaillierteres Feedback zu geben.

Das System erfasst automatisch die gesamten Telefongespräche der Agenten – dabei wird sowohl die sprachliche Konversation aufgezeichnet als auch ein Video aufgenommen, wie der Agent durch die Systeme navigiert. Wenn die Supervisoren die Agenten-Anrufe überprüfen wollen, loggen sie sich einfach von ihrem Arbeitsplatz aus in das System ein, rufen Beispielanrufe von dem Agenten ab, den sie überprüfen möchten, und beginnen mit der Bewertung.

Die Bewertung wird ebenfalls durch das System vorgenommen. Nach der Bewertung kann der Supervisor die Ergebnisse mit Kommentaren per E-Mail an den Agenten schicken. Der Agent kann den Anruf ebenfalls abrufen und noch einmal abspielen. Dem Supervisor wird die Verwaltungs- und Wartezeit abgenommen, die mit der manuellen Qualitätsüberwachung verbunden ist. In Call Centern, die diese Technologie einsetzen, hat sich die Supervisor-Produktivität mehr als verdreifacht. Da die Supervisoren die Agenten-Anrufe ohne Verzögerung abrufen können, können sie sich an einzelne Agenten richten und versuchen, die Leistungsschwächen zu verstehen, die sich aus der statistischen Analyse ergeben.

Dieses stärker zielgerichtete und häufigere Feedback hilft, die Leistung bei den Schlüsselgrößen anzutreiben. Daher wird jeder Ihrer Agenten seine Performance verbessern, und die Gesamtgeschäftsperformance wird ebenfalls steigen. Allerdings werden Sie die Einführung einer Qualitätsüberwachung mit (soweit vorhanden) Ihrem Betriebsrat abstimmen müssen.

CRM-Technologie

Kundenbeziehungsmanagement (engl. Customer Relationship Management, kurz CRM) ist ein Begriff aus der Geschäftswelt, der bedeutet, auf ihre Kunden einzugehen, um die Länge und den Wert der Kundenbindung zu maximieren. Dazu gehören die Datensammlung und die Analyse, um die Bedürfnisse und Wünsche Ihrer Kunden besser zu verstehen. Dazu gehören auch maßgeschneiderte Strategien, mit denen besondere Kundenwünsche angesprochen werden können. Bei CRM geht es nur darum, neue Kunden zu bekommen, die Kunden zu halten, die Sie bekommen haben, und den Wert Ihrer Beziehung zu diesen Kunden zu maximieren.

Die CRM-Technologie ist vielseitig. Sie muss jedoch nicht übermäßig komplex oder ungewöhnlich sein – insbesondere am Anfang. Ich denke bei CRM-Technologie an vier Komponenten: Datensammlung, Datenmanagement und Analyse, Aufstellung von Geschäftsregeln und Anwendungen für den Kundenkontakt.

Firmen sammeln Daten über ihre Kunden aus vielen Quellen. Dazu gehören alte Kundeninformations- und Abrechnungssysteme, Kundenkontaktsysteme aus Call Centern, webbasierte Kontaktinformationen oder jeder andere Kontaktpunkt, wo die Firma Kundeninformationen sammeln kann. Diese Informationen werden zum Aufbau der CRM-Datenbank verwendet.

Die Datenverwaltung ist ein wichtiger Bestandteil jedes CRM-Systems. Während das System Informationen über die einzelnen Anrufer sammelt, werden die Daten in einem großen Datenspeicher (Data Warehouse) abgelegt. Diese Informationen können analysiert werden, und man kann Rückschlüsse über die Bedürfnisse und Absichten der Kunden ziehen. Sie ziehen diese Rückschlüsse für jeden einzelnen Kunden und erstellen einen entsprechenden Serviceplan.

Eine CRM-Strategie entwickeln

Meiner Meinung nach ist CRM zuerst und vor allem eine Strategie. Das Herz dieser Strategie sind eine Philosophie und ein Plan, wie Sie Ihre Kunden behandeln wollen, was Ihre Kundenbeziehungen Ihnen geben sollen und was Sie den Kunden im Gegenzug zu geben gedenken. Alle Teile des Unternehmens sollten die Umsetzung Ihrer CRM-Strategie koordinieren – vom Marketing bis zum Call Center.

Zur Umsetzung der CRM-Strategie gehören drei Komponenten: Menschen, Abläufe und Technologie. Wie bei vielen Call Center-Initiativen ist es sehr einfach, Technik zu kaufen, in der Hoffnung, sie werde schon Ihre Probleme lösen und Ihre strategischen Ziele erreichen.

Selbst mit der besten Technik müssen die Leute im Call Center den Wert erkennen, der CRM-Strategie zu folgen. Call Center-Agenten, die lange Zeit hauptsächlich mit der Gesprächsdauer befasst waren und damit, den Kunden zufriedenzuhalten, müssen zu der Überzeugung gelangen, dass das Sammeln von Kundeninformationen und das Anbieten neuer Produkte und Dienste an diese Kunden – also Verkaufen – gut für die Firma ist, gut für den Kunden und gut für den Agenten.

Eingefahrenes Verhalten zu ändern, mag eine Weile dauern. Dasselbe gilt für verschiedene Ebenen des Managements. Call Center-Manager müssen glauben, dass der zusätzliche Zeitaufwand zum Sammeln der Daten die Investition bei einer höheren Gesprächsdauer und höheren

Kosten pro Anruf wert ist. Und die Geschäftsleitung muss dem Call Center Zeit zur Anpassung geben.

 Der CRM-Prozess entwickelt sich nicht über Nacht. Es wird einige Zeit brauchen und einige Fehlversuche geben, bevor alle Komponenten sich zu einer erfolgreichen und profitablen CRM-Lösung verbinden. Geduld jedoch ist nicht einfach, insbesondere wenn Firmen Millionen von Euro für CRM-Anwendungen, Schulungen und Beratungen ausgegeben haben.

CRM-Daten verwenden

 Datenanalyse sollte ein Teil Ihrer CRM-Gesamtstrategie sein. Diese Analyse kann etwas so Einfaches sein wie die Vorbereitung eines Protokolls oder die Durchführung einer Datenbankabfrage, aber auch etwas so Kompliziertes wie die Aufstellung von Prognosemodellen, um das künftige Verhalten Ihrer Kunden vorherzusagen. Ihre Marketingabteilung möchte vielleicht Informationen an bestimmte Kunden schicken, die aller Wahrscheinlichkeit nach ein Produkt kaufen würden. Andere Kunden, die eher wenig oder nichts an ihrem Kaufverhalten ändern, sollten vielleicht mit wenigen oder keinen Marketingaktivitäten bedacht werden.

 Im Call Center werden die gesammelten Kundeninformationen benutzt, um Geschäftsregeln aufzustellen. Einige Regeln leiten die Agenten bei der Behandlung spezieller Kundenanrufe an. Beispielsweise können VIP-Kunden durch die automatische Rufnummernerkennung identifiziert werden, und ihre Anrufe können an die besten Agenten weitergeleitet werden (Value Based Routing). Sobald der Kundenanruf beantwortet ist, werden die Agenten vom CRM-Tool aufgefordert, spezielle Angebote zu unterbreiten, von denen die Analyse sagt, dass der Kunden daran interessiert sei.

Auf ähnliche Weise kann Ihre Datenanalyse eine tägliche Liste der Kunden generieren, die höchstwahrscheinlich Ihre Produkte nicht mehr verwenden werden. Sie können es sich dann zum Prinzip machen, diese Kunden anzurufen, um zu sehen, ob es irgendetwas gibt, was Sie tun können, um sie wieder zur Benutzung Ihrer Produkte oder Dienste zu bringen. Diese proaktive »Rettungsaktion« reduziert die Kündigungsrate der Kunden deutlich.

CRM-Anwendungen sind den Call Center-Anwendungen auf dem Rechner des Agenten nicht unähnlich. Sie bieten die Möglichkeit, auf Kundeninformationen zuzugreifen und den Kunden mit Informationen zu versorgen. In einer CRM-Umgebung haben sie zusätzliche Funktionen, wie etwa Informationen über die Anrufhistorie des Kunden und dessen Vorlieben, vorgeschlagene Käufe und Servicestrategien und sogar einen empfohlenen Gesprächsleitfaden.

Mein Rat besonders für kleinere Unternehmen: Fangen Sie klein und einfach an. Netzbasierte Lösungen zur Anruferidentifizierung erlauben einen schnellen und kostengünstigen Einstieg.

NuComm erhält eine Lektion in CRM

Vor einigen Jahren waren wir in meinem ersten Call Center intensiv mit dem Sammeln von Daten befasst. Unser Interesse lag in der statistischen Ablaufkontrolle. Wir wollten so viel wie möglich über die Arbeitsprozesse in unserem Call Center wissen. Also sammelten wir jede Menge Daten: Wann riefen die Kunde an, warum riefen sie an, wie oft riefen sie an, weswegen riefen sie an, was war das Ergebnis des Anrufs, was mochte der Kunde und was nicht, was wollte der Kunde – jede Menge Daten. Wir taten dies mit einem sehr einfachen Werkzeug, das ein cleverer Junge in unserem Call Center mit Microsoft Access gebaut hatte. Es unterstützte ungefähr 100 Anwender und war weder komplex noch teuer in Entwicklung oder Betrieb. Wir wussten nicht so recht, was wir mit diesen ganzen Informationen anfangen sollten. Doch dann griff das Schicksal ein.

Es war Anfang Dezember, wir näherten uns dem Jahresende. Einer unserer Kunden kam zu seinem Jahresabschluss, und es war sehr wichtig, dass seine Verkaufsprognosen erfüllt waren. Es war jedoch jedem klar, dass die Verkaufsprognosen nicht erreicht werden würden. Und wir waren sicher, dass wir gefeuert werden würden.

Während einer Firmenbesprechung sagte der Kunde, wenn man nur daran gedacht hätte, die Kunden zu protokollieren, die die Firmenprodukte kaufen wollten, aber nicht konnten, weil sie in ihrer Gegend noch nicht verfügbar waren, dann hätten sie ihrer Verkaufsprognose entsprechen können. Sie hätten einfach überprüfen können, welche Kunden das Produkt nun hätten bekommen können und hätten es ihnen noch vor Ende des Jahres anbieten können. »Oh«, sagte ich. »So was haben wir doch.« »Ach du liebe Zeit!«, sagte der Kunde (oder so was in der Art). »Wie viele haben Sie auf der Liste?« Ich telefonierte schnell und fand heraus, dass es locker doppelt so viele Kunden gab, die das Produkt haben wollten, als der Fehlbetrag zur Verkaufsprognose ausmachte. Also gaben wir unserem Kunden die Liste. Der Kunde rief diese Kunden an und verkaufte genug, um die Verkaufsprognose zu erfüllen.

Wir waren Helden, behielten die Firma, und bei NuComm war CRM geboren. Seitdem bin ich felsenfest davon überzeugt, dass es gut ist, Kunden zuzuhören und festzuhalten, wie wir ihnen in Zukunft helfen können. Darauf läuft wirklich alles hinaus. Und auch wenn es viele tolle und komplexe Tools gibt, die nur dafür gedacht sind, Firmen bei ihren CRM-Bemühungen zu unterstützen, müssen diese Tools und Abläufe nicht komplex sein, um wertvoll zu sein.

Die technische Komponente von Call Center-CRM bezieht sich auf die Behandlung jedes einzelnen Kundenkontakts. Was verraten Ihnen die Daten und Ihr Gespür bei diesem Kunden über dessen Bedürfnisse und Vorlieben? Wie sollten Sie ihn behandeln? Sollte er zur IVR weitergeleitet werden? Welche Agenten sollten sich mit Ihren besonders wertvollen Kunden befassen? Sobald der Anruf einen Agenten erreicht, ist der vorrangige Zweck der CRM-Anwendungen, den Agenten mit den Mitteln zu versehen, um auf Kundeninformationen zuzugreifen (darunter Empfehlungen, die auf Ihrer Analyse beruhen), und neue Informationen von diesem Kunden zu sammeln.

Wie man Technologie empfiehlt

Okay, Sie sind ein technisches Genie und – was Wunder – Sie haben Technologie entdeckt, die den ganz, ganz großen Unterschied ausmachen wird. Schön. Und wie geht's jetzt weiter? Was machen Sie, um die Genehmigung zu bekommen, damit sie anfangen können, dem Call Center Geld zu sparen? Mein erster Rat ist, es einfach zu halten. Versuchen Sie's mit einer einseitigen Kosten-Nutzen-Analyse.

Die einseitige Kosten-Nutzen-Analyse

Der beste und effektivste Weg, einen Technologievorschlag zu unterbreiten, ist eine Kosten-Nutzen-Analyse auf nur einer Seite. Das ist einfach, und es gelten nur zwei spezifische Regeln.

✔ Erstens: Die Analyse muss problemlos auf eine DIN-A4-Seite passen.

✔ Zweitens: Die Begründung dafür, Geld für neue Technologie auszugeben, muss in einer Minute oder weniger gegeben werden.

In meinem Call Center gilt Folgendes: Wenn Sie den Fall nicht auf einem Blatt Papier und in einer Minute oder weniger darstellen können, interessiert mich der Vorschlag nicht. Natürlich, einige Vorschläge werden wesentlich länger als eine Seite sein. Der Punkt ist, dass der Geschäftsfall für neue Technik so klar und so fokussiert auf die Unternehmensziele und die beeinflussenden Call Center-Parameter sein sollte, dass er ohne Weiteres auf einer Seite zusammengefasst werden können sollte. Und wissen Sie was? Die anderen Seiten liest sowieso keiner.

Der einfachste Weg, beide Regeln zu erfüllen, ist die Verwendung des Geschäftsmodells, das in Kapitel 2 vorgestellt wird. Das Modell besagt, dass sich alle Geschäftsaktivitäten auf die Schlüsselziele richten: Gewinnerzielung, Kostenminimierung und Kundenzufriedenheit. Im Fall der neuen Technologie müssen Sie deren Nutzen bezüglich dieser wichtigen Unternehmensziele definieren.

In anderen Kapiteln behandele ich diesen Punkt detaillierter. In Tabelle 5.1 finden Sie eine Liste der wichtigsten Unternehmensziele und der Call Center-Parameter, die sie beeinflussen.

In Ihrem Geschäftsfall müssen Sie darlegen, dass die neue Technologie mindestens einen dieser Parameter so beeinflusst, dass Ihrer Firma ein Nutzen entsteht, der bedeutend größer ist als die Kosten für die neue Technologie.

Fallstudie: Unser Call Center bekommt eine IVR

Wir glaubten, dass einige unserer einfacheren Anrufe durch ein automatisches IVR-System bearbeitet werden könnten. Die Möglichkeit der Kostenersparnis war verlockend. Unser Ziel bei der Einführung der IVR war, die Kosten zu reduzieren und den Service zu verbessern – die Kunden würden den automatischen Dienst 24 Stunden am Tag nutzen können, ohne warten zu müssen.

In dieser Zeit sprach ich mit Vertretern von fünf Firmen, die ähnliche Call Center wie unseres besaßen. Alle fünf berichteten, dass ein Ergebnis der Implementierung einer IVR war, dass die Anrufe, die zu den Agenten durchgingen, um 5 bis 10 Prozent abnahmen – die IVR bearbeitete die Anrufe, sodass die Agenten es nicht tun mussten.

Um es langsam angehen zu lassen, nahm ich an, dass unsere IVR die Anrufe um 5 Prozent reduzieren würde. Ich war zurückhaltend, weil mein Manager gerne die Vernunft meiner Annahmen in Frage stellte. Wann immer ich sagte, dass eine neue Technik einen unseren Call Center-Parameter beeinflussen würde, erhielt ich immer die Frage: »Woher wissen Sie das so sicher?« Also hatte ich lieber gute Beweise, die meine Annahmen stützten. Je zurückhaltender ich mit meinen Annahmen war, desto leichter war es für mich, meinen Fall darzulegen.

Die Kosten für unsere IVR wurden mit 25.000 € pro Jahr veranschlagt. Mittels einer Formel, die mir unser Analyst gab, nahm ich schnell folgende Kosten-Nutzen-Rechnung vor:

Kosten und Nutzen der IVR berechnen

	Vor IVR	Nach IVR
A Kontakte pro Kunde (1 Jahr)	4 Mal	3,8 Mal
B Kundenstamm	500.000	500.000
C Gesprächsdauer (in Sekunden)	240	240
D Auslastung	80 %	80 %
E Agenten-Auslastung	70 %	70 %
F Variable Kosten pro Stunde	20,86 €	20,86 €
G Fixkosten pro Jahr	4.000.000 €	4.025.000 €
Gesamt = A x B x C : 3600* / D / E x F + G	8.966.667 €	8.743.333 €
Veränderung		223.334 €

* 3.600 Sekunden pro Stunde

Meine einminütige Kosten-Nutzen-Analyse sah also ungefähr so aus.

Projekt: Interaktives Sprachdialogsystem

Nutzen: Fünfprozentige Reduktion bei den Anrufen, die an Agenten gehen. Es ergibt sich eine jährliche Ersparnis von über 200.000 €.

Woher ich das so sicher weiß: Ich habe mir fünf Firmen mit ähnlichen Anrufen und Anwendungen angesehen. Alle haben bei den Anrufen, die an Agenten gehen, Reduktionen von mehr als 5 Prozent erreicht.

Kosten: 25.000 € pro Jahr. Dabei handelt es sich um den nutzungsabhängigen Mietpreis der Sprachdialogplattform eines Netzbetreibers.

Die einminütige Kosten-Nutzen-Analyse wird nicht unbedingt immer zur sofortigen Genehmigung des Projekts führen, aber mit Zahlen wie den obigen haben Sie garantiert die Aufmerksamkeit Ihres Managers auf sich gezogen.

Natürlich verbringt der Technologiemanager nicht seine ganze Zeit damit, nach neuer Technologie zu forschen. Ein Großteil wird dafür gebraucht, sicherzustellen, dass die derzeitige Technologie des Call Centers funktioniert – und auch weiterhin das Call Center am Laufen hält.

Teil IV

Konstante Verbesserung sichern

The 5th Wave   By Rich Tennant

Telefonischer Kundendienst, Disney Corp.

In diesem Teil ...

In diesem Teil geht es um Einstellungen, Erwartungen an den Job, Training, Feedback und Support. Sie erhalten eine einfache Richtlinie, die Ihnen beim Performance-Management Ihrer wichtigsten Ressource im Unternehmen – Ihren Agenten – helfen wird.

Ich gehe hier auch auf die Call Center-Prozesse und deren Handhabung ein. Die meisten Firmen profitieren von einer kontinuierlichen Verbesserung der Prozesse – sofern klar ist, was das bedeutet. Dieser Teil beinhaltet auch eine Untersuchung von Richtlinien und Abläufen und zeigt, wie wichtig es ist, die Gesetzgebung und das Arbeitsrecht sowie Qualitätsstandards und den Trend zur Zertifizierung zu kennen. Ein weiteres Thema ist die Rolle der Management-Zertifizierung.

Management der Mitarbeiter-Performance (Teil 1): Einstellung und Schulung

10

Fachkorrektur: Gabriele Knapp,
knappconnect Personalberatung

In diesem Kapitel

▶ Die wichtigsten Komponenten betrachten, die zum Erfolg der Agenten beitragen

▶ Ein Schritt-für-Schritt-Prozess zum Messen der Mitarbeiter-Performance

▶ Die Bedeutung der Bewertung der Angestellten beim Einstellen

▶ Klare Erwartungen setzen

▶ Die Grundlagen effektiven Trainings

*J*eder Agent ist eine Miniaturversion Ihres Call Centers – jede Effizienz, jeder Gewinn, jeder Kunde, der von den einzelnen Agenten gewonnen oder verloren wurde, beeinflusst die Gesamteffizienz, den Gesamtgewinn und die Kundenzufriedenheit des gesamten Unternehmens. Allzu oft jedoch erfolgt kein umfassendes oder gar kein Management der Mitarbeiter-Performance. Das muss aber nicht so sein.

Wenn Sie die Grundprinzipien zur Optimierung der Performance (die ich hier und in Kapitel 11 umreiße) verstehen, kann (und sollte) für Sie das Management der Mitarbeiter-Performance das wichtigste Hilfsmittel werden, um positive Ergebnisse für Ihr Unternehmen zu erzielen.

Die Schlüsselkomponenten der optimalen Mitarbeiter-Performance

Bei buchstäblich jedem menschlichen Bestreben sind es drei Komponenten, die zum Erfolg des Einzelnen beitragen: Kompetenz, Motivation und Voraussetzungen. Nur wenn diese drei Faktoren für Ihre Agenten optimiert sind, können die Gesamtleistung und die Gesamtergebnisse des Call Centers maximiert werden.

Hier eine kurze Übersicht über diese wichtigen Komponenten:

✔ **Kompetenz:** Die Eignung oder Befähigung, den Job zu machen. Was bringt der Agent bei seiner Einstellung mit ... und was fügen Sie hinzu, sobald er da ist?

✔ **Motivation:** Zielgerichtetes Verhalten. Was treibt den Agenten an? Was bewegt ihn dazu, sich bei Ihrer Firma zu bewerben? Berücksichtigen Sie den Grad der Motivation, wenn Sie Leute einstellen.

Die Mitarbeiter-Performance wird auch davon beeinflusst, was Sie als Firma tun, um die innere Motivation Ihrer Agenten zu wecken, zu erhalten und zu lenken.

✔ **Voraussetzungen:** Ganz gleich, wie fähig oder motiviert Ihre Agenten sind, es kann keinen Erfolg ohne die entsprechenden Voraussetzungen dazu geben. Jedoch sind die Voraussetzungen ein Bestandteil der Mitarbeiter-Performance, auf die der Agent keinen Einfluss hat. Die Umgebung, in der Sie Ihre Agenten einsetzen, erhöht deren Möglichkeiten. Arbeitsausstattung und Arbeitsmittel, Marketing, Firmenrichtlinien, Arbeitsabläufe, Wettbewerb, Medien, Wirtschaft und die Kunden wirken sich allesamt auf die Möglichkeiten aus. Im Allgemeinen sind die Voraussetzungen für alle Agenten zu jedem beliebigen Zeitpunkt gleich.

Natürlich können Sie viel tun, um die Voraussetzungen für Ihre Agenten zu verbessern: Ihre Arbeitsmittel verbessern (wie etwa die Werkzeuge für das Kundenbeziehungsmanagement – siehe Kapitel 9), Ihr Produkt verbessern und die Arbeitsabläufe und Firmenrichtlinien verbessern. All diese Dinge liegen jedoch meistens nicht im Einflussbereich des Agenten.

Stellen Sie sich vor, dass es mit diesen (Einfluss)Faktoren für die Performance ähnlich ist wie mit Athleten, die Profisport betreiben. Sie benötigen sicherlich ein gewisses Maß an Fähigkeiten – wahrscheinlich mehr als der Durchschnittsbürger (ich wusste immer, dass ich es nur deshalb nicht in die Oberliga geschafft habe, weil ich nicht schnell genug laufen konnte). Profisportler brauchen auch ausreichend Motivation oder, wie es der Trainer oft beschreibt, »Feuer im Hintern«. Die besten Spieler besitzen normalerweise einen natürlichen, angeborenen Willen zum Erfolg. Und schließlich können die Spieler nicht spielen, wenn es keine Gelegenheit dazu gibt. Ohne Fans, die Karten kaufen, gäbe es keine Spiele – keine Spiele heißt, keine Gelegenheit, die Fähigkeiten und die Motivation zu demonstrieren.

 Das Management der Mitarbeiter-Performance ist der Vorgang, ihre Fähigkeiten und Motivation in effektiver Weise fortlaufend zu managen. Wenn das gut gemacht wird, verbessern sich Fähigkeiten und Motivation kontinuierlich. Wenn es schlecht gemacht wird, passiert im besten Fall gar nichts – im schlimmsten Fall werden die Agenten desillusioniert.

Die schnelle Antwort: Einem einfachen System folgen

Vor Jahren wurde ich nach einer kurzen Antwort gefragt, was zum Performance-Management der Angestellten gehöre. Nach einigem Nachdenken reduzierte ich Mitarbeiter-Performance-Management auf das, was ich jetzt als »schnelle Antwort« bezeichne.

Die fünf Schritte zur kurzen Antwort sind:

1. Stellen Sie die richtigen Leute ein.

2. Sagen Sie ihnen, was sie tun sollen, und warum.

3. Zeigen Sie ihnen, wie es geht.

4. Geben Sie ihnen Feedback zu ihrer Arbeit.

5. Machen Sie es sich zum obersten Ziel, sie zu unterstützen.

Die ersten drei Schritte behandle ich in diesem Kapitel; die restlichen beiden Schritte behandle ich in Kapitel 11.

Schritt 1 – Die richtigen Leute einstellen: Rekrutierung und Testen

Es klingt banal, aber es ist wichtig, die richtigen Leute einzustellen. Vielleicht fragen Sie sich: »Wer ist die richtige Person in einem Call Center? Jemand, der sprechen kann?« Die Wahrheit ist, wenn Sie eine Person einstellen, die nicht gut passt (insbesondere vom Standpunkt der Fähigkeiten und der Motivation), dann wird die Performance Ihres Call Centers darunter leiden. Stellen Sie zu viele Leute ein, die nicht passen, dann haben Sie ein Problem.

Stellen Sie sich vor, Sie stellen eine Olympia-Mannschaft für Baseball auf. Sie inserieren zunächst auf Verdacht. Wenn sich zum Beispiel 10.000 Leute gemeldet haben, treffen Sie eine Vorauswahl, indem Sie fragen: »Haben Sie schon einmal Baseball gespielt?« oder ähnliche Fragen stellen. Dann führen Sie Tests durch (in Form eines Wettbewerbs auf dem Feld), um zu erkennen, ob die Kandidaten über die grundlegenden Fähigkeiten verfügen. Sie möchten wissen, ob sie den Ball werfen, fangen und mit einem großen Holzstock treffen können. Nach den Anfangstests nehmen Sie fortgeschrittenere Tests vor, bis Sie ein Team mit den bestmöglichen Kandidaten beisammen haben.

Nun stellen Sie sich dasselbe Team vor, wenn all Ihre Entscheidungen nur auf Lebensläufen und Bewerbungsgesprächen basiert hätten. (Mal ehrlich, Sie wissen doch, dass die Menschen nur zweimal in ihrem Leben perfekt sind – bei der Geburt und im Lebenslauf.) Wahrscheinlich hätten Sie ein Team zusammengesetzt, das nicht der Hit des Jahres werden würde.

In Call Centern ist es genauso. Sie müssen das beste Team auf den Platz schicken, um die besten Ergebnisse zu erzielen. Das umfasst Leute, die die nötigen *Fähigkeiten* für den Job mitbringen – Sprache, Tippen, Problembewältigung, Lernfähigkeit –, und Leute, die die nötige *Motivation* für den Job haben. Wenn Sie jemanden anstellen, dessen Lebensziel es ist, tagsüber im Keller seiner Eltern zu leben und nachts durch die Diskos zu ziehen (Papa hat ihn dazu gebracht, sich einen Job zu suchen, und er hat Sie gefunden), dann werden Sie wahrscheinlich feststellen, dass diese Einstellung sich nicht lohnt.

 Um gute Einstellungsentscheidungen zu treffen, muss man die Kandidaten auf eine Weise testen, die ihren Erfolgsgrad im Job vorhersagt. Hierbei überprüfen Sie die richtigen Fähigkeiten und die angemessene Motivation.

Die Fähigkeiten bewerten

Das Testen der Fähigkeiten ist der einfache Teil. Sie können vieles tun, um das Niveau der Fähigkeiten zu bewerten. Hier einige Beispiele:

Lebensläufe und Bewerbungsgespräche

Es gibt keine bessere Prognose für künftige Erfolge als der bereits erzielte Erfolg. Wenn Kandidaten in der Vergangenheit schon erfolgreich in Jobs waren, die dem ähneln, für den Sie sie vorgesehen haben, ist das Leben leichter für Sie, wenn Sie ermitteln können, wie erfolgreich sie wirklich waren. Das ist allerdings leichter gesagt als getan. Manchmal übertreiben die Bewerber frühere Erfolge in ihren Lebensläufen – das ist ja nichts Neues.

 Wenn Sie mit potenziellen Call Center-Agenten ein Bewerbungsgespräch vereinbart haben, sollten Sie das erste Gespräch am Telefon führen. Sagen Sie den Bewerbern, dass Sie das Gespräch aufzeichnen und lassen Sie sich auf jeden Fall die Erlaubnis dazu geben. Ein Telefoninterview ist eine hervorragende Möglichkeit, um herauszufinden, wie der Angestellte klingt und sich in einer echten Gesprächssituation verhält.

Überprüfung von Referenzen

Es kann auch schwierig sein, eine zuverlässige Referenz zu bekommen, da ein schlauer Bewerber Ihnen wohl kaum eine schlechte oder mittelmäßige Referenz geben wird. Es ist viel effektiver, wenn Sie sich selbst eine Referenz vom früheren Arbeitgeber des Bewerbers besorgen können. Aber auch das ist nicht ganz einfach, weil viele Firmenrichtlinien verbieten, detaillierte Referenzen herauszugeben – damit sie nicht von ihrem früheren Mitarbeiter verklagt werden, weil dies ihre Chancen reduziert, eine neue Anstellung zu finden. Trotzdem ist dies möglich. Wenn der Kandidat aus Ihrem eigenen Unternehmen stammt, dürfte es einfacher sein, eine zuverlässige Referenz zu finden.

Eignungstests

Wenn Sie den künftigen Joberfolg eines Bewerbers nicht anhand des Lebenslaufs, des Bewerbungsgesprächs und der Referenzüberprüfung ablesen können, dann müssen Sie einen Einstellungstest vornehmen. Es gibt eine ganze Reihe von Tests. Zu den besten gehören unserer Meinung nach folgende:

✔ Kundendiensteignungstests

✔ Verkaufseignungstests

✔ Computerkenntnistests

✔ Spezifische Call Center-Eignungstests

Diese Tests sind bei Personalagenturen oder im Internet erhältlich.

Achten Sie darauf, dass ein Test hinreichend für gültig erklärt wurde, damit klar ist, dass er auch wirklich den Joberfolg prognostiziert. Manchmal kann die Verwendung eines nicht bestätigten Tests Ihre Firma in Gerichtsverfahren stürzen, die von Leuten initiiert wurden, die sich durch diesen Test diskriminiert fühlten. Es gibt viele Tests, und Sie dürften wohl den richtigen für Sie finden.

Die Bewerbungszeit mit IVR verkürzen

Wenn Sie ein Call Center mit vielen Mitarbeitern führen, stellen Sie wahrscheinlich ständig neue Agenten ein, um mit der Personalfluktuation zurechtzukommen. Einige große Call Center verwenden ein Sprachdialogsystem (IVR – siehe Kapitel 8), das ihnen hilft, Bewerbungen effektiv und schnell zu bearbeiten, ohne die Personalabteilung zu überfordern, sodass sie sich auf die persönlichen Gespräche konzentrieren können.

Interessierte Bewerber rufen einfach Ihre gebührenfreie Nummer an. Typischerweise fordert das IVR-System den Bewerber auf, eine Telefonnummer und andere persönliche Informationen einzugeben, damit die Personalverantwortlichen bei Bedarf zurückrufen können. Dann wird dem Bewerber Ihr Unternehmen kurz vorgestellt, die verfügbaren Stellen werden genannt, und der Anrufer wird nach Ausbildung, Qualifikationen und anderen Jobvoraussetzungen gefragt. Sie steuern den gesamten Gesprächsablauf und die gestellten Fragen. Am Ende des automatisierten Gesprächs erhalten die Bewerber eine Referenznummer, und das war's.

Die gesammelten Daten werden verwendet, um Reports zu erzeugen, die Ihre Personalverantwortlichen anhand Ihrer bevorzugten Kriterien durchsuchen oder filtern können. Zum Beispiel könnten Sie nur diejenigen Bewerber auswählen, die Erfahrungen im Kundendienst oder ein gewisses Bildungsniveau haben. Damit eliminieren Sie diejenigen, die nicht für ein Vorstellungsgespräch in Frage kommen. Dieses System reduziert die Anzahl der Gespräche, die geführt werden müssen, und ermöglicht es Ihrer Personalabteilung, sich auf die Bewerber zu konzentrieren, die für den Job qualifiziert sind.

Es ist außerdem sinnvoll, Ihre eigene, interne Bewertung vorzunehmen, um herauszufinden, welche Methoden am besten den Anforderungen Ihres Call Centers entsprechen. Wenn Sie ausreichend Daten über die Mitarbeiter-Performance sammeln, müssen Sie nur noch den Joberfolg Ihrer Agenten mit deren Ergebnissen im Einstellungstest vergleichen, um Ihren Einstellungstest zu bestätigen und für gültig zu befinden. Sie haben bestimmt irgendein Genie in Ihrem Büro, das weiß, wie man eine Korrelationsanalyse vornimmt – wenn Sie es ganz genau wissen wollen, lassen Sie ihn eine machen.

Die Motivation bewerten

Die Fähigkeiten und die Eignung (die Begabung, Fähigkeiten zu entwickeln) vorherzusagen, ist der leichtere Teil. Die Motivation eines Kandidaten einzuschätzen, ist viel schwieriger, aber genauso wichtig.

Sie können einige dieser Informationen im Verlauf des Gesprächs und der Referenzüberprüfung herausbekommen – vorausgesetzt, der vorherige Job des Bewerbers hatte mit Call Centern zu tun. Mochte er seinen früheren Job? Hat er sich weiterentwickelt? Warum ist er gegangen?

Wenn der Bewerber noch nie in einem Call Center gearbeitet hat, bietet es sich an, ihn einige Anrufe anhören zu lassen – vielleicht ein paar Stunden lang. Fragen Sie: »Was halten Sie von dem Job?«, »Ist er interessant für Sie?«, »Können Sie sich vorstellen, diese Funktion fünf Jahre lang auszuüben?«, »Wie würde Ihnen dieser Job bei Ihren Lebenszielen helfen?«

Ähnlich wie bei den Fähigkeiten ist auch hier der Grad an Interesse und Motivation in vergangenen Jobs ein guter Indikator für die künftige Motivation im neuen Job.

Eignungstests sagen Ihnen, ob ein Bewerber den Job machen kann; die Bewertung der Motivation verrät Ihnen, ob er den Job machen wird. Motivationstests sind eine Ergänzung zu Bewerbungsgesprächen und Referenzüberprüfungen. Manchmal wird eine Motivationsanalyse in den Eignungstest eingebaut, manchmal sind die beiden voneinander getrennt. In jedem Fall kann eine Motivationsanalyse Ihren Erfolg bei der Einstellung erhöhen.

Gute Tests (oft kategorisiert als Persönlichkeitsprofile) besitzen ein System, mit dem irgendwelche Manipulationsversuche während des Tests aufgedeckt werden können.

Welche Tests Sie auch durchführen, sie sollten in Ihren Einstellungsprozess integriert werden (Abbildung 10.1 zeigt ein Beispiel für einen Einstellungsprozess). Außerdem müssen Sie von Zeit zu Zeit Ihren Einstellungsprozess anhand des Joberfolgs Ihrer Mitarbeiter bewerten. Wenn Sie keine bestätigenden Ergebnisse erhalten, ist es Zeit, den Prozess zu verändern.

Schritt 2 – Sagen, was zu tun ist: Erwartungen festlegen

Glauben Sie mir, einer der wesentlichsten Gründe, warum Leute im Job keinen Erfolg haben, ist, dass ihnen keiner gesagt hat, was sie tun sollen – ganz davon abgesehen, dass das präzise, klar und messbar sein muss.

Ihre Erwartungen an die Agenten müssen von dem ersten Tag an klar sein, an dem sie die Verantwortung für ihren Job übernehmen. Die Agenten müssen wissen, was erreicht werden muss, um den Job zu behalten – und was sie tun müssen, um die Erwartungen zu übertreffen.

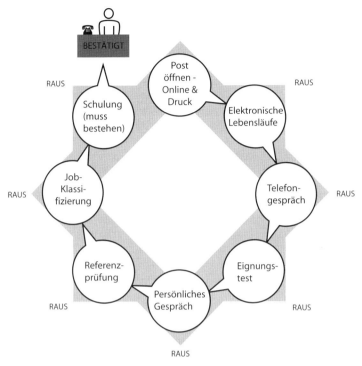

Abbildung 10.1: Beispiel für einen Einstellungsprozess

Die Aussage ist vielleicht abgenutzt, aber diese Erwartungen müssen so messbar, spezifisch und nachvollziehbar sein wie möglich.

Ein gutes Call Center-Modell versucht, Qualität, Kostenkontrolle und Gewinnerzielung auszubalancieren. (In Kapitel 2 erfahren Sie mehr über Geschäftsmodelle für Call Center.) Ebenso sollten Sie auch beim Beobachten der Mitarbeiter-Performance über einen ausbalancierten Satz an messbaren Größen verfügen. Die Gesprächsdauer zum Beispiel ist eine messbare Größe für die Kostenkontrolle, aber um gründlich zu sein, brauchen Sie einen kompletten Satz an messbaren Größen für die Qualität, die Kostenkontrolle und den Service. Tabelle 10.1 zeigt einige messbaren Größen, die Sie in Betracht ziehen sollten. (In Kapitel 2 erhalten Sie eine detailliertere Erklärung dieser messbaren Größen.)

Unternehmensziel	Messbare Größe	Bedeutung
Kostenkontrolle	Gesprächsdauer	Die Gesprächsdauer und die Dienstplantreue zeigen Ihnen, was Ihre Agenten mit ihrer Zeit anfangen.
	Dienstplantreue	
	First-Call Resolution	Sagt Ihnen, ob Ihre Agenten die Gesprächszeit effektiv nutzen. Wenn die Kunden nicht zurückrufen, ist dies der Fall.

Unternehmensziel	Messbare Größe	Bedeutung
Qualität	Ergebnisse der Kundenbefragung	Das Urteil des Kunden ist der beste Indikator für Zufriedenheit und Qualität. Nachträgliche Anrufbeurteilungen sind tolle Hilfsmittel beim Coaching, aber verunsichern Sie die Agenten nicht mit direkten Qualitätsindikatoren. Erstens sind diese immer subjektiv, und zweitens ist es sehr schwierig, genug davon zu bekommen, um die Qualität der Mitarbeiter-Performance exakt ablesen zu können.
	Nachträgliche Anrufbeurteilung, unter anderem durch Kundenbefragung	Verwenden Sie nachträgliche Anrufbeurteilungen für das Coaching und befragen Sie die Kunden zur Qualität des Gesprächs.
Umsatzerzielung	Conversion Rate, Abschlussrate (oder Konversionsrate; Verkäufe pro beantwortetem Anruf)	Die Conversion Rate oder Abschlussrate verrät Ihnen, ob Ihr Agent Ergebnisse erzielt. Der Umsatz pro Verkauf verrät Ihnen etwas über die Größenordnung der Ergebnisse. Beides zusammen sagt Ihnen, wie viel Umsatz die Agenten generieren.
	Umsatz pro Verkauf	Machen Sie nicht den Fehler, die beantworteten Anrufe zu qualifizieren, indem Sie Anrufe herausnehmen, von denen Sie glauben, dass sie keine Verkaufschancen bieten (falsche Nummern, Umbuchungen etc.). Jeder Agent erhält den gleichen Prozentsatz dieser Anrufe. Wenn Sie beginnen, Anrufe herauszufiltern, öffnen Sie Ihr Call Center für Manipulationen und unsaubere Ergebnisse. »Oh, diesen Anruf können wir dazunehmen, aber nicht den … den hier? Nein, den da! Und was ist eigentlich mit diesem …?«

Tabelle 10.1: Typische messbare Größen für die Anforderungen an Agenten

Sicher können Sie auch andere messbare Größen in Betracht ziehen, aber die in Tabelle 10.1 erwähnten sind wichtig, weil sie alle Ihre Ziele in Sachen Effizienz, Service und Gewinn steuern. Tatsächlich können sie benutzt werden, um Ihr Betriebsmodell innerhalb der ganzen Organisation zu steuern. (In Abbildung 2.1 sehen Sie die Darstellung eines solchen Modells.)

Drücken Sie sich deutlich aus

Wenn Sie ein neuer Agent wären, wäre Folgendes ein Beispiel dafür, wie wir die Minimalanforderungen erklären könnten:

»Sie müssen Kundengespräche im Monatsdurchschnitt in 604 Sekunden oder weniger abwickeln, und nicht mehr als 10 Prozent Ihrer Kunden dürfen innerhalb des Monats, in dem sie mit Ihnen gesprochen haben, wegen derselben Sache noch einmal anrufen. Dabei müssen Ihnen die Kunden, mit denen Sie sprechen, mindestens 9 von 10 Punkten geben, wenn man sie fragt, wie zufrieden sie mit dem Service waren, den sie bekommen haben. Sie müssen eines unserer Produkte an mindestens 15 Prozent der Leute verkaufen, mit denen Sie sprechen, und der durchschnittliche Umsatz pro Verkauf darf nicht weniger als 500 Euro betragen.

Natürlich brauchen Sie Zeit, um diese Minimalziele zu erreichen. Aus Erfahrung wissen wir, dass Neulinge etwa einen Monat benötigen, um dieses Minimum zu erreichen. Nach zwei Monaten erreichen mehr als 85 Prozent der Mitarbeiter durchgehend diese Ziele. Noch einmal, dies sind Minimalziele; Sie und ich werden zusammenarbeiten, damit Sie sie auch ganz sicher erreichen. Und nun erkläre ich Ihnen, wie Sie einen Bonus bekommen können ...«

Setzen Sie klare Erwartungen

Es wurde viel über das Festlegen von Leistungserwartungen geschrieben und gesagt. Die meisten stimmen darin überein, dass Leistungserwartungen mindestens präzise, messbar oder beobachtbar und realistisch sein müssen. Üblicherweise haben Call Center kein Problem, präzise und messbare Anforderungen festzulegen. Schwieriger sind schon die realistischen Erwartungen. Oftmals werden die Erwartungen auf dem Niveau angesetzt, wo das Management die Performance gerne sähe. Wenn Erwartungen unrealistisch hoch angesetzt werden, werden die Mitarbeiter diese Erwartungen entweder ignorieren oder bei dem Versuch, ihnen zu entsprechen, frustriert und demotiviert sein. Sind die Erwartungen unrealistisch niedrig angesetzt, werden die Agenten sie wahrscheinlich ignorieren, weil sie keine Herausforderung sind. In beiden Fällen misslingt die Motivation wegen falscher Leistungserwartungen.

Eine Minimalanforderung gibt Ihren Mitarbeitern eine klare Richtung vor bezüglich des Minimums, das erreicht werden muss. Da sie auf der durchschnittlichen Performance des Teams basiert, abzüglich einer Standardabweichung (siehe Kapitel 5), werden die meisten sie ohne allzu große Probleme letztlich auch erreichen. Vielleicht 15 bis 20 Prozent Ihrer Mitarbeiter werden sich der Minimalanforderung jederzeit bewusst sein. Um mehr Mitarbeiter zu motivieren und kontinuierliche Verbesserungen zu fördern, ist es nützlich, einen Bonus-Level für die Performance festzulegen.

 Ich empfehle, den Bonus-Level in derselben Weise festzulegen, in der Sie die Minimalanforderungen bestimmen, nur dass Sie beim Bonus-Level die durchschnittliche Performance der Gruppe berechnen und eine Standardabweichung hinzufügen. Wie bei den Minimalanforderungen werden etwa 13 Prozent Ihrer Mitarbeiter diese Bonus-Level-Anforderung erfüllen – und das macht die Erwartung realistisch. Es wird einige Mitarbeiter geben, die knapp unter diesem Bonus-Level liegen, und weil sie so kurz davor sind, den Bonus zu bekommen, müssen sie motiviert werden, um es »noch ein kleines bisschen besser« zu machen. Dies führt zu Verbesserungen für diese Agenten und das Team als Ganzes – und verändert die durchschnittliche Performance, die Minimalanforderung und die Bonus-Level-Anforderung nach oben.

 Das Schöne daran, Minimal- und Bonusziele auf diese Weise festzulegen, ist, dass es auf das gesamte Unternehmen einen sanften Verbesserungsdruck ausübt.

Um Anforderungen festzulegen, die präzise, messbar und realistisch sind, verwende ich gerne die in der Vergangenheit aufgezeichnete Performance des Teams. Hierfür empfehle ich, als Minimalanforderung die durchschnittliche Performance des Teams plus eine Standardabweichung zu verwenden (siehe Kapitel 5) – wie in Abbildung 10.2 dargestellt. In der Grafik in Abbildung 10.2 ist die Minimalanforderung auf circa 603 Sekunden festgelegt – das entspricht einer Standardabweichung von 14 Sekunden über dem Teamdurchschnitt von 589 Sekunden –, während das Bonus-Ziel für die Gesprächsdauer bei etwa 575 Sekunden liegt – also eine Standardabweichung unter dem Durchschnitt. Das bedeutet, dass 87 Prozent Ihrer Mitarbeiter dieses Minimum erreichen werden. Diejenigen, bei denen das nicht der Fall ist, müssen zusätzliche Unterstützung erhalten.

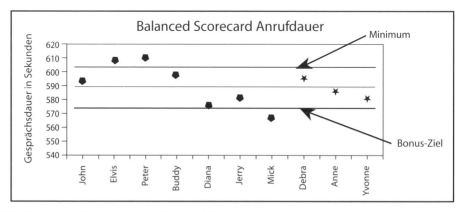

Abbildung 10.2: Eine sogenannte Balanced Scorecard zum Festlegen der Minimalanforderungen und Ziele

Von Zeit zu Zeit müssen Sie die Ziele ändern, um Verbesserungen bei den Abläufen und der Mitarbeiter-Performance zu berücksichtigen.

Konzentrieren Sie sich nicht nur auf eine messbare Größe

Als ich über das Festlegen von Anforderungen gesprochen habe, habe ich die durchschnittliche Gesprächsdauer verwendet, um das Bestimmen von Minimal- und Bonus-Anforderungen zu demonstrieren. Einige von Ihnen mögen jetzt vielleicht einwenden: »Schön, aber wenn Sie nur die Gesprächsdauer messen, dann werden Sie zu schnell, der Service wird mies – und es gibt nur schlechte oder gar keine Qualität.« Berechtigter Einspruch. Dieselben Überlegungen gelten für jede messbare Größe.

Konzentrieren Sie Ihre Anforderungen auf eine beliebige messbare Größe, und Sie bekommen, was Sie wollen – großartige Ergebnisse bei einer messbaren Größe, aber vielleicht zu Lasten anderer Performance-Parameter. Sie benötigen einen ausbalancierten Ansatz, um Anforderungen festzulegen.

Einige Unternehmen brauchen vielleicht nur einen Teil der messbaren Größen, die in Tabelle 10.1 dargestellt sind. Wenn Ihr Call Center beispielsweise nicht so viel verkauft, dann sind die Umsatzerwartungen nicht unbedingt eine notwendige messbare Größe.

Wenn Sie die Performance der Agenten messen, können Sie diese Messgrößen verwenden, um eine sogenannte Balanced Scorecard zu erstellen – mit der Sie Ziele (Minimalanforderungen und Bonus-Ziele) für jede einzelne messbare Größe festlegen, Feedback geben (mehr Details über Feedback finden Sie in Kapitel 11) und Leistung belohnen auf der Grundlage der Leistung der Agenten im Verhältnis zu allen Messgrößen.

Jedes Gespräch ist ein Verkaufsgespräch

In Kapitel 2 wird erwähnt, dass Verbesserungen bei der Umsatzerzielung Ihres Call Centers größere Auswirkungen auf die Ergebnisse haben können als Verbesserungen bei den messbaren Größen zur Kostenkontrolle. In größeren Call Centern können kleine Verbesserungen in der *Retention-Quote* oder *Churn-Rate* (Kunden, die eigentlich zwecks Kündigung angerufen haben und als Kunden gehalten werden) mehrere Tausend – oder sogar Millionen – Euro an gerettetem Umsatz ausmachen. Auf ähnliche Weise können kleine Verbesserungen beim Cross- und Upselling viele Hunderttausend Euro oder mehr ausmachen.

Davon ausgehend, dass jeder Kontakt mit einem Kunden eine Chance ist, Ihre Geschäftsbeziehung zu verbessern, ist es wichtig, dass die Forderung aufgestellt – und von allen Agenten verstanden – wird, dass jeder Anruf als Möglichkeit zur Umsatzerhöhung betrachtet wird, jetzt und in Zukunft. Mehr Details über die allgemeine Behandlung von Anrufen finden Sie in Kapitel 14 und Details über Verkaufsgespräche in Kapitel 16. Aber wenn Sie nur daran denken, jedes Kundengespräch als Alles-oder-nichts-Gelegenheit zu betrachten, um eine weitere langfristige Kundenbeziehung aufzubauen, dann sind Sie auf dem richtigen Weg.

»Verdammt, Jens, jedes Gespräch ist ein Verkaufsgespräch!«

Eine Balanced Scorecard erstellen

Ich empfehle, einen Performance-Index (OPI = Overall Performance Index) zu verwenden, der eine ausbalancierte Gesamtleistung honoriert, indem die einzelnen messbaren Größen mathematisch kombiniert werden.

Beim Aufstellen eines Gesamtleistungsindex verwende ich die folgende Berechnung:

OPI = (3.600 / Gesprächsdauer) x First-Call Resolution x Dienstplantreue x Kundenmeinung x Konversion x Umsatz pro Verkauf

In meiner OPI-Berechnung ist 3.600 die Anzahl der Sekunden in einer Stunde. Wenn man 3.600 durch die Gesprächsdauer dividiert, erhält man eine Basisgröße für die Produktivität. Dies multipliziert man mit dem Prozentsatz für die Problemlösung beim ersten Anruf (engl. First-Call Resolution) und berücksichtigt so die Agenten, die zwar die Anrufe schneller erledigen, aber nicht zufriedenstellend (das heißt, der Kunde musste zurückrufen). Dies führt zu einer Messgröße der Gesamtproduktivität, bei der höher gleich besser ist. Durch die Multiplikation mit dem Faktor für die Einhaltung des Dienstplans, wird die Wertung für Agenten nach unten korrigiert, die nicht am Telefon saßen, wenn sie dafür eingeteilt waren – das macht sie weniger produktiv. Durch die Multiplikation mit dem Ergebnis der Kundenbefragung wird die Wertung für Agenten nach unten korrigiert, deren Kunden weniger zufrieden waren, und nach oben für die, deren Kunden zufriedener waren. Das multipliziert man mit der Abschlussrate (Conversion Rate) und dem Umsatz pro Verkauf, um zu zeigen, wie produktiv der Agent bei der Umsatzgenerierung ist, wenn er Kundenanfragen bearbeitet. Sie haben es wahrscheinlich erraten: Je höher, desto besser.

Natürlich können Sie die Gewichtung einer jeden Messgröße jederzeit anpassen – indem Sie zum Beispiel der Kundenmeinung eine höhere Gewichtung zukommen lassen als den anderen Messgrößen.

Der Agent, der den höchsten Performance-Index hat, macht es am besten. Er hat all seine Performance-Ziele in einer optimalen Gesamtkombination ausbalanciert. OPI fördert die Verbesserung – verbessern Sie die Performance bei einem der Schlüsselziele, und der OPI wird sich verbessern. Verbesserung ist immer möglich.

Nun können Sie den OPI wie die Gesprächsdauer grafisch darstellen. Die untere Grenze ist ein Minimum, und die obere Grenze zeigt die Top- oder Bonus-Performance an. Die Anweisung an die Agenten wird sehr einfach: »Erreichen Sie einen OPI-Wert, der über dem unteren Grenzwert liegt. Wenn Sie den oberen Grenzwert erreichen, erhalten Sie einen Bonus. Sie verbessern den OPI, indem Sie Ihre Performance bei den zugrunde liegenden Faktoren verbessern. Sorgen Sie für einen guten OPI, und Sie werden ein gutes Leben haben.«

Verwenden Sie einen Gesamtleistungsindex

Beim Zusammenstellen der Daten für die Mitarbeiter-Performance eines Telekommunikations-Call Centers bemerkte das Management, dass keine Messgröße für sich allein etwas darüber aussagte, welcher Agent mehr leistet als die anderen. Herr Schmidt hatte die niedrigste Gesprächsdauer, aber wenn die anderen Messgrößen hinzugezogen wurden, landete er in der Gesamtwertung auf Platz 4. Herr Meier sollte sich darauf konzentrieren, bei der Problemlösung beim ersten Anruf (engl. First-Call Resolution) besser zu werden. Vielleicht versuchte er, seine Gespräche zu schnell zu Ende zu bringen. Herr Müller schloss die meisten Verkäufe ab, aber sein durchschnittlicher Umsatz pro Verkauf war ein wenig verbesserungsbedürftig. Frau Schmitz war die beste Agentin, weil sie ein hohes Ergebnis bei der Kundenbefragung und einen hohen Durchschnittsumsatz pro Verkauf hatte. Auch wenn sie eine höhere Gesprächdauer als die anderen hatte, machte ihr Gesamtergebnis sie zum Spitzenreiter des Gesamtleistungsindex. Unterschiedliche Unternehmen werden ihre Messgrößen jeweils anders gewichten, um deren besondere Bedeutung für das Call Center und das Unternehmen Rechnung zu tragen.

Denken Sie daran, dass diese Messgrößen von denjenigen Performance-Faktoren des Call Centers abgeleitet sind, die Ihre Unternehmensziele beeinflussen. Alle diese Messgrößen sind bedeutsam, und es ist wichtig, sie alle zu berücksichtigen, wenn Sie die Performance-Anforderungen für die Agenten festlegen.

... ach, und sagen Sie ihnen auch, warum sie es tun sollen!

Wenn Sie Ihren Agenten genau sagen, *was* Sie von ihnen erwarten, liegen Sie gut im Rennen. Wenn Sie ihnen auch noch sagen *warum*, fügen Sie einen zusätzlichen Turbo-Level der Motivation hinzu, der sofort die kontinuierliche Verbesserung nach oben jagt.

Es gibt zwei gute Gründe, die Sie Ihren Agenten erzählen können, damit die Minimalanforderungen erfüllt oder sogar übererfüllt werden:

✔ **»Unsere Abteilung wird ihre Ziele erreichen, wenn wir alle an einem Strang ziehen.«** Allzu oft wird die vorderste Front nicht in das Gesamtbild einbezogen. Die meisten Menschen möchten Teil eines erfolgreichen Teams sein. Mehr noch, die Menschen möchten wissen, dass es ihrer Abteilung (und der Firma) gut geht und ihre Jobs sicher sind. Es wirkt stärkend und ermutigend, wenn Abteilungsziele mitgeteilt werden und erklärt wird, wie sie funktionieren und wie Einzelergebnisse zu den Gesamtzielen beitragen.

✔ **»Sie erhalten eine Belohnung.«** Zulagen, Bonuszahlungen, Belobigungen, Aufstiegsmöglichkeiten – wie auch immer die Belohnungsstruktur ist, sie muss irgendwie mit der Zielerreichung des Agenten in Zusammenhang stehen.

Schritt 3 - Zeigen, wie es geht: Schulungen und Coaching

Sie haben also jetzt motivierte und fähige Menschen eingestellt, und Sie haben ihnen genau gesagt, was Sie von ihnen erwarten.

Wenn Sie an dieser Stelle aufhören, haben Sie einige sehr frustrierte, gut arbeitende Menschen. (Ich würde mich lieber nicht allein mit ihnen in einem Raum aufhalten wollen.) Als Nächstes müssen Sie Ihren neuen Mitarbeitern die Feinheiten des Jobs zeigen, den sie erledigen sollen. Viele Firmen führen Schulungen durch, aber nicht alle in der Weise, die den Mitarbeitern zeigt, wie man brillant in dem ist, was von einem erwartet wird.

Es gibt auf diesem Planeten viel effektives Schulungsmaterial. Hier konzentriere ich mich auf ein paar Grundregeln, die zu befolgen sind.

Richten Sie die Schulungen, die Sie anbieten, auf die Performance-Ziele Ihrer Agenten aus. Sie müssen in der Lage sein, folgende Fragen für Ihre Agenten zu beantworten: »Inwieweit wird mir dies helfen, den Erwartungen zu entsprechen und sie zu übertreffen?«, »Inwieweit wird mich diese Hilfe weiterbringen?«, »Inwieweit wird mir dies helfen, meiner Firma zu helfen?« Das klingt einfach, ist aber wichtig – insbesondere, wenn Sie wollen, dass die Mitarbeiter den Schulungen, die Sie anbieten, aufmerksam folgen.

Halten Sie es einfach

Halten Sie es *einfach* ... einfacher ... noch einfacher. Untersuchungen zeigen, dass ein sehr hoher Prozentsatz der Informationen, die in Schulungen vermittelt werden (möglicherweise bis zu 85 Prozent), kurz nach dem Ende der Schulung wieder vergessen ist. (Typisches Beispiel: Wie viel wissen Sie noch aus Ihrer Schulzeit über Analysis und Algebra?)

 Sie sollten sich auf ein paar wichtige Dinge konzentrieren, die die Agenten behalten müssen – zum Beispiel: »Wie bekomme ich meine Gehaltserhöhung?« und »Was darf ich nicht tun, wenn ich meinen Job behalten will?«.

Sie sollten sich auch auf die Entwicklung der für den Job wichtigen Fähigkeiten konzentrieren – beispielsweise, wie man die Datenbank benutzt (die alle Informationen enthält, die man beim besten Willen nicht im Kopf behalten kann) – und auf die Fähigkeiten zur Gesprächsbehandlung.

Wenn Sie sich auf ein paar wichtige Richtlinien konzentrieren, auf Fähigkeiten zur Gesprächsbehandlung (Gesprächssteuerung, Kundenorientierung, Verkäufe, schwierige Situationen) und Wissensdatenbanken, dann wird das Ihre Agenten ein gutes Stück weiterbringen.

Die Grundlagen lehren: Die Schlüsselkomponenten einer Schulung

Ich habe eine Liste mit den Schlüsselkomponenten zusammengestellt, die abgehandelt werden sollten, damit Ihre Call Center-Schulungen effektiv sind.

✔ **Individuelle Ziele und Erwartungen:** Wiederholen Sie kurz, was Sie von Ihren Agenten erwarten, wie ihre Ziele die Abteilung und das Unternehmen beeinflussen und wie die Schulung auf ihre Ziele und Anforderungen eingeht.

✔ **Wichtige Richtlinien und Abläufe:** Teilen Sie die wichtigen Informationen mit, die die Agenten kennen müssen, und sagen Sie ihnen, wie sie in Zukunft an Informationen über Richtlinien und Abläufe kommen können.

✔ **Produktkenntnis:** Weshalb rufen alle diese Kunden überhaupt an? Für was arbeiten Sie eigentlich? Ihre Agenten müssen das wissen – zumindest die Grundlagen. Bringen Sie Ihren Mitarbeitern außerdem noch bei, wie sie an Informationen über Ihre Produkte kommen können. (Wenn Sie das Call Center für einen großen Einzelhändler sind, werden Ihre Agenten wohl nicht die Details aller 53.239 Produkte im Kopf haben, die Sie verkaufen.)

✔ **Gesprächsbehandlung:** Lehren und üben Sie die Fähigkeiten, die die Agenten wirklich brauchen, um ihren Job zu machen. Die Agenten werden es während der Schulung nicht meisterlich hinbekommen, aber eine gute Entwicklung der Fähigkeiten in den Schlüsselbereichen wird ihnen in schwierigen Situationen helfen – besonders in den ersten schwierigen Tagen und Wochen des Jobs.

Zu den Fähigkeiten zur Gesprächsbehandlung gehören:

- Gesprächssteuerung

- Konstruktiver Umgang mit Verärgerung und schwierigen Situationen

- Kundenorientierung

- Verkaufsstrategien

Den Agenten sollten Informationen über entsprechende Datenbanken zugänglich sein. (Mehr Details über Hilfsmittel und Fähigkeiten zur Anrufabwicklung erhalten Sie in den Kapiteln 14 und 15.)

✔ **Systemnutzung:** Ihre Agenten müssen wissen, wie sie all die verschiedenen Systeme bedienen, die sie für ihren Job brauchen. (In Kapitel 8 finden Sie Beispiele und Erklärungen für die Call Center-Technologie, die von Agenten verwendet wird.) Hoffentlich enthält ein System oder eine Komponente eine Wissensdatenbank oder ein Referenzsystem, eine Art grafisches Flussdiagramm, das alle Schritte zur Vollendung eines Prozesses illustriert.

 Die Systeme in den heutigen Call Centern werden zunehmend besser eingebunden und benutzerfreundlicher. Dennoch werden einige Unternehmen auch weiterhin einen Mischmasch aus alten und neuen Systemen benutzen. In diesen Systemen kann es ziemlich schwierig sein, sich an alle Codes, Hebel, Hintertüren und Tricks zu erinnern. Neuere Agenten werden eine Anleitung oder ein Ablaufdiagramm benötigen, um sich zurechtzufinden.

Halten Sie es kurz

Je schneller Sie Ihre Agenten raus und an die Telefone bekommen, desto eher werden die Samen, die Sie in der Schulung gesät haben, sprießen und Ertrag bringen. Und es sind Samen – selbst die besten Trainer pflanzen keine voll entwickelten Pflanzen. Vermitteln Sie ihnen genug, um sicherzustellen, dass sie nicht sich selbst oder Ihre Kunden gefährden, testen Sie sie, um sicher zu sein, dass sie alles haben, was sie brauchen, und dann schicken Sie sie los. Training ist ein Prozess, kein Ereignis.

 Ich erinnere mich noch, wie ich ein Interview mit dem großartigen Jack Nicklaus gehört habe   wohl der erfolgreichste Golfer aller Zeiten. Während des Interviews sagte er, dass er immer noch etwas über das Spiel lernen würde, obwohl er zu dieser Zeit schon Mitte 50 war.

Mit dem Training für einen neuen Job ist es genauso. Sie können Ihren Agenten einen guten Start geben mit Schulungen für Neueinstellungen, aber der Prozess des Lernens wird nie enden. Mit dieser Philosophie im Hinterkopf können Sie Abläufe integrieren, die kontinuierliches Lernen unterstützen, beispielsweise:

✔ **Wöchentliche Tests:** Kurze wöchentliche Tests sind eine großartige Möglichkeit, die Fähigkeiten in bestimmten Bereichen zu prüfen und im Verlauf Fähigkeiten zu entwickeln und das Bewusstsein für das Thema zu schärfen.

✔ **Regelmäßige Coaching-Sitzungen:** Führen Sie Einzelgespräche mit den Agenten durch, um ihre Stärken und Schwächen zu analysieren, die mit ihren Jobanforderungen zusammenhängen. Diese Sitzungen sollten kurz sein und direkt auf den Punkt kommen.

✔ **Mystery Calls:** Mystery Calls sind fingierte Anrufe, bei denen ein Trainer oder Teamleiter die Rolle eines Kunden spielt. Dies ist ein schneller und effektiver Weg, um Fähigkeiten in Problemfeldern zu entwickeln.

✔ **Teambesprechungen:** Teambesprechungen sind eine tolle Möglichkeit, um neue Informationen (aber nicht zu komplizierte) oder Neuerungen an das gesamte Team zu übermitteln und um sich über Erfolge zu freuen. Sie können auch ein Weg sein, um Gemeinschaftsgefühl entstehen zu lassen.

✔ **Schulung zu Neuerungen:** Wenn die Entwicklung der Fertigkeiten komplizierter ist, könnten Gruppenschulungen erforderlich sein. Wieder ist mein Rat, diese so einfach und kurz wie möglich zu halten. Die Agenten müssen die wichtigen Bestandteile der neuen Informationen kennen – warum sie so wichtig sind und wie sie ihre Job-Performance beeinflussen. Stellen Sie sicher, dass die Agenten auch wissen, wo sie die Abläufe und Richtlinien zu diesem Thema finden.

✔ **Training in Leerlaufzeiten:** Eine sehr gute Entwicklung beim Call Center-Training ist das Einschieben von Trainings zwischen den Anrufen. Ein Beispiel: Wenn in unserer Firma die Leerlaufzeit zunimmt, erhalten unsere Agenten Mini-Schulungen per Video, sogenannte Webinars – Seminare über das Web – oder Audio-Schulungen. Diese Sitzungen sind für jeden Agenten maßgeschneidert und im Allgemeinen kurz gehalten, dafür aber häufiger. An einem Tag mit geringem Anrufvolumen kann jeder Agent mehrere spezielle Schulungsmodule bekommen. Da Leerlaufzeit verwendet wird, sind Ihre Kosten sehr gering, und da das Training auf die individuellen Anforderungen des Agenten zugeschnitten ist, ist es sehr effektiv.

Management der Mitarbeiter-Performance (Teil 2): Feedback und Unterstützung

11

Fachkorrektur: Silke Robeller, Manager Call Center, Amway GmbH

In diesem Kapitel

▸ Die Bedeutung der verschiedenen Arten von Feedback

▸ Wie man Feedback gibt

▸ Die Rollen, die mit dem Geben von Feedback zu tun haben

▸ Schrittweise Disziplinarmaßnahmen als Feedback-Mechanismus

▸ Jobbezogene und karrierebezogene Unterstützung

▸ Die Bedeutung des Teamleiters oder Supervisors im Call Center

---

In Kapitel 10 wurde die fünfstufige »schnelle Antwort« zum Mitarbeiter-Performance-Management vorgestellt:

1. Stellen Sie die richtigen Leute ein.

2. Sagen Sie ihnen, was sie tun sollen, und warum.

3. Zeigen Sie ihnen, wie es geht.

4. Geben Sie ihnen Feedback zu ihrer Arbeit.

5. Machen Sie es sich zum obersten Ziel, sie zu unterstützen.

Kapitel 10 hat sich mit den ersten drei Schritten befasst – den Elementen des Mitarbeiter-Performance-Managements, die Ihnen helfen, Ihre Agenten gut an den Start zu bringen.

In diesem Kapitel wird gezeigt, was erforderlich ist, um dies Potenzial zu maximieren und Ihre Agenten erfolgreich werden zu lassen, und zwar mit den letzten beiden Schritten aus der »schnellen Antwort« zum Mitarbeiter-Performance-Management: Feedback und Unterstützung.

Schritt 4 – Feedback geben und die Fortschritte aufzeigen

Feedback nennt man den Vorgang, bei dem die Ergebnisse der Anrufbehandlung an die Agenten zurückgemeldet werden, sodass sie erkennen können, ob sie ihren Job erfolgreich erfüllt haben. Feedback ist überall da notwendig, wo Menschen versuchen, ein Ziel zu erreichen.

Stellen Sie sich mal vor, wie schwer es wäre, Ziele ohne Feedback zu erreichen. Es dürfte schwierig sein abzunehmen, ohne eine Waage zu haben oder einen Spiegel oder eng anliegende Kleidungsstücke. Es dürfte schwierig sein, eine Meisterschaft in irgendeiner Sportart zu gewinnen, ohne einen Spielstand zu notieren. Feedback ist wie das Instrumentenbrett in einem Flugzeug: Es sagt dem Piloten, ob er sicher und in die richtige Richtung fliegt.

Ich stelle gerne die Frage: »Was ist wichtiger, Feedback oder Training?« Beides ist sehr wichtig, und im Idealfall ist ein Call Center in beidem herausragend. Langfristig gesehen ist gutes Feedback jedoch besonders wichtig. Meine Erfahrung zeigt, dass die Leute bei einem exzellenten Feedback am Ende die erwarteten Resultate liefern – selbst wenn sie nur über das allerwichtigste Basiswissen verfügen.

Im umgekehrten Fall jedoch – exzellentes Training, aber nur wenig oder gar kein Feedback – haben die Mitarbeiter vielleicht einen guten Start, aber letztendlich wird es schwieriger für sie, hervorragend zu sein, weil sie keine Möglichkeit haben, ihre Leistung zu überwachen, um Änderungen vornehmen zu können.

Feedback ist ein Lernmechanismus – eine Form von Training, das die Menschen mit dem Hintergrundwissen ausstattet, damit sie ihr Verhalten ändern können, um sich bei den Ergebnissen zu verbessern. Ohne dies sind sie dazu verurteilt, am Ziel vorbeizuschießen.

Die Feedback-Methoden

Das Feedback ist noch wertvoller, wenn die Ziele angemessen festgelegt wurden und die Messgrößen dieser Erwartungen klar vermittelt worden sind (siehe hierzu Kapitel 10, Schritt 2).

Die offensichtlichste und vielleicht beste Basis für Feedback sind die statistisch messbaren Größen (Messkriterien), die Sie verwenden, um die Mitarbeiter-Performance zu bewerten. Je leichter zugänglich und aktueller diese Daten sind, umso besser. Die Statistiken sind die »Fluginstrumente«, die Sie verwenden, um den Mitarbeitern zu sagen, wie sie ihrem Ziel näher kommen. Die Performance-Erwartungen an die Agenten bestimmen die Richtung oder das Ziel, während die Performance-Messungen die messbaren Größen bestimmen, um den Agenten eine Rückmeldung dazu zu geben, ob sie sich ihrem Ziel nähern.

Idealerweise haben Agenten Zugriff auf irgendeine Form von Übersicht, die sie mit brandaktuellen Informationen darüber versorgt, wie sie sich gerade machen. Dazu könnte die Performance für den aktuellen Tag, die Woche und den Monat gehören (was immer bei ihrer Performance wichtig ist). Abbildung 11.1 zeigt ein Beispiel für solch eine Übersicht.

Diese Übersicht gibt dem Agenten Auskunft über seine Performance, gemessen an den Performance-Erwartungen.

	Ø Ergebnis	ERWARTUNGEN Minimum	Bonus
Problemlösung beim ersten Anruf	75%	72%	80%
Dienstplantreue	96%	92%	96%
Kundenmeinung	90%	87%	95%
Konversion	25%	18%	24%
	87	86	94

Abbildung 11.1: Eine digitale Übersicht ermöglicht eine ständige Überwachung der Mitarbeiter-Performance.

Auch hier ist es am besten, wenn die Anzahl der Messkriterien so gering wie möglich ist, um die Performance des Agenten zu erfassen. Zu viele Messkriterien verzerren oft die Botschaft und bergen das Risiko, dass die Agenten irritiert sind und nicht mehr hinsehen.

Es ist wichtig, dass Ihre Agenten in der Lage sind, folgenden Satz *immer* zu vollenden: »Wenn ich mir meinen Tag noch einmal ansehe, würde ich auf der Grundlage meiner Performance …« Wenn sie nicht den Minimalerwartungen entsprochen haben, könnte die Antwort lauten: »… wahrscheinlich gestreckt und geviertelt werden« oder vielleicht: »… keine Zulage bekommen«. Wenn sie sehr gut waren, könnte die Antwort lauten: »… eine große, dicke, fette Zulage bekommen!«

In jedem Fall ermöglicht eine solche Übersicht den Agenten zu sehen, wie sie sich schlagen, und gibt ihnen die Richtung ihres Ziels vor.

Wie man Feedback gibt

Es folgt ein Beispiel dafür, wie der Vorgang ablaufen könnte, wenn Sie als Teamleiter einen Gesamtleistungsindex (OPI) als Mechanismus zur Abgabe von Feedback verwenden. (Mehr über OPI erfahren Sie in Kapitel 10.)

Angenommen, Sie seien Teamleiter in einem Telekommunikations-Call Center. Sie sehen sich die OPI-Ergebnisse Ihres Teams für diesen Monat an und ermitteln vier Agenten, die am unteren Ende der Performance arbeiten (Herr Kerner, Herr Klaus, Frau Sauber und Frau Munter). Außerdem finden Sie drei Agenten, die besonders gut sind (Frau Clasen, Herr Jansen und Frau Schneider).

Beginnen Sie mit denen, die unter der Norm liegen

Als Erstes versuchen Sie herauszubekommen, worin die wesentlichen Schwächen eines jeden Mitarbeiters bestehen, der unter der Norm liegt. Hierfür sehen Sie sich die einzelnen Ergebnisse an, die sich zum Gesamtleistungsindex zusammensetzen.

Sie konzentrieren sich einen Moment lang auf Herrn Kerner und stellen fest, dass seine besondere Schwäche in der Gesprächsdauer liegt. (In Kapitel 5 erhalten Sie mehr Informationen über das Messen der Gesprächsdauer.) Seine Gesprächsdauer ist besonders hoch im Vergleich zur Gruppe und hat große Auswirkung auf seinen OPI. Bei Nachforschungen treten zwei Dinge zutage: Erstens macht Herr Kerner das noch nicht so lange – vielleicht ist er ein neuer Agent. Zweitens wird er besser.

Nachdem Sie diese Informationen gesammelt und diese Analyse vorgenommen haben, sind Sie bestens vorbereitet, um Herrn Kerner sehr spezifisches Feedback zu geben, das ihm helfen wird, seine Performance zu verbessern. Sie werden sich wahrscheinlich mit Herrn Kerner zusammensetzen, seine Performance durchsehen – die er selbst schon gesehen hat, weil er an seinem Arbeitsplatz Zugriff auf die Übersicht mit seinen Ergebnissen hat. Sie könnten sich neben Herrn Kerner setzen und sich einige seiner Anrufe anhören.

Dann machen Sie Herrn Kerner Verbesserungsvorschläge – stellen Sie einen Aktionsplan auf. Sie könnten ihm Tipps geben, wie man einen Anruf besser steuert, oder vorschlagen, zusätzliche System- oder Produkttrainings zu absolvieren. Vergessen Sie nicht, die Besprechung nach Abschluss zu dokumentieren. Geben Sie Herrn Kerner eine Kopie dieser Dokumentation und geben Sie ihm Gelegenheit, den Aktionsplan zu realisieren, den Sie aufgestellt haben.

Sobald Sie mit Herrn Kerner fertig sind (und Ihre Arbeit mit Herrn Kerner braucht wirklich nicht lange zu dauern), suchen Sie sich das nächste Opfer – vielleicht Herrn Klaus – und wiederholen den Vorgang.

Machen Sie mit den besten Leuten weiter

Sobald Sie alle Ihre schwächeren Mitarbeiter überprüft und mit einem Aktionsplan versorgt haben, verbringen Sie einige Zeit mit den besten Mitarbeitern, um herauszufinden, was sie so gut macht.

 Falls Sie nach dem Anhören der Anrufe feststellen, dass einer der besten Agenten in einem bestimmten Bereich einige herausragende Fähigkeiten entwickelt hat, könnten Sie beschließen, ihn mit einem Ihrer Agenten zusammenzusetzen, der nicht so gut in diesem Bereich ist. Der bessere Agent wird Co-Trainer – ein Agent, der spezifisches Coaching oder Hilfestellungen an Agenten vermittelt, die dieselbe Arbeit tun (also an seine Kollegen).

Wenden Sie sich dem Rest des Teams zu

Betrachten Sie zuletzt die Performance des Rests Ihres Teams, um andere Verbesserungsmöglichkeiten finden zu können. Besondere Aufmerksamkeit könnten Sie denen zukommen lassen, die in ihrer Performance fast an der Spitze sind. Wenn Sie diesen Agenten ein wenig Hilfe geben, könnte es sie an den Gipfel bringen.

Im Allgemeinen sehe ich die Aufmerksamkeit eines Teamleiters gerne wie folgt aufgeteilt:

✔ 40 Prozent der Zeit mit den Agenten, die echte Probleme haben, das Minimum zu erfüllen – oft sind es die neueren Agenten, die die meiste Hilfe brauchen. Normalerweise gehören weniger als 20 Prozent des Teams zu dieser Gruppe, sodass es sich anbietet, 40 Prozent Ihrer Bemühungen auf diese Mitarbeiter zu konzentrieren.

✔ 10 Prozent der Zeit sollten mit den Spitzenmitarbeitern verbracht werden. Diese führen sich normalerweise selbst zu höherer Performance – insbesondere, wenn sie Zugriff auf ihre Performance-Daten haben –, aber ein wenig Aufmerksamkeit wirkt motivierend.

Die restlichen 50 Prozent Ihrer Zeit verbringen Sie mit dem Personal, das weder zu schlecht noch besonders gut arbeitet. Das werden ungefähr zwei Drittel Ihres Teams sein. Tabelle 11.1 zeigt einen einfachen Abriss, wie Teamleiter in einem Call Center ihre Zeit verbringen sollten

Feedback-Aufgaben des Teamleiters	Zeitaufwand
Der Teamleiter überprüft die Statistiken und bestimmt die Agenten, die am dringendsten umgehende Hilfe benötigen.	40 Prozent der Feedback- und Coaching-Zeit des Teamleiters
Der Teamleiter bespricht sich mit dem Agenten, die Hilfe benötigen, und arbeitet zusammen mit ihnen daran, die Ursachen für die Schwächen herauszufinden – indem er sich Anrufe anhört, mit den Agenten spricht und mit ihnen gemeinsam die Statistiken durchgeht.	
Agent und Teamleiter einigen sich auf einen Aktionsplan zur Verbesserung. Der Agent unterschreibt den Aktionsplan.	
Der Teamleiter überprüft die Statistiken und bestimmt die Agenten, die performance-mäßig ganz an der Spitze stehen; er findet heraus, worin sie am besten sind.	10 Prozent der Feedback- und Coaching-Zeit des Teamleiters
Der Teamleiter bespricht sich mit den Mitarbeitern, um ihnen zu gratulieren und besser zu verstehen, was an ihnen so besonders ist. Co-Trainer werden geboren.	
Der Teamleiter überprüft die übrigen Agenten, die weder zu schlecht noch besonders gut sind, und sucht nach Abweichungen in der Performance, die mit ein wenig Aufmerksamkeit diesen Mitarbeitern helfen können, sich zu verbessern.	50 Prozent der Feedback- und Coaching-Zeit des Teamleiters

Tabelle 11.1: Abriss des Feedback-Zeitplans eines Teamleiters

Die Beurteilung der Performance durchführen

Die Beurteilung der Performance kann eine sehr effektive Form des Feedbacks sein – oder aber ein Desaster für die Motivation und die Gesamtleistung. Der Hauptgrund für diesen Gegensatz liegt darin, wie überrascht der Agent von den Ergebnissen der Beurteilung sein wird – sah er es kommen oder nicht?

Die Performance-Beurteilung sollte nichts Neues über den Beitrag Ihrer Agenten und über deren Erfolg beim Erreichen ihrer Ziele enthüllen. Entscheidend ist, dass Agenten immer wissen sollten, wo sie stehen. Und das werden sie, wenn sie Nutzen aus den Feedback-Methoden in diesem Kapitel ziehen – die meisten davon dürften automatisch zur Verfügung stehen.

Wenn die Mitarbeiter immer wissen, wo sie stehen, besteht die Beurteilung der Performance nur aus einer kurzen Besprechung ihrer Performance im letzten Zeitraum und einer Formalisierung hinsichtlich Gehaltserhöhung, Bonuszahlung oder Korrekturmaßnahmen. Der Rest der Beurteilung kann dann genutzt werden, um die künftige Richtung und die künftigen Ziele des Agenten zu besprechen.

Die Häufigkeit der Performance-Beurteilungen variiert von Firma zu Firma. Viele Call Center nehmen sie jährlich vor – das ist eine lange Wartezeit, um eine Beurteilung zu erhalten. Ich mache so etwas gerne vierteljährlich. Vierteljährliche Beurteilungen bieten immer mehr Gründe zum Feiern und mehr Gelegenheiten, die Mitarbeiter zu motivieren.

Wenn erfolgreiche Agenten die Möglichkeit haben, auf vierteljährlicher Basis Gehaltserhöhungen zu bekommen, hilft dies dabei, dauerhaft zu motivieren und bessere Call Center-Ergebnisse zu erzielen.

Die Beurteilung in der Probezeit – die erste Beurteilung, die ein Mitarbeiter bekommt – bestimmt den Ton für künftige Beurteilungen und darf ruhig etwas förmlicher sein. In vielen Unternehmen wird sie durchgeführt, nachdem der Mitarbeiter 90 Tage oder weniger gearbeitet hat.

Ein Mitarbeiter in der Probezeit sollte wie auch der Rest der Belegschaft wissen, wo er steht. »Wenn ich heute meine Übernahmebeurteilung hätte, dann …« – »… würde ich eine Festanstellung bekommen« oder »… würde ich meine Probezeit nicht überstehen«.

Einzel-Feedback geben

Die meisten Statistiken zur Mitarbeiter-Performance werden automatisch erstellt (zumindest sollte es so sein) und die Agenten sollten – bis zu einem gewissen Grad – eine Selbsteinschätzung vornehmen. Dennoch brauchen und erwarten Mitarbeiter viele persönliche Einzelgespräche, um das Feedback zu besprechen und Aktionspläne zur Verbesserung zu entwickeln.

Einzel-Coaching und -Feedback sind nicht nur in Call Centern erforderlich, und Sie können jede Menge Lehrmaterial darüber finden, wie man es gut macht, also werde ich hier nicht zu sehr ins Detail gehen, sondern nur einige Grundlagen auflisten:

✔ **Fangen Sie mit dem Verhalten an.** Besprechen Sie zuerst die speziellen Fähigkeiten und Techniken im Telefonverhalten, die Sie bei den Ergebnissen in diesem Zeitraum festgestellt haben.

Der Agent beteiligt sich stärker am Gespräch, wenn Sie ihn bitten, erst seine Gedanken zu äußern, bevor Sie ihre nennen – und es ist immer am besten, mit dem Positiven anzufangen. Stellen Sie Fragen wie: »Was glauben Sie, was in diesem Quartal bei Ihrer Arbeit gut gelaufen ist?« Und dann: »Was hätten Sie anders machen können?«

✔ **Beurteilen Sie die Ergebnisse.** Zeigen Sie dem Agenten als Nächstes, wie sein Verhalten seine Ergebnisse beeinflusst hat, und den Effekt, den dies auf seinen Job, seine Karriere und seine Vergütung haben wird. Beispiel:»Herr Schulze, Sie haben alle Techniken zur Anrufsteuerung, die wir im letzten Quartal besprochen haben, wirklich gut eingesetzt, und Sie können erkennen, dass sich Ihre durchschnittliche Anrufbearbeitungszeit verbessert hat – um 10 Prozent! Das reicht, um in diesem Quartal den Level-1-Bonus zu bekommen. Gut gemacht! Verbessern Sie das weiter in dieser Richtung, und Sie können Ihre durchschnittliche Gesprächsdauer ganz leicht um weitere 15 Sekunden verkürzen. Und im nächsten Quartal bekommen Sie dann den Level-2-Bonus …«

✔ **Umreißen Sie Aktionspläne.** Helfen Sie Ihren Agenten, Strategien zur Verbesserung zu entwickeln, indem Sie spezifische Fähigkeiten, Techniken und Verhaltensverbesserungen besprechen, die ihnen helfen werden, ihre Ergebnisse zu verbessern. Erklären Sie genau, wie ein Erfolg dieser Strategien ihren Karrieren zugutekommen wird.

✔ **Sprechen Sie über Besonderheiten und geben Sie Beispiele.** Dies ist ein guter Zeitpunkt, um aufgezeichnete Gespräche, Bildschirmaufzeichnungen oder dergleichen zu untersuchen, wenn das im Unternehmen beziehungsweise vom Betriebsrat gestattet wird.

✔ **Fassen Sie sich kurz.** Halten Sie sich an die ein oder zwei Punkte, die die größten Auswirkungen haben werden, und führen Sie eine ergebnisorientierte Diskussion in diese Richtung. Nach nur fünf oder zehn Minuten werden die meisten Agenten mit Informationen überfrachtet. Viele 5-Minuten-Gespräche sind besser als eine 45-Minuten-Sitzung. Halten Sie es einfach und halten Sie es kurz. Die Wiederholung macht's.

✔ **Dokumentieren Sie Ihre Besprechung.** Schreiben Sie es auf – bitte! Einer der vielen Gründe, alle Feedback-Einzelgespräche zu dokumentieren, besteht darin, dass Sie etwas in der Hand haben, auf das Sie zusammen mit dem Agenten zurückkommen können. Es kann keinen Zweifel daran geben, dass es schriftlich sein muss – insbesondere wenn Sie dem Agenten kündigen. Bedenken Sie:

  • Schriftliche Pläne oder Anweisungen haben üblicherweise eine höhere Verbindlichkeit als rein mündliche.

  • Die in diesen Sitzungen besprochenen Themen liefern nützliche Informationen für eine Performance-Beurteilung. »Das hier haben wir getan, das hier ist passiert, sind wir nicht toll?«

- Falls Sie in eine schwierige Situation geraten und den Mitarbeiter entlassen möchten, hilft es allen, wenn Sie einen gut dokumentierten Eintrag in der Akte haben. »Hieran haben wir gearbeitet, das ist passiert (oder auch nicht passiert) …« und so weiter.

Seien Sie nett

Eigentlich sollte man es gar nicht sagen, aber wenn Sie sich in einer Funktion befinden, in der es notwendig ist, Feedback zu geben, versuchen Sie, diese wichtige Regel im Hinterkopf zu behalten: Schreien Sie die Leute nicht an. Und machen Sie sich nicht über sie lustig, spotten Sie nicht und seien Sie nicht sarkastisch. Behandeln Sie die Leute mit Respekt, so wie Sie auch behandeln werden möchten und wie Sie möchten, dass Ihre Angestellten die Kunden behandeln.

Die besten Manager und Teamleiter sind sogar in Disziplinargesprächen freundlich – *besonders* in Disziplinargesprächen.

Jede Interaktion zwischen Ihnen und Ihren Mitarbeitern ist eine Gelegenheit, um das Verhalten an den Tag zu legen, dass Sie von ihnen im Umgang mit den Kunden erwarten. Seien Sie professionell, behandeln Sie Ihre Leute mit Ehrlichkeit, Würde und Respekt und sorgen Sie dafür, dass sie sich gut fühlen, wenn Sie mit ihnen fertig sind. Dann werden sie mit höherer Wahrscheinlichkeit andere Menschen (einschließlich Ihrer Kunden) ebenso behandeln.

Loben und Strafen

Es gibt eine Redewendung, die ein wenig abgedroschen sein mag, aber immer zutreffend ist: »Loben Sie öffentlich, strafen Sie unter vier Augen.« Es ist immer gern gesehen, Erfolge zu feiern, und auch schüchterne Leute wie ich mögen den gelegentlichen Klaps auf die Schulter – besonders wenn das vor Kollegen und Freunden geschieht.

Öffentliches Lob fördert die Zusammenarbeit und die Kollegialität und kann einen sehr motivierenden Effekt auf das gesamte Team haben. Es ist so, als ob man einem der Kinder in einer Gruppe etwas Süßes gibt. Kurz darauf sind Sie umringt von einem Chor aus »Kann ich auch eins haben?«.

Auf der anderen Seite ist es wichtig, Disziplinargespräche allein zu führen. Öffentlich ausgeschimpft zu werden oder negatives Feedback zu erhalten, ist für ihre Agenten unangenehm und treibt sie in die Defensive. Sie achten dann mehr darauf, wer ihnen zusieht, als auf das, was Sie ihnen sagen.

Denken Sie einmal daran, was passiert, wenn ein Kind im Restaurant oder im Supermarkt durchdreht. Als Erstes sehen sich die Eltern um, um festzustellen, wer zusieht. Menschen sind nicht gern der Mittelpunkt *negativer* Aufmerksamkeit.

Die Leute fühlen sich schon schlecht genug, wenn sie eine Bestrafung bekommen. Machen Sie es nicht noch schlimmer, indem Sie sie auch noch bloßstellen. Eine Bestrafung unter vier Augen ermöglicht es Ihren Teammitgliedern, ihre Würde zu bewahren und sich gut zu fühlen, auch wenn sie sich vielleicht nicht gut in Bezug auf ihr Verhalten fühlen.

Schrittweise Disziplinarmaßnahmen

Manchmal laufen die Dinge mit einem Mitarbeiter nicht so, wie Sie gehofft haben. Sie haben ihn trainiert, versucht, sein Verhalten und seine Performance in die richtige Richtung zu steuern, aber Sie haben festgestellt, dass er keinen befriedigenden Grad an Performance erreicht hat, selbst nach mehreren Monaten. Oder vielleicht haben Sie festgestellt, dass er ein Verhalten an den Tag legt, das Sie im Call Center einfach nicht tolerieren können. Hier sind Sie an einen Punkt gelangt, an dem Sie mit schrittweisen Disziplinarmaßnahmen beginnen müssen.

Hierbei geht es um den Umgang mit Verhaltensweisen, die nicht den erwarteten Standards entsprechen. Wichtig ist: Das Ziel der schrittweisen Disziplinarmaßnahmen besteht darin, den Mitarbeiter zu der Einsicht zu bringen, dass sein Performance-Defizit ein Problem ist, dass sich sein Verhalten ändern muss und dass er auch die Kraft hat, es zu ändern. Das Endziel ist, das unkorrekte Verhalten zu korrigieren und den Mitarbeiter wieder auf den rechten Weg zu bringen.

 Dabei geht es darum, das Verhalten und die Ergebnisse des Agenten zu verbessern – es geht nicht um Bestrafung.

Die Schritte dazu sehen einen zunehmenden Grad an Konsequenzen bei Fortsetzung des unerwünschten Verhaltens vor – das ist mit dem Ausdruck »schrittweise« gemeint. Hier ist eine typische Aufschlüsselung, wie Sie jeden dieser Schritte behandeln würden:

1. Erster Anlauf zur Verhaltensänderung: Mündliche Diskussion und Warnung

2. Zweiter Anlauf zur Verhaltensänderung: Schriftliche Ermahnung

3. Schriftliche Abmahnung

4. Zweite Abmahnung

5. Letzte Konsequenz: Kündigung. Dieser letzte Schritt ist für die vorbehalten, die sich nicht verbessern wollen, und darf nur nach zwei Abmahnungen erfolgen.

Bei jedem Schritt sollten Sie dem Agenten helfen, mindestens die folgenden drei Dinge zu verstehen: die Besonderheiten seines unangemessenen Verhaltens, die Erwartungen Ihrer Firma hinsichtlich des angemessenen Verhaltens und die weiteren Konsequenzen (der nächste Schritt), falls dieses Verhalten fortgesetzt wird.

Alle Ihre Gespräche sollten eine Äußerung wie »Lassen wir es nicht so weit kommen« enthalten. Schließlich ist das Ziel eine Verhaltensänderung – um den Agenten wieder auf den Pfad der großartigen Ergebnisse, regelmäßigen Zulagen und einer langen Karriere in der Firma zu bekommen.

In den meisten Fällen kommt es nicht zum letzten Schritt. Wenn Ihr Agent motiviert ist, reicht eine mündliche Warnung, um ihn wieder auf den rechten Weg zu bringen.

 Und wiederum: Bitte, *bitte* dokumentieren Sie Ihr Gespräch nach jeder Runde der schrittweisen Disziplinarmaßnahmen und bringen Sie den Agenten dazu, das Dokument abzuzeichnen, selbst bei mündlichen Besprechungen. Wie bei anderem Feedback und Coaching ist diese Dokumentation ein Eintrag in der Akte des Agenten, der die Verbesserungsbemühungen betrifft. Dabei entsteht gleichzeitig eine Historie, die Ihnen zeigt, dass Sie alle möglichen Schritte eingeleitet haben, bevor Sie eine Kündigung ausgesprochen haben, sollte es denn so weit kommen.

Angst reduzieren

Ein Beschwerdeverfahren ist ein sehr effektiver Weg, um zu gewährleisten, dass die Rechte des Mitarbeiters gewahrt werden, und führt, wenn er gut vollzogen wird, dazu, dass die Angst weitgehend reduziert wird. Der Agent hat, wenn er sich ungerecht behandelt fühlt, die Möglichkeit, den Betriebsrat einzuschalten.

Verschiedene Feedback-Funktionen definieren

Der Supervisor beziehungsweise Teamleiter spielt natürlich eine bedeutende Rolle, aber viele Menschen und Abläufe müssen zusammenspielen, um den Call Center-Agenten ein effektives Feedback zu bieten. Zusammen müssen sie ein ausbalanciertes Feedback-System erzeugen, sowohl für den Agenten als auch für den Supervisor oder Teamleiter.

Die wichtigste Person in der Feedback-Kette ist der Agent. Ein gut geschulter Agent, der sehr genau weiß, was von ihm erwartet wird – wie es gemessen wird und wie man es beeinflusst –, wird bis zu einem gewissen Grad seine Performance selbst verwalten; vorausgesetzt natürlich, dass der Agent fortlaufend Feedback zu dieser Performance bekommt.

Man kann das mit der Art vergleichen, wie ein Profisportler – beispielsweise ein Golfer – seinen Punktestand kennt und weiß, dass er gegen Par und gegen seine Mitstreiter kämpft. Er weiß, wie weit er den Ball schlägt und kennt seine Möglichkeiten bezüglich des Rests des Spiels (Putts, Treffer auf dem Grün, erfolgreiche Schläge aus dem Sand). Er weiß genau, wo er sich verbessern muss, wenn er öfter gewinnen will.

Der Supervisor oder Teamleiter: Führen und motivieren

Auch wenn unser Golfer all das allein tun kann, hat er immer noch einen Coach – jemanden, der sein Training überwacht und seine Fortschritte anleitet. Der Coach erzählt ihm mehr dazu, warum er die Ergebnisse erzielt, die er erzielt, und wie er sich verbessern könnte. Andere

Leute – etwa der Scorekeeper oder Schlägerhersteller – geben ihm noch spezielleres Feedback. Schließlich geben auch die Fans ein letztes Feedback und Motivation bezüglich der Qualität des Spiels. Viele Menschen befinden sich in der Feedback-Kette des Golfers, aber es beginnt damit, dass er sich seine eigenen Ergebnisse ansieht und entscheidet, was er verändern muss.

In Ihrem Call Center ist es fast genauso. Die Agenten wissen, wo sie hinsichtlich ihrer Ziele stehen. Wenn der Feedback-Prozess gut ist, wissen die Agenten genau, welcher Teil ihrer Performance verbessert werden muss, damit sie noch erfolgreicher werden können.

 Der Supervisor oder Teamleiter gibt spezielles Feedback und Coaching dazu, wie man Performance-Defizite reguliert. Er ist in erster Linie der Performance-Coach des Agenten.

 Als Supervisor oder Teamleiter sollten Sie mit Ihren Agenten alles durchgehen (insbesondere am Anfang ihrer Laufbahn im Call Center), damit sie verstehen, was die Performance-Messgrößen bedeuten. Nur so können Sie mit den Agenten so zusammenarbeiten, dass sich ihre Performance verbessert.

Wenn den Agenten ein gutes System von an sie gestellten Erwartungen präsentiert wird, führt dies oft zu einem gewissen Grad an Selbstverwaltung, insbesondere wenn die Ziele bedacht gesetzt sind und die Agenten mit dem System der Messkriterien vertraut sind – um welche es sich handelt und wie sie funktionieren. (Informationen zum Festlegen von Erwartungen finden Sie in Kapitel 10.)

Das Schöne daran, eine einfache Gruppe von Messgrößen in einem Gesamtleistungsindex (OPI – mehr darüber in Kapitel 10) festzuhalten, ist, dass die Teamleiter und Agenten in der Lage sind, sich in den Performance-Bereichen zu verbessern, in denen die Agenten den größten Nutzen erlangen könnten.

Hier noch einmal die OPI-Formel, die ich verwende:

OPI = (3.600 / Gesprächsdauer) x First-Call Resolution x Dienstplantreue x Kundenmeinung x Konversion x Umsatz pro Verkauf

 Selbst die besten Angestellten werden eine kleine Schwäche in einem (oder mehreren) ihrer Arbeitsbereiche haben. Ein guter Teamleiter hilft dem Agenten, diese kleine Schwäche zu bestimmen, und zeigt ihm dann, wie man sich in dem Bereich verbessert.

Die Qualitätsabteilung: Feedback durch Datenüberprüfung und Anrufüberwachung

Im Call Center ist Ihr Qualitätsteam eine eigenständige Abteilung von Leuten (vielleicht ist es auch nur eine Person), die sich Agenten-Anrufe anhören und gemäß den Firmenabläufen und -richtlinien beurteilen. Die Qualitätsabteilung bewertet einen Anruf anhand einer Liste mit definierten Verhaltensweisen und Abläufen, die das Call Center für wichtig hält. Diese

Bewertungen werden verwendet, um Verbesserungsvorschläge zu unterbreiten. In Kapitel 15 erfahren Sie mehr über die Kontrolle der Anrufqualität.

 Im Idealfall zeichnet Ihr Team die überprüften Anrufe auf und speichert sie, sodass Ihre Agenten sie sich anhören können, um zu erkennen, wie sie sich bei künftigen Anrufen verbessern können.

 Aufzeichnungen von Anrufen sind datenschutzrechtlich eine heikle Sache. Ohne die Zustimmung des Betriebsrats oder entsprechende Unternehmensrichtlinien sind sie nicht erlaubt.

 Mit einer Kombination aus Anrufanhören und Datenüberwachung können das Qualitätsteam und der Supervisor Fehler erkennen und dem Agenten Vorschläge für die Verbesserung der Anrufbehandlung unterbreiten. Aber auch hier müssen die Unternehmensrichtlinien und der Datenschutz es erlauben.

Angemessene Verwendung der Daten aus der Anrufüberwachung

 Ich empfehle Ihnen, Daten aus der Anrufüberwachung nur als Basis für das Feedback zu verwenden – nicht zur Bewertung der Mitarbeiter-Performance oder für deren Belohnung. Bewertungen sind immer irgendwie subjektiv – der einzige wahre Test der Effektivität eines Anrufs ist die Meinung des Kunden. Die Art, wie ein einzelner Kunde über die Behandlung eines Anrufs denkt, wird von vielen zwischenmenschlichen Kräften bestimmt und nicht von übermäßig vereinfachten Anrufelementen, beispielsweise wie oft der Agent den Namen des Kunden genannt hat (ein übliches Element der Qualitätsüberwachung). Außerdem werden Sie Probleme haben, genug Anrufe auszuwerten, um ein statistisch signifikantes Beispiel der Arbeit des Agenten zu bekommen – wenn Sie beabsichtigen, alles ordentlich zu machen.

Andererseits können die Überwachung und Bewertung von Anrufen großartige Einsichten vermitteln, die als Basis für Feedback verwendet werden können (und ganz sicher auch sollten) und sehr nützlich sein können, wenn sie zur Ablaufverbesserung und zu Marktforschungszwecken eingesetzt werden.

 Nachfolgend finden Sie eine Übersicht, wie Anrufüberprüfungen für jeden dieser Zwecke verwendet werden können:

✔ **Feedback:** Wenn Sie als Supervisor aufgezeichnete Agenten-Anrufe mit dem Ziel anhören, herauszufinden, wie die statistischen Ergebnisse des Agenten die Performance widerspiegeln, wird das Feedback effektiver. Wenn beispielsweise die Statistiken zeigen, dass ein Agent in Ihrem Team außerordentlich lange Telefongespräche führt, könnten Sie einige seiner Anrufe überwachen und bewerten, und dann die gesammelten Informationen dazu verwenden, dem Agenten verstehen zu helfen, warum genau er seine Anrufe nicht gut steuert. Vielleicht zeigen die überwachten Anrufe, dass er die Kunden die Anrufe steuern lässt. Sie könnten ihm auch erklären, wie sich das in der Statistik seiner Gesprächsdauer niederschlägt.

Nur mit Zustimmung des Betriebsrats und des abgehörten Agenten ist folgendes möglich: Der Agent könnte sich einige aufgezeichnete Gespräche von anderen Agenten anhören, die bessere statistische Ergebnisse bekommen, damit er die Unterschiede in der Steuerung erkennt.

Auf ähnliche Weise könnten Sie Anrufe mit einem anderen Agenten durchgehen, um herauszufinden, warum ihm die Kunden schlechte Noten bei der Kundenmeinung geben. (»Frau Müller, ich habe mir einige Ihrer Gespräche angehört, und vielleicht sollten Sie aufhören, den Kunden zu sagen, sie sollen die Klappe halten und zuhören.«) Aber auch dies ist nur möglich, wenn der Betriebsrat zugestimmt hat oder eine Unternehmensrichtlinie dies ermöglicht.

✔ **Abläufe der Anrufbearbeitung verbessern:** Wenn sich das Management viele Anrufe anhört – insbesondere Anrufe eines speziellen Typs (Fakturierung, Vertrieb, allgemeine Anfragen) –, bekommt es einen Blick für die Abläufe der Anrufbearbeitung.

Durch Beobachtung echter Telefongespräche können Sie Ablaufverbesserungen erreichen, die direkt die Performance des Call Centers betreffen.

✔ **Marktforschung:** Marketingverantwortliche finden keine bessere Fokusgruppe als Kunden, die in einem Call Center bedient wurden. Besser noch, diese Fokusgruppe ist dann verfügbar, wenn das Call Center arbeitet. Wenn Sie Anrufüberwachung als Werkzeug zur Kundenforschung verwenden, ist dies für das Unternehmen zusätzlich wertvoll – und macht das Call Center noch interessanter.

Genug ist genug: Eine angemessene Anzahl von Anrufen überwachen

Wahrscheinlich fragen Sie sich: »Wie viele Anrufe muss ich denn jetzt überwachen?« Die Antwort lautet: »Genug, um Ihr Ziel zu erreichen.«

Wenn es das Ziel Ihrer Anrufüberwachung ist, Ihren Agenten verstehen zu helfen, warum sie ihre Ergebnisse erreichen, und wenn Sie ihnen zeigen wollen, wie sie sie verbessern können, dann müssen Sie sich genug Anrufe anhören, um zu zeigen, dass sich der Agent ständig in einer Weise verhält, die zu eben diesen Ergebnissen führt. Das könnten ein paar Überwachungen sein oder ein halbes Dutzend.

 Vielleicht verwenden Sie jedoch nur ein oder zwei Überwachungen bei Agenten, die schon gute Ergebnisse erzielen. Wenn Sie also einen Agenten in einem bestimmten Monat sehr eingehend betreuen, werden Sie sich wahrscheinlich mehrere seiner Gespräche anhören wollen.

Wenn Sie als Manager den Call Center-Ablauf besser verstehen wollen, müssen Sie sich genug Gespräche anhören, um Muster zu erkennen, die zeigen, wie die Dinge getan werden. Es werden Veränderungen auftreten, aber im Allgemeinen ändert sich ein Muster nicht, wenn es einmal beobachtet wurde, es sei denn durch Eingreifen des Managements.

Wenn schließlich das Marketing die Kundenmeinung besser verstehen möchte, müssen diese Leute sich genug Gespräche anhören, um eine einheitliche Aussage des Kunden zu erhalten. Wie viele Anrufe sind das? Schwer zu sagen. Was sagt der Marketing-Berater dazu? »Wir fangen einfach mal an, und schauen, was passiert.«

Mal im Ernst, hier ist unsere Empfehlung. Sicher müssen Sie mindestens einige Anrufe bei allen Agenten zusammenbekommen – so viele, wie Sie ökonomisch in einem Monat erledigen können –, wahrscheinlich mindestens fünf oder sechs. In den meisten Fällen glauben wir sogar, dass die Einmischung des Supervisors nicht unbedingt notwendig ist. Stellen Sie nur sicher, dass die Bewertung für Agenten verfügbar ist, wenn sie sie sich anhören wollen (und ihr Arbeitsplan es erlaubt).

Es ist am besten, wenn Sie die Anrufüberwachung nicht als Messgröße für die Performance verwenden. Die Schwierigkeiten beim Erwerb statistisch relevanter Beispiele von Anrufen in Verbindung mit der subjektiven Natur der Anrufüberwachung macht den Prozess sehr strittig. Die Kundenmeinung ist ein besserer Maßstab für die Gesprächsqualität. Hier die Quintessenz der Anrufüberwachung: Sie ist ein großartiges Coaching-Werkzeug, aber ein schlechtes Bewertungswerkzeug.

Nicht nur das Abhören der Anrufe, sondern auch das Prüfen der Daten, die der Agent während des Anrufs ins System einpflegt, sind eine gute Möglichkeit, die Performance des Agenten zu bestimmen. Nur wenn er die Daten des Kunden und seine Wünsche, Fragen und so weiter richtig erfasst, sind sie auch verwendbar.

Das Schulungsteam: Feedback als Trainingswerkzeug

In vielen Unternehmen bleiben die Trainer nach der Schulung noch eine Zeit lang bei ihren Auszubildenden – oder der Trainer überprüft seine Leute ab und zu –, um bei der Auswertung und beim Coaching zu assistieren.

Das Feedback der Trainer zur Mitarbeiter-Performance kann sehr wertvoll sein, weil Trainer das Feedback mit Unterrichtseinheiten aus den Schulungen und mit den Performance-Zielen der Agenten verbinden können. Guten Trainern fällt das Unterrichten ohnedies leichter, sodass ihr Feedback eher konstruktiv und ergebnisorientiert ist und daher im Allgemeinen von den Agenten gut aufgenommen wird.

Der Kunde: Das ultimative Feedback

Natürlich ist der Kunde wohl die beste Feedback-Quelle – insbesondere wenn das Kunden-Feedback en masse erbeten wird. Die beste Bewertung der Kundenzufriedenheit und der Gesprächssteuerung ist die Kundenmeinung. Technologische Fortschritte und die Verwendung automatischer Werkzeuge wie IVR (interaktives Sprachsystem, siehe Kapitel 8) und Rückmeldungen über das Web erleichtern die Erfassung der Kundenmeinung.

Versuchen Sie aber, gelegentlichen merkwürdigen Kundenkommentaren nicht allzu viel Bedeutung beizumessen. Wenn Sie das Kunden-Feedback untersuchen, ist es besser, das Gesamtbild zu betrachten, das durch viele Kundenbewertungen entsteht. Ein einzelner Kommentar ist nicht wirklich repräsentativ für die Gesamt-Performance.

Nehmen Sie ein gelegentliches Kompliment einfach hin und genießen Sie es. Lassen sich jedoch nicht von Kunden aus der Bahn werfen, die Ihnen gegenüber bisweilen unfreundlich sind (ja, die gibt es auch). Tipps für den Umgang mit solch schwierigen Situationen finden Sie in Kapitel 14.

Warnende Worte zum Thema Feedback

Feedback ist fast immer nützlich, aber einige Feedback-Quellen sollten vermieden werden und einige Methoden der Feedback-Verwendung können gefährlich sein. Deshalb nachfolgend einige Vorsichtsregeln im Umgang mit Feedback.

Als Erstes müssen Sie aufpassen, Feedback von Frau Müller anzunehmen, der Kollegin neben Ihnen. Vielleicht weiß sie, was sie tut, aber andererseits … vielleicht auch nicht. Anweisungen und Feedback von den Gleichgestellten im Call Center entgegenzunehmen, kann eine fehlerträchtige Angelegenheit sein.

Auf diese Weise entstehen auch informelle und inoffizielle Richtlinien und Abläufe, und es ist sehr schwierig, ein Call Center von diesen Abläufen zu befreien, sobald sie erst einmal Wurzeln geschlagen haben. Machen Sie ruhig weiter – hören Sie Frau Müller zu, aber lassen Sie ihren Rat durch einen Supervisor, ein Prozesshandbuch oder einen Trainer bewerten.

Bitte, bitte, *bitte*, verwenden Sie keine Anekdoten aus Kundenanrufen als Grund, irgendetwas zu ändern.

Stellen Sie sich einmal folgendes Szenario vor:

Einer Ihrer Teamleiter überlegt laut: »Es scheint so, als ob wir heute weit mehr Anrufe bekommen als sonst. Ich frage mich warum.«

Dann geht er zu Frau Müller (ja genau, diese blöde Frau Müller wieder) und fragt: »Frau Müller, haben Sie eine Ahnung, warum so viel los ist?«

Frau Müllers letzter Anruf stammte von einem Kunden, der wegen einer Werbung verwirrt war, die an diesem Tag in der Zeitung stand. Also antwortet Frau Müller: »In der Zeitung ist Werbung, die die Leute verwirrt.«

Der Teamleiter erzählt seinem Manager, dass das Marketing Werbung in die Zeitung gesetzt hat, die die Kunden nicht verstehen. Dann ruft der Manager seinen Chef an: »In der Zeitung befindet sich Werbung, die uns eine Menge Probleme bereitet. Warum wussten wir nichts davon?«

Der verärgerte Chef ruft den stellvertretenden Leiter der Call Center an und erzählt ihm: »Das Marketing ruiniert meine Service-Ziele! Jetzt muss ich das Budget überziehen.«

Der nun wiederum ruft den stellvertretenden Leiter des Marketings an und verlangt: »Sagen Sie Frau Michels [Leiterin des Marketings], dass ich meine Zahlen nicht erreiche, weil ihr Typen nicht richtig kommunizieren könnt.«

Das verärgert natürlich den stellvertretenden Leiter, der zurückschießt: »Wovon reden Sie eigentlich? Bei euch Call Center-Typen ist das doch immer so!«

Schließlich führt dies zum totalen Zusammenbruch des Firmenzusammenhalts und der Teamarbeit. Das Call Center und die Marketingabteilung weigern sich, zusammenzuarbeiten, und das führt zu hoher unternehmerischer Ineffizienz. Die Firma verliert Geld und der Generaldirektor nimmt an der Spitze Veränderungen vor.

Und das alles nur, weil Frau Müller ein paar Anrufe wegen einer Zeitungsannonce bekommen hat.

Benutzen Sie Fakten

Retten Sie Ihre Firma! Wann immer Sie Feedback zu dem brauchen, was gerade geschieht, holen Sie sich die entsprechenden Fakten.

Hier dasselbe Szenario, nur etwas überarbeitet:

Der Teamleiter überlegt: »Wir scheinen heute viel mehr Anrufe zu bekommen als sonst. Ich frage mich warum.«

Dann geht er zu Frau Müller und sagt: »Frau Müller, ich habe Ihre Statistik zur Kundenzufriedenheit gesehen. Sie haben sich sehr verbessert. Gut gemacht! Lassen Sie uns heute in der Besprechung mal darüber reden.«

Frau Müller lächelt und denkt daran, in was für einer wundervollen Firma sie doch arbeitet. Der Teamleiter geht an Frau Müller vorbei und sieht Frau Martinger Anrufreports schreiben. »Frau Martinger, wie sieht's aus? Wir scheinen heute mehr Anrufe als sonst zu bekommen. Irgendeine Ahnung, was los ist?«

Frau Martinger wendet sich zum Teamleiter und antwortet: »Wir hatten vorhin ein paar mehr Anrufe wegen Informationen zu Rechnungen, aber das hat sich wieder ausgeglichen. Und wir hatten ein paar Agenten zusätzlich in Schulungen für neue Produkte, was auch dazu geführt hat, dass ein paar Minuten ziemlich was los war, aber jetzt ist wieder alles normal.«

»Gut, das klingt vernünftig. Danke!«, sagt der Teamleiter.

Und hier ist Schluss. Also nicht wirklich hier. Frau Martinger und der Teamleiter verabreden sich, heiraten und bekommen Kinder. Sie sind sehr glücklich. Das Call Center und die Marketingabteilung kommen sehr gut miteinander klar, und die Firma verdient viel Geld. Der Leiter wurde in eine andere Abteilung versetzt, und der stellvertretende Leiter übernahm seinen Job. Der stellvertretende Leiter des Marketings freute sich sehr für beide.

Am Ende wurde alles gut – und das nur, weil Sie keine Kundenanekdoten zur Führung Ihres Unternehmens verwendet haben.

Schritt 5 – Die Unterstützung zur wichtigsten Mission machen: Räumen Sie die Hindernisse aus dem Weg

Sie haben also jetzt gute Leute eingestellt, haben ihnen gesagt, was Sie von ihnen benötigen, haben sie gut geschult (siehe Kapitel 10) und haben ihnen viel Feedback gegeben. Jetzt müssen Sie ihnen nur noch ein wenig Hilfe geben, wenn sie welche brauchen. Unterstützung heißt, den Weg freizuräumen, sodass die Leute etwas leisten können – dadurch ermöglichen Sie ihnen, ihre Fähigkeiten und ihre Motivation zu maximieren.

 Schlechte Unterstützung ist an jedem Arbeitsplatz enorm demotivierend, aber in einem Call Center multipliziert sich dieser Effekt hundertfach, wo so viele Mitarbeiter zusammenkommen und sich über die mangelnde Unterstützung austauschen können.

Die beiden Arten von Unterstützung, die Ihre Agenten brauchen, sind Unterstützung hinsichtlich des Jobs und der internen Abläufe und Unterstützung hinsichtlich der Karriere.

»Äh, kann mir mal jemand helfen?« – Agenten bei der Arbeit unterstützen

Ältere Agenten, die ihren Job schon lange und gut machen, werden nicht viel Hilfe dabei brauchen. Aber wenn doch, sollten Sie ihnen diese Hilfe schnell geben.

Neue Agenten brauchen viel Unterstützung bei der Arbeit. Im Eifer des Gefechts können sie sich nicht an alle Informationen erinnern, die sie in der Schulung erhalten haben, und auch nicht an alle Werkzeuge und Quellen zum Auffinden von Informationen. Und manchmal geraten sie in Situationen, die in den Standardabläufen nicht vorgesehen sind.

 Wenn neue Agenten das Gefühl haben, dass sie nicht immer die erforderliche Unterstützung erhalten, werden sie desillusioniert und demotiviert und kündigen womöglich sogar.

Jobbezogene Unterstützung in einem Call Center bedeutet, in der Lage zu sein, Fragen zu beantworten, Vorschläge zu machen und Anleitungen zu geben. Jobbezogene Unterstützung ist etwas anderes als Coaching, denn sie geschieht sofort und bezieht sich auf spezifische

Situationen – normalerweise dann, wenn der Agent einen Kunden in der Warteposition hat, der auf die Beantwortung einer schwierigen Frage wartet, für die der Agent keine schnelle Antwort hat. In solchen Situationen darf die Unterstützung nicht auf sich warten lassen – die Uhr tickt, und zwar laut.

Agenten können normalerweise nicht aufstehen und nach dem Teamleiter suchen, und Unterstützung kann es auch nicht geben, wenn die Teamleiter in ihrem Büro arbeiten, in einer Besprechung sind oder in der Cafeteria sitzen. Sie müssen im Call Center und in Reichweite sein.

Die Natur der Call Center-Logistik – die richtige Anzahl von Leuten einteilen und die Service-Ziele erreichen, während Tausende von Anrufen eingehen – verlangt es, dass die Unterstützung innerhalb von Sekunden verfügbar ist.

Unterstützung, die auch nur ein paar Minuten braucht, um zum Agenten zu gelangen, wird zum großen Flaschenhals und hat negative Auswirkungen auf den Service-Level, die Kundenzufriedenheit und die Moral der Angestellten.

Und so sieht es in einem gut geführten Call Center aus: Jederzeit ist ein Teamleiter oder Supervisor in Reichweite eines jeden Agenten, der Hilfe braucht. Das dauert nur wenige Sekunden. Wenn das Call Center üblicherweise viele Anfragen nach Hilfe bekommt, brauchen Sie mehr Supervisoren, um dem Bedarf zu entsprechen. Wenn Sie ein sehr großes Call Center mit hohem Anrufaufkommen haben, müssen Sie alle paar Tischreihen einen Supervisor haben, der Unterstützung geben kann.

Mit einer Helpdesk-Lösung arbeiten

Größere Call Center, die ständigen Bedarf an unmittelbarer Unterstützung haben, verwenden häufig sogenannte *Support Desks, Help Desks* oder auch *Back Offices* – im Wesentlichen wird dadurch der Vorgang des Gebens von Unterstützung zu einem »Call Center im Call Center.« In diesem Szenario besetzt das Unterstützungspersonal (manchmal Supervisoren, manchmal hochbegabte Agenten) einen speziellen Arbeitsplatz, der vielleicht als Helpdesk bezeichnet wird. Wenn Agenten Hilfestellung brauchen, können sie den Helpdesk anrufen, anstatt nach einem Supervisor zu suchen.

Wie bei den Kunden werden die Anrufe der Agenten nach folgendem Prinzip behandelt: Der, der zuerst kommt, wird auch zuerst bedient, und während Spitzenzeiten beim Anrufaufkommen werden die Agenten aufgefordert, auf den »nächsten verfügbaren Supervisor zu warten«.

Wenn Ihr Call Center ein großes Volumen an Unterstützungsanfragen durch Agenten hat, ist der Helpdesk eine wirklich nützliche Angelegenheit. Zu den Vorteilen gehören:

✔ **Verbesserte Kostenkontrolle:** Bei den Kunden schafft die Einreihung der Anrufe in eine Schlange die Basis für die Gesamtkostenkontrolle (in den Kapiteln 1 und 2 erfahren Sie mehr Details zur Verbesserung der Kostenkontrolle). Ebenso ist es bei den Agenten. Wenn diese auf »den nächsten verfügbaren

Supervisor« warten müssen, bedeutet das, dass Sie es leichter haben, die richtige Anzahl an Supervisoren einzuteilen, die ausreichende Unterstützung bieten können.

✔ **Protokollierung der Unterstützungsstatistik:** Wenn die Supervisoren ins Telefonsystem mit Reportingfunktion eingeloggt sind, gibt es viel größere Protokollierungsoptionen (wie in Kapitel 8 besprochen), darunter die empfangenen Anfragen, die durchschnittliche Zeit zur Bearbeitung einer Anfrage und die Geschwindigkeit des Unterstützungsservices.

Einige Firmen benutzen Anwendungen, die die Supportanfragen und die Anruftypen ihrer Agenten festhalten. Mit diesen Werkzeugen können die Call Center bestimmen, welche Arten von Fragen ihre Supervisoren bekommen – sodass vielleicht die häufigsten Fragen zum Inhalt zusätzlicher Agenten-Schulungen werden können. Sie können auch bestimmen, welche Agenten am meisten nach Unterstützung verlangen und welche Fragen sie haben – das verbessert Ihre Möglichkeiten, spezifisches, zielgerichtetes Coaching in den Problembereichen zu geben.

Karrierebezogene Unterstützung

Die karrierebezogene Unterstützung ist weniger häufig als die jobbezogene, aber genauso wichtig. Dazu kommt es, wenn Agenten über ihre Arbeit aus persönlicher Sicht sprechen wollen. Zu den typischen Themen gehören die Urlaubszeiten, Krankmeldungen, Arzttermine, Zulagen, Aufstiegsmöglichkeiten, Streit, Konflikte, Probleme und so weiter.

Diese Art von Problemen kann nicht einfach in eine Warteschleife eingereiht werden, um vom nächsten verfügbaren Supervisoren bearbeitet zu werden: »Danke, dass Sie den Helpdesk angerufen haben, mein Name ist Maier, was kann ich für Sie tun?« »Tja, Herr Maier, ich habe zu Hause eine persönliche Krise, das Baby schläft nicht gut und die Zeiten, zu denen ich arbeiten muss, machen mich fertig. Irgendwelche Vorschläge?«

Solche Situationen werden am besten unter vier Augen mit dem Supervisor oder Teamleiter besprochen.

Das größte Problem bei dieser Art von Unterstützung ist die Zeit, die die Supervisoren neben ihrem Feedback, Coaching und anderen Pflichten abzweigen müssen, aber Sie müssen es irgendwie hinbekommen – um der guten Arbeitsbedingungen für Ihre Angestellten und das gesamte Firmenklima willen.

Die Herausforderungen des Manager-Jobs im Call Center bewältigen

Mit der Aufgabe, ein Performance-Management zu verantworten und Agenten Unterstützung zu geben, ist der Call Center-Manager ganz schön beschäftigt. Manche Unternehmen stellen fest, dass die eine oder die andere dieser beiden Hauptaufgaben zu kurz kommt. Das führt zu Problemen, denn um ein Call Center effektiv zu führen, darf keine der beiden schlecht ausgeführt werden.

Kann ein einzelner Supervisor oder Teamleiter beides tun? In manchen Call Centern geht es, aber dort gibt man sich auch besondere Mühe bei der Einsatzplanung der Supervisoren. (Über die Einteilung von Agenten erfahren Sie mehr in Kapitel 7.)

 Einige Unternehmen teilen die Funktionen des Performance-Managements und der Unterstützung auf. Ein Supervisor oder eine Gruppe von Supervisoren (die womöglich keiner bestimmten Agentengruppe zugewiesen sind) sorgt für die Unterstützung im Job. Der andere Supervisor oder die Gruppe von Supervisoren führt die Funktion des Performance-Managements für die Agenten aus – normalerweise für bestimmte Agenten, um die Kontinuität und Konsistenz zu erzeugen, die für effektives, dauerhaftes Coaching und karrierebezogene Unterstützung notwendig sind.

Die richtige Anzahl an Teamleitern bestimmen

 Ob Sie nun die Verantwortlichkeiten des Supervisors oder Teamleiters aufteilen oder nicht, Sie müssen bestimmen, wie viele Supervisor-Ressourcen benötigt werden, bevor Sie anfangen können, Pflichten zuzuweisen. Wie bei jeder Einsatzplanung beginnt dies mit einem Blick auf die gesamten Anforderungen, die an die Zeit Ihrer Supervisoren gestellt werden. Sie müssen sich fragen: »Wie viel Supervisor-Zeit ist nötig, um job- und karrierebezogene Unterstützung zu geben?« Fügen Sie beides zusammen, und Sie haben eine gute Schätzung für die Anforderungen an den Supervisor.

 Stellen Sie sich die folgenden Fragen, um zu bestimmen, ob Sie ausreichende Supervisor-Ressourcen eingeplant haben:

✔ **Bieten Sie zeitnahe jobbezogene Unterstützung?** Wenn Sie einen Helpdesk implementiert haben, werden Ihnen Ihre Telefonprotokolle darüber Auskunft geben. Eine schlechte Beantwortungszeit und eine lange Warteschlange bedeutet, dass Sie nicht genug Supervisoren eingeteilt haben, um dem Bedarf zu entsprechen – Sie brauchen mehr.

✔ **Können Sie Ihr gesamtes Performance-Management erledigen?** Wenn Coaching und Performance-Management gut dokumentiert sind, hilft die Untersuchung der Dokumentation, das Volumen und die Qualität des vorgenommenen Coachings zu bestimmen. Wenn die Dokumentation spärlich oder schlecht ist, besteht für den Manager die Möglichkeit, den Supervisor zu coachen und auszubilden. Es gibt Computerprogramme, die dabei helfen, die Performance zu dokumentieren.

✔ **Was müssen die Supervisoren sagen?** Ihre Mitarbeiter werden es Ihnen schon sagen und zwar klar und deutlich, wenn es zu wenig Unterstützung oder Feedback gibt. Sie können diese Information den monatlichen Meinungsumfragen unter Ihren Mitarbeitern entnehmen oder Sie können sie einfach fragen.

Wenn Sie daran arbeiten, die Call Center-Performance zu verbessern und zu optimieren, ist das Management der Mitarbeiter-Performance – der Vorgang, die Fähigkeiten und die Motivation der Agenten zu verwalten und zu maximieren – eines der leistungsstärksten Werkzeuge, das es gibt. In Kapitel 10 sind die Rekrutierung, das Setzen von Zielen und das Training die Hauptthemen. In diesem Kapitel haben wir uns mit dem Agenten-Feedback und der Unterstützung der Agenten beschäftigt. Die Kernidee des Mitarbeiter-Performance-Managements ist es, die Firmen- und Call Center-Ziele mit den Zielen der Agenten in Übereinstimmung zu bringen.

 Richtig ausgeführt trägt kein anderer Prozess so viel zu den Firmen- und Call Center-Zielen bei wie das Mitarbeiter-Performance-Management.

Die Bedeutung des Prozessmanagements

Fachkorrektur: Manfred Stockmann,
Inhaber C.M.B.S. Managementberatung

12

In diesem Kapitel

▶ Die Notwendigkeit zum Managen von Prozessverbesserung erkennen

▶ Prozessmanagement verstehen

▶ Ihre eigenen Prozessablaufpläne entwickeln

▶ Das gesamte Team einbeziehen

▶ Ein Prozesshandbuch erstellen

▶ Die Bedeutung erkennen, Dokumentationen zu speichern

▶ Die Gesetzgebung berücksichtigen

*V*iele Call Center sind dem zum Opfer gefallen, was W. Edwards Deming »Instantpudding« genannt hat. Der Management-Guru Deming, dessen Theorien zur Entwicklung des Total Quality Management (TQM) führten, bezog sich dabei auf das Bestreben, die neueste Technologie oder die neueste Management-Mode zu implementieren, in der Hoffnung, dass dies allein zum Unternehmenserfolg führen würde.

Sicherlich gibt es in der Call Center-Branche hervorragende Umsetzungen, aber ständige Verbesserungen und Spitzenleistungen entstehen nicht ohne interne Untersuchungen und Innovationen.

Viele Unternehmen haben erkannt, dass die Verbesserung der Prozesse ein notwendiger Schritt zu ständiger Verbesserung und Spitzenleistungen ist. Diese Unternehmen stellen immer aufgewecktere Kaufleute im Call Center ein, die zunehmend auf den *Prozess*, ein Call Center zu managen, konzentriert sind. In diesem Kapitel finden Sie eine Untersuchung dieses Prozesses sowie Anregungen zu dessen Management.

Komplexität managen: Die Notwendigkeit des Prozessmanagements in einem Call Center

Call Center gibt es jetzt seit ungefähr 30 Jahren – ungefähr derselbe Zeitraum, in dem sich auch der Einsatz von Computertechnologie verbreitet hat –, deshalb kann man nicht sagen, die Call Center-Branche sei ein neuer Geschäftsbereich. Jedoch ist Call Center-Management immer noch sehr breit gefächert und uneinheitlich – was man eigentlich eher bei einer jüngeren Branche erwarten würde. Es gibt Beispiele für Spitzenleistungen im Betrieb und bei den Ergebnissen von Call Centern, doch leider gibt es noch mehr Beispiele für schlechte Ergebnisse – von schwankender Servicebereitstellung bis hin zu Kostenüberschreitungen, verfehlten Gewinnzielen und schlechter Mitarbeitermoral.

Weil Call Center einen immensen Einfluss auf Gewinn, Kosten und Kundenbeziehungen ihrer jeweiligen Unternehmen haben, ziehen schlechte Ergebnisse rasch die Aufmerksamkeit auf sich. Auf die Unzufriedenheit bei Firmen und Kunden mit der Call Center-Performance hat in den letzten Jahren auch die Gesetzgebung und der Verbraucherschutz reagiert.

Nichts davon sollte sonderlich überraschend sein; Call Center sind komplexe Gebilde, die viele Geschäftsdisziplinen beinhalten. Daher müssen sich Betreiber von Call Centern mit folgenden Dingen auskennen:

✔ Managen und Motivieren einer großen und vielfältigen Belegschaft, die durch ihre Headsets bis zu acht Stunden pro Tag an ihren Arbeitsplatz gefesselt ist

✔ Verstehen von bilanzieller und betriebswirtschaftlicher Buchführung

✔ Verstehen, Empfehlen und Implementieren von zunehmend raffinierterer Technologie

✔ Verstehen, Interpretieren und Anwenden ausgefeilter statistischer Techniken

✔ Verstehen der Systeme, Produkte und Abläufe ihres Unternehmens und deren Integrierung in den Arbeitsablauf des Call Centers

✔ Zusammenbringen all dessen, um ein gleichbleibendes, gutes Ergebnis zu erzeugen, das den Anforderungen der Kunden, der Firma und der Angestellten entspricht

Prozessmanagement definieren: Was es ist und wie es hilft

Ein *Prozess* ist eine Folge von zusammenhängenden Aktionen, die zu einem Ergebnis führen. *Management* ist Planung und Kontrolle. Somit ist *Prozessmanagement* die Planung, Ausführung und Steuerung einer Reihe von Aktionen, sodass ein gewünschtes Ergebnis erzielt wird. Wir stellen uns Prozessmanagement gerne als System vor, mit dem eine Ausrichtung zwischen Input, Abläufen und den erwünschten Ergebnissen im Call Center erreicht wird.

Ausrichtung bedeutet in diesem Fall ein Ja auf die Frage: »Unterstützt diese Aktion oder Funktion den Weg in Richtung eines oder mehrerer unserer Ziele?«

 Das Tolle an Call Centern ist, dass viele, wenn nicht sogar alle, Ihrer Ziele klar in sichtbaren Messgrößen ausgedrückt werden – Dinge wie Kosten pro Kunde, Gewinn pro Kunde, Kundenzufriedenheit und Mitarbeiterzufriedenheit. Mehr über die Call Center-Ziele und die Messgrößen finden Sie in den Kapiteln 2 und 5.

Verbesserungen beim Prozess der Anrufabwicklung senken die Kosten in einer Telekommunikationsfirma

Vor ein paar Jahren half ich einer Telekommunikationsfirma dabei, die Betriebskosten ihrer Call Center zu verbessern. Wir konzentrierten uns auf den Prozess der Behandlung verschiedener Anruftypen. Dabei brachten wir die Call Center-Agenten in einen Raum und zeichneten ihre Gespräche zu Zeiten auf, in denen sie die häufigsten Kundenanfragen bearbeiteten. Bis dahin gab es keinen standardisierten Ansatz zur Behandlung der verschiedenen Anruftypen.

Als wir begannen, die Behandlung von Kundenanfragen zu identifizieren und zu dokumentieren, fingen die Agenten an, Verbesserungsvorschläge zu machen. Zwei Ergebnisse kamen dabei heraus:

✔ Erstens entwickelten wir einige neue Prozesse zur Anrufbehandlung, die sofort ins Training mit aufgenommen wurden und praktisch sofort in Kraft traten.

✔ Zweitens legten die Agenten einen Prozess für fortlaufende Verbesserungen bei der Anrufbearbeitung fest.

Innerhalb eines Monats sank die Gesprächsdauer um 15 Prozent, und die Gesamtkosten pro Kunde beim Betrieb sanken um einen ähnlichen Betrag. Außerdem berichtete das Management, dass auch die Anzahl der Fehler und Rückrufe gesunken sei. Noch Monate später gingen die Verbesserungen weiter.

Vom Prozessmanagement profitieren

Im Prozessmanagement sollte man immer daran denke, wie sich etwas auf die Performance-Faktoren auswirkt. Wenn eine Prozessverbesserung einen solchen Faktor positiv beeinflusst, verbessert sich die Performance (und die Ergebnisse) oft deutlich.

Hier finden Sie einige Beispiele für typische Prozessverbesserungen, die Sie in Ihrem Call Center vornehmen können, und ihren Nutzen:

✔ Eine Umgestaltung Ihrer Anrufbehandlung, die die durchschnittliche Gesprächsdauer um 10 Sekunden reduziert, senkt die Kosten pro Anruf, die Gesamtbetriebskosten und die Anzahl der benötigten Arbeitsplätze. Sie könnte auch die Kundenzufriedenheit verbessern, weil die Kunden eine schnellere Lösung für ihre Probleme erhalten. (Mehr über die Gesprächsdauer erfahren Sie in Kapitel 5.)

✔ Die Erstellung eines neuen Einsatzplans, der die Antwortgeschwindigkeit erhöht, kann die Kundenzufriedenheit steigern. (In Kapitel 7 erfahren Sie mehr über Einsatzpläne.)

✔ Verbesserungen bei Off-Phone- oder Overhead-Arbeitsprozessen – die nicht direkt die Agenten an den Telefonen betreffen – können zu einer Reduzierung der erforderlichen Unterstützungsmaßnahmen führen, wodurch auch die entsprechenden Kosten pro Stunde der Call Center-Dienste sinken.

✔ Ein neues Design des interaktiven Sprachsystems (IVR, Interactive Voice Response) – eine automatisch erklingende Stimme bietet den Kunden, die Ihr Call Center anrufen, Serviceleistungen an – reduziert die Anzahl der Anrufer, die mit einem Agenten persönlich sprechen müssen. Das senkt die Kontakte pro Kunde, und die wiederum senken die Gesamtkosten und die nötige Menge an Personal und Ausrüstung. (Mehr über IVR erfahren Sie in Kapitel 8.)

✔ Werden Ihren Agenten während der Anrufe die Kundendaten angezeigt, können sie den Kunden besser Kaufoptionen bieten, was zu einem höheren Prozentsatz von Anrufen, die mit Verkäufen enden, oder zu einem höheren Durchschnittswert pro Verkauf führen kann.

Eine Kultur der Verbesserung entwickeln

Prozessmanagement bietet den größten Nutzen, wenn jeder, der in den Prozess eingebunden ist, auch in die Verbesserungen eingebunden wird. Niemand als Ihre Agenten kann Ihnen besser sagen, wo sich die Schwachstellen in Ihren Prozessen der Anrufbehandlung befinden. Auf ähnliche Weise wird Ihr Management-Team Ihnen auch bei der Off-Phone-/Overhead-Arbeit die Hürden bei diesen Prozessen zeigen.

Diejenigen, die jeden Tag in einem Prozess arbeiten, können Ihnen am besten sagen, wie die Dinge wirklich getan werden – im Gegensatz dazu, wie sie getan werden sollten.

Die Einbindung aller Mitglieder eines Teams in die Prozessplanung sorgt nicht nur für bessere Ergebnisse, es ist auch eine gute Übung für den Teamzusammenhalt.

Binden Sie die Leute ein, die am meisten über den jeweiligen Prozess wissen, und bedanken Sie sich dann für ihre Hilfe.

Prozessdarstellung: Prozessverbesserung Marke Eigenbau

Die Prozessdarstellung ist eine leistungsstarke und übliche Managementmethode zur Gestaltung und Analyse von Geschäftsprozessen. Ein Geschäftsprozess wird in einem *Flussdiagramm* dargestellt – einem Diagramm, das die Abfolge von Vorgängen in einem Prozess zeigt (zum Beispiel die Schritte, die zu einem erfolgreichen Kundenanruf gehören), sodass jeder die Schritte erkennen und verstehen kann. In Abbildung 12.1 zeige ich Ihnen ein Beispieldiagramm des Rekrutierungs- und Einstellungsprozesses in einem Call Center, das Sie nachvollziehen können.

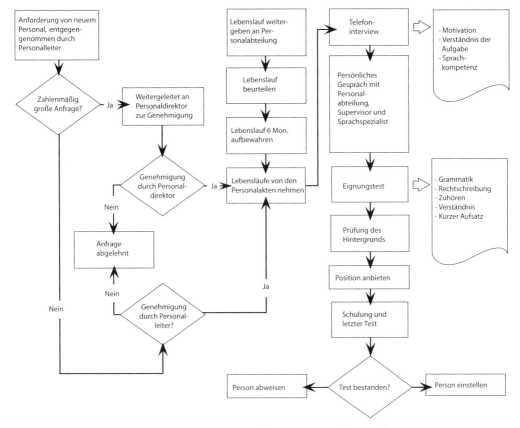

Abbildung 12.1: Flussdiagramm des Rekrutierungs- und Einstellungsprozesses

 Sowohl in meinem eigenen Call Center als auch meinen Kunden, die ich berate, empfehle ich, alle Schlüsselprozesse in einem Diagramm darzustellen.

Die Darstellung von Prozessen in Flussdiagrammen ist eine genau definierte Disziplin. Ich könnte Dutzende von Seiten darauf verwenden, einige der Standardkonventionen zu umreißen, die bei der Darstellung von Prozessen verwendet werden, aber das werde ich nicht tun. Im weiteren Verlauf dieses Kapitels gebe ich allerdings einige Tipps.

 Mit ein wenig Zeit, etwas gesundem Menschenverstand, einer Kanne Kaffee und ein paar Stiften kann Ihr Managementteam selbst nützliche Prozessdiagramme erstellen.

Das Team einbeziehen

Prozessdarstellung funktioniert am besten gemeinsam. Das bedeutet, dass jeder daran beteiligt sein sollte – dazu gehören alle Ebenen des Managements und Ihre Call Center-Agenten.

Auch wenn die Prozessdarstellung recht anschaulich ist, sollten Sie mit Ihrem Team durchgehen, wie was dargestellt ist und warum es wichtig ist. Das hilft auch, ratlose Blicke zu Beginn der Prozessdarstellung zu vermeiden. Am besten teilen Sie die »Beute« aus dem Erfolg Ihrer Prozessverbesserung miteinander. Das muss nicht viel sein, lediglich eine Geste der Anerkennung – eine Party, eine exquisite Käseplatte oder dergleichen.

Wichtig ist, Mitglieder aus allen Teilen des Call Center-Teams einzubeziehen. Jeder Input hilft, die Prozessdarstellung zu erarbeiten, und sorgt für eine Verbesserung der Qualität.

Die Schritte eines Prozesses in einem Diagramm darzustellen, hilft bei der Vereinfachung des Prozesses und der Klärung potenzieller Probleme, Leistungsschwächen und notwendiger Überarbeitung. Wenn Sie vorher noch nie Prozesse grafisch dargestellt haben, versuchen Sie es mal – Sie werden überrascht sein. Irgendwann werden Sie wahrscheinlich laut lachen und sich die Frage stellen: »Welcher Idiot hat sich das denn ausgedacht?« Aber vielleicht sollten Sie diesen Gedanken doch lieber für sich behalten. Der Idiot könnte neben Ihnen sitzen … oder vielleicht sind Sie es sogar selbst.

Leistungen beziehen: Von der Zusammenarbeit profitieren

Aus der Gemeinschaftsarbeit der Prozessdarstellung können Sie eine ganze Reihe von Nutzen ziehen:

✔ Ihre Prozesse werden vereinfacht, was zu Effizienz und reduzierter Überarbeitung führt.

✔ Die Verbesserungen werden schneller implementiert. Sie müssen nicht länger nach der »Versuch und Irrtum«-Methode vorgehen, um Verbesserungen zu managen.

✔ Durch die nun gefundenen effizienteren Wege werden die Kosten reduziert.

✔ Effektivere Anrufbehandlung und Datenmanagementprozesse führen zu verbesserter Kundenzufriedenheit und erhöhtem Gewinn.

✔ Neue Angestellte erlernen ihre Jobs schneller, wenn es einen leicht verständlichen grafischen Überblick über ihre Arbeitsprozesse gibt.

Das Flussdiagramm: Eine Anleitung zur Prozessdarstellung für Anfänger

Bei der einfachsten Form eines Flussdiagramms zeichnen Sie einfach ein Bild von dem, was in Ihrem Arbeitsprozess geschieht. Sie beginnen mit den Inputs, bestimmen alle Handlungen und

Entscheidungen, die mit einem Prozess verknüpft sind, und beenden dann Ihr Diagramm mit dem Output oder den Zielen. Ein wenig Disziplin hilft dabei, ohne zu kompliziert zu werden.

Hier die Schritte zum Aufbau eines Flussdiagramms:

1. Bestimmen Sie Anfangs- und Endpunkt des Prozesses.

2. Listen Sie jeden dazugehörigen Schritt auf.

   ⬦ Benutzen Sie Verben, um die Schritte zu beschreiben.

   ⬦ Entscheiden Sie, ob Sie ein allgemeines Verständnis erreichen oder jeden einzelnen Schritt aufführen wollen.

3. Stellen Sie eine ungefähre Reihenfolge auf.

   ⬦ Beziehungen und parallele Schritte werden erkennbar.

4. Setzen Sie jeden Schritt in das passende Symbol. In Abbildung 12.1 stellen beispielsweise die rautenförmigen Textfelder einen Schritt im Prozess dar, wo eine Entscheidung getroffen wird – normalerweise Ja oder Nein –, während die rechteckigen Textfelder eine Aktivität darstellen. Der Pfeil zeigt die Richtung des Prozessflusses.

5. Fügen Sie Pfeile hinzu.

6. Überprüfen Sie auf Redundanz.

7. Überprüfen Sie auf fehlende Elemente.

8. Bitten Sie eine zweite (und dritte) Person, alles zu überprüfen.

Der Zweck der Diagrammdarstellung ist, die alltäglichen Prozesse zu verstehen, und sich selbst zu fragen: »Was wird von uns erwartet? Was sollten wir tun, um unseren Kunden mehr Aufmerksamkeit entgegenzubringen und ihre Zufriedenheit zu erhöhen?« Die Prozessdarstellung zeigt die besten Praktiken, die Sie einbinden müssen, und passende Bezugspunkte, mit denen Sie messen können, wie Sie Ihre Dienste besser vermitteln können.

Die Schlüsselprozesse bestimmen

Sie werden nicht für jeden Prozess in Ihrem Call Center Flussdiagramme entwickeln und analysieren; fangen Sie also mit den großen an und fügen Sie Prozessdarstellungen hinzu, wenn neue Punkte auftauchen. Im Folgenden ein paar Schlüsselprozesse, die Sie bedenken sollten:

✔ Neue Anweisungen aus der Firmenleitung annehmen

✔ Die Ausarbeitung der organisatorischen Gestaltung

✔ Den Anruffluss, IVR und Anrufweiterleitung managen

✔ Prozesse einrichten, die Kontakte pro Kunde, Auslastung, Gesprächsdauer und Gewinn pro Anruf antreiben (Die wichtigsten Performance-Faktoren und deren Beeinflussung werden in Kapitel 2 vorgestellt.)

✔ Die richtigen Leute anstellen

✔ Training und Zertifizierung

✔ Managen der Agenten-Performance (Mehr über Einstellung, Training und Agenten-Performance-Management erfahren Sie in den Kapiteln 10 und 11.)

✔ Qualitätskontrolle sicherstellen

✔ Behandlung der Hauptanruftypen, darunter jeder Typ, für den Sie keine Anrufrichtlinie erstellt haben (Über Anrufrichtlinien erfahren Sie mehr in Kapitel 15.)

✔ Personalbesetzung und deren Auswirkungen auf Auslastung, Gesprächsdauer, Kontakte pro Kunde erfassen (In Kapitel 7 finden Sie viele Details über effektive Einsatzplanung.)

✔ Korrekturmaßnahmen zu verfehlten Zielen ergreifen

Dienst nach Vorschrift: Richtlinien und Abläufe

Wenn es nicht aufgeschrieben ist, existiert es nicht! Egal ob die Prozesse in Ihrem Call Center gut oder schlecht sind, es ist wichtig, sie aufzuschreiben und in irgendeiner Art Ablaufdokument zu formalisieren.

Sie können das beste Set von Prozessen und Abläufen erzeugen und übernehmen, das es auf dieser Welt gibt, aber wenn Sie es nicht aufschreiben, werden es Ihre Leute höchstwahrscheinlich nicht weiter benutzen.

Abläufe dokumentieren

Wenn Sie Ihre Abläufe dokumentieren und für jeden in Ihrem Call Center zugänglich machen, erstellen Sie dadurch eine Verfahrensanleitung und ein Trainingsinstrument, an denen die Mitarbeiter ihre Handlungen ausrichten können. Schriftliche Dokumentationen werden auch zu einem Standard, an dem Sie Arbeitsprozesse messen und prüfen können. Der größte Vorteil ist wahrscheinlich, dass sie als Basis für künftige Verbesserungen fungieren.

Wenn Sie ein formalisiertes Prozesshandbuch erstellen, sollten Sie die folgenden Dinge bedenken.

Verwenden Sie Visualisierungen: Ein Bild sagt mehr als tausend Worte

Natürlich enthält Ihre Dokumentation in erster Linie Wörter, doch verwenden Sie auch viele Fotos, Grafiken und Flussdiagramme. Wie schon gesagt, macht ein Bild die Dinge deutlicher.

Einen Veränderungsprozess implementieren

Sie brauchen einen Prozess für die Aktualisierung und Änderung der Dokumentation. Sorgen Sie aber auch dafür, dass jemand da ist, der anhand des Ablauf- oder Prozesshandbuchs vergleicht, was Ihre Mitarbeiter tun.

In meiner Call Center-Gruppe habe ich eigens jemanden für die Ablaufdokumentation und einen weiteren, der die Mitarbeiter bei der Arbeit beobachtet und an Besprechungen teilnimmt, damit die Unternehmensabläufe eingehalten werden. Er sucht auch Abläufe, die nicht dokumentiert sind, oder Abläufe, die verbessert oder aktualisiert werden müssen.

Verantwortlichkeit von oben gewährleisten

Die Gesamtverantwortung und der Antrieb zur Aktualisierung und Verbesserung des Ablauf- oder Prozesshandbuchs müssen von einer Führungsperson im Call Center kommen – im Idealfall von der obersten Führung.

Wenn die Top-Person nicht eingebunden wird, laufen Sie Gefahr, Engagement und Schwung bei der Verwendung der Dokumentation zu verlieren.

Informationen auf dem neuesten Stand halten: Papier ist geduldig

Stellen Sie wenn möglich Ihr Ablaufhandbuch (und alle anderen Firmendokumente) online zur Verfügung – speichern Sie sie elektronisch, zum Beispiel in einem Intranet. Wenn ein Dokument nur online zu finden ist, ist es für alle identisch. Wenn die Informationen nicht mehr aktuell sind, sind sie für alle nicht mehr aktuell – und es ist wahrscheinlicher, dass das bemerkt und korrigiert wird.

Bei Dokumentationen auf Papier ist das Risiko viel zu groß, dass jemand eine nicht mehr aktuelle Version benutzt, und das könnte je nach Branche ziemlich riskant sein.

Außerdem ist Papier lästig, unordentlich und schwieriger zu verwenden. Natürlich mögen die Leute Papier, aber die Mitarbeiter werden sich schnell an die Onlinequelle gewöhnen.

Ja doch, Computersysteme können auch mal ausfallen. Für die seltenen Fälle, dass sie mal außer Betrieb sind, können Sie Sicherheitskopien auf Papier haben. Aber schließen Sie sie im

Schrank ein und lassen Sie niemanden an sie heran, bis die Computer ausfallen. Dann können Sie das Siegel brechen und frische, saubere, für alle gleiche Exemplare ausgeben. Sobald der Computer wieder läuft, sammeln Sie das ganze Papier wieder ein und bringen es weg.

Vertrauen Sie mir – wenn Sie es nicht ohnehin schon getan haben, werden Sie feststellen, dass dies eine der nützlichsten Prozessverbesserungen ist, die Sie durchführen können.

Auf dem Laufenden bleiben: Juristische Überlegungen

Ihre Prozesshandbücher sollten einen Abschnitt über Richtlinien enthalten. Was ist der Unterschied zwischen Richtlinien und Abläufen? *Prozesse* beschreiben, wie Sie die Dinge tun; *Richtlinien* sind Bestimmungen, die Ihr Verhalten regeln. Call Center schreiben viele Richtlinien – für den Arbeitsschutz, die Abteilungsperformance und den Firmenruf.

Definieren Sie Richtlinien, die gewährleisten, dass Sie im Rahmen der Gesetzgebung arbeiten, die für Ihre Call Center-Vorgänge gilt. Dazu gehören Gesetze, die sich speziell damit befassen, wie Call Center operieren, sowie Gesetze, die sich auf die allgemeine Gesetzgebung beziehen, wie zum Beispiel die Persönlichkeitsrechte.

Einige Gesetze können weggelassen werden – das soll heißen, dass Sie davon ausgehen können, dass die Leute in diesen Fällen von sich aus wissen, was sie tun und lassen müssen. Beispielsweise brauchen Sie wohl keine Richtlinie, die besagt: »Du sollst deinem Nächsten nicht ins Auge stechen.«

Recht und Ordnung: Angemessene Richtlinien aufstellen

Eine Faustregel gilt, dass Ihr Prozesshandbuch Richtlinien für jegliche Gesetzgebung enthält, die von jemandem in Ihrem Call Center aufgrund von Unkenntnis des Gesetzes verletzt werden könnte. Hier sind Beispiele dafür:

✔ **Arbeitsrecht:** Diese Gesetze beziehen sich besonders auf Rekrutierung, Arbeitsbedingungen, Arbeitszeiten, Arbeitsverhältnis, disziplinarische Maßnahmen, Kündigung, Abfindung, Belästigung und Gleichstellung.

✔ **Spezielle Call Center-Gesetzgebung:** Hierzu gehören Gesetze (wie zum Beispiel das UWG, Gesetz gegen den unlauteren Wettbewerb), die direkt oder indirekt Einfluss darauf haben, wie Ihr Call Center operieren kann – Anrufzeiten für Outbound-Anrufe, Angebote am Telefon, Nicht-anrufen-Listen, Schutz persönlicher Informationen und anderes.

✔ **Datenschutzbestimmungen:** Für alle Unternehmen gilt der sensible und verantwortungsvolle Umgang mit überlassenen Daten. Stellen Sie sich vor, in einer Krankenkasse bekämen die Agenten, die Kundenbindungsanrufe durchführen und über ein neues Bonuspunkteprogramm informieren sollen, einen Zugriff auf Ihre Patientenakte mit vertraulichen Daten. Die strikte Abtrennung und Ausblendung von für Informationsanrufe nicht relevanten Informationen hat hier oberste Priorität für eine weitere vertrauensvolle Kundenbeziehung. Von den rechtlichen Folgen ganz zu schweigen.

All diese Bestimmungen sollten Sie sehr ernst nehmen und immer beachten. Es ist wichtig für Sie, Richtlinien aufzustellen, die sich auf diese gesetzlichen Anforderungen beziehen. Dann prüfen Sie, ob Ihre Abläufe diesen Richtlinien entsprechen und schulen das betreffende Personal in den Richtlinien und der zugrunde liegenden Gesetzgebung. Versäumnisse hierbei können Ihnen eine Menge Ärger bereiten.

Rausreden geht nicht: Das Gesetz kennen

Der beste Ausgangspunkt ist wahrscheinlich ein guter Anwalt oder zwei. Sie brauchen einen Arbeitsrechtler und einen Anwalt, der sich auf die Gesetzgebung zu Call Centern und/oder Telekommunikation spezialisiert hat.

Geben Sie Ihren Anwälten Abschriften Ihrer Richtlinien und Prozesse und bitten Sie sie, diese zu untersuchen und zu kommentieren. Dann bitten Sie sie, zu sagen, welche gesetzlichen Vorschriften in Ihren Richtlinien und Prozessen nicht beachtet werden. Sie werden eine Menge finden – Anwälte können so was – und es wird sich lohnen.

Bitten Sie Ihre Anwälte regelmäßig, sich mit allen Änderungen zu befassen oder Ihnen Informationen über neue Bestimmungen zu geben, die Ihre Abläufe betreffen.

In Deutschland sind die meisten Gesetze, die Ihr Call Center betreffen, wie zum Beispiel auch das Arbeitsrecht, von der Bundesregierung erlassen. Wo immer Sie auch leben, müssen Sie sich aber auch der Ländergesetze und Verordnungen bewusst sein und sich daran halten. Das Gleiche gilt für die Gesetze des Landes, mit denen Ihr Call Center Geschäfte macht. Im Folgenden finden Sie eine Liste mit gesetzlichen Bestimmungen, auf die Sie Acht geben müssen (speziell in Deutschland, falls nicht anders gekennzeichnet).

✔ **UWG (Gesetz gegen den unlauteren Wettbewerb)**

Das im Juli 2004 novellierte und auf europäische Rechtsverhältnisse abgestimmte Gesetz regelt in § 7 die unzumutbare Belästigung durch unerwünschte Werbeanrufe, Newsletter, Spam-Mails etc. und gilt daher besonders für Call Center und deren Auftraggeber. Demnach dürfen Sie nicht einfach einen Konsumenten zu Werbe- oder Verkaufszwecken anrufen, ohne sein Einverständnis zu haben.

Das Gesetz in Österreich ist noch ein wenig strenger. Hier gelten auch Werbeanrufe bei Geschäftskunden als unzumutbare Belästigung.

In der Schweiz gibt es eine solche Regelung bisher noch nicht, aber da auch hier die europäische Gesetzgebung aufmerksam beobachtet wird, könnte es gut sein, dass es auch hier bald ein ähnliches Gesetz geben wird.

✔ **Fernabsatzgesetz (FernAbsG)**

Das deutsche Fernabsatzgesetz (seit 2002 Teil des BGB) schützt Verbraucher, die Waren und Dienstleistung auf Distanz innerhalb Europas kaufen, egal ob sich die Firmen, die diese Waren und Dienstleistungen verkaufen in der EU befinden oder nicht. Die Richtlinien umfassen Verkäufe, die per Mailbestellung, Internet, Telefon oder jedem anderen Telekommunikationsmittel bestellt wurden. Sie verlangen von den Lieferanten, den Verbrauchern gewisse Informationen zu geben. So darf der Verbraucher zum Beispiel innerhalb von sieben Arbeitstagen nach Erhalt der Ware oder nach Vertragsabschluss für Dienstleistungen den Vertrag kündigen. Sie setzen feste Fristen für die Auslieferung von Waren beziehungsweise die Durchführung von Dienstleistungen und sie bieten Verbraucherschutz gegen missbräuchliche Verwendung von Kartenzahlungen. Diese Bestimmungen verbieten auch Trägheitsverkäufe. Das bezeichnet die Praxis, unverlangte Waren an die Kunden zu schicken und eine Rechnung beizulegen, in der Hoffnung, dass sie bezahlt wird.

✔ **Arbeitsrecht**

Hier werden die Rechtsbeziehungen zwischen Arbeitgeber und Arbeitnehmer geregelt. Neben dem Arbeitsvertrag spielen auch Tarifverträge und Betriebsvereinbarungen eine Rolle.

✔ **Arbeitssicherheit**

Die Gesetze zur Arbeitssicherheit, das heißt zur Sicherheit und Unfallverhütung am Arbeitsplatz sind für Deutschland, Österreich und Schweiz grundsätzlich sehr ähnlich, es gibt aber ein paar kleine, aber feine Unterschiede.

In Deutschland gilt das Arbeitsschutzgesetz (ArbSchG), das Sozialgesetzbuch SGB VII und das Arbeitssicherheitsgesetz (ASiG). Neben der Verhinderung von Unfällen wird in den letzten Jahren besonderer Wert auf die Prävention gelegt. Auch in Call Centern werden immer mehr Präventions- und Aufklärungsprogramme gestartet. Schließlich ist die Reduzierung der Unfall- und Krankenquote ein wichtiger wirtschaftlicher Faktor.

In der Schweiz wird die Arbeitssicherheit im Unfallversicherungsgesetz (UVG) geregelt.

In Österreich ist der Arbeitsschutz im ArbeitnehmerInnenschutzgesetz (ASchG) geregelt.

Ebenfalls unter das Thema Arbeitssicherheit gehört die EU-Richtlinie »Noise-at-Work-Directive 2003/10/EC«, die spätestens zum 15. Februar 2006 auch in nationales Gesetz umgesetzt werden musste. Diese Richtlinie ist weitergehender als die bisherige Lärmschutzverordnung. So wird hier zum Beispiel die durchschnittliche Lärmbelastung sowie die zulässige Geräuschspitzenbelastung geregelt. Diese Grenzwerte sollten Sie aber im Allgemeinen durch moderne digitale Headsets einhalten können.

Kontrollieren Sie hin und wieder die individuellen Einstellungen der Agenten – viele stellen die Grundlautstärke zu hoch ein. Vorsicht: Als Call Center-Verantwortlicher können Sie von ihren Mitarbeitern bei gesundheitlichen Folgeschäden verklagt werden, wenn die vorgeschriebenen Werte in Ihrem Call Center nicht eingehalten werden.

✔ **Datenschutz**

Das Bundesdatenschutzgesetz (BDSG) und die Datenschutzgesetze der einzelnen Bundesländer in Deutschland, das Bundesgesetz über den Schutz personenbezogener Daten (DSG2000) in Österreich und das Bundesgesetz über den Datenschutz (DSG) in der Schweiz legen fest, wie und bei wem persönliche Daten gesammelt, verwendet, weitergegeben, aufbewahrt und vernichtet werden. Die Idee dahinter ist, dass jeder Mensch grundsätzlich selbst entscheiden kann, welche persönlichen Daten er wem gibt, und somit ein Recht auf Selbstbestimmung hat und seine Privatsphäre geschützt wird. Der sogenannte »gläserne Mensch« soll auf diese Weise verhindert werden.

✔ **Verbraucherschutz (Konsumentenschutz in Österreich und der Schweiz)**

Der Verbraucherschutz schützt Konsumenten gegenüber Herstellern und Anbietern von Dienstleistungen.

Für die Einhaltung sorgen

 Wenn Sie ein großes Call Center haben oder ein Outsourcing Call Center betreiben (so wie ich), sollten Sie vielleicht die Funktion eines Prozessmanagers in Ihrem Unternehmen einrichten. Der Prozessmanager ist verantwortlich, dafür zu sorgen, dass Ihre Firma alle Gesetze einhält, die Call Center betreffen.

Das Beste an einem Prozessmanager ist die Tatsache, dass er derjenige ist, der mit den Anwälten sprechen muss!

Qualitätsprogramme: Prozessverbesserungen sichern

Fachkorrektur: Harald Weisbrod, Selbst. Vertriebsberater

13

In diesem Kapitel

▶ Zertifizierungen für Ihr Managementteam bieten

▶ Ein Programm zur Qualitätskontrolle entwickeln

▶ Unterstützungsdienste für Call Center finden

In der Dienstleistungswelt, und insbesondere in der Call Center-Branche, hat sich die Bedeutung von *Qualität* von der ursprünglichen Definition »eine implizite und qualifizierende Eigenschaft einer Sache (oder Person)« entfernt. Qualität bedeutet inzwischen so etwas wie ein höherer Grad, wie in dem Wort Qualitätswein. Wenn die Leute also von Verbesserung der Qualität sprechen, streben sie nach Perfektion – oder, wie ich es hier nenne, nach kontinuierlicher Verbesserung.

Qualitätskontrolle wird inzwischen als »System zur Gewährleistung der Beibehaltung angemessener Standards« definiert, ein System also, das zur Sicherung einer stetigen Prozesskontrolle dient. Ich definiere und behandle das Thema Prozessverbesserung etwas detaillierter in Kapitel 12. In diesem Kapitel finden Sie Vorschläge und Ressourcen zur Prozessverbesserung in Ihrem Call Center.

Die Bedeutung eines Management-Zertifizierungsprogramms

Zertifizierung bedeutet, Ihr vorhandenes, neues oder potenzielles Call Center-Management ein Trainingsprogramm durchlaufen zu lassen, das die Definitionen, Konzepte und Praktiken eines Call Centers abdeckt. Ihr Ziel ist es, ein Managementteam aufzustellen, das mit den Call Center-Vorgängen vertraut ist und Call Center-Prozesse so verwalten kann, dass jeder seine Vorgänge zu ausgezeichneten Ergebnissen führt.

Die Zertifizierung des Call Center-Managements ist nicht völlig neu, aber ihre Beliebtheit ist in den letzten Jahren explosionsartig gestiegen – das ist gut, denn Zertifizierung ist etwas Gutes.

Die gestiegene Nachfrage nach dieser Art von Programm liegt zum großen Teil am Mangel an guten Call Center-Managern. Die Vielzahl der erforderlichen Fähigkeiten und Kenntnisse – vom Managen des Service-Levels und der Auslastung (siehe Kapitel 5) bis hin zu Arbeitszusammenhängen und der Psychologie der Motivation – macht das Call Center-Management zu einer ziemlich spezialisierten Tätigkeit.

 Ein gutes Zertifizierungsprogramm kann aus klugen Leuten fähige Betreiber von Call Centern machen.

Interne contra externe Programme

Zertifizierungsprogramme gibt es in zwei Versionen: eigene und externe. Es ist ein Irrtum anzunehmen, dass ein Programm nicht so gut sei, nur weil es intern entwickelt wurde – gute Programme können intern generiert oder extern erworben werden. Es kann jedoch nützlich – oder viel einfacher – sein, sich externe Hilfe von Menschen zu holen, die den Prozess der Programmerstellung schon durchlaufen haben.

 In Anhang 2 finden Sie eine Liste mit Anbietern von Zertifizierungsprogrammen.

Ein Kurs ist ein Kurs ist ein Kurs

Um ein gutes Programm zu entwickeln, sollten Sie davon ausgehen, dass die Teilnehmer nur sehr wenig über Call Center wissen. Es ist wichtig, mit den Grundlagen anzufangen, weil Ihr Zertifizierungskurs als Unterweisung der Call Center-Manager benutzt wird, die neu in der Call Center-Umgebung sind (also kluge Köpfe, die eingestellt wurden, um im Call Center Managementfunktionen zu übernehmen).

 Wenn Sie über die Grundlagen hinausgehen, können Sie ein allgemeines Zertifizierungsprogramm für das Call Center-Management erstellen, das sich an Manager und Geschäftsführer richtet, die ein Gesamtverständnis vom Betrieb eines Call Centers benötigen.

Hier einige Punkte, die Sie in Ihren Zertifizierungskurs einbeziehen können:

✔ Call Center-Definitionen

✔ Unternehmensziele eines Call Centers und deren Messgrößen

✔ Besondere Call Center-Konzepte – wie etwa das Verwalten von Service-Level und Auslastung

✔ Call Center-Logistik – Standort, Gebäude, Einrichtung und so weiter

✔ Technologie im Call Center und deren Funktion

✔ Teamleitertätigkeiten und Management der Mitarbeiter-Performance

✔ Prognose und Einsatzplanung

✔ Qualitätsmanagement

✔ Prozessmanagement – darunter Richtlinien, Abläufe und die besten Praktiken

✔ Gesetzgebung, die das Call Center betrifft

Kurse, die einen solchen allgemeinen Überblick bieten, könnten etwa eine Woche dauern. Sie könnten jedoch auch in jedem Modul sehr in die Tiefe gehen, was den Kurs natürlich bedeutend verlängern würde.

Ein besserer und realisierbarer Ansatz wäre, separate Zertifizierungskurse für die verschiedenen Disziplinen im Call Center zu erstellen, darunter Einsatzplanung, Teamleitertätigkeit und das Management der Mitarbeiter-Performance, Analyse und Reports sowie Technologiemanagement. Sie könnten dann den Kursen bestimmte Prioritäten zuteilen: optional, empfohlen oder für bestimmte Tätigkeiten im Call Center erforderlich. Der Kurs über Einsatzplanung wäre beispielsweise für die Personen in Ihrem Personal-Managementteam vorgeschrieben.

Wer Management-Zertifizierungskurse besuchen sollte

Zertifizierungsprogramme sind nützlich für clevere neue Manager, die einen Teil oder das ganze Call Center-Unternehmen leiten sollen. Vielleicht wurden sie aus anderen Abteilungen der Firma versetzt und besitzen gute Management-Nachweise, aber nur wenig oder gar keine Call Center-Erfahrung.

Dienstältere Manager, die schon Verantwortung im Call Center getragen haben, können auch davon profitieren. Das könnten Geschäftsführer sein, denen gerade die Verantwortung für den Betrieb des Call Centers übertragen wurde, oder leitende Angestellte, die schon seit einiger Zeit in Call Centern tätig sind und mehr über ein solches Unternehmen erfahren möchten und wissen wollen, warum darum so viel Aufhebens gemacht wird und warum es so viel Aufmerksamkeit erfordert.

Schließlich hilft die Zertifizierung auch Call Center-Agenten, Teamleitern und jüngeren Managern, die ein besseres Gesamtverständnis des Call Center-Betriebs wünschen oder benötigen.

Der Erwerb einer Call Center-Zertifizierung kann einen großen Schritt auf der Karriereleiter bedeuten. Eine Zertifizierung erhöht auf jeden Fall die Chance einer Beförderung, sobald Sie den Kurs erfolgreich abgeschlossen haben.

Qualitätskontrolle: Ein Qualitätsprogramm einrichten

Sie können selbst eine Menge tun, um Ihre Prozesse zu verbessern (siehe Kapitel 12) und die Qualitätskontrolle innerhalb Ihres Call Centers sicherzustellen. Dennoch gibt es da draußen Menschen, die damit ihren Lebensunterhalt verdienen, indem sie Firmen helfen, ihre Prozesse besser zu verstehen und zu optimieren.

Wenn Sie sich an eines dieser Unternehmen wenden, müssen Sie das Rad nicht noch einmal neu erfinden. Die Unternehmen bringen etablierte und bewährte Methoden mit, die schnell in Ihr Unternehmen implementiert werden können. Sie können sich so schneller an die Verbesserung Ihrer Firma machen, mit einem wahrscheinlich klarer umrissenen Ansatz als ein Qualitätsprogramm, das Sie selbst erstellt haben.

Sicherlich wird einer Ihrer Vorgesetzten diese Programme unterstützen, sodass es nichts so schwierig sein dürfte, deren Durchführung durchzusetzen.

In diesem Abschnitt behandeln wir einige der Programme zur Qualitätskontrolle, die in der Call Center-Branche am verbreitetsten sind.

Die Internationale Organisation für Standardisierung – ISO 9001:2000

Ein guter Ausgangpunkt ist ISO 9001:2000, ein internationaler Standard für die Aufstellung und Wartung eines Qualitätssicherungssystems innerhalb einer Firma. ISO bietet Ihrem Unternehmen eine Vorlage zum Aufbau und zur Dokumentationen Ihres Qualitätssystems.

Zu den Schlüsselelementen von ISO gehören Standards zum Training für Angestellte, zur Wartung der Systeme, Aufbewahrung von Reports, Inspektion von Prozessen, zu Kundenbeziehungen und kontinuierlicher Verbesserung. Die Einhaltung der ISO-Standards wird in einer jährlichen Prüfung beurteilt, die von einem Dritten durchgeführt wird, einem ISO-akkreditierten Prüfer.

 Die ISO-Zertifizierung ist keine Garantie dafür, dass die Produkte oder Dienstleistungen Ihrer Firma von hoher Qualität sind. ISO bietet nur ein Mittel, um zu gewährleisten, dass Sie Ihre internen Abläufe dokumentiert haben und sie einhalten – zum Beispiel Abläufe zur Problembehebung und Prozessverbesserung. »Sagen Sie, was Sie machen, und machen Sie, was Sie sagen« ist ein bekanntes ISO-Motto.

Kritik an ISO

Die Anwendung der ISO-Zertifizierung auf Call Center wird oft kritisiert. Einige sagen, sie seien ein Standard für Herstellungsverfahren und nicht für Dienstleistungsunternehmen wie Call Center geeignet. Andere sagen, ISO fokussiere sich nicht genug auf messbare Ergebnisse, insbesondere Qualitätsergebnisse.

Ein weiterer Kritikpunkt ist, dass die Firmen die Einhaltung des ISO-Standards auch einfach vortäuschen können – sie rennen zur Prüfungszeit wie aufgeschreckte Hühner durch die Gegend, um die Tatsache zu verschleiern, dass sie sich nicht an ihr Qualitätssystem gehalten haben –, nur mit dem Ziel, damit hausieren gehen zu können, dass sie ein »ISO-Betrieb« sind.

Durch ISO-Zertifizierung sofortige Ergebnisse bei einem Call Center, das Marketing-Services anbietet

Vor einiger Zeit arbeitete ich in einem Call Center für Marketing-Services mit einer wirklich tollen Gruppe von Leuten zusammen. Sie schienen einfach alles zu haben: kluge, talentierte, motivierte Menschen, großartige Technologie, eine Kultur, die auf Verbesserung und Lernen basierte, und wirklich gute Kenntnisse darin, wie man ein Call Center betreibt. Und doch, ungeachtet all ihrer Vorteile, produzierten sie ungleichmäßige Ergebnisse – manchmal großartige, manchmal nicht so gute.

Das Problem schien zu sein – wie in vielen Firmen –, dass es verschiedene Arten gab, Aufgaben zu erfüllen. Selbst ihre Begrifflichkeiten waren nicht klar. Es konnte passieren, dass drei verschiedene Personen drei verschiedene Begriffe benutzten, um ein und dieselbe Sache zu beschreiben.

Sie hatten zum Beispiel eine wirklich gute Methode für einen Ablauf gefunden. Da sie aber danach auch noch andere Dinge ausprobiert und die ursprüngliche Idee nicht gut dokumentiert hatten, war dieser gute Ansatz später nicht mehr nachzuvollziehen

Auf meine Anregung folgte diese Firma von nun an dem ISO-Standard. Es dauerte länger als ein Jahr und erforderte eine hohe finanzielle Investition, die Zertifizierung zu bekommen. ISO zwang die Firma in die Standardisierung und Dokumentierung. Die Innovatoren drehten dabei zwar beinahe durch, aber sie wurden dadurch gezwungen, einem starren Prozess für Verbesserungen zu folgen. Schon bald konnte man klare Verbesserungen bei der Vereinheitlichung erkennen. Und das war es, was diese Gruppe brauchte, denn sie war schon gut.

Auch wenn all diese Kritikpunkte legitim sind, sind sie wahrscheinlich nicht fair, wenn es um die Einschätzung des Standards geht. Es gilt das Gleiche wie für viele Geschäftspraktiken: Wenn Sie ernsthaft bemüht sind, ISO als Rahmen zu verwenden, um eine Struktur zur Dokumentierung von Arbeitsprozessen zu erhalten, dann ist es ein großartiges Hilfsmittel und kann zu wesentlichen Prozessverbesserungen in Ihrem Unternehmen führen. Bei uns war das jedenfalls so.

ISO kann auf die Call Center-Umgebung zugeschnitten werden, indem man messbare Erfolgsergebnisse mit einbezieht. Es liegt bei Ihnen, dem Anwender, zu bestimmen, welche Ergebnisse das sein sollen.

Wenn Sie es für gut halten, Arbeitsprozesse zu standardisieren und zu dokumentieren, dann ist ISO ein hervorragendes Mittel. Allerdings ist ISO der Anfang und nicht das Ende des Prozessmanagements und der Prozesssteuerung. Mehr über Prozessmanagement erfahren Sie in Kapitel 12.

 Wenn Sie sich für den Einsatz von ISO interessieren, denken Sie daran, dass das nicht eben mal erledigt ist. Es könnte ein Jahr oder länger dauern, Ihre Prozesse in den ISO-Standard umzuwandeln. Je mehr bereits dokumentiert ist, desto besser.

Sie brauchen einen Berater? Vorschläge hierzu finden Sie in Anhang 2.

Customer Operations Performance Center (COPC)

Customer Operations Performance Center Inc. (COPC) wurde 1995 durch eine Gruppe von Benutzern von Call Center-Diensten gegründet.

Der Schwerpunkt des Standards liegt auf messbaren Kriterien in den Bereichen Kundenservice, Kundenzufriedenheit, betriebliche Effizienz und der Anwendung von effektiven Prozessen in diesen Bereichen. Ein Komitee bestehend aus bekannten Experten, Anwendern und Kunden von Call Center-Dienstleistungen pflegt den COPC-Standard.

COPC verwendete den Malcolm Baldridge National Quality Award als Rahmen zur Entwicklung eines Standards speziell für die Call Center-Branche; ursprünglich war er für die Evaluierung von Drittanbietern von Call Center-Diensten gedacht. Er hat sich zu einem Standard entwickelt, der sowohl in Inhouse Call Centern als auch in externen/ausgelagerten Call Center-Unternehmen verwendet wird.

COPC ist die einzige autorisierte Gruppe, die Ihr Unternehmen gemäß dem Call Center-spezifischen COPC-2000-Standard zertifizieren kann. Zusätzlich zur Call Center-Prüfung werden Beratungsdienste, Training und Branchenforen angeboten.

Total Quality Excellence (TQE)

Qualität im Kundenservicecenter (CSC, Customer Service Center) zu optimieren und zu sichern, ist eine besonders schwierige Aufgabe, weil Call Center in aller Regel mit ungünstigen strukturellen Gegebenheiten konfrontiert sind. Dazu zählen zum Beispiel die tages- und jahreszeitlich variierende Auslastung der Agenten, die Just-in-time-Anforderungen, die Schwierigkeit des Rekrutierens geeigneter Mitarbeiter, die hohe Fluktuation, ständig wechselnde Gesprächspartner und -inhalte, ein generell hoher Stressfaktor, aber auch kürzere Produktlebenszyklen, die im Markt einen permanenten Informationsbedarf generieren.

Außerdem ist die Einhaltung eines bestimmten Qualitätsstandards für Dienstleistungen ungleich schwerer als beispielsweise für die Produktion oder den Vertrieb von Konsum- oder Industriegütern. Der Hauptgrund hierfür dürfte in erster Linie in der Besonderheit liegen, dass nur in der Dienstleistung das »Produkt« zeitgleich zum Erwerb auch genutzt wird. Mit anderen Worten: Die Dienstleistung selbst ist das Produkt und wird in dem Moment verbraucht, in dem sie erzeugt wird. Eine Prüfung oder Nachbesserung vor dem »Verkauf« an den Kunden ist nicht möglich. Aus diesem Grunde liegt es nahe, dass ein »allgemeines« (für Produktions- und Gewerbebetriebe entwickeltes) Total Quality Management (TQM) den besonderen Anforderungen und Gegebenheiten der CSC nicht gerecht wird beziehungsweise diese nicht ausreichend abbilden kann.

Total Quality Excellence (TQE) basiert daher zwar auf den Grundprinzipien des allgemeinen Total Quality Management, ist jedoch in der inhaltlichen Ausgestaltung exakt auf die Besonderheiten des Customer Service Centers abgestimmt. Diese Anpassung beinhaltet nicht nur die herangezogenen Bewertungsfelder beziehungsweise Bewertungsdimensionen sowie deren Gewichtung, sondern auch die hierfür zugrunde gelegten Kriterien und Kennzahlengefüge.

Das TQE-Modell

Die Unternehmenszertifizierung »Total Quality Excellence« basiert auf einem Total Quality Management und wurde in enger Anlehnung an das Qualitätsmodell der EFQM (European Foundation of Quality Management) entwickelt. Die TQE-Zertifizierung ist das erste und bislang einzige Corporate-Zertifizierungssystem, das besonders auf die Anforderungen in Call Centern und die Rahmenbedingungen im deutschsprachigen Raum abgestimmt ist.

Im Vergleich zu COPC sind beim Modell der TQE nicht nur die Anforderungen und Bewertungskriterien deutlich präziser; die Bewertungsdimensionen wurden um wesentliche Aspekte der Unternehmensführung erweitert, dem Ursache-Wirkung-Prinzip wird durch die Gewichtung innerhalb des Bewertungssystems noch stärkere Bedeutung beigemessen:

Jedes Bewertungsfeld setzt sich aus unterschiedlichen Bewertungsdimensionen zusammen, zu denen definierte, zu erfüllende Unterkriterien gehören. Die Bewertungsfelder werden unterschiedlich gewichtet und tragen zu einer maximalen Punktzahl von 1.000 Punkten bei. Inhalte und Bewertungssystematik sind so ausgestaltet, dass die Erfüllung der Zertifizierungsanforderungen gleichzeitig die Basis für eine erfolgreiche Bewerbung für die anerkannten deutschen oder europäischen Qualitätspreise schafft, beispielsweise den Ludwig-Erhard-Preis« oder gar den European Quality Award der EFQM. Außerdem erfüllt der Dokumentationsstandard auch die Anforderungen aus Basel II.

Der entscheidende Unterschied zwischen TQE und anderen Zertifizierungssystematiken ist, dass alle relevanten Marktteilnehmer repräsentiert sind, weil sich der Arbeitskreis des TQE-Entwicklungsteams aus Unternehmen unterschiedlichster Struktur, Aufgabenstellung und Größe zusammensetzt.

Die TQE-Zertifizierung wird durch die TÜV Management Systems GmbH (TÜV Rheinland Group) abgenommen, wodurch die sach- und fachgerechte Abwicklung des Verfahrens sowie strikte Neutralität sichergestellt wird.

ÖNORM D 1020

Wie die Bezeichnung schon andeutet, ist die ÖNORM D 1020 in Österreich entwickelt worden. Ihr vorrangiges Ziel besteht darin, Qualität bei allen Dienstleistungen zu erreichen, die von einem Call beziehungsweise Customer Service Center (CSC) erbracht werden. Die Normung ist im Gegensatz zu ISO 9001:2000 an einige Besonderheiten der CSC angepasst und berücksichtigt die menschlichen Komponenten der Dienstleistungserbringung stärker.

Die wesentlichen Qualitätskriterien im CSC nach ÖNORM D 1020 sind:

✔ Auswahl, Einsatz, Umgang, Schulung und Kommunikation von beziehungsweise mit den Mitarbeitern

✔ Auswahl und Verwendung eingesetzter Technologien

✔ Standardisierte und individuell angepasste Prozesse

✔ Generelles Arbeitsklima, bestimmt durch räumliche und menschliche Aspekte

✔ Angemessenes Preis-Leistungs-Verhältnis

Ähnlich wie bei ISO 9001:2000 handelt es sich bei der ÖNORM D 1020 vor allem um eine Auflistung ungewichteter Einzelkriterien, die zu erfüllen sind. Diese sind in Ausgestaltung und Zweck zwar an Strukturen und Prozessen im CSC ausgerichtet, jedoch nicht durch Rahmenbedingungen oder nähere Spezifikation der Erfüllung unterlegt. Außerdem wird in der ÖNORM D 1020 nur die Existenz beziehungsweise Dokumentation einzelner Elemente abverlangt.

Ergebnisbewertung und kontinuierliche Verbesserung sind kein Bestandteil der Anforderungen. Auch wesentliche Bereiche und Grundvoraussetzungen einer qualitätsorientierten Betriebsführung, wie zum Beispiel Unternehmensstrategie, Finanzen und Geschäftsplanung, berücksichtigt die ÖNORM D 1020 nicht.

Als erster Ansatz qualitätssichernder Strukturen ist die ÖNORM D 1020 sicherlich genauso gut geeignet wie ISO 9001:2000, Grundverständnis für das Thema Qualitätsmanagement im Unternehmen zu vermitteln. Verbindet man jedoch mit der Implementierung eines Qualitätsmanagementsystems die grundlegende Sicherung und kontinuierliche Verbesserung der qualitativen Ergebnisse in allen Unternehmensbereichen, dann ist die Anwendung der ÖNORM D 1020 nicht annähernd ausreichend.

Six Sigma

Six Sigma ist ein System, das Daten und statistische Analysen verwendet, um die Effizienz und Kontrolle von Geschäftsprozessen zu verbessern und die Abweichung zu reduzieren. Hierdurch soll der Profit, die Kundenzufriedenheit und die Angestelltenmoral erhöht werden.

Six Sigma bedeutet wörtlich »sechs Standardabweichungen« und bezeichnet die Reduktion der Fehler auf sechs Standardabweichungen innerhalb des gesamten Prozessoutputs, was ungefähr 3,4 Fehler pro eine Million Outputs ergibt. (Also fast keine!) Stellen Sie sich mal vor, dass Ihr Call Center weniger als vier negative Anrufe pro eine Million Kundeninteraktionen hätte.

Fluglinien sorgen mithilfe von Six Sigma für sichere Flüge, aber nicht viele Firmen oder Branchen arbeiten durchgängig auf diesem Niveau. Dienstleistungsorientierte Firmen arbeiten oft mit einer viel höheren Fehlerquote – ein Sigma oder vielleicht zwei (ungefähr 340.000 Fehler bei einer Million Möglichkeiten).

Die Fehlerquote Ihres Call Centers kennen

Im Call Center tritt ein *Fehler* dann auf, wenn ein Kundenanruf ohne das gewünschte Ergebnis endet – was wahrscheinlich zu einem unzufriedenen Kunden führt. Anzeichen für Anruffehler sind abgebrochene Anrufe, wiederholte Anrufe, Kundenbeschwerden, geringe Kundenzufriedenheitswerte und Fehler, die bei der Bewertung der überwachten Anrufe entdeckt werden. Fehler entstehen aufgrund von Unzulänglichkeiten bei der Anrufbehandlung und bei Ihren Call Center-Agenten.

Wenn Sie wissen, wie hoch die Fehlerquote ist und Sie die Fehler dann nach Ursachen gruppieren, ist dies ein erster Schritt, diese Fehler zu reduzieren und eine erhöhte Kundenzufriedenheit zu erreichen.

In Ihrem Unternehmen geht es bei Six Sigma darum, den Arbeitsprozess zu verwalten und zu steuern, sodass die Outputs gleichmäßiger werden – was bedeutet, dass die Fehler zurückgehen.

Six Sigma ist eine rigorose Disziplin des Prozessmanagements, die Problemlösung, Projektmanagement und statistische Analyse verwendet. Sie bringt die Bedürfnisse Ihrer Kunden mit den strategischen Prioritäten Ihrer Firma in Einklang und konzentriert sich auf die finanziellen Firmenergebnisse – das ultimative Ziel jedes Geschäftsprozesses.

Die wichtigsten Erfolgsfaktoren von Six Sigma sind:

✔ **Gut ausgebildete Problemlöser (Black Belts):** Wenn Sie mit Six Sigma anfangen, können Sie von viel Training ausgehen. Ihre internen Six Sigma-Experten – namens »Black Belts« – erhalten eine ungefähr fünfwöchige Six Sigma-Schulung. Auch alle anderen in Ihrem Call Center werden geschult – von einigen Stunden bis zu mehreren Wochen, je nach ihrer Funktion.

✔ **Datengesteuerte Problemlösungsmethodik:** Six Sigma ist sehr datenlastig. (Ich spreche im nächsten Abschnitt über den Prozess.) Ein Teil der Attraktivität von Six Sigma besteht darin, dass Sie damit erkennen, was die Ergebnisse in Ihrem Unternehmen beeinflusst. Sie können sich auf diese Erkenntnis verlassen, weil bei der statistischen Auswertung das strenge Verhältnis von Ursache und Wirkung zugrunde liegt.

✔ **Ausrichtung:** Das Ziel von Six Sigma ist es, die Bedürfnisse Ihrer Kunden mit den strategischen Prioritäten Ihrer Firma in Einklang zu bringen, wobei der Schwerpunkt auf den finanziellen Ergebnissen liegt. Das letztendliche Ziel von Six Sigma sind bessere Ergebnisse.

Den Verbesserungsprozess von Six Sigma definieren

Das Kernstück der Six Sigma-Problemlösung ist das RDMAICR-Modell. (Sprich R-D-M-A-I-C-R. Einprägsam, nicht wahr?)

1. **R – Recognize (Erkennen):** Die Firma oder das Call Center bestimmt ein Problem oder einen Bereich, in dem die Prozessoutputs verbessert werden müssen.

2. **D – Define (Definieren):** Six Sigma-Projekte werden bestimmt, Personal den Projekten zugewiesen und die finanzielle Auswirkung des Projekts geschätzt.

3. **M – Measure (Messen):** Der aktuelle Status des Prozesses wird gemessen. Basismessungen werden vorgenommen, der Prozess dargestellt und der bestehende Prozess evaluiert.

4. **A – Analyze (Analysieren):** Daten über Input und Output des Prozesses werden gesammelt und analysiert, um Ursachen und Wirkungen zu bestimmen. Dadurch erfährt man, was die Abweichung zwischen den Variablen bewirkt.

5. **I – Improve (Verbessern):** Kontrollierte Experimente und Tests werden durchgeführt, um die direkte Beziehung zwischen Input und Output (oder Ergebnissen) zu verstehen. Das Ziel ist, die exakte Korrelation zwischen den Dingen, die Sie steuern können, und den Outputs zu erkennen.

6. **C – Control (Steuern):** In dieser Phase werden die gewonnenen Erkenntnisse bei der Arbeit umgesetzt. Prozessverbesserungen werden eingesetzt, sodass die Ergebnisse der Prozesse maximiert werden. Diese Verbesserungen werden formalisiert und dokumentiert, sodass sie an die Leute weitergegeben werden können, die Tag für Tag mit dem Prozess arbeiten werden.

7. **R – Realize (Umsetzen):** Der Prozess wird als Feedback an die Menschen zurückgegeben, die damit arbeiten werden. Das Projekt wird über einen Zeitraum von 12 Monaten überwacht, um die erzielten Ergebnisse zu quantifizieren.

Der Wert von Six Sigma

In Ihrem Call Center wird Six Sigma viele Vorteile bieten. Erstens bringt es Disziplin und Struktur in das Verständnis, die Dokumentation und die Steuerung von Call Center-Zielen und -Arbeitsprozessen. Zweitens gewinnen Sie Erkenntnisse über die steuerbaren Variablen, die die Kundenzufriedenheit, die Rentabilität, die Angestelltenmoral und die Qualität beeinflussen.

Außerdem können sich Ihre Leute sehr sicher dabei fühlen, dass die gewonnenen Erkenntnisse »richtig« sind, weil Six Sigma sehr streng bei der statistischen Auswertung ist.

Es macht Sinn, das gesamte Call Center in den Verbesserungsprozess von Six Sigma einzubeziehen. Eine Implementierung von Six Sigma ist sowohl eine Änderung der Unternehmenskultur als auch ein neuer Geschäftsprozess.

Letztendlich bietet Six Sigma einen konstanten, methodischen Weg, die Unternehmensziele zu erreichen.

Obwohl Six Sigma ursprünglich für den Einsatz in der Produktion entwickelt wurde, wird es schnell und zunehmend in Call Centern akzeptiert – weil es funktioniert. Für die vielen Call Center, die kein klar umrissenes Verfahren zum Prozessmanagement besitzen, ist Six Sigma sehr gut.

 Es ist jedoch nichts für Menschen mit schwachen Nerven. Es muss Ihnen klar sein: Wenn Sie sich auf Six Sigma einlassen, ist es viel Arbeit. Wird es aber gut durchgeführt, kann es sich deutlich auszahlen.

 Wenn Sie mehr über Six Sigma erfahren möchten, empfehle ich Ihnen das Buch *Six Sigma für Dummies*, das ebenfalls im Verlag Wiley-VCH erschienen ist.

Andere Hilfsmittel

Im letzten Jahrzehnt ist das Call Center-Management eine eigenständige Disziplin und Branche geworden – eine sehr große Branche. Deshalb haben sich Unterbranchen entwickelt, die nur dazu dienen, Call Centern Unterstützung zu geben. Hier können Sie Unterstützung finden, um Ihre Call Center-Ziele zu erreichen:

Beratungsfirmen

Call Center-Beratungsdienste sind leicht verfügbar geworden und decken alles ab, vom allgemeinen Call Center-Management und der Technologie bis hin zu sehr spezifischen Beratungsdisziplinen wie Anrufabwicklung, Standortauswahl und -entwicklung, Rekruting und Einsatzplanung.

Die meisten der größeren Beratungsfirmen verfügen über eine Abteilung mit Experten, die Ihnen bei Ihren Call Center-Projekten helfen können.

 Es gibt auch viele kleinere, unabhängige Beratungs- und Unterstützungsfirmen für Call Center. Diese sollte man nicht einfach links liegen lassen, weil einige sehr gut sind – insbesondere die, sie sich auf spezifische Zweige innerhalb des Call Center-Managements spezialisiert haben.

In Anhang 2 finden Sie eine Liste, wo Sie nach Call Center-Beratungsfirmen suchen können. Auch eine Internetsuche anhand des Begriffs »Call Center Consulting« ist ein guter Ausgangspunkt.

Fachmessen

Mit dem Wachstum der Call Center-Branche ist auch die Anzahl der Call Center-Fachmessen gestiegen. Sie finden rund um den Globus statt und sind oft auf spezifische Branchentrends spezialisiert. Natürlich haben Call Center-Fachmessen Vorteile und Nachteile, wie in jeder anderen Branche – sie sind hektisch und amüsant und finden oft an einem weit entfernten, exotischen Ort statt.

Fachmessen bieten drei Hauptquellen für Informationen über Call Center:

✔ **Veranstaltungen mit Rednern, die sich mit einem Thema besonders gut auskennen:** Solche Veranstaltungen können oftmals sehr gut sein – und manchmal auch enttäuschend. Es hängt häufig von der Veranstaltung ab – ob die Redner sorgsam ausgewählt und gut bezahlt wurden, ob der Inhalt überprüft wurde und so weiter.

✔ **Ausstellungen:** Bei Ausstellungen bauen die Anbieter von Dienstleistungen und Ausrüstung für Call Center Stände auf, wo sie mit Ihnen reden und Ihnen ihre Angebote unterbreiten können. Das ist eine hervorragende Gelegenheit, um einen Überblick über die Anbieter zu erhalten und etwas über die neuesten und tollsten Sachen auf dem Gebiet Call Center zu erfahren. Ich empfinde die Ausstellungen auf den Fachmessen als den wertvollsten Teil jeder Call Center-Veranstaltung.

✔ **Kontakte knüpfen:** Einige der führenden Branchenexperten besuchen die größeren und besser bekannten Fachmessen. Normalerweise sind diese Experten froh, ein paar Minuten mit Ihnen über die Branche und das Geschäft zu sprechen. Sie treffen hier viele Leute, die in einem Call Center arbeiten oder eines leiten und einfach nur nach Anregungen suchen.

Die Kontakte, die Sie auf einer Fachmesse knüpfen, können Ihnen helfen, ein informelles und kostenloses System für Unterstützung, Information und Beratung aufzubauen. Ich habe meine Frau auf einer Call Center-Fachmesse kennengelernt. Sie sehen, es funktioniert.

Fachzeitschriften

Fachzeitschriften sind viel billiger als Fachmessen und sie sind voll von großartigen und aktuellen Informationen über die Call Center-Branche.

Jeder, der in irgendeiner Form für den Betrieb eines Call Centers verantwortlich ist – oder für eine Abteilung innerhalb eines Call Centers –, sollte Fachzeitschriften abonnieren. Eine gute Fachzeitschrift behandelt innerhalb eines Abojahres jedes brisante Thema, jeden Trend und jede Disziplin beim Betrieb eines Call Centers. Selbst die Werbung ist gut, weil die Anbieter ihre neuesten und besten Entwicklungen präsentieren.

Zu dem Preis bekommen Sie keine bessere Informationsquelle als Call Center-Fachzeitschriften. Hier einige von denen, die wir am meisten mögen:

✔ Teletalk

✔ Call Center-Profi

Empfehlenswert sind auch die Internetnews Call Center Experts.

Teil V

Anrufbearbeitung – wo alles zusammenläuft

In diesem Teil ...

Hier geht es um die Grundlagen des Umgang mit Anrufen. Ich schlage einen einfachen Aktionsplan vor, den Agenten im direkten Kontakt mit den Kunden befolgen können.

Die Beziehung zwischen Agenten und Kunde ist die entscheidendste im ganzen Call Center. Wenn Ihre Agenten gut sind, werden Sie mit vielen zufriedenen Kunden gesegnet sein. Sind Ihre Agenten schlecht, werden Sie vielleicht über den Verkauf Ihres Unternehmens nachdenken müssen. Sie finden hier grundlegende (und manchmal auch scheinbar offensichtliche) Tipps und Techniken – zur Anrufsteuerung und der Konfliktbewältigung bis hin zu Kunden-Service und Verkäufen –, mit denen Sie dafür sorgen können, dass Ihre Agenten effizient und effektiv mit dieser extrem wichtigen Interaktion im Call Center umgehen können.

»Danke für Ihren Anruf ...«: Anrufprozesse und -techniken

14

Fachkorrektur: Oliver Erckert,
Geschäftsführer go fast forward gmbh

In diesem Kapitel

▶ Den positiven Eindruck des Anrufers mit guten Manieren verstärken

▶ Ein einfaches Verfahren für den Umgang mit verärgerten Anrufern

▶ Empathie und Verständnis in allen Situationen zeigen

Die Arbeit in Ihrem Call Center – das Rekrutierung toller Mitarbeiter, das Aufstellen von Einsatzplänen, die Entwicklung hervorragender Abläufe sowie die Investition in die beste Technologie zur Vermittlung von Anrufen an Ihre Agenten – ist nicht einen Deut wert, wenn die Agenten nicht wissen, wie sie mit den ankommenden Anrufen umgehen müssen.

Das Call Center, da wo Ihre Agenten mit Ihren Kunden sprechen, ist der Ort des eigentlichen Geschehens. Die Art und Weise, wie mit den Anrufen Ihrer Kunden umgegangen wird, beeinflusst maßgeblich den Erfolg Ihres Call Centers.

In Kapitel 15 erfahren Sie, wie Anrufe strukturiert werden können. In diesem Kapitel finden Sie spezielle Tipps und Techniken, die Ihre Agenten bei der Anrufbehandlung unterstützen werden.

Die goldene Regel der Anrufbehandlung: Einfach nett sein!

Jemand (ich glaube, ich war es selbst) hat einmal empfohlen, so zu den Kunden zu sprechen, als handle es sich um die eigene Großmutter – oder einen Priester, Minister, Rabbi oder Guru. Behandeln Sie die Menschen mit Respekt und Würde, gesundem Menschenverstand und guten Manieren – so, wie es Ihnen Ihre Mutter beigebracht hat –, und Sie werden in Naturalien entlohnt.

Die effektivste Regel, die Sie befolgen sollten, um einen erstklassigen Kundendienst zu bieten, ist gleichzeitig auch die einfachste: Seien Sie einfach nett! Nach Jahren, in denen ich Anrufen zugehört habe, glaube ich, dass dies die wichtigste Grundregel ist.

Jeder Kundenanruf kann den Eindruck, den die Kunden vom Service Ihres Unternehmens haben, zerstören oder positiv bestärken.

Die fünf goldenen Regeln, die Sie befolgen sollten, um bei Ihren Kunden einen positiven Eindruck zu hinterlassen, sind:

✔ Seien Sie höflich.

✔ Zeigen Sie Einfühlungsvermögen und Verständnis.

✔ Reden Sie den Kunden mit seinem Namen an.

✔ Seien Sie Herr der Situation und Lösung.

✔ Benutzen Sie eine positive Sprache.

Diese Regeln machen aus einem Agenten keine Kundendienstlegende. Nur weil Sie diese Regeln befolgen, bedeutet das nicht, dass die Kunden den Teamleiter sprechen möchten, um von dem erhaltenen Service zu schwärmen (obwohl viele Agenten sich dies wünschen). Aber diese einfachen Regeln lassen den Kunden denken: »Das war wirklich ein nettes Gespräch.«, auch wenn sie den Grund hierfür nicht genau nennen können.

Die Regeln sind einfach und man könnte sagen, dass der gesunde Menschenverstand sie diktiert. Sie sind jedoch im Call Center in der Regel nicht so selbstverständlich, wie man es erwarten würde. Lassen Sie uns im Folgenden einen Blick auf die einzelnen Regeln werfen.

Seien Sie höflich

Sagen Sie immer »Bitte«, wenn Sie den Kunden um etwas bitten, sei es eine E-Mail-Adresse, eine Telefonnummer oder die Genehmigung, den Kunden kurz in die telefonische Warteschleife zu stellen ... Bitte sagen Sie »Bitte«. Und vergessen Sie nicht, immer »Danke« zu sagen, wenn Ihnen der Kunde etwas gegeben hat, worum Sie gebeten haben.

Sie: »Dürfte ich bitte Ihre E-Mail-Adresse haben?«

Kunde: »joeschmo@mexiko.com«

Sie: »Danke.«

Wenn Sie höflich sind, fühlen sich die Kunden respektiert und geachtet. Es zeigt außerdem, dass Sie die Zeit, die die Kunden für das Gespräch geopfert haben, zu würdigen wissen.

Zeigen Sie Einfühlungsvermögen und Verständnis

Versetzen Sie sich in die Lage des Kunden. Versuchen Sie, zu verstehen, was den Kunden in diese Situation gebracht hat, und denken Sie darüber nach, wie Sie sich in dieser Situation fühlen würden. Dies ist besonders dann wichtig, wenn ein Kunde wütend oder verärgert ist. Sie sollten versuchen, den Stress des Kunden abzubauen, indem Sie zu seinem Verbündeten werden.

»Ich kann verstehen, wie Sie sich fühlen. Ich kann Ihre Frustration nachempfinden …«

 Gießen Sie bei einem aufgebrachten Kunden kein Öl ins Feuer, indem Sie so etwas sagen wie: »Sie haben recht, unser Service ist schrecklich.« Einfühlungsvermögen bedeutet, Interesse für die Situation des Kunden und dessen Gefühle zu zeigen, ohne ihm beizupflichten oder zu widersprechen.

Sprechen Sie den Kunden mit seinem Namen an

»Es gibt keine schönere Musik, als den Klang des eigenen Namens.« Das Ansprechen des Kunden mit seinem Namen vermittelt ihm das Gefühl, dass Sie ihn achten. Es trägt außerdem dazu bei, dass sich die Kunden wohler fühlen. Wenn Sie die Interaktion persönlich gestalten, wissen die Kunden, dass sie mit einer realen Person, vielleicht sogar mit einem Freund reden.

»Danke, dass Sie mich darauf hingewiesen haben, Frau Balschukat.«

Seien Sie Herr der Situation und Lösung

Kunden rufen Ihr Call Center an, weil sie möchten, dass ihre Fragen beantwortet oder ihre Probleme gelöst werden. Wenn Sie einen Anruf beantworten, kontrollieren Sie die Situation, und Sie sind dafür verantwortlich, eine Lösung zu finden. Es ist Ihre Pflicht, alles in Ihrer Macht Stehende zu tun, um dem Kunden zu helfen – oder die Person zu finden, die hierfür besonders qualifiziert ist.

»Ich freue mich, dass Sie mich heute angerufen haben, Herr Schmidt. Ich würde mich gerne für Sie um dieses Problem kümmern.«

 Schieben Sie nichts auf Ihren Chef oder eine andere Abteilung. Behandeln Sie jeden Kunden so, als wäre er der einzige Kunde Ihres Unternehmens und Sie der einzige Mitarbeiter.

Benutzen Sie eine positive Sprache

Sagen Sie dem Kunden immer, was Sie für ihn tun können, und nicht, was Sie nicht tun können. Natürlich gibt es Situationen, in denen es nicht in Ihrer Macht steht, eine spezielle Anfrage eines Kunden zu bearbeiten. Anstatt dann jedoch ins Negative zu verfallen – »Es tut mir leid, ich kann Ihnen nicht helfen.« –, zeigen Sie dem Kunden, dass Sie ihm helfen möchten, indem Sie sich darauf konzentrieren, was Sie tun können.

»Danke, dass Sie mich darauf hingewiesen haben, Frau Bockey. Ich kann Sie mit der Person verbinden, die alle notwendigen Informationen besitzt, um dieses Problem für Sie zu lösen. Würde es Ihnen etwas ausmachen, einen Moment zu warten, während ich Sie verbinde, oder möchten Sie, dass ich dort anrufe und dafür sorge, dass Sie zurückgerufen werden?«

Klingt das nicht sehr viel besser als:

»Es tut mir leid, ich kann Ihnen nicht helfen.«

Oder was noch schlimmer ist:

»Das ist nicht meine Aufgabe.«

 Solange Sie dazu beitragen, dass die Kunden das erhalten, was sie möchten (Beantwortung von Fragen oder Lösen von Problemen), helfen Sie Ihnen.

 Wenn Sie diese goldenen Regeln in einen strukturierten Anrufplan aufnehmen, der in Kapitel 15 beschrieben ist, sind Sie auf dem richtigen Weg zu einem außergewöhnlichen Kundenservice, der die Erwartungen der Anrufer erfüllen und übertreffen wird.

Erfolgreich mit schwierigen Situationen umgehen – »Auf Wut folgt Vernunft«

Für Kundenbeziehungen gilt, genauso wie für jede andere Interaktion zwischen Menschen auch, dass auf Wut Vernunft folgt. Pierre Trudeau, der berühmte kanadische Premierminister und Philosoph, tritt für die Maxime »Auf Wut folgt Vernunft« in der Entscheidungsfindung ein. Dies mag ein großartiger philosophischer Ansatz sein, aber für den Umgang mit Kunden ist er wohl weniger geeignet.

Wenn ein Kunde wütend ist, wird es sehr schwierig, mit ihm zu diskutieren. Die Arbeit mit einem wütenden Kunden wird zusehends schwieriger, wenn Sie nicht auf diese Wut eingehen. Diese Erkenntnis führt zu einer meiner Lieblingsweisheiten in Sachen Anrufabwicklung: »Kümmern Sie sich zunächst um die Emotionen und erst dann um das Problem.«

Diese Strategie ist besonders dann wichtig, wenn Sie es mit einem Kunden zu tun haben, der aufgebracht, verärgert oder frustriert ist.

 Wenn Sie die in diesem Kapitel beschriebenen goldenen Regeln stets befolgen und immer ruhig und freundlich bleiben, wird dies die Anzahl der verärgerten Kunden, um die Sie sich kümmern müssen, deutlich verringern.

Kümmern Sie sich zuerst um die Emotionen ...

 Selbst die freundlichsten und besonders zurückhaltenden Service-Mitarbeiter haben immer mal wieder einen Kunden, der verärgert ist. Denken Sie immer daran, dass es einen Grund dafür gibt, dass der Kunde wütend wurde. Etwas ist geschehen, das den Ärger verursacht hat; etwas, das in der Regel nach einer Lösung verlangt.

Beim Meistern von schwierigen Situationen ist es somit wichtig, zu realisieren, dass Sie sich eigentlich um zwei Dinge kümmern müssen – ein Problem, das gelöst werden muss, und die angespannte Emotion des Kunden. Kümmern Sie sich zuerst um die Emotion, bevor Sie sich dem Problem zuwenden.

Nachfolgend ist eine Schritt-für-Schritt-Anleitung aufgeführt, die Ihnen hilft, mit solch schwierigen – extrem stressigen – Situationen umzugehen.

1. **Bitten Sie den Kunden, Ihnen das Erlebte zu schildern.**

   »Bitte schildern Sie mir, was vorgefallen ist, Herr Kemper.«

Lassen Sie den Kunden seinem Ärger Luft machen, ohne seine Darstellung der Einzelheiten zu beurteilen und ihn zu unterbrechen. Unterbrechungen klingen anklägerisch und drängen den Kunden in die Defensive. Andererseits dürfen Sie mit kurzen Äußerungen gerne zeigen, dass Sie zuhören. Schließlich kann der Kunde Sie nicht sehen: »Oh je!«, »Verstehe ich.« oder »Bitte sprechen Sie weiter, ich mache mir Notizen.«

 Stellen Sie sich die Situation wie einen Ballon vor, der bis zum äußersten mit Luft gefüllt ist – er kann jeden Moment platzen. Wenn Sie dem Kunden erlauben, seinem Ärger Luft zu machen, entweicht etwas Luft aus dem Ballon, sodass die Wahrscheinlichkeit, dass er platzt, geringer ist. In der Regel tobt ein Mensch nicht länger als zwei Minuten.

Machen Sie sich Notizen, einschließlich bestimmter Formulierungen des Kunden, während dieser seine Geschichte erzählt. Sie können diese Formulierungen später verwenden, um die Tatsache hervorzuheben, dass Sie zugehört haben.

Sperren Sie das »Okay« ein

Haben Sie sich jemals dabei erwischt, dass Sie »okay« sagen, wenn Ihnen jemand eine Geschichte erzählt? Auf diese Weise bestätigen Sie freundlich, dass Sie das Geschilderte verstanden haben. Diese unbewusste Bestätigung kann für einige Kunden ein Problem sein. Sagen Sie nicht »okay«, wenn Kunden Dampf ablassen. Einige Kunden könnten dies gegen Sie verwenden und sagen: »Nein, das ist nicht okay!«

Sagen Sie besser etwas wie »Ich verstehe« oder »Kann ich nachvollziehen«.

2. **Versetzen Sie sich in den Kunden hinein, indem Sie »Fühlen, Gefühlt, Festgestellt«-Formulierungen benutzen.**

   »Ich kann Ihren Ärger natürlich verstehen, Frau Biermann.«

   »Es tut mir leid, dass Sie das durchmachen mussten, Herr Sandheinrich.«

   »Ich würde mich genauso fühlen, wenn ich in dieser Situation wäre, Frau Marche.«

Weitere Informationen zu »Fühlen, Gefühlt, Festgestellt«-Formulierungen finden Sie weiter hinten in diesem Kapitel im Abschnitt »Der emotionale Rettungsanker: Feel, Felt, Found«.

Widerstehen Sie der Versuchung, Gegendruck auszuüben!

Hier kommt eine Übung, die zeigt, wie wichtig es ist, dass Sie den Kunden nicht unterbrechen, wenn er seinem Ärger Luft macht, damit er sich beruhigen kann. Sie brauchen jemanden, der Ihnen dabei hilft. Holen Sie also einen Bekannten dazu. Los ... Ich warte.

Ah, da sind Sie ja wieder! Danke, dass Sie zurückgekommen sind. Nun bitten Sie Ihren Bekannten, eine Hand zu heben, sodass die Handfläche zu Ihnen zeigt. Jetzt legen Sie Ihre Handfläche gegen seine und beginnen, vorsichtig zu drücken. Erhöhen Sie langsam den Druck, den Sie gegen seine Hand ausüben. Hierauf wird Ihr Bekannter mit Gegendruck reagieren.

Tauschen Sie jetzt die Rollen. Halten Sie Ihre Hand in die Höhe, sodass Ihre Handfläche zu Ihrem Bekannten weist. Bitten Sie ihn, vorsichtig gegen Ihre Handfläche zu drücken. Bewegen Sie als Reaktion darauf Ihre Hand zurück, sodass er fast keinen Widerstand spürt. Aller Wahrscheinlichkeit nach wird er nun versuchen, etwas fester zu drücken oder seine Hand schneller zu bewegen. Bewegen Sie auch diesmal Ihre Hand zurück, sodass kein Widerstand entsteht. Wahrscheinlich gibt er nach einiger Zeit auf, weil es nichts gibt, wogegen er drücken könnte.

Das gleiche Prinzip funktioniert auch, wenn Sie es mit verärgerten Kunden zu tun haben. Wenn Sie bei einem Kunden, der aufgebracht ist, Gegendruck erzeugen, wird er einen noch stärkeren Druck aufbauen. Dann dauert es nicht mehr lange, und jeder drückt nur noch zurück, ohne auf die eigentlichen Emotionen oder Probleme einzugehen.

Wenn Sie dagegen auf den Kunden eingehen und gegen seine Emotionen nicht angehen, werden Sie die Situation besser klären können. Sie müssen der Versuchung widerstehen, zurückzudrücken. Sorgen Sie dafür, dass der Kunde Dampf ablassen kann, ohne unterbrochen oder in die Defensive gedrängt zu werden.

Egal wie sehr Ihr Puls – und Ihr Stress – ansteigt: Bleiben Sie ruhig, einfühlsam und hilfsbereit, und widerstehen Sie der Versuchung, Gegendruck auszuüben!

Wenn Sie sich auf diese Weise einfühlsam zeigen, bedeutet das nicht, dass Sie mit dem übereinstimmen (oder nicht übereinstimmen), was der Kunde sagt. Sie zeigen aber, dass Ihnen die Gefühle des in dieser Situation befindlichen Kunden nicht egal sind. Sie erkennen seine Gefühle einfach an, ohne eine Schuldzuweisung zu akzeptieren oder abzulehnen.

3. **Besprechen Sie noch einmal die Emotionen sowie die Gründe für die Beschwerde, und seien Sie auch diesmal einfühlsam.**

   »*Wenn ich Sie richtig verstanden habe, ist Folgendes geschehen: ...*«

   »*... Und das hat dazu geführt, dass Sie [Gefühle nennen].*«

Benutzen Sie, sofern dies möglich ist, einige der Formulierungen, die der Kunde verwendet hat, um die Situation und seine Gefühle zu beschreiben.

»... Ist das richtig?«

»Habe ich die Einzelheiten richtig zusammengefasst, Frau Strangio?«

Wenn der Kunde dies bejaht, haben Sie bewiesen, dass Sie zugehört haben und dass Sie sich auf der Seite des Kunden befinden und daran interessiert sind, das Problem zu lösen.

Außerdem haben Sie dafür gesorgt, dass noch mehr Luft aus dem Ballon entweicht, weil der Kunde nun das Gefühl hat, jemanden gefunden zu haben, der sich um ihn kümmert und eine Lösung finden wird, mit der er zufrieden sein kann. Wieso sollte er nun noch wütend auf Sie sein und so seine Chance verspielen, eine Lösung des Problems zu erreichen.

... und dann klären Sie das Problem

4. Bieten Sie eine Lösung an und verkaufen Sie sie dem Kunden.

»Was ich nun gerne mit Ihrer Erlaubnis für Sie tun würde, Frau Plöger-Rupp, ist ...«

Verkaufen Sie die Lösung, indem Sie genau erklären, was Sie zu tun beabsichtigen und wie dies dazu beitragen wird, das Problem zu lösen. Wenn der Kunde die Lösung akzeptiert, ist es unwahrscheinlicher, dass er noch mal anruft, um jemanden zu finden, der sich besser um sein Problem kümmert.

Wenn Sie um Erlaubnis bitten, beziehen Sie den Kunden in die Lösung mit ein und vergrößern die Wahrscheinlichkeit, seine Einwilligung zu erhalten.

5. Bringen Sie das Gespräch zu einem Abschluss.

»Frau Jest, es scheint, dass wir eine Lösung gefunden haben, die verhindern wird, dass Sie dies noch einmal durchmachen müssen.«

Erzeugen Sie beim Kunden das Gefühl, dass Sie an seinen Sorgen interessiert sind und dass Sie alles tun, um ihm zu helfen. Sprechen Sie die Gefühle der Person an, nicht das Problem.

Natürlich können Sie nicht garantieren, dass dieses Problem nicht noch einmal auftritt, aber Sie können beim Kunden das Gefühl erzeugen, dass, falls noch einmal etwas geschieht, er Sie anrufen und erneut eine prompte, zuvorkommende Behandlung erfahren wird.

6. Nachbereitung des Gesprächs.

»Herr Schiller, ich möchte mich für Ihren Anruf bedanken und auch dafür, dass Sie mir erlaubt haben, Ihnen in dieser Situation zu helfen. Es tut mir sehr leid, dass Sie dies erleben mussten ...«

Danken Sie dem Kunden und entschuldigen Sie sich für das Problem. Dies ist der letzte Eindruck, den Sie beim Kunden hinterlassen. Stellen Sie sicher, dass es ein guter ist.

Es geht nicht darum zuzugeben, dass Sie oder Ihr Unternehmen etwas falsch gemacht haben, sondern darum, dem Kunden zu zeigen, dass Sie seine Gefühle verstanden haben und an diesen interessiert sind.

Wenn Sie alles richtig machen, kann ein verärgerter Kunde innerhalb weniger Minuten beruhigt werden. Andernfalls kann es Stunden dauern, und Sie können den Kunden verlieren.

Der emotionale Rettungsanker: Feel, Felt, Found

Es gibt viele Techniken zur Abwicklung von Anrufen verärgerter Kunden – solchen Kunden, die nicht einverstanden mit etwas sind, von dem sie glauben, dass es Ihre oder die Schuld Ihres Unternehmens sei. Einige dieser Techniken sind sehr kompliziert.

Im Call Center jedoch ist ein einfacher und effizienter Anrufprozess wichtig – weil ein primäres Ziel darin besteht, den Anruf schnell abzuwickeln, und weil es bei der Erfahrung der Agenten hinsichtlich der Anrufprozesse große Unterschiede gibt.

 Eine effektive Möglichkeit, mit verärgerten Anrufern umzugehen, ist das »Feel, Felt, Found«-Verfahren (FFF, dt. etwa »Fühlen, Gefühlt, Festgestellt«). Zugegeben, es ist nicht gerade neu, aber es ist einfach und funktioniert.

Es funktioniert, weil es einen Kommunikationsrahmen zur Verfügung stellt und sich an die Emotionen der Person richtet.

»Feel, Felt, Found« einsetzen

Es ist wichtig, den Ausdruck »Feel, Felt, Found« lediglich als Vorlage zu verstehen, die Sie beim Umgang mit dem Ärger des Anrufers anleiten soll. Die Absicht besteht nicht darin – wie leider viele Agenten (und Trainer und Teamleiter) glauben –, die Worte »*fühlen*« (feel), »*gefühlt*« (felt) und »*festgestellt*« (found) immer und in jedem Fall zu benutzen.

»Feel, Felt, Found« stellt eine einfache Möglichkeit dar, um das, was Sie sagen sollten, wenn Sie es mit einem verärgerten Anrufer zu tun haben, in Erinnerung zu behalten. In der folgenden Aufzählung finden Sie jeweils eine typische Formulierung, die den Zweck jedes einzelnen Schrittes verdeutlichen soll. Ich empfehle jedoch, dass Sie diese Formulierungen nicht Wort für Wort verwenden, weil die Kunden – besonders die, die dieses Buch gelesen haben – Ihren Versuch, zu beschwichtigen, als Trick oder Technik verstehen würden.

 Denken Sie daran, dass Sie ein Gespräch mit dem Kunden führen. Benutzen Sie deshalb eine natürliche Ausdrucksweise, die dafür sorgt, dass jede Phase des Gesprächs auch wie ein Gespräch klingt – auch wenn Sie sich mit den Problemen eines verärgerten Kunden beschäftigen.

1. **»Ich verstehe, wie Sie sich *fühlen*.«** Sie müssen sich zunächst mit dem Kunden identifizieren und sein Problem erkennen. Dies bedeutet nicht, dass Sie mit dem Kunden darin übereinstimmen, dass das Problem nicht gelöst werden kann. Stattdessen wissen Sie, dass es ein Problem des Kunden ist, und Sie wissen es zu würdigen, dass der Kunde sich mit diesem Problem an Sie richtet. (Und Sie sollten freiheraus zeigen, dass Sie den Kunden verstehen!)

 Nur wenn Sie das Problem des Kunden wirklich verstehen und darauf eingehen, können Sie die richtige Lösung des Problems beziehungsweise die richtige Antwort auf eine Frage erarbeiten.

Eine ähnliche Aussage, die demselben Zweck dient, könnte wie folgt lauten: »Natürlich verstehe ich Ihr Problem« oder »Ich kann mir vorstellen, was Sie durchgemacht haben«. Auf diese Weise vermeiden Sie ironische Kommentare der Kunden, die diese Technik kennen, wie zum Beispiel: »Ist heute wieder einer dieser 'Feel, Felt, Found'-Tage?«

2. **»Andere haben ebenso *gefühlt*.«** Ihre nächste Aufgabe besteht darin, sich in den Kunden hineinzuversetzen. Ein paar Worte, die Ihr Einfühlungsvermögen zum Ausdruck bringen, helfen, eine Konfrontation zu vermeiden, und zeigen, dass Sie sich auf der Seite des Kunden befinden.

 Anstatt eine defensive Haltung einzunehmen und sich vom Kunden abzuwenden, ist der Gebrauch von Empathie wie ein Sprung über den Zaun, nach dem Sie neben dem Kunden stehen, Ihren Arm um seine Schulter legen und sagen: »Hey, hier geht es nicht um einen Kampf, bei dem wir beide gegeneinander antreten, sondern um einen Kampf, den wir zusammen gegen das Problem austragen.«

Sie sollten dem Kunden im Wesentlichen zeigen, dass er mit seinen Gefühlen nicht allein ist, dass sein Problem nicht das Ende bedeutet, dass es sich dabei um nichts handelt, was nicht schon einmal gelöst worden wäre. Der Kunde muss sich sicher sein, dass sein Problem zufriedenstellend geregelt werden kann, damit er der von Ihnen vorgeschlagenen Lösung zustimmen kann.

 Dieselbe Technik empfehle ich für den Umgang mit einem emotionalen Kunden. Ähnliche Worte, die zu demselben Ergebnis führen, sind beispielsweise »Ein anderer Kunde, mit dem ich diese Woche gesprochen habe, hatte ein ähnliches Problem« oder »Das hatte ich auch schon einmal«.

3. **»Was *festgestellt* wurde, ist ...«** Zuletzt müssen Sie eine Lösung für die Probleme des Kunden präsentieren. Sie benutzen die *Festgestellt*-Aussage als eine Brücke, um das Vertrauen des Kunden darin zu bestärken, dass die von Ihnen vorgeschlagene Lösung erprobt und richtig ist – sie funktionierte bereits zuvor, als jemand anderes ein ähnliches Problem hatte.

 Der Zweck dieses Schrittes ist, dem Kunden zu zeigen, wie sein Problem durch die Vorteile der präsentierten Lösung behoben wird.

Festgestellt-Aussagen, die zu den zuvor aufgeführten _Fühlen_- und _Gefühlt_-Formulierungen passen, sind beispielsweise »Wenn wir die Situation genau betrachten, kommen wir zu dem Schluss, dass ...« oder »Mir ist klar geworden, dass ...«.

 Es geht nicht darum, die Worte »_fühlen_«, »_gefühlt_« und »_festgestellt_« zu verwenden, sondern darum, eine Verbindung und Beziehung zum Kunden herzustellen, diesen einzubeziehen und sich wirklich darum zu kümmern, ihm bei seinem Problem zu helfen.

 Die meisten Menschen (ich zähle mich auch dazu) sind schon einmal in ihrem Leben mit einer Situation konfrontiert worden, in der sie einen Freund trösten mussten – vielleicht weil ein geliebter Mensch gestorben war. Was würden Sie sagen? Wahrscheinlich etwas wie »Ich kann nachempfinden, was du gerade durchmachst, Klaus. Ich weiß noch wie schwierig es war, als das in meiner Familie passiert ist. Weißt du, eine Sache, die uns wirklich geholfen hat, war ...«. Klingt nicht nach »Feel, Felt, Found«, nicht wahr?

Konfrontationen vermeiden: Kein Wenn und Aber

Ein häufiger Fehler von Agenten im Umgang mit verärgerten Kunden besteht darin, defensiv oder provokativ zu reagieren. Eine einfache Erwiderung auf ein Problem ist: »Ja, aber ...«. Es ist allerdings auch eine einfache Möglichkeit, Kunden zu verlieren.

 Es ist sehr wichtig, dass alle Call Center-Agenten verstehen, dass sie niemals, niemals wieder »Ja, aber« zu einem Kunden sagen dürfen! Das Wörtchen »aber« – besonders, wenn es direkt gesagt wird, nachdem ein Kunde ein Problem oder Bedenken geäußert hat – kann alles, was der Kunde gesagt hat, abwerten. Selbst wenn Sie erwidern: »Ich verstehe natürlich Ihre Bedenken, Herr Meier, aber ...«, spielt es keine Rolle mehr, was Sie danach noch sagen. Der Kunde denkt dann, dass sein Problem nicht wirklich verstanden wurde.

Das Wort »aber« vermittelt den Eindruck einer Meinungsverschiedenheit. Es lässt eine provozierende Haltung entstehen, also genau das, was Sie vermeiden sollten, wenn Sie mit einem Kunden zusammenarbeiten, um dessen Bedenken oder Problem zu klären.

Das Gespräch kontrollieren: Eine Frage der Frage

Eine hervorragende Möglichkeit, um die Kontrolle über einen Anruf zu behalten, ist die LAMA-Technik für Aussagen und Fragen, die meinem Personal und mir vor einigen Jahren von Judy McKee von McKee Motivation in Escondido, Kalifornien, beigebracht wurde. LAMA steht für **L**isten, **A**cknowledge, **M**ake a Statement und **A**sk a Question (Zuhören, Rückmeldung, Aussage und Frage). Die Technik basiert auf dem Prinzip, dass die Person, die ein Gespräch kontrolliert, die Fragen stellt.

Schluss mit »aber«

Wenn Sie sehen möchten, wie schnell ein Gespräch scheitern kann und provokativ wird, sobald jemand das Wort »aber« benutzt, versuchen Sie einmal die folgende kleine Übung. Ich setze sie manchmal ein, wenn ich Agenten darin schule, wie mit Bedenken der Kunden umgegangen werden sollte, und wenn ich Teamleitern zeige, wie den Agenten ein Performance-Feedback gegeben wird.

Sie brauchen zwei Freiwillige. Bitten Sie sie, sich vorzustellen, dass sie sich gerade an einen Tisch in einem schönen Restaurant gesetzt haben und einen Blick auf die Karte werfen. Lassen Sie sie einfach ein typisches Gespräch führen, bei dem darüber geredet wird, was sie bestellen möchten. Die einzige Bedingung besteht darin, dass jeder Satz mit »Ja, aber ...« beginnen muss, unabhängig davon, was die andere Person gesagt hat.

Beobachten Sie, wie schnell die beiden Teilnehmer frustriert werden und dem anderen gegenüber eine defensive Haltung einnehmen.

Wiederholen Sie dieses Szenario. Diesmal lassen Sie jedoch jede Aussage mit »Ja, und ...« beginnen. Der Unterschied ist bemerkenswert. Der Ton wird gelassener, und die Teilnehmer werden liebenswürdiger – selbst wenn sie versuchen, zu widersprechen.

Das Wort »aber« führt zur Konfrontation, und obwohl diese Übung oft viel Gelächter zur Folge hat, zeigt sie – bisweilen in dramatischer Weise –, wie schnell ein Gespräch zu einer hitzigen Debatte werden kann, wenn man das Gefühl hat, dass die Person, mit der man redet, ständig widerspricht.

Wenn es um die Belange der Kunden geht, sollten Sie Ihre »Abers« für sich behalten!

LAMA ist eine sehr benutzerfreundliche, effektive und Konfrontationen vermeidende Technik, die dafür sorgt, dass Sie die Kontrolle über ein Gespräch behalten. Die Technik hilft Ihnen, die Richtung festzulegen, die der Anruf nimmt, ohne den Anrufer zu manipulieren oder zu kontrollieren. Dies sind die einzelnen Schritte dieser Technik:

1. Listen (Zuhören)

Die erste Phase von LAMA besteht darin, zuzuhören, was der Kunde zu sagen hat. Da sich dies auf den aktuellen Geschäftsvorgang bezieht, kann es nützlich sein, Details zu notieren, die helfen könnten, den Vorgang zu bearbeiten.

2. Acknowledge (Rückmeldung)

Nachdem der Kunde Ihnen etwas erzählt hat – egal was –, bestätigen Sie das Gesagte. Wenn Sie über das Telefon sprechen, kann der Kunde Sie nicht sehen, sodass ein Nicken nicht reicht. Es ist wichtig, dass der Kunde weiß, dass Sie zuhören.

Die Rückmeldung zu dem, was der Kunde gesagt hat, kann sehr einfach sein, beispielsweise »Ja« oder »Ist klar« oder »Ich verstehe«. Selbst wenn das, was der Kunde zu sagen hat, negativ ist, müssen Sie bestätigen, dass Sie ihn gehört haben. Dies ist beispielsweise mit Formulierungen wie »Ich kann verstehen, dass Sie sich so fühlen« oder »Es tut mir leid, dass das passiert ist« möglich.

 Die Bestätigung dessen, was der Anrufer gesagt hat, ist ein sehr leistungsstarkes Mittel bei der Anrufsteuerung und dem Versuch, den Kunden zufriedenzustellen. Es zeigt, dass Sie den Kunden respektieren und Sie ihn verstanden haben und achten.

3. Make a Statement (Aussage)

Die Aussage ermöglicht es Ihnen, das Gespräch noch einmal zusammenzufassen und in die Richtung zu lenken, die Sie vorgesehen haben. Ihre Aussage kann eine vorgeschlagene Lösung oder eine Eigenschaft beziehungsweise Nutzen Ihres Produkts oder Services sein. »Nun, wenn ich Ihnen beim Neustart Ihres Computers helfen kann, werden wir das Problem lösen, sodass der Dienst bald wieder zur Verfügung steht.«

4. Ask a Question (Frage)

Eine einfache Regel der Anrufsteuerung lautet, dass die Person, die die Fragen stellt, das Gespräch kontrolliert. Die letzte Phase der LAMA-Technik ist, eine angemessene Frage zu stellen, die dafür sorgt, dass der Call Center-Agent die Kontrolle über den Anruf wiedererlangt. »Wissen Sie, mit welcher Steckdose Ihr Computer verbunden ist, Herr Meier? Würden Sie bitte den Stecker herausziehen, 30 Sekunden warten und ihn dann wieder einstecken?«

 Ich habe letztens in einem unserer Center ein hervorragendes Beispiel für die Anrufsteuerung mit LAMA gesehen. Frau Klimm ist eine Agentin im technischen Support. Ich saß bei ihr und hörte mir Anrufe an, als sie einen Anruf bekam, von dem man sagen würde, er sei unmöglich zu kontrollieren. Nachdem Sie sich vorgestellt hatte, wurde Frau Klimm von einer sehr netten Dame begrüßt, die gerne ein wenig plaudern wollte – und zwar über alles Mögliche. Die Kundin begann den Anruf damit, dass sie Frau Klimm fragte, woher sie komme. Frau Klimm antwortete höflich, was vielleicht ein Fehler war, weil die Dame alles und jeden in Frau Klimms Heimatstadt zu kennen schien. Nun war es nicht gerade ein arbeitsreicher Tag, und die Dame am anderen Ende der Leitung war auch wirklich ein Kunde, sodass es nicht schlimm gewesen wäre, wenn sich die beiden ein wenig unterhalten hätten. Frau Klimm wollte mir jedoch zeigen, dass sie mit dieser Situation umgehen kann.

Frau Klimm fand bald einen Einstiegspunkt. Als die Kundin sagte, dass sie und ihre Tochter Frau Klimms Heimatstadt besucht hätten, fragte Frau Klimm sie: »Lebt Ihre Tochter mit Ihnen zusammen?« Die Kundin bejahte dies. Frau Klimm fragte weiter: »Benutzt sie Ihren Computer?« Und damit war der Anruf wieder beim Thema »Technischer Support«. Die Kundin machte es Frau Klimm nicht einfach und versuchte, viele andere Themen zu diskutieren, aber Frau Klimm bestätigte einfach weiter die Fragen und Kommentare der Kundin und stellte selbst Fragen, um das Gespräch wieder auf den richtigen Weg zu lenken. Es war sehr schwierig, aber Frau Klimm verstand es, gleichzeitig die Kontrolle von der Kundin zurückzubekommen, das Anrufziel zu erreichen und die Kundin glücklich zu machen.

Übung macht den Meister: Die Rolle von Rollenspielen

Strategien zur Bearbeitung von Anrufen sind nicht schwierig, erfordern aber ein gewisses Maß an Übung. Es ist empfehlenswert, diese Techniken mithilfe von Rollenspielen oft zu proben – vielleicht einige hundert Mal –, und zwar ohne das Telefon. Üben Sie auch bei privaten Gesprächen und wenn Sie mit Freunden telefonieren. Es funktioniert. Kapitel 15 enthält weitere Informationen zu Anrufstrategien und Skripts.

Auch Rollenspiele können als effektive Trainingstechnik verwendet werden. Ich behandle die Besonderheiten des Call Center-Trainings in Kapitel 10. Je mehr praxisbezogene Anrufsimulationen Sie durchführen, bevor Sie an das Telefon gehen, desto größer ist natürlich die Wahrscheinlichkeit, dass Sie schneller erfolgreich arbeiten – und mit weniger Stress.

Obwohl es schwierig ist, den eigentlichen Anrufprozess perfekt zu simulieren, erhalten Sie durch Rollenspiele – besonders in einer Übung mit einem Trainer oder einem anderen Trainingsteilnehmer – die Chance, Ihre Anrufprozesse und den Einsatz von Anrufrichtlinien und Skripten zu proben.

Ich empfehle, dass Agenten ihr Wissen über die Hilfsmittel und Techniken der Anrufprozesse beweisen müssen, bevor sie an die »echten« Telefone gelassen werden. Eine effiziente Möglichkeit, dies zu realisieren, besteht darin, ein Rollenspiel-Zertifizierungsprogramm zu implementieren – Ihre Agenten nehmen an einem Rollenspiel mit einem Trainer oder Teamleiter teil und werden beurteilt, wie effizient sie die Anrufstrategie befolgt, die richtigen Anrufprozesse genutzt und alle erforderlichen Richtlinien oder Skripten (wie in Kapitel 15 beschrieben) eingesetzt haben.

Strategien und Hilfsmittel für die Anrufabwicklung

15

Jörg Bordt, Senior Vice President Customer Care Management, Deutsche Telekom AG, T-Com, Geschäftsbereich T-Online

In diesem Kapitel

▷ Die Bedeutung der Anrufsteuerung und eines strukturierten Anrufplans

▷ Eine angemessene Anrufstrategie entwickeln und verwenden

▷ Anrufrichtlinien und Skripthilfen nutzen

A ls Moderator des Anrufs benötigen Sie eine Art Leitfaden, damit Sie und der Kunde zum vorgesehenen Ziel gelangen. In diesem Kapitel spreche ich von Hilfsmitteln, wie zum Beispiel vorbereitete Anrufstrategien, Richtlinien für den Anrufablauf und Skripthilfen, die dazu beitragen, eine Struktur und einen Leitfaden für Ihre Interaktionen mit den Kunden zur Verfügung zu stellen.

Je besser der Leitfaden und Sie als Moderator sind, desto einfacher werden Sie zu Ihrem Ziel gelangen – dem beiderseitig zufriedenstellenden Abschluss des Anrufs.

Warum werden wir angerufen? Die Probleme der Anrufer verstehen

Es gibt unzählige Gründe dafür, dass Menschen geschäftlich zum Telefon greifen – um sich nach Rechnungen oder Kontoauszügen zu erkundigen, den Kundendienst oder technischen Support in Anspruch zu nehmen, einen Kauf zu tätigen, sich auf Werbung zu melden und so weiter. Denken Sie einfach daran, weshalb Sie 0180-Nummern wählen oder dem Kunden-Support eine E-Mail schicken. Die Gründe dafür, dass Kunden Ihr Call Center kontaktieren, können im Wesentlichen in eine von zwei Kategorien eingeordnet werden: Es soll ein Problem gelöst oder eine Frage beantwortet werden.

Die Dringlichkeit erkennen

Wenn Sie den Telefonhörer zur Hand nehmen oder eine E-Mail versenden, haben Sie meistens eine Vorstellung hinsichtlich der Geschwindigkeit, in der Ihr Anliegen erledigt wird. In der Regel erwarten Sie eher eine schnelle als eine langsame Bearbeitung, oder? Fast alle Menschen leben ein immer geschäftigeres Leben und haben viel zu tun. Der Anruf in einem Call Center ist da nicht unbedingt das Highlight des Tages.

Kunden kontaktieren Call Center, weil sie sich eine schnelle, effiziente Lösung ihres Problems oder ihrer Frage wünschen. Nur allzu oft höre ich Agenten sagen: »Ich kann die Anrufe nicht kurz halten und gleichzeitig einen guten Kundenservice bieten.« Aber das stimmt einfach nicht.

Wenn der Kunde anruft, um Informationen zu Ihrem Produkt oder Dienst zu erhalten, möchte er, dass Sie ihm helfen, eine schnelle und fundierte Kaufentscheidung zu treffen. Ein effizienter, vollständiger und freundlicher Verkaufsanruf ist ein Beispiel für hervorragenden Kundendienst. Deshalb ist es die Pflicht des Call Centers, genau dies zu bieten, und zwar in einer zuvorkommenden und professionellen Weise.

Ich sage nicht, dass Sie jeden Anruf im Schnelldurchlauf abfertigen und den Kunden aus der Leitung jagen sollen. Ich sage nur, dass Sie nicht trödeln sollten. Nehmen Sie sich alle Zeit, die der Kunde benötigt, aber konzentrieren Sie sich immer auf den Grund des Anrufs, und kommen Sie zum Punkt. Ich habe zu viele Anrufe gehört, bei denen der Agent vom Thema abkam, sodass viel Zeit verging, in der das ursprüngliche Anliegen des Kunden nicht gelöst wurde.

Anrufe effizient abwickeln

Eines der häufigsten Probleme bei der Anrufabwicklung besteht darin, dass niemand das Ruder in der Hand hält. Die Kunden wissen nicht, wohin das Gespräch führt, daher können sie die Kontrolle nicht übernehmen. Also muss der Agent den Anruf steuern, damit er erfolgreich beendet werden kann.

Es ist völlig in Ordnung, Anrufe zu steuern. Es bedeutet nicht, dass Sie die Kontrolle über den Kunden übernehmen oder Entscheidungen für ihn treffen. Sie erleichtern lediglich den Ablauf des Anrufs. Man könnte sagen, dass Sie zunächst ein Anruf-Servicebeauftragter sind und zu einem Beauftragten oder Moderator werden, der den Anruf in die richtigen Bahnen lenkt. Agenten müssen somit ihre Fähigkeiten als Moderatoren entwickeln – das ist wesentlich bei der modernen Anrufabwicklung.

Ein richtig gesteuerter Anruf führt das Gespräch zu einem effizienten und erfolgreichen Abschluss – was bedeutet, dass der Kunde das erhält, was er wollte, und gleichzeitig das Gefühl hat, vom Unternehmen ernst genommen zu werden. Das Unternehmen erreicht seine Ziele durch die Maximierung des Services, des Gewinns und der Effizienz.

Ein richtig gesteuerter Anruf ist effizient, weil er nicht mehr Zeit in Anspruch nimmt, als notwendig ist, um das Ziel des Anrufs zu erreichen und den Anruf abzuschließen – was bedeutet, dass der Kunde nicht noch einmal anrufen muss, um fehlende oder schlecht kommunizierte Informationen zu klären.

Den unkontrollierbaren Anruf kontrollieren

Aber was tun Sie, wenn der Kunde Sie den Anruf nicht steuern lassen möchte? Sie kennen diesen Typ Anrufer – er möchte wissen, woher Sie kommen, wie das Wetter ist, oder er möchte Ihnen erzählen, wie das Wochenende in den Bergen war. Für diese Menschen hat das Tätigen von Geschäften eher etwas Geselliges und Gemächliches. Sie können sie nicht ausschließen oder das ignorieren, worüber sie reden. Gleichzeitig haben Sie ein Pensum zu erfüllen. Die Anrufsteuerung wird in solchen Situationen sehr wichtig – der Kunde schweift sonst zu sehr ab.

Sie sind dafür verantwortlich, dass Sie und Ihr Gesprächspartner beim Thema bleiben. Dabei müssen Sie freundlich und zuvorkommend sein.

In Kapitel 14 erfahren Sie etwas über Techniken zur Anrufabwicklung, die in Situationen helfen, wenn Sie die Kontrolle über den Anruf zurückgewinnen und wieder zum »roten Faden« zurückkommen müssen.

Das vielleicht Wichtigste, woran Sie denken sollten und das als oberste Regel der Anrufsteuerung betrachtet werden sollte, ist Folgendes: »Wer fragt, der führt«, was nichts anderes bedeutet, als dass die Person, die die Fragen stellt, die Kontrolle hat. Menschen fühlen sich in der Regel seelisch und moralisch dazu verpflichtet, eine gestellte Frage zu beantworten. Sie doch auch, oder? Sehen Sie, ich habe Sie erwischt … Sie nicken, oder etwa nicht? Sehen Sie, Sie haben es schon wieder getan! Aber im Ernst, die meisten Menschen erachten es als unhöflich, eine Frage, die ihnen direkt gestellt wurde, nicht zu beantworten.

Das bloße Stellen von Fragen wird dazu beitragen, dass Sie den Anruf besser steuern. Sie möchten natürlich nicht, dass sich der Kunde unbehaglich oder manipuliert fühlt, das heißt, Sie sollten nur im entsprechenden Zusammenhang sinnvolle Fragen stellen. Klingt vernünftig, nicht wahr? In Kapitel 14 finden Sie Details zur Anrufsteuerung mithilfe der LAMA-Technik, die auf dem Prinzip des Stellens von Fragen basiert.

Einen Anrufplan haben

Wie lange sollten Gespräche dauern? Ich weiß es nicht, und ich bin mir nicht sicher, ob das irgendjemand weiß. Etwas, wonach Sie jedoch Ausschau halten sollten, ist, welche Unterschiede es unter den Agenten hinsichtlich der durchschnittlichen Gesprächsdauer gibt.

Doch weshalb sollten Sie sich auf die Gesprächsdauer konzentrieren? Nun, sie ist nicht nur ein wichtiger Parameter für die wirtschaftlichen Ergebnisse des Call Centers (siehe Kapitel 5), sondern spiegelt auch hervorragend die Arbeitsabläufe wider. Wenn all Ihre Agenten dieselben Hilfsmittel nutzen, mit denselben Produkten arbeiten und mit denselben Kunden sprechen, leuchtet es ein, dass eine unterschiedliche Gesprächsdauer bei den Agenten das Ergebnis verschiedener Arbeitsabläufe und Fähigkeiten ist.

Das Monitoring der unterschiedlichen Gesprächsdauer stellt eine gute Möglichkeit dar, um ein Bild von den verschiedenen Arbeitsweisen der Agenten zu erhalten. Überraschenderweise stellen die meisten Call Center Unterschiede bei der durchschnittlichen Gesprächsdauer in einer Größenordnung von mehreren hundert oder tausend Prozent fest. Überlegen Sie sich das mal. Die Agenten haben jeweils ihren eigenen Arbeitsstil!

Bei sehr großen Unterschieden hinsichtlich der Arbeitsweise der Agenten, die die Anrufabwicklung betrifft, ist es schwierig zu ermitteln, welche Strategien besonders effektiv sind. Ihr Ziel besteht darin, eine Lösung zu erarbeiten, die kontinuierlich zu hervorragenden Ergebnissen führt. Danach müssen Sie die Agenten diese Herangehensweise lehren. (Weitere Informationen zu Schulungen erhalten Sie in Kapitel 10.) Im Laufe der Zeit wird sich Ihre Lösung entwickeln und verbessern. Daraufhin sollten sich auch Ihre Ergebnisse verbessern.

Ihr oberstes Ziel besteht darin, die Vereinheitlichung der Arbeitsweise hinsichtlich der Anrufabwicklung zu verbessern. Dazu dokumentieren Sie die Anrufabwicklung, schulen die Agenten in der neuen Arbeitsweise und betreuen sie, indem Sie ihnen mitteilen, wie gut sie die Standardvorgehensweise befolgt haben. (Die Dokumentierung wird in Kapitel 12 behandelt.) Ihre Qualitätssicherungsabteilung wird sich Anrufe anhören und auswerten, um festzustellen, inwieweit sich die Agenten an das Standardverfahren zur Anrufabwicklung halten.

Der Zusammenhang von Gesprächsdauer und Kundenzufriedenheit

Vor einiger Zeit führte mein Unternehmen eine Umfrage zur Kundenzufriedenheit durch. Nachdem wir einige Monate lang Daten gesammelt hatten, versuchten wir zu ermitteln, ob es eine Wechselwirkung zwischen der Gesprächsdauer und der Kundenzufriedenheit gab.

Wir stellten fest, dass die Kundenzufriedenheit am schlechtesten bei solchen Agenten ausfiel, die sehr lange oder sehr kurz telefonierten. Die langen Gesprächszeiten überraschten uns nicht, die kurzen schon. Außerdem waren einige Agenten, die hinsichtlich der Kundenzufriedenheit schlecht bewertet worden waren, unsere fähigsten Mitarbeiter. Einige Agenten mit einer sehr geringen Gesprächsdauer waren sehr gut bewertet worden, wenn es um die Problemlösung beim ersten Anruf und die Präzision ging. Dennoch waren dieselben Agenten bei der Kundenzufriedenheit schlecht bewertet worden.

Wir mussten erkennen, dass diese Agenten zwar sehr fähig waren, aber nicht die Zeit aufbrachten, um eine Beziehung zum Kunden herzustellen und dafür zu sorgen, dass sich diese geschätzt und einbezogen fühlten. Sie moderierten nicht den Anruf, sie »knebelten« die Kunden.

Wir stellten außerdem fest, dass die Agenten, die bei der Kundenzufriedenheit sehr hoch bewertet worden waren, zu ähnlichen Gesprächszeiten tendierten. Diese Zeiten waren effizient, aber nicht zu kurz. Diese Agenten hatten alles – hohe Bewertungen bei der Kundenzufriedenheit, moderate Gesprächszeiten, viele Problemlösungen beim ersten Anruf und ein hohes Maß an Präzision.

Im Laufe der Zeit werden Sie feststellen, dass sich Ihre Agenten immer mehr an das vereinheitlichte Verfahren halten. (Sie erfahren dies durch die Qualitätsabteilung; siehe hierzu weiter hinten in diesem Kapitel.) Daraufhin werden Sie auch eine Vereinheitlichung der Gesprächsdauer bemerken.

Diese Vereinheitlichung ist der Auslöser für etwas Tolles. Es wird einfacher, eine Wechselwirkung zwischen der Art der Anrufabwicklung und anderen Größen, wie zum Beispiel Gesprächsdauer, Abschlussrate, Kundenzufriedenheit und so weiter, festzustellen. (Kapitel 5 enthält weitere Informationen zu solchen Größen.)

Es wird außerdem einfacher, Änderungen und Verbesserungen nach und nach in die Abrufabwicklung zu implementieren. Der Anrufabwicklungsprozess wird sich stetig entwickeln und verbessern. Wenn Änderungen vorgenommen werden, werden Sie nach und nach Verbesserungen bei den entsprechenden Leistungsindikatoren bemerken.

Das restliche Kapitel und das nächste Kapitel beschäftigen sich mit Anrufabwicklungsstrategien, die zu einer guten Performance und Vereinheitlichung führen.

Es ist einfach, alles zu verkomplizieren. Denken Sie daran, dass die von meinem Unternehmen durchgeführten Studien zu dem Ergebnis gekommen sind, dass die Kunden dasselbe wie Sie wollen: eine effiziente Lösung ihres Anrufs. Halten Sie es also einfach, brechen Sie nichts übers Knie, aber kommen Sie zum Punkt – und seien Sie immer freundlich!

Einen strukturierten Anrufplan befolgen: Für glückliche Kunden sorgen

Nicht jedem gefällt die Vorstellung von einem vorbereiteten Skript oder einer Anrufrichtlinie. Unveränderliche Anrufskripten haben den faden Beigeschmack von Kaltakquise-Telefonmarketing (engl. Cold Calling). Der Ansatz »Befolgen Sie das Skript unter allen Umständen«, der von einigen Call Center verlangt wird, die auf eine Outbound-Kaltakquise spezialisiert sind, ist wenig effektiv, weil es sich nicht um eine bidirektionale Kommunikation handelt. Stattdessen ist sie kommerziell – sie ignoriert in der Regel den Kunden.

Dennoch ist das Konzept einer Anrufstrategie oder eines Skripts grundsätzlich nichts Schlechtes. Wenn ein wichtiges Meeting oder eine Präsentation ansteht, planen gewöhnlich selbst die besten Redner, was sie sagen werden – einige schreiben ihre Rede sogar wörtlich auf.

Eine Anrufrichtlinie oder ein Skript ist einfach eine Möglichkeit, die Sie bei Ihren Gedankengängen unterstützt und dafür sorgt, dass Ihre Anrufe strukturierter, professioneller und erfolgreicher werden. Weiter hinten in diesem Kapitel werden Sie die einzelnen Schritte eines Anrufs kennenlernen.

Das richtige Hilfsmittel wählen

Eine *Strategie* ist eine allgemeine Herangehensweise an einen Anruf. Strategien können ziemlich standardisiert sein, mit allgemeinen Elementen, wie zum Beispiel *Begrüßung des Kunden* oder *Abschluss des Anrufs*, sowie mit einigen Anpassungen, die beispielsweise auf den Gründen der Kunden für den Anruf oder auf den Beantwortungen von Fragen basieren.

In meinen Call Centern verwenden wir eine Anrufstrategie (die ich weiter hinten in diesem Kapitel vorstelle), die aus einer Einführung, einer Problemlösungsphase, einer Lösungskonzeptphase und einem Abschluss besteht. Die in Kapitel 14 beschriebenen Fähigkeiten werden für die gesamte Anrufstrategie benötigt.

Eine *Anrufrichtlinie* ist eine einfache, von den Agenten zu befolgende Gliederung des Anrufs mit strukturierten Aufzählungen. Richtlinien geben den Agenten nicht vor, welche Worte sie benutzen sollen, aber sie versorgen die Agenten mit einem »roten Faden«, dem sie während des Anrufs folgen können – und der oft mit vielen Informationen zum Produkt und zur Vorgehensweise gespickt ist.

Viele Call Center verwenden Anrufrichtlinien. Abbildung 15.1 zeigt ein Beispiel für eine Anrufrichtlinie.

PIZZA PIZZA   Anrufrichtlinie für Kundenbestellungen

Schritt 1.   Telefonnummer eingeben

Schritt 2.   "Enter" drücken

Schritt 3.   Die letzte Bestellung nennen und fragen
"Möchten Sie das wieder bestellen", Kundenname?

Ja? Gehe zu Schritt 4.   Nein? Hier klicken

Schritt 4.   Fragen:
"Möchten Sie, dass wir die Bestellung liefern?"

Ja? Gehe zu Schritt 5.   Nein? Hier klicken

Schritt 5.   Adresse bestätigen

Schritt 6.   Preis der Bestellung nennen

Schritt 7.   Aktuelle Zeit nennen. Kunden informieren, dass die Bestellung innerhalb der nächsten 45 Minuten geliefert wird.

Schritt 8.   Fragen:
"Haben Sie noch einen Wunsch?"

Ja? Hier klicken   Nein? **"Danke für Ihren Anruf bei PIZZA PIZZA"**

Abbildung 15.1: Eine Anrufrichtlinie

Ein Skript ist in der Regel detaillierter. Es gibt oft die Worte vor, die ein Agent benutzen sollte. Die Entwicklung von CRM-Software (Customer Relationship Management, Kundenbeziehungsmanagement) hat dazu beigetragen, dass Skripte immer dynamischer werden – sie enthalten mittlerweile die Antworten auf Kundenfragen und angepasste Lösungsangebote. Einige Skripte enthalten Richtlinien und Abläufe, wie zum Beispiel Produktinformationen und Kalkulationen. Änderungen an diesen Abläufen oder Richtlinien können dann ebenfalls in das Skript integriert werden.

In diesem Fall müssen Sie als Call Center-Agent das Skript befolgen, um den vorgegebenen Ablauf einzuhalten. Der Grund hierfür besteht darin, dass Sie nicht wissen, welche Vorgehensweise das System als Nächstes von Ihnen verlangt!

Weitere Informationen zu Skripten, einschließlich eines Beispiels, finden Sie weiter hinten in diesem Kapitel.

Die Anrufstrategie: Anrufe in der Spur halten

Eine strukturierte Anrufinteraktion hilft Ihnen, schnell zu erkennen, was Ihr Kunde benötigt und wünscht. Sie hilft dem Kunden außerdem, innerhalb kurzer Zeit eine Entscheidung zu treffen oder die Lösung seines Problems zu finden. Jedem guten Anruf liegt ein Leitfaden zugrunde. In meinen Call Centern nennen wir unseren strukturierten Anrufleitfaden die »Anrufstrategie«. Es ist ein Plan oder Ablaufschema, das Sie verwenden können, um Anrufe zu steuern und Ihre Ergebnisse zu maximieren.

Die Anrufstrategie ist eine Gesprächsvorlage, die hilft, dem Agenten einen vorgegebenen Pfad zur Verfügung zu stellen, dem er folgen muss, um die Kontrolle über den Anruf zu behalten. Gleichzeitig wird der Anruf – sowie die Features und Vorteile des jeweiligen Produkts, Dienstes oder der Lösung – auf die Bedürfnisse des Kunden zugeschnitten.

Darüber hinaus ist die Anrufstrategie allgemein genug gehalten, um für fast jeden Anruftyp angepasst werden zu können, vom Kundendienst bis hin zum technischen Support – und natürlich Inbound- und Outbound-Verkaufsanrufe.

Die für die Anrufstrategie benötigten Elemente identifizieren

Eine Anrufstrategie ist ein gutes Mittel, das den Agenten hilft, durch einen Anruf zu navigieren. Sie ermöglicht außerdem die Einschätzung der Effektivität, die mit der Anrufabwicklung der Agenten zusammenhängt. Jeder Abschnitt der Strategie kann Tipps und Vorschläge für einen maximalen Erfolg enthalten, und das Management kann bestimmte, zwingend erforderliche Elemente in jedem Abschnitt aufführen, um zu erreichen, dass das Call Center gesetzliche Vorgaben befolgt.

Die Richtlinien der Qualitätskontrolle eines Call Centers können sich ebenfalls nach einer Anrufstrategie richten, zu der auch ein Bewertungssystem zählen könnte, mit dem beurteilt wird, wie gut ein Agent in jeder Phase des Anrufs die zwingend erforderlichen Elemente berücksichtigt.

Zu den Schlüsselkomponenten einer Anrufstrategie zählen:

✔ **Einführung und Aufbau der Beziehung:** Stellen Sie sich vor, und stellen Sie fest, mit wem Sie sprechen. Die ersten wenigen Sekunden sind für den Aufbau einer guten Beziehung wichtig.

✔ **Bedürfnisanalyse:** Hören Sie zu, und stellen Sie Fragen, um zu verstehen, weshalb der Kunde angerufen hat.

✔ **Lösung:** Sagen Sie den Kunden, was sie – hoffentlich – hören möchten!

✔ **Abschluss:** Erzielen Sie zum Schluss des Anrufs eine Einigung.

✔ **Zusammenfassung:** Gehen Sie zusammen mit dem Kunden noch einmal den Anruf durch, und stellen Sie sicher, dass Sie einander verstanden haben.

Tabelle 15.1 zeigt ein Beispiel einiger der für jede Komponente der Anrufstrategie erforderlichen Elemente. Diese Elemente werden in vielen Call Centern verwendet.

Komponente	Erforderliche Elemente
Einführung	Den Kunden mit seinem Nachnamen ansprechen.
	Den Kunden nach seiner privaten Telefonnummer fragen.
	Die Kontoinformationen direkt nach der Identifizierung des Kunden abrufen.
	Überprüfen, ob mit dem Kontoinhaber gesprochen wird.
	Eine Standardeinführung verwenden: »Danke für Ihren Anruf bei XYZ. Sie sprechen mit Michael Müller. Wie kann ich Ihnen heute behilflich sein?«
Bedürfnisanalyse	Abgeschlossene Fragen verwenden, um die Besonderheiten der Bedürfnisse des Kunden festzustellen.
	Das Konto des Kunden betrachten, um einen Überblick über aktualisierte Informationen, Probleme oder neu angebotene Dienste zu erhalten.
	Die Wünsche des Kunden in die Kundendatenbank eintragen.
	Die Bedürfnisse des Kunden erkennen und für den Kunden wiederholen, um sicherzustellen, dass sie richtig verstanden wurden.
	Die Formulierung »Ich kann Ihnen dabei helfen« benutzen.
Lösung	Lösung/Angebot finden.
	Die Dienste und Angebote, für die der Kunde in Frage kommt, verifizieren.
	Dem Kunden ein Angebot unterbreiten und dabei den Nutzen der Lösung nennen.
	Den Kunden fragen, ob die Lösung seinen Bedürfnissen entspricht.
	Akzeptanz erreichen. Falls nicht, zurück zur Bedürfnisanalyse.

Komponente	Erforderliche Elemente
Abschluss	Mit dem Kunden übereinkommen, dass die Lösung seinen Bedürfnissen entspricht.
	Die Lösung in die Kundendatenbank eingeben.
	Die Bestätigung vom Kunden einholen, dass er seinen Teil zur Lösung beiträgt.
Zusammenfassung	Zusammenfassen, was geschehen ist, was seitens des Unternehmens getan wird und was der Kunde tun wird.
	Bei Verkäufen das Verkaufsvalidierungsskript lesen.
	Das Gespräch mit »Vielen Dank für Ihren Anruf bei XYZ. Ich wünsche Ihnen noch einen schönen Tag.« beenden.

Tabelle 15.1: Erforderliche Elemente einer Anrufstrategie

Eine Übersicht über die Anrufstrategie und ihre Komponenten ist für einen typischen Verkaufsanruf in Abbildung 15.2 dargestellt und nachfolgend beschrieben.

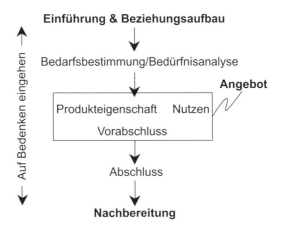

Abbildung 15.2: Anrufstrategie für einen Verkaufsanruf

1. Einführung und Aufbau der Beziehung: Einen guten Start hinlegen

Der Zweck dieser Anrufphase ist, wie der Name schon sagt, das Begrüßen des Anrufers, das Vorstellen Ihres Unternehmens und Ihrer Person, das Feststellen, wer anruft, und das Erzielen einer angenehmen, entspannten Stimmung und eines entsprechenden Gesprächstons. Ich vergleiche dies immer mit dem Überreichen einer Visitenkarte und dem Begrüßen des Kunden mit einem warmen Lächeln und festem Händedruck. Dies braucht nur einige Sekunden.

Beim Outbound-Telefonmarketing und bei Inbound-Verkaufsanrufen sollten zusätzlich einige wichtige Regeln berücksichtigt werden, die sich auf die Gesetzgebung für Verkäufe via Telefon beziehen. (Kapitel 12 enthält weitere Informationen zu diesen Regeln.)

Bei einem Inbound-Anruf stellt der Kunde den Kontakt her, sodass er (in der Regel) weiß, wen er angerufen hat und was sein Grund für den Anruf ist. Bei einem Out-bound-Anruf müssen Sie den Kunden jedoch über Ihren Namen, Ihr Unternehmen, den Grund Ihres Anrufs und das Wesen der von Ihnen angebotenen Waren oder Dienste informieren.

In einigen Ländern gibt es sogar Gesetze, die verlangen, dass Sie den Kunden um Erlaubnis bitten, mit dem Anruf fortzufahren, nachdem Sie sich vorgestellt haben. Auch in diesem Punkt glaube ich, dass es besser ist, dies immer zu tun, unabhängig davon, ob es vom Gesetzgeber verlangt wird oder nicht. Auf diese Weise nehmen Sie Rücksicht auf die Zeit des Kunden.

Es ist wichtig, dass in Ihrem Call Center die gesetzlichen Regelungen bekannt sind, die in den Ländern gelten, in denen Sie Ihre Dienste anbieten (einschließlich der Gesetze, die unaufgeforderte Anrufe verbieten und die sich auf Telefonmarketing-Verkäufe beziehen). Kapitel 12 beschäftigt sich mit der für Call Center interessanten Gesetzgebung.

2. Bedürfnisanalyse: Die richtigen Fragen stellen

Bedürfnisanalyse bedeutet, Fragen zu stellen (und bei den Antworten wirklich zuzuhören). Bei Verkäufen wird dies auch als Bedarfsbestimmung bezeichnet. Die Bedürfnisanalyse stellt die Bedürfnisse des Kunden fest, sodass Sie den Nutzen Ihres Produkts oder Dienstes auf diese Bedürfnisse ausrichten können.

Unabhängig davon, ob Sie ein Produkt verkaufen oder für den Kunden ein Problem lösen, ist es wichtig, dass die von Ihnen vorgeschlagene Lösung den speziellen Wünschen und Bedürfnissen des Kunden entspricht. Der einzige Weg, diese Wünsche und Bedürfnisse herauszufinden, besteht darin, Fragen zu stellen.

Rechtzeitig gute und relevante Fragen zu stellen, hilft Ihnen, das Vertrauen des Kunden zu gewinnen, weil dieser dann sieht, dass Sie an ihm und seinem speziellen Anliegen interessiert sind. Wenn Sie keine Fragen stellen, merkt der Kunde (korrekterweise), dass Sie nur an einer allgemeinen Lösung interessiert sind und nicht wirklich auf seine Hinweise eingehen.

Denken Sie einen Moment über die Bedürfnisanalyse nach. Stellen Sie sich vor, Sie hätten eines Morgens heftige Schmerzen in der Brust. Sie rufen Ihren Arzt an, und er schlägt vor, dass Sie sofort zu ihm in die Klinik kommen.

Sie erzählen ihm, dass Sie mit den Schmerzen aufgewacht sind. Er sagt: »Bleiben Sie einen Moment hier sitzen«, und verschwindet aus dem Untersuchungszimmer. Nach einiger Zeit kehrte er zurück und teilt Ihnen mit: »Gut, ich möchte, dass Sie nach oben gehen, damit wir ein paar Blutuntersuchungen durchführen können. Ich habe Sie für heute Nachmittag eingetragen, damit wir eine Operation am offenen Herzen durchführen können.«

WAS?! Wie viel Vertrauen werden Sie wohl für diese vorgeschlagene Vorgehensweise aufbringen? Sie würden mit großer Wahrscheinlichkeit eine zweite Meinung einholen wollen!

Ist dieses Szenario realistisch? Natürlich nicht. Was wäre realistischer? Nun, Ihr Arzt würde sicherlich viele Fragen stellen. Wahrscheinlich Fragen wie: »Wann haben Sie die Schmerzen zum ersten Mal bemerkt? Hatten Sie schon einmal ähnliche Schmerzen? Gibt es in Ihrer Familie Herzkrankheiten?« – und was besonders wichtig ist: »Was haben Sie heute Morgen zum Frühstück gegessen?« Woraufhin Sie antworten würden: »Das extrem scharfe Chili-Gericht, das noch von gestern übrig war, warum?« An diesem Punkt würde der Arzt zweifellos vorschlagen, dass Sie eine säurebindende Tablette nehmen und am nächsten Tag noch einmal anrufen sollten. Würden Sie diesem Arzt mehr vertrauen? Ganz klar.

Der Punkt ist, dass Ärzte in der Regel keine Lösung vorschlagen, ohne zunächst viele gute Fragen gestellt zu haben. Die richtige Behandlung ist von den Bedürfnissen der Patienten und deren speziellen Situationen abhängig. Und genauso muss ein Agent den Anruf eines Kunden abwickeln.

 Bevor Sie das richtige Medikament (Produkt, Dienst, Lösung) verabreichen können, müssen Sie für den Patienten (Ihren Kunden) eine Diagnose aufstellen.

3. Lösung

Sobald die Bedürfnisse des Kunden diagnostiziert wurden (Analyse oder Bedarfsbestimmung), besteht der nächste Schritt darin, eine Lösung zu finden und anzubieten. Es gibt, abhängig vom Grund des Anrufs, verschiedene Lösungsformate. Dabei kann es sich beispielsweise um einfache Antworten auf Kundenfragen, eine Diagnose und einen Lösungsansatz für ein komplexes technisches Problem oder einen Kaufvorschlag handeln.

Es kann notwendig sein, einem Kunden die Vorteile Ihrer vorgeschlagenen Lösung zu erklären. Dies gilt besonders für Verkaufsanrufe und ganz besonders dann, wenn der Kunde bereits gezahlt hat und noch einmal in Ihr Produkt oder Ihren Dienst investieren muss.

 Selbst wenn Sie bei Anrufen, die nicht dem Verkauf dienen (wie zum Beispiel technischer Support oder Kundendienst), glauben, dass Sie dem Anrufer die beste Vorgehensweise unterbreiten, kommen Sie besser voran, wenn Sie dem Kunden den Nutzen oder die Vorteile der von Ihnen vorgeschlagenen Vorgehensweise erläutern.

Der Nutzen beziehungsweise die Vorteile zeigen dem Kunden, wie die Lösung ihm persönlich helfen wird, und zwar basierend auf den Bedürfnissen, die Sie während der Bedürfnisanalyse festgestellt haben. Das Benennen dieser Vorteile hilft Ihnen, die Zustimmung des Kunden für Ihre Lösung zu erhalten.

Nachfolgend sind einige Beispiele für Lösungen aufgeführt, die für verschiedene Anruftypen angeboten werden könnten:

✔ **Serviceanruf:** »Wenn wir nächsten Freitag um 10 Uhr morgens einen Service-Techniker zu Ihnen nach Hause schicken, kann er Ihren Internetanschluss direkt einrichten, sodass Sie am selben Tag im Internet surfen können.«

✔ **Anruf beim technischen Support:** »Wenn Sie Ihren Computer aus- und wieder einschalten, sollten die vorgenommenen Änderungen greifen, sodass Ihr Computer wieder läuft.«

✔ **Verkaufsanruf:** »Wenn Sie unser High-Speed-Internetprodukt kaufen, werden Sie mit den Verzögerungen, die Sie geschildert haben, nicht mehr konfrontiert. Sie werden feststellen, dass Sie weniger Zeit damit verbringen, auf das Laden von Webseiten zu warten. Stattdessen werden Sie mehr Zeit damit verbringen, das Internet zu nutzen. Es ist immer da, sodass Sie noch nicht einmal auf den Start des Dienstes warten müssen.«

Weitere Informationen zum Nennen von Vorteilen finden Sie in Kapitel 16.

4. Abschluss: Bestätigung einholen

Nachdem Sie Ihr Angebot beziehungsweise Ihre Lösung unterbreitet und den Kunden davon überzeugt haben, dass Ihr Vorschlag die beste Vorgehensweise darstellt, besteht der nächste Schritt darin, eine Bestätigung vom Kunden einzuholen. Einen Anruf zum Abschluss zu bringen, ist ein wichtiger Bestandteil der Anrufsteuerung. Bei Verkäufen bedeutet Abschluss einfach, nach dem Abschluss des Geschäfts zu fragen. Bei allen anderen Anrufen wird der Kunde gefragt, ob er die angebotene Lösung akzeptiert.

Dieser Schritt ist in der Regel durch das Stellen einer Frage gekennzeichnet, deren Intention es ist, die Zustimmung des Kunden hinsichtlich der vorgeschlagenen Lösung einzuholen und zum Ende der Interaktion überzugehen.

Nachfolgend sind einige Beispiele für typische Abschlussfragen aufgeführt, die gestellt werden können, nachdem die zuvor aufgeführten Lösungen präsentiert wurden:

✔ **Serviceanruf:** »Sollen wir dann einen Installationstermin vereinbaren, Herr Müller?«

✔ **Anruf beim technischen Support:** »Gut, Ihr Computer läuft wieder. Kann ich sonst noch etwas für Sie tun?«

✔ **Verkaufsanruf:** »Ist das etwas, was Sie gerne kaufen würden, Herr Schmidt?«

Weitere Informationen zum Abschluss von Verkaufsanrufen erhalten Sie in Kapitel 16.

 Unabhängig davon, ob Sie einen Verkaufsanruf oder eine andere Art von Anruf tätigen, ist ein Abschluss nur dann ein guter Abschluss, wenn er klar und eindeutig formuliert wurde.

5. Zusammenfassung: Kurze Wiederholung des Anrufs

Der eigentliche Zweck der Zusammenfassung ist eine kurze Wiederholung dessen, was vereinbart wurde, was getan wurde oder welche künftigen Aktionen folgen werden. Die Zusammenfassung ist ebenfalls ein guter Zeitpunkt, um den Kunden zu fragen, ob er noch weitere Wünsche hat.

Ihr Ziel ist es, den Anruf einfach zusammenzufassen und in Kombination mit dem Abschluss in einer Weise zu beenden, dass sich der Kunde geachtet fühlt und seine Erwartungen mindestens erfüllt, aber besser noch übertroffen wurden. Eines der wichtigsten Ziele der Zusammenfassung besteht darin, sicherzustellen, dass der Kunde nicht aus demselben oder einem ähnlichen Grund wieder anrufen muss.

Bei einem Verkaufsanruf kann es sein, dass der Agent einen gesetzlich vorgeschriebenen Text vorlesen muss, um zu gewährleisten, dass der Kunde genau versteht, wozu er seine Einwilligung gegeben hat, und dass er nicht in die Irre geführt wird.

 Diese kurze Wiederholung und Klärung des Verständnisses erhöht den Grad der gesamten Kundenzufriedenheit, während gleichzeitig die Effizienz des Call Centers durch die Verringerung des Anrufvolumens gesteigert wird, weil der Kunde nicht wieder anrufen muss. Deshalb sollte der Agent während der Zusammenfassung zum Schluss noch einmal seine Unterstützung anbieten, indem er eine Frage wie die folgende stellt: »Gibt es noch etwas, das wir heute für Sie tun können?«

 Da ein weiteres Ziel der Zusammenfassung natürlich darin besteht, einen guten Eindruck beim Kunden zu hinterlassen, ist es am Ende jedes Gesprächs wichtig, dass der Agent dem Kunden für den Anruf, das Geschäft oder die Aufmerksamkeit dankt – je nachdem, was angemessen ist.

Auf Bedenken eingehen

Zum Umgang mit Bedenken wurde viel geschrieben – es ist ein schwieriges und manchmal auch kontroverses Thema. Es ist wichtig, dass Sie nicht versuchen, Ihren Kunden auszutricksen oder zu manipulieren, um ihn zu einer Vereinbarung zu bewegen. Behandeln Sie Ihren Kunden mit Respekt und mit Würde. Das Gleiche gilt für die Bedenken des Kunden.

Natürlich gibt es einige vorübergehende Bedenken, die zerstreut werden können, zum Beispiel:

> *Anrufer: »Ja, mir gefällt Ihr Service, aber ich kaufe nur in Geschäften, die sich in meiner Nähe befinden.«*

> *Sie: »Wie es der Zufall will, haben wir ein Geschäft, das sich weniger als 1 km von Ihrem Wohnort entfernt befindet.«*

Dies ist ein guter Umgang mit Bedenken. Wie Sie sehen können, ist die Handhabung von Bedenken nur ein Teil des Dialogs zwischen Kunde und Agent.

Aber es kann auch schiefgehen: Wenn Sie vermuten, dass »Nein« bedeutet, dass der Anrufer nur jetzt im Moment nicht interessiert ist, oder wenn Agenten eine bestimmte Anzahl von Ablehnungen hören müssen, bevor sie einen Kunden aufgeben dürfen. In diesem Fall wird der Umgang mit Bedenken zur Manipulation.

Selbst wenn Kunden Sie anrufen, lautet die Antwort manchmal Nein.

 Sprechen Sie mit dem Kunden – behandeln Sie die Interaktion wie ein Gespräch. (Schließlich ist es das auch!) Erklären Sie den Nutzen Ihres Produkts oder Dienstes, und wenn legitime Bedenken aufkommen, beantworten Sie sie als Teil des Dialogs. Wenn Kunden Nein sagen, hören Sie zu. Wenn sie Nein meinen, danken Sie ihnen für ihre Zeit, und gehen zum nächsten Kunden über.

Den richtigen Zeitpunkt für den Umgang mit Bedenken finden

Ihnen wird in Abbildung 15.2 bei der Darstellung der Anrufstrategie auffallen, dass der Text *Auf Bedenken eingehen* auf der linken Seite angeordnet und mit Pfeilen versehen ist, die vom Anfang der Strategie bis zu deren Ende reichen. Warum? Nun, weil der einzige richtige Zeitpunkt, um auf Bedenken einzugehen, der ist, wenn die Bedenken geäußert werden!

 Bedenken sind Hindernisse. Ein Gespräch kann nicht fortgesetzt werden, wenn Bedenken oder Sorgen eines Kunden unbeantwortet bleiben.

 Natürlich möchten Sie Bedenken wenn möglich zerstreuen, bevor diese aufkommen. Wenn Sie während Ihrer Bedürfnisanalyse gute Fragen stellen, die echten Bedürfnisse und Gefühle der Kunden erkennen und diese mit angemessenen Lösungen bedienen, werden die Kunden weniger Bedenken haben.

Die Anrufstrategie in der Praxis verwenden

 Das Besondere am Einsatz einer allgemeinen Anrufstruktur, wie zum Beispiel der in diesem Kapitel beschriebenen Anrufstrategie, ist, dass sie als Vorlage für fast jeden Anruf verwendet werden kann, unabhängig davon, weshalb der Kunde anruft.

Um dies zu verstehen, werfen Sie noch einmal einen Blick auf die Darstellung der Anrufstrategie (siehe Abbildung 15.2) und bringen diese mit einem typischen Telefongespräch in Verbindung, das Sie vor kurzem mit einem Bekannten oder einem Verwandten geführt haben.

Stellen Sie sich beispielsweise vor, sie telefonieren mit einem Freund, um ihn zu einem Kinobesuch einzuladen – das Gespräch könnte wie folgt verlaufen:

1. **Einführung und Aufbau der Beziehung:** Sie beginnen vielleicht mit einem Satz wie dem folgenden: »Hallo Bernd, ich bin's.« Sie tauschen ein paar Höflichkeiten aus und sagen Ihrem Freund, weshalb Sie angerufen haben – weil Sie darüber nachdenken, ins Kino zu gehen.

2. **Bedürfnisanalyse:** Danach stellen Sie Bernd einige Fragen, um zu erfahren, welche Art Film er mag und was er zuletzt gesehen hat. Auf diese Weise finden Sie heraus, was für ihn interessant sein könnte.

3. **Lösung anbieten:** Sie schlagen den Film vor, den Sie gerne sehen würden, und sagen, weshalb Sie glauben, dass er toll ist. Sie fügen außerdem Fragen wie zum Beispiel »Na, wie klingt das?« oder »Was meinst du?« hinzu.

4. **Abschluss:** »Soll ich dich gegen 18 Uhr abholen, oder möchtest du lieber die Spätvorstellung sehen?«

5. **Zusammenfassung:** »Toll! Ich fahre, und du kaufst das Popcorn. Wir sehen uns um sechs.«

6. **Auf Bedenken eingehen:** Nicht dass Ihr Freund Bedenken hätte, doch stellen wir uns vor, Bernd würde behaupten, er hätte kein Geld und könnte sich einen Kinobesuch nicht leisten. In diesem Fall antworten Sie: »Ja, das verstehe ich. Auch bei mir ist es grad sehr knapp. Pass mal auf, ich hatte eh darüber nachgedacht, morgen Abend zu gehen, weil die Karten dann nur die Hälfte kosten. Ich glaube wirklich, dass sich das lohnt, weil der Film in dem Kino mit der großen Leinwand gezeigt wird – die Kritiken waren übrigens super. Was meinst du?«

Das Implementieren eines strukturierten Anrufplans, wie zum Beispiel einer Anrufstrategie, ist nicht alles. Es sind auch weiterhin gesprochene Worte zur Erläuterung des jeweiligen Produkts oder Diensts notwendig, das beziehungsweise der während des Anrufs präsentiert wird. Es gibt immer bestimmte spezifische Fragen, die gestellt werden müssen, Punkte, die angesprochen werden müssen, Vorteile, die der Kunde kennen sollte, und Informationen, die für den Kunden sehr wichtig sind.

Es ist nicht ratsam, sich ganz auf das Gedächtnis Ihrer Agenten zu verlassen und darauf zu bauen, dass diese von selbst auf all diese Statements kommen. Hier kommen Anrufrichtlinien und Skripte ins Spiel.

Anrufrichtlinien erstellen: Entwickeln der Anrufstrategie als Hilfsmittel

Wenn die Anrufstrategie der Pfad ist, auf dem der Anruf verlaufen sollte, gibt die Anrufrichtlinie die Richtung vor. Die Anrufstrategie sollte in der gesamten Anrufrichtlinie berücksichtigt werden. Werfen Sie noch einmal einen Blick auf Abbildung 15.1, um ein Beispiel für eine Anrufrichtlinie zu sehen.

Eine gute Anrufrichtlinie ist dynamisch und basiert auf Logik und Entscheidungsfindung. Sie leitet den Agenten an und führt ihn durch die Bedürfnisanalyse und Erstellung einer Lösung. Wenn sie sehr gut ist, berücksichtigt sie kundenspezifische Informationen, sodass der Agent eine für jeden Kunden maßgeschneiderte Lösung präsentieren kann.

Eine auf dem Internet (oder Intranet) basierende Anrufrichtlinie kann auch Links zu anderen Richtlinien und Prozessen enthalten.

Ein Vorteil sehr detaillierter Richtlinien ist, dass sie die Schulungszeiten für Agenten verringern. Schulungen können sich dann auf die Grundlagen (Anrufabwicklung und Produktwissen) konzentrieren und darauf, wie die Anrufrichtlinien oder andere nicht integrierte Hilfsmittel verwendet werden. Die Agenten erlangen in diesem Fall ihre Fertigkeiten, indem sie sich Anrufe anhören und die Arbeit mit den Richtlinien üben.

 Anrufrichtlinien führen auch zu einer umfassenderen Vereinheitlichung der Vorgehensweisen. Jeder Agent in Ihrem Call Center sollte dieselben Abläufe und Informationen nutzen. Eine Anrufrichtlinie gewährleistet, dass jeder demselben Schema folgt.

Skripte: Nicht mehr nur für das Telefonmarketing

Der Einsatz eines Skripts, zumindest der von mir empfohlene Einsatz von Skripten, ist einfach nur eine Erweiterung von Anrufrichtlinien um vorgeschlagene und zwingend notwendige Formulierungen, die zu bestimmten Zeitpunkten gesagt werden.

Fortschrittliche Skripte können auch logische Verzweigungen enthalten: Der Agent folgt basierend auf Kundenanfragen und -informationen verschiedenen Verzweigungen des Skripts, um zur richtigen Information und Lösung für den jeweiligen Kunden zu gelangen.

Skripte können in komplizierten Situationen sehr hilfreich sein, zum Beispiel bei der Diagnose komplexer Probleme oder der Behandlung von gesetzlichen Bestimmungen.

Ein Hauptbestandteil effektiver Skripte ist die Gewährleistung, dass die Sprache benutzerfreundlich ist. Die Formulierungen müssen so klingen, als wären sie von der Person, die sie äußert, ganz natürlich gesprochen worden.

 Beraten Sie sich mit Agenten, die in der Anrufabwicklung tätig sind. Sie sollten Ihnen dabei helfen, geeignete Skripte zu entwickeln. Unabhängig davon, ob Sie technische Probleme lösen oder Produkte verkaufen, sind immer Ihre Agenten hierfür verantwortlich. Wenn Sie ihnen die Möglichkeit geben, Ihnen zu sagen, was das Skript in sprachlicher Hinsicht und in Bezug auf die Lösungen benötigt, erhalten Sie in kurzer Zeit bessere Skripte.

 Schreiben Sie Ihre Skripte in einer Sprache, die von Ihren Agenten so verwendet werden kann, dass sie nicht klingen, als hätten sie ein Lexikon verschluckt. Um dies zu erreichen, sollten Sie die Agenten an der Entwicklung der Skripte teilhaben lassen. Auf diese Weise stellen Sie auch sicher, dass die Agenten verstehen, dass das Skript als Vorlage für das eigentliche Gespräch gedacht ist und nicht als Werbespot dienen soll, der den Kunden mit einem Angebot überrollt.

Abbildung 15.3 zeigt ein Beispiel für ein typisches Skript, das für ein Inbound Call Center (Verkauf und Service) entwickelt wurde, das im Bereich High-Speed-Internetzugang tätig ist.

Wählen Sie maximal 2 - 3 FTBs und fragen Sie nach dem Geschäftsabschluss!!!

STARTEN SIE MIT ENERGIE UND ENTHUSIASMUS	
Kommentare	Skript
EINFÜHRUNG	Danke für Ihren Anruf bei OKAY Kabel. Sie sprechen mit _____. Wie geht es Ihnen?
Obligatorische Fragen zur näheren Bestimmung	F Würden Sie mir Ihre Telefonnummer nennen, damit ich Ihre aktuellen Kontoinformationen überprüfen kann? (Adresse und Servicemöglichkeiten in diesem Bereich überprüfen) (Aktuellen Kontostatus überprüfen, um Informationen zu den Bedürfnissen des Kunden zu erhalten) F Darf ich fragen, wo Sie von OKAY Kabelservice gehört haben? (Informationsbezugsquelle) <Information in Datenbank eintragen> √ OKAY Kabel bietet hervorragende Unterhaltung zu einem geringen Preis. Um herauszufinden, wie genau wir Ihnen von Nutzen sein können, würde ich Ihnen gerne einige Fragen stellen ...

BERGE VON NUTZEN GENERIEREN		
	High-Speed-Daten	
Feature	Nutzen "Dies bedeutet für Sie, dass ..."	Versuchsabschl.
	F Darf ich fragen, wie viele Menschen in Ihrem Haushalt gegenwärtig das Internet nutzen? F Haben Sie schon erlebt, dass jemand im Internet war, und eine andere Person telefonieren musste?	
Verbindung ohne Einwahl steht bereit und wartet auf den Einsatz	√ Sie müssen sich nie darum sorgen, einen wichtigen Anruf zu verpassen. √ Eine Person kann gleichzeitig telefonieren, im Internet surfen und fernsehen, wenn Sie dies wünschen! √ Ihnen steht eine Welt voller Informationen auf Knopfdruck zur Verfügung. Sie müssen nur mit der Maus klicken, so wie bei einer TV-Fernbedienung.	Wäre das nicht angenehm?
	F Wozu wird das Internet bei Ihnen zuhause vorwiegend genutzt? F Haben Sie schon einmal bemerkt, wie jemand aus Ihrer Familie auf den PC-Bildschirm gestarrt hat, weil er oder sie auf den Abschluss eines Downloads wartete?	
Hohe Geschwindigkeit	√ Der Download von Videos und Musik wird nur noch Sekunden und nicht mehr Stunden dauern. √ Ihre Kinder schaffen mehr in weniger Zeit, wenn sie online sind, sodass sie mehr Zeit mit Ihnen verbringen können.	Das klingt doch sehr gut, oder?
	F Wie viele Personen außer Ihnen nutzen bei Ihnen zuhause E-Mail? F Erhalten Sie Informationen über Ihre E-Mail-Adresse, die Ihre Kinder nicht sehen sollten?	
Mehrere E-Mail-Adressen	√ Jeder bei Ihnen zuhause kann eine eigene E-Mail-Adresse erhalten, die mit einem Kennwort geschützt werden kann. √ Wenn es bei Ihnen Kinder gibt, tragen mehrere E-Mail-Adressen dazu bei, dass die Kleinen keine E-Mails sehen, die sie nicht sehen sollten. √ Sie können mehrere E-Mail-Adressen ebenfalls für verschiedene Kontakte (Familie, Freunde, Arbeit) und zum Aussortieren von Spam verwenden.	Das ist sehr beruhigend, nicht wahr?
	F Haben Sie jemals das Internet verwendet, um Websites zu betrachten, zum Beispiel, um Spielstände zu erfahren? F Wie wäre es, eine eigene persönliche Website zu besitzen?	
10 MB freier Webspace	√ Sie könnten Ihre eigene Familienwebseite erstellen, um beispielsweise über Ihre Hobbies und Interessen zu berichten. √ Auf diese Weise bleiben Sie auch mit Freunden und der Familie in Kontakt. Sie könnten beispielsweise aktuelle Bilder Ihrer Kinder herunterladen und ein virtuelles Fotoalbum mit diesen Bildern erstellen und jederzeit darin blättern.	Ist das nicht toll?

Nach dem Geschäftsabschluss fragen	
Abschluss	Wir können alles in den nächsten Tagen für Sie einrichten. Wünschen Sie eine Installation am Morgen oder am Nachmittag?

Nachbereitung	
Kurze Wiederholung	Befolgen Sie das Skript für die kurze Wiederholung, und behandeln Sie jeden der folgenden Punkte: • Anzahl der Anschlussdosen • Kabelinstallation oder drahtlose Installation - Unterschied erklären • Techniker können wegen vollem Terminkalender keine zusätzlichen Anschlussdosen installieren.
Nachbereitung	Die Checklist für die Nachbereitung durchgehen Den Anruf mit dem Satz "Danke für Ihren Anruf bei OKAY Kabel" beenden.

Abbildung 15.3: Ein Skript für den Verkauf von High-Speed-Internetzugängen

Eine effektive Anrufabwicklung ist für ein Call Center wichtig, damit es die primären Geschäftsziele erreicht, Gewinne einfährt und den gewünschten Service bieten kann. Wohldurchdachte Skripte, an deren Erstellung die Agenten des Call Centers beteiligt waren, können die Effektivität verbessern und bei jedem Projekt zu einer einheitlichen Anrufabwicklung führen.

Das Befolgen von Anrufrichtlinien überprüfen: Die Anrufstrategie für die Qualitätskontrolle verwenden

Ihre Qualitätssicherung ist ein sehr wichtiger Teil der Verwaltung und Verbesserung des Anrufabwicklungsvorgangs. Die Aufgabe der in diesem Bereich tätigen Mitarbeiter besteht darin, Anrufe zu überprüfen und zu bewerten, wie gut die Agenten darin sind, die standardisierten Vorgehensweisen zu befolgen.

Ihre Qualitätssicherungsabteilung verwaltet den Anrufabwicklungsstandard und muss die folgenden Rollen und Verantwortlichkeiten besetzen:

✔ **Verantwortlicher für den Ablauf:** Die Person oder Personen, die für die Entwicklung und Wahrung des Anrufabwicklungsstandards verantwortlich ist/sind.

Der Anrufabwicklungsstandard Ihres Call Centers muss gut dokumentiert und kommuniziert sein. Unklare Standards führen zu Verwirrung und Frustration. Wenn es darum geht, was in einen Anruf hineingehört, müssen Sie so genau wie möglich sein.

Es ist auch sehr wichtig, über Änderungen am Standard zu informieren. Wenn umfassende Änderungen notwendig sind, müssen möglicherweise Schulungen und ein Praxistraining durchgeführt werden.

✔ **Anrufprüfer:** Die Personen, die sich Anrufe anhören und diese daraufhin überprüfen, ob sie dem einheitlichen Standard folgen oder davon abweichen.

Die Anrufüberprüfung variiert von Unternehmen zu Unternehmen. Manchmal geben die Prüfer das Feedback direkt an die Agenten und Supervisoren oder Teamleiter weiter, während andere Prüfer das Feedback an den jeweiligen Teamleiter beziehungsweise Supervisor und an den Agenten senden und davon ausgehen, dass diese das Feedback zusammen besprechen. Beides funktioniert. Wichtig ist, dass sich das Feedback auf den Standard bezieht.

Wenn das Feedback des Anrufprüfers auf die Performance-Ergebnisse bezogen werden kann, ist es noch effektiver.

Das Feedback muss möglichst schnell nach einem Anruf gegeben werden. Im Idealfall besteht es auch aus einer Aufnahme des Anrufs und aus Bildern vom Bildschirm, die zeigen, welchen Weg der Agent während des Anrufs gewählt hat.

Wie die Prüfung erfolgt, ist davon abhängig, welche spezielle Anrufstrategie Ihr Call Center verwendet. Dort, wo Call Center strikt zu befolgende Skripte vorgeben, folgt der Prüfer dem Skript und sucht nach Abweichungen.

Bei weniger strikten Anrufstrategien hält der Prüfer nach erforderlichen Elementen Ausschau und bewertet deren Einsatz. Er folgt in der Regel einer Anrufstrategie oder einem Anrufablauf, der vom Unternehmen festgelegt wurde.

Selbst besonders allgemein gehaltene Anrufstrategien sollten für den gesamten Anruf die Reihenfolge der notwendigen Elemente definieren. Der Standardablauf eines Anrufs könnte beispielsweise den Einsatz einer Standardbegrüßung verlangen. Sollte ein Agent diese Standardbegrüßung nicht verwenden, erfolgt eine Maßregelung (oder eine schlechte Beurteilung) für diesen Teil des Anrufs.

Es ist schwierig, den Gesprächston in Skriptanweisungen zu fassen und dann zu messen. Wie jedoch in Kapitel 16 erwähnt wird, hat der Ton des Agenten die größte Auswirkung darauf, was dem Anrufer während des Anrufs kommuniziert wird. Die Auswertung des Tons während der Anrufüberprüfung ist sehr subjektiv.

Doch selbst der Ton kann bis zu einem gewissen Grad definiert werden. Und mithilfe von Abstimmungsmeetings (zu denen sich Supervisoren, Teamleiter, Prüfer und Trainer treffen, um abzusprechen, wie sie Anrufe bewerten) kann ein bestimmtes Maß an Einigung und Verständnis erzielt werden. Es ist natürlich möglich, sich darauf zu einigen, was ein sehr guter und was ein sehr schlechter Ton ist. Jede Anrufbesprechung und jeder Teil eines Anrufs sollten hinsichtlich des Tons ausgewertet werden.

Verkaufsgespräche erfolgreich führen

Fachkorrektur: Doreen Kirchhoff, Leiterin Operations Sales, DDS Dresdner Direktservice GmbH

16

In diesem Kapitel

▶ Mit den Veränderungen im Bereich »Call Center-Verkäufe« Schritt halten

▶ Langfristige Kundenbeziehungen aufbauen

▶ Effektiv kommunizieren

▶ Einen persönlichen Nutzen für den Kunden schaffen

▶ Richtig um eine Bestätigung der Vereinbarung bitten

Die Welt der Call Center-Verkäufe entwickelt sich. Lange Zeit wurden Call Center lediglich als ein Kostenfaktor des Unternehmens betrachtet. Sie waren eine notwendige (aber nicht immer anerkannte oder verstandene) Kostenstelle, die mit der Suche nach Kunden zu tun hatte.

Ein Blick zurück

Viele Call Center-Betriebe waren unterteilt in Verkauf und Service. Eine Abteilung erzeugte Gewinne, und die andere diente den Kunden und führte zu Kosten. Verkäufe wurden als notwendiges Übel betrachtet, und es gab viele Lippenbekenntnisse, die versprachen, einen hervorragenden Kundendienst zu leisten. Gleichzeitig wurde jedoch der Druck erhöht, um die Effizienz zu verbessern und die Kosten zu reduzieren.

Eine Kostenreduzierung kann einfach quantifiziert werden. Es ist jedoch weitaus schwieriger, die Vorteile einer ausgewogenen Strategie zu bemessen, die die Kostenerzeugung, Gewinnerzielung und den Grad der Kundenzufriedenheit bestmöglich ausschöpft. (In Kapitel 2 erfahren Sie, wie Sie all diese Faktoren zur Zusammenarbeit bewegen.) In extremen Fällen führt ein Zuviel an Kostenreduzierung zu einem schlechteren Kundenservice und zu weniger Möglichkeiten der Gewinnerzielung.

Glücklicherweise zeigt die Marktforschung langsam, dass der Verkauf weit davon entfernt ist, etwas Schlechtes zu sein (aus der Perspektive des Kunden betrachtet). Stattdessen kann er sogar die Kundenbeziehungen verbessern. Darüber hinaus können Ihre Agenten mit den richtigen Hilfsmitteln mehr als eine Aufgabe gleichzeitig lösen, sodass jeder Agent auch zu einem Verkaufsagenten des Unternehmens wird.

Andere Studien zeigen, dass der Service sich darauf auswirken kann, ob ein Kunde weiterhin Geschäfte mit Ihrem Unternehmen tätigt. Sie werden also mit einem vollständig neuen Paradigma konfrontiert – dem Finden der richtigen Balance zwischen Effizienz, Gewinnerzielung und Service.

Call Center in Profitcenter verwandeln

Kosten sind immer noch ein wichtiger Aspekt, werden aber zunehmend mit Blick auf das mit ihnen erzielte Gesamtergebnis bewertet. Ein etwas teureres Call Center, das einen größeren Gewinn erzielt und viele Kunden hält, ist sehr viel wertvoller als ein sehr einfaches Call Center, das nur geringe Kosten produziert. Es gibt somit gute Neuigkeiten: Ihr Call Center ist nun ein Profitcenter!

Für viele Call Center ist das eine gute Nachricht. Die Entwicklung von einem Verkaufscenter hin zu einem Profitcenter führt dazu, dass die Wichtigkeit des Call Centers innerhalb des Unternehmens zunimmt. Wenn Sie Profite erzielen, können Sie Investitionen in bessere Hilfsmittel und Schulungen rechtfertigen.

Kundendienst-Call Center und die dort arbeitenden Agenten haben jedoch eine Art Kulturschock durchlebt (und tun dies immer noch). Hier gab es einen Wechsel von »Beantworte den Anruf und fasse dich kurz« zu »Benutze das Kundenbeziehungs-Managementsystem, um die besten Produkte und Dienste für den Kunden zu ermitteln, und verkaufe etwas«. (Kundenbeziehungs-Managementsysteme und andere Call Center-Technologien werden in Kapitel 9 erörtert.)

Für viele Call Center-Mitarbeiter stellt der Verkauf eine neue Herausforderung dar. In diesem Kapitel präsentiere ich die Grundlagen für einen erfolgreichen Verkauf in den in der heutigen Zeit entstehenden Call Center-Umgebungen.

Die Hauptzutaten für Call Center-Verkäufe

Ich habe eine sehr einfache Philosophie für Verkäufe am Telefon. Die Hauptzutaten sind die gleichen wie für einen erfolgreichen Kundendienst. (Weitere Informationen zur Erzielung eines hervorragenden Kundendienstes im Rahmen der Anrufabwicklung erhalten Sie in Kapitel 14.)

 Unabhängig davon, ob Sie etwas über das Telefon, den Einzelhandel, ein großes Unternehmen oder an der Haustür verkaufen, gibt es bestimmte Verkaufsgrundlagen, die bei jeder Verkaufsinteraktion berücksichtigt werden sollten:

✔ Bauen Sie ein Vertrauensverhältnis zu dem Kunden auf.

✔ Achten Sie auf eine gute beidseitige Kommunikation.

✔ Unterbreiten Sie ein interessantes Angebot mit persönlichem Nutzen für den Kunden.

✔ Achten Sie auf einen verbalen Abschluss des Geschäfts.

✔ Übergehen Sie die Bedenken des Kunden nicht einfach; hinterfragen Sie die Bedenken und beantworten Sie Fragen.

Obwohl sich diese Regeln vorwiegend auf Verkaufsgespräche beziehen, können (und sollten) sie auch in jeder anderen Anrufsituation berücksichtigt werden. Diese einfachen Konzepte sind Kundendienstgrundlagen, die der gesunde Menschenverstand gebietet und die sich in fast jeder Situation anwenden lassen, in der Sie jemanden beraten und hoffen, zu einem zufriedenstellenden Abschluss zu kommen.

Vertrauen schaffen

Achten Sie von Beginn des Anrufs an darauf, dass zwischen Ihnen und Ihrem Kunden ein Vertrauensverhältnis entsteht. Bauen Sie dieses Verhältnis zum Kunden schrittweise auf, von den ersten Worten, die über Ihre Lippen kommen, über die Einführung bis hin zum Abschluss des Gesprächs.

In Kapitel 14 finden Sie Ratschläge, Tipps und Techniken, die Ihnen helfen, einen Weltklasse-Service anzubieten. Die Elemente der Anrufstrategie und andere Hilfsmittel für die Anruf-abwicklung – die alle in hohem Maße dazu beitragen, ein Verhältnis und Vertrauen zu entwickeln – werden in Kapitel 15 vorgestellt.

Nachfolgend sind einige Möglichkeiten aufgeführt, die Sie nutzen können, um ein Verhältnis aufzubauen:

✔ Beginnen Sie jedes Gespräch damit, Vertrauen aufzubauen.

✔ Hören Sie dem Kunden zu, hinterfragen Sie und signalisieren Sie dem Kunden Ihr Verständnis, während Sie den Kunden durch das Gespräch führen. LAMA, eine in Kapitel 14 beschriebene Technik, ist ein hervorragender Weg zur Vertrauensbildung und Steuerung des Anrufs.

✔ Wenn Sie in schwierige Situationen geraten, zeigen Sie erst Verständnis für die Situation des Kunden, bevor Sie sich um die Probleme kümmern und Lösungen anbieten.

✔ Seien Sie einfach nett.

Beim Verkauf verfügen Sie noch über andere Möglichkeiten, um Vertrauen aufzubauen und aufrechtzuerhalten. Diese Möglichkeiten werden weiter hinten in diesem Kapitel beschrieben.

Der Kunde muss somit darauf vertrauen, dass Sie an seine Interessen denken – oder zumindest darauf, dass Sie nicht versuchen, ihn zu verschaukeln. Vertrauen ist noch wichtiger, wenn Geschäfte über das Telefon abgeschlossen werden, weil die Kunden Ihnen nicht ins Auge sehen und das Produkt nicht in Augenschein nehmen können.

 Wenn Sie nicht vertrauenswürdig sind, können Sie auch kein Vertrauen aufbauen. Verstehen und akzeptieren Sie, dass Ihre Absicht darin besteht, nur das zu tun, was für den Kunden richtig ist. Sie sind der Experte. Letztendlich trifft aber der Kunde die Entscheidung. Wenn Ihr Kunde Nein sagt, meint er auch Nein.

Abgesehen davon sollten Sie alles tun, was Sie können, um auf einer bereits bestehenden erfolgreichen Beziehung zum Kunden aufzubauen. Teilen Sie dem Kunden direkt zu Beginn des Gesprächs mit, worüber Sie mit ihm sprechen wollen und welchen persönlichen Nutzen er davon hat. Holen Sie sich sein Einverständnis ab und achten Sie im gesamten Gespräch darauf, das Vertrauensverhältnis auszubauen. Im Inbound behandeln Sie auf jeden Fall erst das Anliegen des Kunden, bevor Sie mit dem Verkaufsgespräch beginnen.

Da müssen Sie durch. Versuchen Sie, die Fragen, Bedürfnisse und Gefühle Ihres Kunden zu verstehen, und versichern Sie sich, dass Sie diese richtig verstanden haben. Gehen Sie darauf ein (natürlich zuerst auf die Gefühle – wie in Kapitel 14 beschrieben) und versuchen Sie immer, die Beziehung zu Ihrem Kunden im Rahmen der von Ihnen angebotenen Lösungen oder zusätzlich zu Ihren Lösungen laufend weiterzuentwickeln.

 Zeigen Sie bei jedem Schritt, dass Sie daran interessiert sind, im Sinne des Kunden zu handeln und seine Bedürfnisse zu berücksichtigen.

Mit Ihrem Kunden kommunizieren

Ein guter Verkauf erfordert einen beidseitigen Dialog. Sie möchten, dass sich der Kunde für das, was Sie sagen, interessiert und nicht am liebsten auflegen würde. Für den Verkauf bedeutet dies, dass Sie sich an all die guten Anrufabwicklungsfertigkeiten halten müssen, die in Kapitel 14 beschrieben wurden. Wenn Sie sich noch nicht damit beschäftigt haben, können Sie dies jetzt nachholen. Einige besonders wichtige Fertigkeiten sind jedoch auch hier aufgeführt:

✔ **Führen Sie den Kunden durch das Gespräch.** Wer fragt, der führt. Dies bedeutet nicht, dass Sie den Kunden oder die von ihm getroffenen Entscheidungen kontrollieren. Sie versuchen lediglich, dafür zu sorgen, dass der Anruf den richtigen Weg nimmt – damit Sie schneller am Ziel ankommen. Das rechtzeitige Stellen relevanter Fragen lässt Sie schneller die speziellen Kundenbedürfnisse und -wünsche erkennen und ermöglicht es Ihnen, diese Bedürfnisse schneller zu analysieren und eine angemessene Lösung zu präsentieren.

✔ **Beziehen Sie den Kunden mit ein.** Achten Sie darauf, dass sich Ihre Fragestellung nicht wie eine Umfrage – oder, was noch schlimmer wäre, wie ein Verhör – anhört. Gehen Sie auf die Fragen, Gefühle, Bedürfnisse und Wünsche des Kunden ein, und berücksichtigen Sie diese. Beginnen Sie mit offenen Fragen, in deren Antworten viele Informationen enthalten sind, und filtern Sie diese. Hinterfragen Sie die Informationen, die Ihnen wichtig erscheinen, und stellen Sie dann konkrete Entscheidungsfragen, um Ihr Ziel zu erreichen.

✔ **Benutzen Sie eine Anrufstrategie und/oder ein Skript.** Wie in Kapitel 15 beschrieben wird, wird Ihnen dies helfen, sich auf das Thema zu konzentrieren und nicht davon abzukommen. Es sorgt außerdem dafür, dass Sie keine wichtigen Informationen vergessen.

✔ **Achten Sie auf den Ton.** Eine sehr gute Strategie für jede Art von Call Center-Kommunikation, die bei Verkäufen besonders effektiv ist, besteht darin, das Tempo und den Ton Ihrer Sprache zu kontrollieren. Wie Sie im nächsten Abschnitt erfahren werden, zählt am Telefon nicht nur das, was Sie sagen, sondern auch die Art und Weise, wie Sie etwas sagen.

Die Bedeutung des Tons

Jemand sagte mir einmal (und ich glaube ihm), dass der Tonfall den größten Teil der Telefonkommunikation ausmache und dass die verwendeten Formulierungen weniger bedeutend seien. Das scheint vernünftig. Bei der direkten Kommunikation von Angesicht zu Angesicht gibt es die Körpersprache – Sie beobachten den Kunden, und der Kunde beobachtet Sie –, und Sie können visuelle Hilfen zur Unterstützung Ihrer Präsentation benutzen, wie zum Beispiel Broschüren.

Wenn Sie über das Telefon kommunizieren, müssen Sie Ihre Körpersprache über Ihre Stimme deutlich machen. Die einzigen visuellen Hilfen, über die Sie verfügen, sind die Bilder, die Sie in den Köpfen Ihrer Kunden erzeugen. Wenn Sie also einem Kunden zeigen möchten, wie begeistert Sie von einem Produkt oder Dienst sind, muss dies an Ihrer Stimme erkennbar sein.

Selbst Agenten mit einem geringeren Produktwissen werden das Vorstellungsvermögen eines Kunden erfolgreich anregen, wenn sie in einem positiven, lebhaften Tonfall sprechen.

Ich selbst habe vor einigen Jahren zum ersten Mal die Auswirkungen von Enthusiasmus in meinen eigenen Call Centern erlebt. Wir führten ein Inbound-Verkaufsprogramm für einen Klienten durch, mit dem wir bereits seit sechs Monaten arbeiteten. Das Projekt wuchs, und so gab es eine neue Gruppe von Agenten, die ihre erste Woche an den Telefonen verbrachte. Als ich einen Blick auf unsere Performance-Statistiken warf, sah ich, dass eine unserer neuen Agenten, Frau N., alle anderen Agenten in allen Punkten übertraf, einschließlich beim Verkauf und bei der Qualität – und das in ihrer ersten Woche! Ich entschloss mich dazu, mich mit Frau N. zusammenzusetzen, um herauszufinden, was ihr Geheimnis war. Ich fand eine junge Frau vor, die Spaß bei der Arbeit hatte. Sie liebte den Job, und ihr Ton verriet dies. Manchmal tat sie sich schwer mit Produktdetails – schließlich war sie neu –, aber letztendlich fand sie alle Informationen, die sie benötigte und war so überzeugt von dem, worüber sie sprach, dass ihre Begeisterung regelmäßig auf die Kunden übersprang, die dann einen Kauf tätigten. Ich fragte Frau N. nach dem Geheimnis ihres so frühen Erfolgs. »Ich weiß es nicht, aber es macht richtig Spaß«, sagte sie. Dies wurde lange Zeit mein Call Center-Mantra: »Ich weiß es nicht, aber es macht richtig Spaß.«

Seit meinem Treffen mit Frau N. vor vielen Jahren, habe ich dieses Phänomen noch oft bei neuen Agenten beobachten können. Sie fangen im Unternehmen an, durchlaufen alle Schulungen für neue Mitarbeiter, betreten das Call Center und erzielen eine hervorragende Kundenzufriedenheit und unglaubliche Verkaufszahlen. Wenn Sie sie fragen, wie sie das machen, antworten viele ähnlich wie Frau N. damals.

Unglücklicherweise verfliegt der Enthusiasmus neue Mitarbeiter sehr oft. Die Leistung vieler dieser Agenten lässt mit der Zeit nach – die Kundenzufriedenheit und die Verkäufe nehmen ab. Vielleicht sagen Ihnen diese Agenten sogar, dass sie sich gerade in einem Tief befinden. Doch das ist nicht wirklich ein Tief. Wenn man bei einem Unternehmen beginnt, ist alles neu und aufregend, und die Stimme verrät dies. Sobald man eingewöhnt ist, sinkt die Tonlage um einige Nuancen und man spricht langsamer. Und dann verschlechtern sich auch die Ergebnisse.

 Wenn Sie Ihre Ergebnisse sofort verbessern möchten, sollten Sie den Tonfall Ihrer Stimme und Ihre Sprechgeschwindigkeit ändern. Klingen Sie begeistert, wenn Sie mit einem Kunden sprechen. Das funktioniert. Achten Sie jedoch darauf, dass die meisten Kunden gespielten Enthusiasmus bemerken. Gespielte Begeisterung hat den gegenteiligen Effekt – sie zerstört das Vertrauen und macht jede Chance zunichte, etwas zu verkaufen.

Ehrlichkeit ist wichtig. Der beste Weg, den ich kenne, um ehrliche Begeisterung für ein Produkt zu entwickeln, besteht darin, zu lernen und zu verstehen, wie der Nutzen, den das Produkt für den Kunden hat, die Kosten überwiegt. Dazu müssen Sie nicht nur das Produkt verstehen, sondern auch jeden Kunden, mit dem Sie sprechen. Dies sind alles gute Verkaufstechniken, die im Verlaufe dieses Kapitels näher erläutert werden.

Den Tonfall kontrollieren

Um sofortige Ergebnisse zu erzielen, die gewährleisten, dass Sie mit einer positiveren, lebhafteren Stimme sprechen, müssen Sie sich nur auf einige wenige Dinge konzentrieren.

Um die Stimmlage zu kontrollieren, hilft es, sich der Faktoren bewusst zu sein, die sich darauf auswirken, wie Sie für den Kunden klingen. Die drei wichtigsten Faktoren sind die Geschwindigkeit, die Lautstärke und der Tonfall.

Wenn Sie aufgeregt über etwas sprechen, tendieren Sie dazu, die *Sprechgeschwindigkeit* und die *Lautstärke* Ihrer Stimme zu erhöhen. Wenn Sie also versuchen, einen Kunden von einer aufregenden Eigenschaft Ihres Produkts oder Ihren Dienstleistungen zu überzeugen, hilft ein leichtes Anheben der Sprechgeschwindigkeit und Lautstärke. Wenn Sie andererseits einen bestimmten Punkt hervorheben möchten, können Sie Ihre Stimme bisweilen auch dämpfen – sowohl die Lautstärke als auch die Geschwindigkeit –, sodass Sie fast flüstern. Auf diese Weise versuchen Sie, zu der Person vorzudringen, mit der Sie sprechen.

Der *Tonfall* ist die natürliche Modulation des Tons in Ihrer Stimme. Entertainer neigen dazu, mit einem stark ausgeprägten Tonfall zu sprechen. Ihre Stimmlage und Sprechgeschwindigkeit steigen und fallen, während sie sprechen. Personen, die mit einem weniger ausgeprägten oder gar keinem Tonfall (monoton) sprechen, klingen gelangweilt oder desinteressiert, während diejenigen, die mit mehr Tonfall sprechen, engagierter und interessierter klingen.

 Durch das Variieren der Sprechgeschwindigkeit und der Lautstärke Ihrer Stimme sowie durch den richtigen Einsatz des Tonfalls können Sie Ihren Klang stark verbessern und damit das Maß erhöhen, in dem der Kunde den von Ihnen gebotenen Service wahrnimmt.

 Jeder Mensch verwendet die Geschwindigkeit, die Lautstärke und den Tonfall ganz natürlich und automatisch, wenn er spricht. Wenn Sie sich jedoch bewusst sind, welche Wirkung diese Faktoren haben und wie Sie sie bestmöglich nutzen, können Sie den Enthusiasmus in Ihrer Stimme verstärken und den Kunden einfacher begeistern. Dies ist dann sogar an solchen Tagen möglich, an denen Sie sich nicht besonders enthusiastisch fühlen.

Auch die Körperhaltung kann sich stark darauf auswirken, wie Sie klingen. Obwohl die Kunden die Körpersprache über das Telefon nicht sehen, können sie deren Auswirkung hören. Wenn Sie sich in Ihrem Stuhl zurücklehnen, wird Ihre Stimme nicht so gut projiziert wie bei einer aufrechten Sitzhaltung. Abgesehen vom physiologischen Effekt – auf die Stimmbänder und das Zwerchfell wird Druck ausgeübt – führt eine zu sehr entspannte Haltung oft dazu, dass der natürliche Enthusiasmus gedämpft wird.

Wenn Sie bemerken, dass Sie sich ein wenig in einem Enthusiasmus-Tief befinden, sollten Sie sich aufrecht setzen oder sogar aufstehen, während Sie Anrufe entgegennehmen. Dies kann eine positive Wirkung darauf haben, wie Sie klingen.

Die vielleicht größte Auswirkung auf Ihren Ton hat Ihre Stimmung. Eine schlechte, traurige oder depressive Stimmung kann ein echter Enthusiasmus-Killer sein. An manchen Tagen ist es schwierig genug, sich selbst aus dem Bett zu hieven, ganz zu schweigen davon, energiegeladen und enthusiastisch zu klingen. Es kann sehr schwer sein, eine schlechte Stimmung zu überwinden.

Ich glaube nicht, das man seine Last einfach an der Eingangstür abstreifen, ein glückliches Gesicht und das Headset aufsetzen und den Kunden »heile Welt« vorspielen kann, wenn man viel am Hals hat. Doch wenn Sie als Call Center-Agent mal wieder einen dieser Tage haben, müssen Sie halt so tun als ob, und zwar richtig überzeugend – sowohl für Sie als auch für den Anrufer. Gerade an solchen Tagen ist es wichtig, die Lautstärke und Sprechgeschwindigkeit heraufzusetzen, sich auf etwas mehr Tonfall zu konzentrieren und etwas aufrechter zu sitzen.

Bereits geringe Anpassungen können sich wesentlich auf Ihren Ton und auf Ihre Stimmung auswirken – und seien Sie nicht überrascht, wenn sie auch einen positiven Effekt auf Ihre Ergebnisse haben!

Ein attraktives Angebot unterbreiten

Wenn Sie nicht glauben, dass für Ihre Kunden der Nutzen des von Ihnen angebotenen Produkts oder Services größer als der Preis ist, wird es sehr schwierig, etwas zu verkaufen.

Auch der Kunde muss davon überzeugt sein. Kunden treffen nur dann eine Kaufentscheidung, wenn sie sicher sind, dass der persönliche Nutzen Ihres Produkts oder Services größer als dessen Kosten sind. Stellen Sie sich dies wie eine Wippe oder Waage vor, mit dem Gewicht des Produkt- beziehungsweise Servicewerts auf der einen und dem Gewicht der Kosten für den Kunden auf der anderen Seite (wie in Abbildung 16.1 dargestellt). Die Wertseite muss die Kostenseite überwiegen.

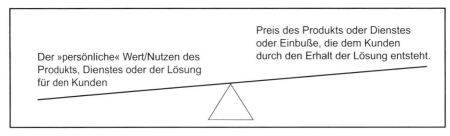

Abbildung 16.1: Die Kaufentscheidung ausbalancieren

Ihre Aufgabe, die Kundenbeziehung zu verbessern oder auszuweiten, hat nichts mit dem stereotypen Verkaufsvorgang zu tun und beginnt mit dem Wissen, dass der Kunde einen Nutzen aus Ihrem Produkt oder Service zieht.

Auf eine langfristige Kundenbeziehung achten

Wenn Sie einem Kunden etwas verkaufen, versuchen Sie, eine ergiebige, langfristige Kundenbeziehung aufzubauen. Etwas zu verkaufen, das der Kunde nach 30 oder 60 Tagen storniert beziehungsweise zurückgibt, hilft niemandem. Der Kunde wird dadurch irritiert, und das Unternehmen gibt Geld für die Bearbeitung des Auftrags und dann noch einmal Geld für die Bearbeitung der Stornierung aus. Niemand gewinnt. Bei einem guten Geschäft gewinnen drei Seiten: der Kunde, der Verkäufer und das Unternehmen hinter dem Verkäufer.

Glauben Sie mir, ich habe im Laufe der Jahre Unternehmen gesehen, die Ihr Geschäft darauf aufgebaut haben, Unmengen von geringwertigen Waren an eine große Kundenbasis zu verkaufen. Viele dieser Unternehmen gibt es nicht mehr.

Der erste Schritt, ein wertvolles Angebot zu unterbreiten, besteht also darin, zu prüfen, ob der Kunde von Ihrem Produkt oder Dienst profitieren wird. Dies gelingt nicht, wenn Sie nicht ein wenig Zeit damit verbringen, dem Kunden zuzuhören und mit ihm zu sprechen, um seine Bedürfnisse zu verstehen. Bei der Anrufstrategie, die ich in Kapitel 15 vorstelle, wird dieser Teil der Interaktion als Bedarfsanalyse bezeichnet.

Sie müssen glauben!

Ich verkaufe gerne unsere Call Center-Dienste. Ich weiß, dass die Dienste, die wir unseren Klienten anbieten, deren Unternehmen im Laufe der Jahre Millionen von Dollar eingebracht oder erspart haben. Es ist einfach, Kunden etwas zu verkaufen, wenn man weiß, dass das, was man verkauft, für die Kunden sehr vorteilhaft ist. Der Verkauf ist nicht das Ende, sondern der Beginn einer Beratung.

Sobald Sie davon überzeugt sind, über ein Produkt oder einen Dienst zu verfügen, das beziehungsweise der dem Kunden sehr nützen wird, können Sie diesen Nutzen auch gut präsentieren. Der wichtigste Teil des Verkaufsvorgangs ist die Arbeit mit dem Kunden, während der Sie dem Kunden möglichst viel persönlichen Nutzen präsentieren.

 Wenn Kunden nichts kaufen (was oft geschieht), liegt das daran, dass der genannte Nutzen für sie nicht relevant ist oder dass sie nicht bereit sind, den verlangten Preis dafür zu bezahlen.

Bergeweise Nutzen und Wert generieren

»Bergeweise Nutzen und Wert« bedeutet, dass man sehr viel mehr Nutzen als erwartet aus dem Produkt oder Dienst zieht. Ihr Job ist es, für jeden Kunden solche Berge zu generieren.

Einige Kunden können Sie zum Beispiel vom Nutzen des von Ihnen angebotenen High-Speed-Internetdienstes überzeugen, indem Sie erklären, dass es dann möglich sei, Spiele um bis zu 20 Prozent schneller als mit dem alten Dienst herunterzuladen.

Wenn Sie jedoch dem Kunden demonstrieren können, dass seine Kinder durch den Kauf Ihres High-Speed-Internetdienstes einen schnelleren und zuverlässigeren Zugriff auf den größten Wissensspeicher erhalten, den die Welt je gesehen hat, und dass die Kinder mit Ihrem Dienst besser für die Schule oder Uni gerüstet sind, sodass sie schneller und einfacher lernen und mit anderen Studenten auf der ganzen Welt konkurrieren können, und dass ihnen dieser Vorteil zu einem erfolgreichen Leben verhelfen wird, dann haben Sie einen noch viel größeren Nutzen und Wert generiert.

Vermeiden Sie eine Informationsflut!

Bedauerlicherweise fühlen sich Agenten, die sehr viel über ihr Produkt oder ihren Dienst wissen, oft dazu verpflichtet, *all* ihre Informationen mit den Kunden zu teilen. Dies ist jedoch nicht notwendig oder ratsam. Der Versuch, den Kunden mit einer Unmenge an Wissen zu beeindrucken, führt in der Regel dazu, dass er das Interesse verliert. Sie werden in der Regel von der eigentlichen Lösung oder dem Verkauf abkommen, wenn Sie den Kunden mit unnötigen Details belasten. Geben Sie dem Kunden deshalb nur die Informationen, die er benötigt, um seine Kaufentscheidung zu treffen, diese allerdings vollständig.

Indem Sie die Bedürfnisse des Kunden erfragen und hinterfragen, zuhören und auf den Kunden eingehen, zeigen Sie, dass Sie den Kunden wertschätzen und an seinen Bedürfnissen und Wünschen interessiert sind.

»Die Menschen interessiert erst dann, wie viel Sie wissen, wenn sie wissen, wie sehr Sie sich um sie kümmern.«

Wichtig ist dabei, dass es sich um einen persönlichen Nutzen handelt, der vom Kunden akzeptiert wird. Wenn der Kunde im obigen Beispiel keine Kinder hat, liegt ihm deren Bildung wohl auch nicht am Herzen.

Die Vorteile des Nutzens

Die Begriffe *Eigenschaft* und *Nutzen* haben Sie wahrscheinlich schon oft gehört. Für jede Art der Kommunikation über das Telefon ist es jedoch wichtig, den Unterschied zu verstehen.

Eine *Eigenschaft* ist ein Element oder ein einzelnes Merkmal eines Produkts, Dienstes oder einer Lösung. Eine Klimaanlage ist beispielsweise eine Eigenschaft eines neuen Autos.

Der *Nutzen* ist der Wert, den eine bestimmte Eigenschaft für eine Person hat – er sollte beschreiben, wie der Kunde einen Vorteil aus der Verwendung der Eigenschaft zieht. »Ein angenehmes Klima im Auto, selbst an den heißesten Tagen« ist der Nutzen einer Klimaanlage in einem neuen Auto.

Persönlicher Nutzen durch Vorteile

Der Nutzen ist immer persönlich. Etwas, was für Sie sehr nützlich ist, ist für mich vielleicht nicht nützlich und umgekehrt. Aus diesem Grund ist es wichtig, den Kunden in einen beidseitigen Dialog zu involvieren, um besser zu verstehen, was er benötigt und wertschätzt. Wenn Sie feststellen, dass der Kunde keine Hitze mag, ist eine Klimaanlage eine Eigenschaft mit einem sehr großen Nutzen. Wenn der Kunde die Hitze und frische Luft liebt, hat die Klimaanlage einen weniger großen Nutzen.

Um einen persönlichen Nutzen zu formulieren, versetzen Sie sich in die Situation des Kunden und fragen sich: »Was bringt mir das?«. Menschen kaufen Nutzen, nicht Produkteigenschaften.

Der größte Fehler, den Verkäufer begehen, die vorwiegend über Eigenschaften sprechen, besteht darin, davon auszugehen, dass der Kunde den Nutzen der beschriebenen Eigenschaft automatisch versteht. Dies erzeugt nicht bergeweise Nutzen. Um für einen Kunden bergeweise Nutzen zu generieren, müssen Sie die genannten Bedürfnisse des Kunden mit den Eigenschaften des Produkts verknüpfen und daraus den persönlichen Nutzen für den Kunden formulieren. Im oben genannten Beispiel wäre das wie folgt: »Vorhin haben Sie mir erzählt, dass Sie keine Hitze vertragen. Dieses Auto verfügt über eine Klimaanlage, die auch an heißen Tagen ein angenehmes Klima für Sie schafft.«

Menschen treffen Kaufentscheidungen aufgrund des persönlichen Nutzens, der sich für sie ergibt, oder weil sie glauben, dass das Produkt oder der Service ihnen dienlich ist – es geht also darum, wie das Produkt oder der Service das spezielle Problem der Kunden löst oder deren Bedürfnisse und Wünsche erfüllt.

Wo wir gerade vom Nutzen sprechen ...

Letzten Sommer kam ich zusammen mit meiner Frau zu dem Schluss, dass es an der Zeit sei, unseren alten Grill zu ersetzen. Wir gingen also zu unserem Baumarkt, um einen Blick auf die verschiedenen Modelle zu werfen. Ein Mitarbeiter begann (ohne uns zu fragen), uns etwas über die tollen Features des Grills, vor dem wir gerade standen, zu berichten. Er erwähnte zuerst, dass das Gerät 40.000 BTUs und einen rostfreien Stahlbrenner mit zwei Reglern habe.

Ich weiß nicht, wie es Ihnen geht, aber ich war unheimlich stolz auf mich, weil ich wusste, dass BTU für British Thermal Unit (englische Wärmeeinheit) steht – ich hatte jedoch nicht die geringste Ahnung, was dies bedeutet oder wozu 40.000 davon in der Lage sind! Mein Gesichtsausdruck verriet mich wohl, denn nach einer kurzen Pause fügte der Mitarbeiter langsam hinzu: »Das bedeutet, ... genug Hitze, um für eine große Familie zu kochen. Und Sie können die Hitze mit den Reglern verteilen, sodass Ihr Essen schneller fertig ist.« Das verstand ich! Wir kauften den Grill.

Um mehr persönlichen Nutzen für den Kunden zu generieren, müssen Sie rechtzeitig relevante Fragen stellen, sodass Sie die speziellen Bedürfnisse des Kunden aufdecken, sich versichern, dass Sie den Kunden richtig verstanden haben, und dann Ihre Lösung maßschneidern, damit Sie die Vorzüge hervorheben können, die sich auf diese Bedürfnisse beziehen. Je mehr persönlichen Nutzen Sie für den Kunden schaffen können, desto erfolgreicher werden Sie darin sein, das Vertrauen des Kunden zu erlangen und zu einem Geschäftsabschluss zu kommen.

Dieser Vorgang wird bisweilen als *Beratungsverkauf* bezeichnet. Ausgezeichnet! Darum geht es im Wesentlichen bei den heutigen Call Center-Verkäufen.

Niemand mag ein aus der Mode gekommenes Telefonmarketing, bei dem der Gesprächspartner zehn Minuten lang quasi als Geisel gehalten wird. In der heutigen Welt der als äußerst wertvoll erachteten Kundenbeziehungen funktioniert das nicht mehr.

Das Geschäft zum Abschluss bringen

Es gibt ganze Bücher darüber, wie man einen Verkauf abschließt. Ein Punkt ist jedoch in jedem dieser Bücher zu finden: Der Abschluss ist wichtig.

Wenn Sie Nutzen produzieren, werden einige Kunden sagen: »Ja, ich will das. Arrangieren Sie das bitte für mich.« Viele Kunden werden jedoch reservierter sein und höflich darauf warten, dass Sie Ihnen sagen, was der nächste Schritt ist. Nun, hier ist er: »Wenn Sie so wie ich denken, dass dies eine gute Idee ist, können Sie sofort zuschlagen, sofern Sie möchten.«

Wenn ein Anruf gut verläuft, ist der Abschluss die natürliche und unweigerliche Folge des Beratungsverkaufs – aber meistens müssen Sie dafür sorgen. Es ist richtig, dass Sie den Abschluss nicht bekommen, wenn Sie nicht danach fragen. Scheuen Sie sich nicht, zu fragen – besonders dann nicht, wenn Sie gute Arbeit geleistet haben.

Als Kunde erwarten Sie, dass der Verkauf abgeschlossen wird

Neulich ging ich in ein Schuhgeschäft. Ich wurde von Herrn Jansen begrüßt, einem sehr freundlichen, enthusiastischen Verkäufer. Herr Jansen fragte mich, wonach ich suche, zeigte mir einige Schuhe, fragte mich nach meinen Lieblingsfarben und schlug dann vor, dass ich einige Schuhe anprobieren solle. Mir gefiel ein Paar, und ich sagte Herr Jansen: »Die mag ich.« Herr Jansen nahm sofort die Schuhe, führte mich zur Kasse und fragte: »Bar oder mit Karte?« Ich kaufte die Schuhe. Gut, ich wollte die Schuhe, aber ich hatte mich mit meinem »Die mag ich« nicht eindeutig geäußert. Ich glaube, dass Herr Jansen – so wie alle anderen Schuhverkäufer auch – ein Geschäft mit der Frage »Bar oder mit Karte?« abschließt. Es wäre sehr seltsam und unangenehm gewesen, wenn Herr Jansen den Verkauf nicht abgeschlossen hätte. Wenn wir in einem Einzelhandelsgeschäft einkaufen, erwarten wird, dass ein Verkäufer den Kauf zu einem Ende bringt.

Dies gilt auch für den Verkauf über das Telefon. Die Kunden erwarten, dass Sie ihnen helfen, den Vorgang abzuschließen und die Transaktion erfolgreich zu beenden. Probleme treten auf, wenn Sie keinen Nutzen für den Kunden generiert haben, weil es dann nicht natürlich oder sogar unangenehm ist, nach einem Abschluss zu fragen.

Machen Sie's nicht zu kompliziert, und kommen Sie auf den Punkt

Ich mag klare, eindeutige Abschlüsse wie: »Möchten Sie das kaufen?« Es gibt viele andere Variationen. Der Punkt ist, dass Sie direkt sind und den Kunden freundlich fragen, ob er kaufen möchte – keine Tricks, keine Manipulation.

Natürlich gibt es andere Techniken, wie zum Beispiel den vorausgesetzten Abschluss: »Dann brauche ich noch einige Informationen von Ihnen …« Hierbei können einige Minuten vergehen, bevor der Kunde realisiert, dass Sie den Verkauf abschließen. Eine solche Technik kann als Trick und Manipulation angesehen werden und gehört nicht in eine Kundenbeziehung auf Augenhöhe. Sicherlich, einige Kunden werden nicht abspringen, aber oft genug stornieren sie auch den Dienst, sobald sich der leiseste Zweifel einschleicht und sie glauben, dass sie übers Ohr gehauen werden.

Fragen Sie ruhig ein zweites Mal …

Solange das Gespräch offen und ehrlich bleibt und der Kunde einbezogen wird, ist es nur natürlich, mehr als einmal zu fragen, ob der Kunde kaufen möchte.

Denken Sie daran, dass Sie an einer langfristigen, für beide Seiten nützlichen Beziehung interessiert sind. Die beste Möglichkeit, um dies zu erreichen, ist ein offener, beidseitiger Dialog, bei dem Sie daran arbeiten, die Bedürfnisse des Kunden zu verstehen und ein Produkt oder einen Dienst anzubieten, das beziehungsweise der für den Kunden von persönlichem Nutzen ist.

Das Interesse prüfen: Der Vorabschluss

Ein Vorabschluss ist ein nützliches Kommunikationshilfsmittel, das verwendet wird, um das Interesse einer Person an einem Produkt, einem Service oder einer Idee zu testen, bevor nach einem Abschluss gefragt wird. Er stellt eine Möglichkeit dar, Feedback vom Kunden zu erhalten, und hilft Ihnen, Absagen aufgrund zu früher Abschlussanfragen zu vermeiden.

Unabhängig davon, ob Sie mit einem Kunden, einem Freund oder Ihrer Mutter sprechen, möchten Sie Ihren Gesprächspartner nicht in eine Lage bringen, in der er feststellt, dass er sich geirrt hat oder eine zuvor getroffene Entscheidung korrigieren muss. Wenn man seine Position ändern muss, erzeugt dies ein Hindernis bei der Kommunikation und somit auch bei der Verkaufsinteraktion.

 Sie möchten nicht, dass die Kunden Nein zu einer Verkaufspräsentation sagen, bevor sie nicht alle Fakten kennen. Wenn Sie während eines Gesprächs zu früh nach dem Abschluss fragen, kann sich dies negativ auf das Gesprächsergebnis auswirken.

Vorabschlüsse hören dort auf, wo die Fragen nach dem Abschluss beginnen, testen aber das Interesse des Kunden an dem, was Sie sagen. Ein Vorabschluss verwendet nicht verpflichtende Fragen oder Formulierungen wie »Was sagen Sie dazu?« oder »Wie finden Sie das?«.

 Holen Sie sich am Ende jeder Gesprächsphase (Einstieg, Interesse wecken, Bedarfsanalyse, Produkt- und Nutzenpräsentation) das Einverständnis des Kunden ab, um sicherzugehen, dass der Kunde jeden Schritt im Gespräch mit Ihnen geht. Gehen Sie erst dann zum Abschluss über, wenn der Kunde die präsentierten Nutzen erkannt und akzeptiert hat.

Versuchen Sie an diesem Punkt, das Geschäft zum Abschluss zu bringen. Wenn der Kunde Ja sagt, ist das großartig! Wenn nicht, ist das auch in Ordnung. Sie wissen, dass der Kunde alle positiven Aspekte Ihres Vorschlags gehört und verstanden und sich dagegen entschieden hat. Die Beziehung bleibt intakt.

Ich mag den Vorabschluss, weil er den Kunden in die beidseitige Kommunikation mit einbezieht. Dazu ein Beispiel:

 Ich habe einen Pool in meinem Garten. Er ist 30 Jahre alt und von einigen schönen großen Bäumen umgeben. Er sieht sehr hübsch aus, aber Sie können sich sicherlich vorstellen, wie oft ich daraus Blätter entfernen muss – im Frühling, Sommer und Herbst. Nachdem ich mich einmal zu weit nach einem Blatt ausgestreckt hatte, sagte ich meiner Frau, dass ich mir eine Kettensäge kaufen und alle Bäume fällen würde. Sie schlug vor, dass ich zunächst den Pool-Fachhandel anrufen und um Rat bitten solle.

Als ich dort anrief, sagte man mir: »Wir haben einen automatischen Pool-Reiniger, der sich im Pool befindet und die Reinigung für Sie übernimmt, sodass Sie sich nie wieder darum kümmern müssen ... Ist das nicht toll?«

Ist das ernst gemeint? Ich ging direkt auf den Vorabschluss ein und gab zu verstehen, dass dies die Antwort auf all meine Gebete sei: »Ja, ja, ja, das brauche ich. Wann kann ich es haben?« An diesem Punkt kannte ich noch nicht einmal den Preis.

Nun, der Pool-Händler war sehr gut. Er sagte mir, wann er kommen könne, um das Gerät zu installieren und mir zu zeigen, wie man es bedient. Wir einigten uns auf einen Termin, und bevor wir uns verabschiedeten fasste er den Anruf zusammen, wiederholte noch einmal, wann er kommen würde und sagte: »Und der Preis ist 400 Dollar.« Ich schätze, dass ich einfach nur glücklich war, dass es nicht 4.000 Dollar waren.

Der Pool-Händler hat den Vorabschluss sehr gut eingesetzt. In meinem Fall hörte er heraus, dass ich nicht weiter überzeugt werden musste und dass er direkt zum Abschluss des Verkaufs übergehen konnte. Hätte ich auf die Frage »Ist das nicht toll?« zurückhaltender geantwortet, hätte er vielleicht weitere Fragen gestellt und noch mehr Vorzüge präsentiert, um mehr Nutzen zu generieren, bis ich schließlich überzeugt gewesen wäre und dem Kauf zugestimmt hätte.

Mit Bedenken umgehen

Ein _Bedenken_ ist ein vom Kunden genannter Grund, weshalb er nicht jetzt kaufen möchte. Einige Beispiele für Bedenken sind:

- ✔ »Ich muss mit meinem Ehepartner reden.«

- ✔ »Ich habe im Moment kein Geld dafür.«

- ✔ »Ich habe keine Zeit.«

- ✔ »Ich mag Rot nicht.«

Das erste und wichtigste, woran Sie denken sollten, wenn Sie es mit Bedenken zu tun haben, ist, diese zu respektieren. Der Kunde nennt die Gründe für seine Bedenken, und es ist nicht Ihr Job, ihm zu zeigen, dass er sich irrt. Techniken für den Umgang mit Bedenken sind in Kapitel 14 und 15 beschrieben.

 Wenn Sie den Eindruck haben, dass der Kunde das Gespräch wegen seiner Bedenken beenden möchte, verbalisieren Sie dies und zeigen Sie Verständnis. Sollte sich Ihr Eindruck bestätigen, lassen Sie ihn. Achten Sie um jeden Preis darauf, die Beziehung aufrechtzuerhalten.

 Manchmal sind die Bedenken des Kunden nur ein Teil des Dialogs. Wenn der Kunde zu einer Fortsetzung des Dialogs bereit ist, zeigen Sie Verständnis, hinterfragen Sie seine Bedenken und stellen Sie keine Vermutungen an. Erst wenn Sie ganz sicher sind, welche Bedenken der Kunde genau hat, sind Sie in der Lage, in angemessener Weise zu reagieren.

✔ »Möchten Sie, dass ich Sie und Ihre Frau morgen zurückrufe? Ich kann verstehen, dass Sie das mit Ihrer Frau besprechen wollen. Fehlen Ihnen dazu noch weitere Informationen für das Gespräch mit Ihrer Frau?«

✔ »Wären Sie an den Zahlungsmöglichkeiten interessiert, die wir anbieten?«

✔ »Möchten Sie, dass ich zurückrufe, wenn Sie mehr Zeit haben? Solch eine Entscheidung sollte man auch nicht überstürzt treffen. Wann sind Sie denn besser zu erreichen?«

✔ »Entschuldigen Sie. Ich hätte erwähnen sollen, dass wir auch andere Farben führen. Rot ist wirklich nicht jedermanns Sache. Welche Farbe gefällt Ihnen denn?«

R-E-S-P-E-K-T

Sie werden feststellen, dass einige Bedenken nur Teil des Dialogs und Vorgangs sind, vorausgesetzt, Sie behandeln den Kunden und seine Bedenken mit Respekt. In diesen Fällen werden Sie Verkäufe realisieren, nachdem die Bedenken ausgeräumt wurden, und Sie werden die Kundenbeziehung langfristig aufrechterhalten.

Vergessen Sie all das Zeug, das Sie über aggressive Techniken zum Übergehen von Bedenken gehört haben, wie zum Beispiel:

»Nein ist nur ein weiterer Schritt in Richtung Ja.«

»Nein bedeutet erst dann Nein, wenn es drei Mal gesagt wurde.«

»Machen Sie aus einem Nein ein Weiter.«

Wenn Sie einen Freund hätten, der für seine Beziehung zu Ihnen eine dieser Techniken verwenden würde, bin ich mir ziemlich sicher, dass Sie nicht mehr lange Freunde wären.

 Diese Techniken üben Druck aus, sind manipulativ und respektlos und zeigen, dass die Person, die sie verwendet, nicht weiß, wie langfristige Kundenbeziehungen aufgebaut werden.

Warum verkaufen nicht alle so?

Warum nicht alle so verkaufen? Nun, viele Call Center beginnen gerade damit, dies zu tun.

Das Problem ist, dass das gar nicht so einfach ist. Sie sind in der Tretmühle hoher Verkaufszahlen und schneller Gewinne gefangen. Es ist wie eine Droge. Die Forderung der Anteilseigner nach stetiger Verbesserung führt dazu, dass die Unternehmen auf alle Bereiche Druck ausüben, um Gewinne zu erzielen – jede Art von Gewinn. Die Führungskräfte der Unternehmen wiederum üben Druck auf die Call Center aus, immer mehr Verkäufe zu generieren. Das Unternehmen übt somit Druck auf die Call Center aus, die Call Center üben Druck auf ihre Agenten aus, und die Agenten üben Druck auf die Kunden aus.

Während die Unternehmen immer mehr Gewinne von den Call Centern verlangen, erhalten diese oft ein zunehmend geringeres Budget. Das Ergebnis ist, dass die Call Center damit beginnen, die Kosten zu verringern – das bedeutet weniger Schulungen für die Agenten, geringere Löhne und manchmal auch eine Vergütung, die nur auf Provisionsbasis erfolgt.

Das Call Center konzentriert sich dann möglicherweise so sehr auf die Kostenreduzierung, dass fast die gesamte Qualität verloren geht. In diesem Fall spielen Kundenbedürfnisse und Kundennutzen keine Rolle (mehr). Danach beginnt das unaufgeforderte Anrufen (Cold Calling), das Ausüben von Druck, das gelegentliche Austricksen und manchmal auch das Manipulieren von Kunden.

Es ist die schlimmste aller schlimmen Spiralen, und es braucht echtes Engagement, um sich daraus zu befreien.

Sie müssen zunächst mehr in die Qualität und die Hilfsmittel Ihres Call Centers investieren. Zweitens müssen Sie akzeptieren, dass der kurzfristige Gewinn abnehmen kann. Wenn Sie jedoch einen guten Job leisten und Nutzen generieren, werden die Kunden bleiben und es werden Verkäufe stattfinden. Außerdem wird sich ein mittel- bis langfristiger Gewinn einstellen.

Die Kosten des Call Centers mögen steigen, doch diese Investition wird sich für Sie enorm lohnen.

Zusammenfassung eines erfolgreichen Verkaufs über das Telefon

Im Folgenden finden Sie eine Liste mit wichtigen Punkten, die Sie sich merken sollten und die Ihnen helfen werden, in der heutigen, auf den Kunden konzentrierten, lösungsorientierten Welt der Call Center-Verkäufe erfolgreich zu sein.

1. **Stellen Sie ein gutes Verhältnis zum Kunden her.** Dies gilt bereits für den Beginn des Anrufs und meint, dass Sie freundlich, zuvorkommend und professionell sein sollten. Eine hohe Sprechgeschwindigkeit und ein lebhafter Ton ist eines der mächtigsten Verkaufs- und Kommunikationsmittel.

2. **Achten Sie bei allen Kundenkontakten auf einen Dialog.** Involvieren Sie Ihren Kunden in einen beidseitigen Dialog. Verwenden Sie zur Anrufsteuerung die in den Kapiteln 14 und 15 beschriebenen Hilfsmittel, Techniken und Anrufabwicklungsfertigkeiten, um das Gespräch aufrechtzuerhalten.

3. **Zeigen Sie dem Kunden den enormen Wert des Produkts.** Stimmen Sie die Eigenschaften und Vorzüge Ihres Produkts, Ihres Dienstes oder Ihrer Lösung auf die persönlichen Vorteile Ihres Kunden ab. Der wohl wichtigste Part eines erfolgreichen Verkaufs ist die Erzeugung eines größeren Nutzens, als der Kunde erwartet. Sorgen Sie dafür, dass der Kunde jeden

Schritt des Gesprächs mit Ihnen geht, indem Sie sich nach jeder Gesprächsphase das Einverständnis des Kunden holen.

4. **Fragen Sie klar, eindeutig und souverän nach dem Abschluss des Geschäfts.**

5. **Behandeln Sie Bedenken wie Fragen, wenn dies angemessen ist.** Respektieren Sie immer die Bedenken des Kunden.

6. **Akzeptieren Sie, dass Nein wirklich Nein bedeutet.**

Tabelle 16.1 vergleicht die Art und Weise, wie Geschäfte früher und heute getätigt wurden beziehungsweise werden.

Verkäufe früher	Verkäufe heute
Massenmarkt, volumenbasiert	Abgestimmte Präsentationen
Bedenken wurden übergangen	Fragen werden beantwortet
Vorausgesetzter, manipulativer Verkaufsabschluss	Eindeutige Frage nach dem Abschluss des Geschäfts
Verkaufsgespräche mit Skripten, die kaum Abweichungen zuließen	Beidseitige Dialoge mit Richtlinien in Form von Skripten
Zugaben und Preisnachlässe	Erzeugung von persönlichem Nutzen und Wert
Agenten ohne Kompetenz	Agenten mit ausgeprägten Fähigkeiten
Geringe Kosten	Hohe Erträge

Tabelle 16.1: Die Entwicklung von Call Center-Verkäufen

Ein letztes Wort zu Skripten

In Kapitel 15 werden Anrufrichtlinien und -skripten sowie deren Einsatz für eine effektive Anrufsteuerung beschrieben. Skripte haben immer noch ihren Platz im Telefonmarketing, aber die Art und Weise ihrer Verwendung ist Änderungen unterworfen. Unglücklicherweise gibt es immer noch viele Beispiele für Anrufe, die auf Skripten basieren, die keine Abweichungen zulassen und nach dem Prinzip »Ein Verkaufsgespräch reicht« funktionieren.

Glücklicherweise entwickelt sich dank der CRM-Bewegung (Customer Relationship Management, Kundenbeziehungsmanagement) ein dynamischerer Ansatz für Verkaufsskripte, die lediglich Richtlinien darstellen. Dazu werden Skripte bereitgestellt, die sich dynamisch verändern und auf den spezifischen Attributen der einzelnen Kunden basieren. Skripte sind mehr Vorschlag als Gesetz, aber es ist immer gut, solche vorbereiteten Skripte anzubieten, besonders für neue oder wenig erfahrene Agenten.

 Geben Sie Ihren Agenten die Möglichkeit, Präsentationen auf jeden Kunden zuzuschneiden, indem sie die Vorschläge des Skripts nutzen.

Viele Skripte sind nicht wirklich Skripte – es sind Richtlinien, die den Agenten mit Vorschlägen für eine Strukturierung des Anrufs versorgen und ihm helfen, den Anruf erfolgreich zu beenden.

Teil VI

Der Top-Ten-Teil

The 5th Wave

By Rich Tennant

»... um technischen Support zu erhalten, drücken Sie die 7, für Produktinformationen die 8, und die 9 drücken Sie, wenn Sie gelangweilt sind und einfach mal mit jemanden reden möchten ...«

Also die 9 ...

In diesem Teil ...

Hier finden Sie eine Sammlung von Tipps aus der Call Center-Branche, die den Einnahmen und der Effizienz Ihres Unternehmens sowie der Moral der Angestellten und auch der Kundenzufriedenheit neuen Aufschwung geben. Der Top-Ten-Teil ist ein schneller und einfacher Weg, die Hauptthemen dieses Buches zu rekapitulieren und gleichzeitig ein paar neue Tipps und Techniken kennenzulernen.

Zehn Wege zur Verbesserung der Arbeitszufriedenheit Ihrer Mitarbeiter

Fachkorrektur: Frauke Kaltenbrunner-Schütz,
Account Director, Konzept PR GmbH

17

In diesem Kapitel

▷ Die Zufriedenheit Ihrer Mitarbeiter verbessern

▷ Ein besseres Arbeitsumfeld gestalten

Unternehmen mit zufriedenen Mitarbeitern haben auch zufriedene Kunden – dies ist eine allgemeingültige Formel. Wenn Sie also die Arbeitszufriedenheit Ihrer Mitarbeiter verbessern, steigt in der Regel auch die Zufriedenheit Ihrer Kunden.

In diesem Kapitel erfahren Sie, was Sie tun können, um die Arbeitszufriedenheit Ihrer Mitarbeiter zu verbessern.

Engagement engagieren

Wenn Sie einen Bewerber einstellen, sollten Sie bei ihm auf zwei Dinge achten: Qualifikation und Motivation. (Lesen Sie dazu auch Kapitel 10, um mehr über das Thema Rekrutierung zu erfahren.) Für die meisten Arbeitgeber ist es einfach, die Qualifikation eines Bewerbers zu entdecken. Bei der Motivation ist dies hingegen schwieriger.

Denken Sie daran: Engagierte Angestellte zu finden bedeutet, dass Sie Angestellte haben, die auch dann noch motiviert sind, wenn die Flitterwochen vorüber sind. In manchen Fällen könnte dies bedeuten, dass Sie einen Bewerber akzeptieren, der weniger geeignet ist. Ich würde diejenige Person wählen, die etwas weniger qualifiziert, dafür aber immer hoch motiviert ist.

Diese Entscheidung kann manchmal schwierig sein. Schließlich wäre die spontane Reaktion, den geeignetsten Kandidaten, der sich bewirbt, einzustellen. Oft sind dies allerdings Personen, die zwar hoch qualifiziert sind, die aber den neuen Job nur als »zweite Wahl« sehen. Es sollte Sie also nicht überraschen, wenn dieser Mitarbeiter kündigt, sobald er eine Anstellung findet, die ihm mehr zusagt.

Beunruhigender jedoch ist es, wenn der nicht motivierte Mitarbeiter keinen besseren Job findet und seine Arbeit schlecht macht, weil sie ihn unterfordert. Emotional gesehen »kündigen« diese Mitarbeiter innerlich, bleiben aber weiter auf Ihrer Gehaltsliste stehen.

Klartext reden

Teilen Sie Ihren Mitarbeitern mit, was Sie von ihnen erwarten und was passiert, wenn sie diese Erwartungen erfüllen oder sie übertreffen. (Lesen Sie zum Thema »Erwartungen entwickeln und kommunizieren« in Kapitel 3 nach.)

Einer der Gründe, warum Mitarbeiter die an sie gestellten Erwartungen nicht erfüllen, besteht darin, dass niemand ihnen _gesagt_ hat, was man von ihnen erwartet. Nur wenn Sie Ihre eigenen Erwartungen von Anfang an klar aussprechen, ist sichergestellt, dass Ihre Mitarbeiter nicht enttäuscht sind – und Sie auch nicht. Verwirrung über Zuständigkeiten und Aufgaben frustriert alle Beteiligten.

 Klar ausgesprochene Vorstellungen und Erwartungen führen zum Erfolg und erhöhen die Arbeitszufriedenheit. Selbstverständlich sollten Sie Ihre Mitarbeiter angemessen belohnen, wenn sie Ihre Erwartungen erfüllen.

Schulen und weiterbilden

Schulen Sie Ihre Mitarbeiter auf den Gebieten, die diese zum Erfolg brauchen. Mangelnde Qualifikation verhindert Erfolg und Arbeitszufriedenheit. (Mehr zum Thema Schulungen finden Sie in Kapitel 10.)

Stellen Sie sich vor, Sie wollen in einem Land, dessen Sprache Sie nicht sprechen und in dem auch niemand die Ihre spricht, Essen gehen. Wahrscheinlich gehen Sie hungrig und frustriert nach Hause.

 Die richtige Qualifikation und laufende Weiterbildung verbessern die Leistungen der Mitarbeiter und motiviert sie. Zentrale Aspekte dabei sind Aggressionsbewältigung, Kenntnisse über Produkte, Richtlinien und Abläufe. So qualifiziert und ausgebildet werden Ihre Mitarbeiter zu Experten am Telefon.

Feedback geben

Ob Mitarbeiter ihre Arbeit gut machen oder schlecht – sie brauchen Feedback. Dadurch wissen sie, ob sie ihren Zielen näher kommen. (Mehr zum Thema Feedback in Kapitel 11.)

 Erhalten Mitarbeiter kein Feedback, wissen sie nicht, ob sie sich in die richtige Richtung entwickeln. Vielleicht kommt aber auch bei den Mitarbeitern der Verdacht auf, dass ihre Arbeit nicht honoriert wird. Schaffen Sie es nicht, ausreichend Feedback zu geben, kann dies negative Auswirkungen für Ihr Unternehmen haben.

Feedback zeigt Ihren Mitarbeitern, dass Sie ihre Arbeit schätzen und sie auch als Menschen wahrnehmen.

Hindernisse auf dem Weg zum Erfolg beseitigen

Hindernisse bei der täglichen Arbeit sind normal – und mit Sicherheit werden auch Ihre Mitarbeiter immer wieder mit Stolpersteinen konfrontiert werden. Die Tatsache an sich ist nicht weiter schlimm. Wenn das Management allerdings nichts dazu beiträgt, Missstände oder Hindernisse zu beseitigen, wird sich das negativ auf die Mitarbeiter auswirken und sie langfristig demotivieren.

Hindernisse können nicht geregelte Zuständigkeiten ebenso sein wie fehlendes oder nicht funktionierendes Arbeitsgerät, aber auch kundenunfreundliche Praktiken oder ein desinteressiertes Management.

Hindernisse müssen immer beseitigt werden, ansonsten können sie die Motivation bremsen. Kümmern Sie sich um das Problem! Ihre Mitarbeiter müssen erkennen können, dass Sie die Situation verbessern wollen.

Sicherheit schaffen

Von dem renommierten Statistiker und Wirtschaftsberater W. Edwards Deming stammt die Aussage, dass »die ökonomischen Kosten der Angst erschreckend sind ...«.

Call Center können für ihre Mitarbeiter schnell etwas Beängstigendes bekommen. Das Niveau der Verantwortlichkeit ist sehr hoch, und in einer zunehmend wettbewerbsbetonten Welt ist es immer wichtiger, Ergebnisse zu erzielen. Schlecht geschulte Vorgesetzte verschlimmern das Klima der Angst zusätzlich.

Angst führt dazu, dass sich Menschen abkapseln. Angst erstickt Engagement und verhindert Innovation. Aus Angst verlassen gute Mitarbeiter ihren Job.

Als Geschäftsleitung ist es Ihre Aufgabe, Ihren Mitarbeitern einen sicheren Arbeitsplatz zu bieten. Dazu gehört ein verlässlicher Arbeitsplatz mit einer verantwortungsvollen Unternehmenskultur.

Passen Sie Richtlinien an, um sicherzustellen, dass Verantwortlichkeiten auf beiden Seiten funktionieren. Die Mitarbeiter sind dazu verpflichtet, ihr Bestes zu geben, und das Management ist dazu verpflichtet, seinen Teil zum Erfolg der Mitarbeiter beizusteuern.

Regelmäßige, mindestens einmal im Monat stattfindende Mitarbeitergespräche bieten eine Möglichkeit, langfristig ein angstfreies Klima aufzubauen. Die Verantwortung für die Arbeitszufriedenheit der Mitarbeiter liegt bei der Geschäftsführung. Gespräche mit ausscheidenden Mitarbeitern können ebenfalls helfen, herauszufinden, ob die Geschäftsführung erfolgreich ein angstfreies Klima hat aufbauen können.

Ein Betriebsrat ist ein effektiver Weg, die Rechte Ihrer Mitarbeiter zu schützen. Ist diese Institution erst fest etabliert, wird sie dazu beitragen, ein sicheres Arbeitsklima zu schaffen.

Keinen Zwang ausüben

Wenn Sie sich nicht vorstellen können, eine bestimmte Arbeit zu tun, dann sollten Sie auch Ihre Mitarbeiter nicht zu dieser Arbeit zwingen. Dazu gehört beispielsweise der Umgang mit verärgerten Kunden, aber auch unerwünschte Vertreteranrufe.

 Lassen Sie auch Ihre Call Center-Manager von Zeit zu Zeit mal wieder Basisarbeit machen! Gute Call Center-Manager sind ein Vorbild und zeigen ihren Mitarbeitern, wie sie ihre Arbeit noch besser machen können.

Kommunikation zählt

 Eine effektive Kommunikation zwischen der Geschäftsführung und den Call Center-Mitarbeitern ist wesentlich für die Arbeitszufriedenheit im Unternehmen.

Gerüchte haben es in Call Centern besonders leicht. Ein Grund dafür liegt darin, dass in Call Centern viele Menschen aufeinandertreffen. Bevor Sie eine Informationslücke entstehen lassen, sollten Sie daher Ihre Mitarbeiter immer in die Kommunikation einbinden.

 Die Erfahrung zeigt, dass innerhalb eines Unternehmens gar nicht genug miteinander gesprochen werden kann – und zwar über positive wie negative Neuigkeiten. Je mehr Informationen Sie kommunizieren, desto weniger Raum bleibt für die Gerüchteküche.

Call Center verfügen heute über viele Wege der Kommunikation. Sie reichen von Teambesprechungen und E-Mails über das Intranet bis hin zu Chat-Sitzungen. In diesem Rahmen können Sie häufig offen und ehrlich miteinander kommunizieren.

Feedback erbitten

Erfolgreiche Kommunikation muss in beide Richtungen funktionieren. Sie sollten Ihre Mitarbeiter regelmäßig – am besten monatlich – um Feedback bitten. Inhaltlich sollte es darum gehen, ob die Geschäftsführung es schafft, einen gut ausgestatteten und ergonomisch gestalteten Arbeitsplatz zu schaffen. Sie sollten viele Fragen stellen – die wichtigste Frage bleibt jedoch, ob die Mitarbeiter sich in ihrem Job engagieren.

 Sorgen Sie für einen Mechanismus, der es den Mitarbeitern ermöglicht, Kommentare und Vorschläge zur Verbesserung des Arbeitsklimas abzugeben. Denken Sie daran, diese Umfragen anonym zu halten – selbst im besten Arbeitsklima ist völlige Offenheit nicht immer erwünscht.

Vielleicht werden Sie auch mit herber Kritik konfrontiert werden. Es wird immer unzufriedene Mitarbeiter geben, die ihrer Enttäuschung Luft machen. Orientieren Sie sich nicht an einzelnen Unzufriedenen, achten Sie vielmehr auf den allgemeinen Trend.

Arbeiten Sie daran, die Bereiche zu verbessern, die von Ihren Mitarbeitern als vordringlich bezeichnet werden. Wenn Sie bestimmte Bereiche nicht verbessern können oder wollen, stellen Sie klar, warum Dinge so sind, wie sie sind.

Weiten Sie in den folgenden Monaten Ihre Fragen auch auf die Bereiche aus, in denen es die größte Unzufriedenheit gibt. An den Antworten Ihrer Mitarbeiter werden Sie ablesen können, ob diese der Meinung sind, dass Sie an der Behebung des Problems arbeiten.

Führen Sie eine leistungsbezogene Vergütung für Call Center-Manager ein. Damit stellen Sie sicher, dass sich die Geschäftsführung für ein positives Arbeitsklima einsetzt.

Positives Arbeitsklima

In Call Centern laufen Call Center-Manager häufig Gefahr, ihre Mitarbeiter zu sehr zu kontrollieren. Vor allem der Wunsch, die Produktivität des Call Centers kontinuierlich zu verbessern, führt häufig zu einer allzu strikten Reglementierung. Überwachen Sie Ihre Mitarbeiter zu streng, ob sie Fehler machen, werden Sie bald einem ständigen Kontrollzwang erliegen. Wenngleich diese Form der Verbesserung zunächst nicht negativ ist, wird sie dennoch das Engagement Ihrer Mitarbeiter dämpfen.

Kontinuierliche Verbesserung ist in jeder Hinsicht wünschenswert. Wenn Sie Ihre Verbesserungsvorschläge in einem überwiegend positiven Umfeld äußern, werden Sie sicherlich auf fruchtbaren Boden fallen. (Lesen Sie mehr über Prozessverbesserungen in Kapitel 12.)

Empfehlenswert ist ein Positiv-Negativ-Verhältnis von zehn zu eins. Das heißt, dass Mitarbeiter für jeden Verbesserungsvorschlag zehn positive Punkte erhalten, die sie in ihrem Vorhaben bestärken. Auch Verbesserungsvorschläge können nett verpackt werden: »Frau Albert, Sie machen das ja schon wirklich sehr gut – wenn Sie jetzt auch noch auf folgende Punkte achten, dann wird es perfekt!«

Ich frage Teamleiter gerne nach zehn Komplimenten, die sie im Laufe des Tages an ihr Team weitergegeben haben. Diese Aufgabe sollte Ihnen leichtfallen: Loben Sie Ihre Mitarbeiter immer dann, wenn Sie mitbekommen, dass sie ihre Sache gut machen! Gelingt Ihnen das nicht, dann müssen Sie weiterhin daran arbeiten, ein positives Arbeitsklima zu schaffen.

Ich schlage nicht vor, dass Sie Ihren Mitarbeitern die Verantwortung abnehmen. Besser ist es, ihnen Verantwortung in einer sehr positiven Umgebung zu übertragen.

Zehn Fragen, die jeder Call Center-Manager beantworten sollte

18

Fachkorrektur: Oliver Erckert,
Geschäftsführer go fast forward gmbh

In diesem Kapitel

▶ Die strategische Richtung Ihres Call Centers kennen

▶ Die Hauptziele des Call Centers bestimmen

▶ Dafür sorgen, dass Ihr Call Center ein besserer Arbeitsplatz wird

▶ Die einschlägige Gesetzgebung kennen

*E*in Call Center zu managen kann ein lohnender und aufregender Job sein. Wenn Sie ein erfolgreicher Call Center-Manager sein wollen, müssen Sie die Antworten auf die folgenden wichtigen Fragen kennen.

Wie passt Ihr Call Center in das Gesamtunternehmensbild?

Man vergisst leicht, dass das Call Center ein Rad im Unternehmensgetriebe ist. Alles fängt mit dem Verständnis dessen an, wie das Call Center in das Gesamtbild passt, und der Beantwortung der Frage: »Was soll das Call Center für das Unternehmen tun?«

Wenn Sie ein Unternehmens-Call Center betreiben, kommen Ihre Anweisungen von den leitenden Angestellten, denen Sie Bericht erstatten. Wenn Sie ein outgesourctes Call Center leiten, kommen Ihre Anweisungen von Ihrem Klienten. In jedem Fall brauchen Sie eindeutig definierte Marschbefehle, idealerweise ausführlich in Form einer Service-Level-Vereinbarung festgehalten.

Mit den Direktiven des Unternehmens können Sie optimale Service-Level, die Arten von Support, die Sie Ihren Anrufern bieten, die Fähigkeiten, die Ihre Angestellten brauchen, und die Tools, die Sie benötigen, um Ihre Mission zu erfüllen, definieren. Egal welche Art Firma Sie führen, Sie werden sich mit Ihrem Klienten durch diese Themen durcharbeiten und erhalten die Mittel, um die operative Basis zu schaffen, die das Unternehmen benötigt.

Wenn Sie das Prinzip des Erfolgs verstanden haben, können Sie und Ihr Chef spezifische Betriebsfunktionen und Performance-Ziele definieren: Kundenzufriedenheitslevel, Service-Level-Ziele, Kosten pro Kunden für den Service und Ertrag pro Kunde. Sie können diese Informationen zur Etablierung interner Ziele und Vorgehensweisen nutzen, die zur Erreichung der von Ihnen gewünschten Resultate entwickelt wurden. (In Kapitel 5 erfahren Sie, wie man diese Ziele misst.)

Denken Sie daran: Ohne ein festgelegtes Ziel werden Sie es auch nie erreichen.

Warum werden Sie angerufen?

Sobald Sie herausgefunden haben, warum Ihre Kunden Sie hauptsächlich anrufen, haken Sie nach, um die Details besser zu verstehen. Wenn Ihre Kunden sich vor allem über Abrechnungen informieren wollen, könnte man diesen Bereich weiter in spezifische Arten von Abrechnungsanrufen unterteilen: Der Kunde hat die Rechnung nicht verstanden, die Rechnung kam zu spät, war falsch und so weiter.

Als Manager haben Sie bei dieser einfachen Analyse zwei Ziele: Zunächst müssen Sie verstehen, warum Ihre Kunden Sie anrufen, damit Sie einen effektiven Anrufbearbeitungsprozess erstellen können, der den Kunden bereits beim ersten Anruf zufriedenstellt. Der zweite Punkt ist, herauszufinden, welche Anrufe durch Verbesserungen an anderer Stelle im Unternehmen oder im Call Center hätten vermieden werden können.

Wenn Sie es schaffen, unnötige Anrufe zu vermeiden, erhöht dies die Effektivität des Call Centers. Außerdem werden Sie zufriedenere Kunden haben, wenn Sie Probleme mit weniger Anrufen lösen können.

Ein Beispiel: Weil Kundenzahlungen zu spät bearbeitet werden, steigt sofort die Zahl der Anfragen von Kunden, die wissen wollen, warum ihre bisherigen Zahlungen nicht auf ihren Rechnungen auftauchen. Mit diesem Wissen können Sie die Kosten berechnen, die anfallen, um diese unnötigen Anrufe abzuwickeln. Wenn in bessere Zahlungsabwicklung investiert wird, führt das mindestens zu geringeren Call Center-Kosten.

Wenn Sie die verschiedenen Anruftypen kennen, kann Ihnen dies bei der Einsatzplanung und der Besetzung des Call Centers helfen. (In Kapitel 6 erfahren Sie mehr über Prognosen.) Das Einsatzplanungsprogramm des Call Centers wertet Anruftypen aus, um zukünftige Anforderungen zu prognostizieren – das ist besonders kurzfristig gesehen wichtig. An bestimmten Tagen kann das Anrufaufkommen mal höher und mal geringer sein als prognostiziert. Je besser Sie verstehen, warum das so ist, desto besser stehen Ihre Chancen, zu bestimmen, was Sie unternehmen können, wenn Sie unter- oder überbesetzt sind.

Was ist Ihr ideales Service-Level-Ziel?

Sich ein Service-Level-Ziel zu setzen (ein Call Center-Begriff für den anvisierten Prozentsatz der angenommenen Anrufe, die innerhalb eines definierten Zeitrahmens beantwortet werden), das Kosten und Service im Gleichgewicht hält, ist entscheidend, aber ein Bereich, dem oft wenig Beachtung geschenkt wird. (Ich beschäftige mich damit ausgiebig in Kapitel 2.)

Oft schwimmen Call Center mit dem Strom und setzen ihr Service-Level-Ziel auf das, was branchenüblich ist. Häufig wird 80/20 zum Standardziel (80 Prozent der Anrufe werden innerhalb von 20 Sekunden angenommen). Nachdem das bei vielen Firmen so ist, wird es von so vielen anderen übernommen.

Es könnte sein, dass 80/20 zwar ein guter Service-Level ist, aber vielleicht nicht zu Ihrem Unternehmen passt. Ein Beispiel: Eine Firma, die mit 80/20 arbeitet, kann davon ausgehen, dass die Anrufe ihrer Kunden durchschnittlich in 12 bis 20 Sekunden angenommen werden – das bedeutet zwei bis drei Klingelzeichen. Das ist ebenfalls ein Durchschnittswert. Einige Anrufe werden sofort angenommen, wobei andere Anrufe – vielleicht ein Prozent – eventuell erst nach einer oder drei Minuten angenommen werden, abhängig von den besonderen Eigenschaften des Call Centers.

Für einige Unternehmen mag das guter Service sein. Ist aber Ihr Unternehmen ein Notfall-Call Center, dann ist 80/20 nicht gut genug. In anderen Fällen könnte 80/20 zu teuer sein, beispielsweise wenn Sie einen dieser beliebten kostenlosen Dienste anbieten, bei denen die Anrufer längere Wartezeiten in Kauf nehmen, um durchzukommen.

In jedem Fall ist das Festlegen des richtigen Ziels eine strategische Überlegung für jedes Unternehmen. Ihren idealen Service-Level zu kennen hilft Ihnen, die richtige Menge an Personal einzusetzen, das Sie brauchen, um diesen Level permanent zu erreichen.

In Kapitel 5 können Sie mehr zur richtigen Zielsetzung nachlesen. Wenn Sie das Ziel kennen, ermitteln Sie nicht nur den richtigen Performance-Level, sondern wissen auch, warum dieser Performance-Level wichtig ist.

Was kostet Ihr Call Center pro Betriebsstunde?

Wenn Sie die genauen Kosten kennen, die Ihr Call Center in einer Betriebsstunde verursacht (es ist wichtig, alle Kosten zu bedenken, nicht nur die direkte Arbeit), können Sie die Vorteile einer Reihe von Geschäftslösungen – von den Kosten einer IVR (Interactive Voice Response) bis zum Outsourcing – erst richtig ermessen.

Die Komponenten, aus denen die Kosten pro Stunde zusammengesetzt sind, zu verstehen, ist wichtig für das Kosten-Management. In Kapitel 5 wird näher auf die Kosten pro Stunde eingegangen.

Sind Ihre Mitarbeiter zufrieden?

Vielleicht ist Ihnen das auch schon passiert – mir auf jeden Fall. Die besten Pläne und Programme versagen, und Call Center-Ergebnisse kommen ins Schlingern, weil die Angestellten unzufrieden sind.

Manchmal tritt durch eine Entscheidung oder Handlung des Managements bei den Mitarbeitern plötzlich Unruhe auf; in anderen Fällen ist das ein schleichender Prozess. Wie auch immer, wenn Ihre Mitarbeiter unzufrieden sind, geben sie bei der Arbeit mit den Kunden nicht ihr Bestes.

 Das soll nicht heißen, dass jeder Tag perfekt laufen muss. Aber das Arbeitsumfeld sollte fair sein und Leistung auch angemessen honorieren.

Das Verständnis für und der Einfluss auf die Arbeitsmoral der Mitarbeiter ist ein großes Thema und könnte wahrscheinlich ein ganzes ... *für Dummies*-Buch füllen. Es ist gut, regelmäßige Mitarbeiterumfragen durchzuführen (ich mache das gerne monatlich). Diese Umfragen liefern dem Management Informationen zu Änderungen in der Arbeitsmoral und spiegeln die allgemeine Zufriedenheit der Angestellten mit ihrem Job und die Zufriedenheit mit speziellen Elementen des Jobs wider.

 Die Umfragen sollten auch Kommentare der Angestellten enthalten, sodass Sie Faktoren, die zur Unzufriedenheit des Personals führen, erkennen können. Ich würde vorschlagen, diese Umfragen anonym zu gestalten. Vielleicht wird das Feedback auch mal etwas härter, aber Sie erfahren die ungeschminkte Wahrheit.

Wie gesagt sind Mitarbeiterumfragen ein guter Start. Wenn Sie erst einmal begonnen haben, die Zufriedenheit Ihrer Angestellten zu messen, kennen Sie auch die allgemeine Stimmung und können plötzliche Änderungen erkennen – ein sicheres Zeichen, dass mehr Aufmerksamkeit angesagt ist.

Wie sieht die Zukunft in 12 bis 18 Monaten aus?

Bei den meisten Call Centern konzentrieren sich Prognosen und Einsatzplanung auf die nähere Zukunft – von morgen bis in ein paar Monaten –, aber als Call Center-Manager sollten Sie auch längere Zeiträume beachten. (Mehr über Prognosen erfahren Sie in Kapitel 6.)

Größere Änderungen im Anrufaufkommen, bei den Abläufen oder Produkten erfordern ein hohes Maß an Planung, besonders wenn die Änderungen Expansion, Schulungen oder neue Technologien nötig machen.

 Es ist ein Fehler, Ergebnisse in letzter Minute im Eiltempo vorzubereiten, was in Stress im Call Center und schlechterem Kundenservice resultiert – und je größer die Änderung, desto größer ist die Gefahr, nicht vorbereitet zu sein.

Es ist offenkundig, dass Ihr Call Center monatelang schlechten Service bietet, weil die Planung einer großen Veränderung bei Anforderungen oder Voraussetzungen schlecht gelaufen ist. Die hohen Kosten sind nicht zu übersehen. Verloren gegangenes Wohlwollen der Kunden, die Kosten für Überstunden, ausgelagerte Lieferantenkosten und Vertragskosten sind höher, wenn Sie Änderungen nicht langfristig geplant haben.

Langfristige Bedarfsplanungen müssen nicht kompliziert sein. Beginnen Sie mit regelmäßigen Besprechungen mit wichtigen Leuten im Unternehmen, die vielleicht über mittelfristige Änderungen, die das Call Center betreffen könnten, Bescheid wissen – der leitende Angestellte, der für das Call Center verantwortlich ist, jemand im Marketing oder Ähnliche. Wenn Sie wissen, was passieren könnte, können Sie mit Ihrem Analysten und Einsatzplaner gemeinsam bestimmen, welchen Effekt die Änderungen haben werden. Dann können Sie Ihre Vorschläge oder Geschäftspläne für die Präsentation vor den Führungskräften im Unternehmen vorbereiten.

Welche neuen oder bestehenden Gesetze betreffen Ihr Call Center?

Call Center-Management hat immer mehr etwas mit Risiko-Management zu tun. Das ist definitiv wahr; schauen Sie sich nur die Gesetze an, die Call Center betreffen und die vorgelegt oder erlassen wurden.

Einige Gesetze gehen mit saftigen Geldbußen einher, und Unkenntnis ist hier keine Entschuldigung.

Und glauben Sie nicht, dass Ihr Unternehmen groß genug ist, um ein paar Geldbußen wegzustecken. Diese Geldbußen sind kein Pappenstiel und gelten pro Vorfall. Das bedeutet: Wenn Sie ein großes Call Center haben und es viele solcher Vorfälle gibt, erwarten Sie hohe Geldbußen wegen Missachtung. Ich spreche hier von Geldbußen vom Typ »Der Chef ist gerade in Ohnmacht gefallen«.

Sie müssen also über diese neuen Gesetze Bescheid wissen und Schritte unternehmen, damit sie eingehalten werden. Noch besser wäre es, einen Prozessmanager einzustellen und ihn für die Kenntnis und Einhaltung der Gesetze verantwortlich zu machen. Am besten engagieren Sie einen Prozessmanager und einen guten Anwalt. In den folgenden Gesetzesbereichen müssen Sie sich auskennen:

✔ Datenschutz

✔ Telefonverkäufe

✔ Arbeitsrecht

✔ Menschenrechte

In Kapitel 12 erfahren Sie mehr über die Gesetzgebung, die Call Center betrifft.

Wie wirkt sich vorhandene und neue Technologie auf Ihr Call Center aus?

Die Entwickler neuer Technologie bringen immer kreativere Anwendungen für Call Centern hervor. Dennoch sind gut ausgebildete, motivierte Leute und gute Prozesse auch weiterhin für den Erfolg nötig. Wie in Kapitel 8 beschrieben, sind bessere IVR-Systeme, bessere Hilfsmittel für die Agenten und bessere Schulungsmöglichkeiten nur ein paar Beispiele für neue Technologien, die die Call Center unterstützen.

 Wenn Sie die Prozesse in Ihrem Call Center verstehen, die Zahlen kennen und wie Sie sie beeinflussen können, wird es Ihnen leichtfallen, die Technologien zu bestimmen, die Ihr Call Center und seine Ergebnisse verbessern können.

 Call Center haben einen so großen Einfluss auf Kundenbeziehungen, dass sie oft große Gewinne erzeugen und ungeheure Budgets für die Stellenbesetzung haben; eine gut platzierte Technologie kann also für beträchtliche Einkünfte sorgen. Es ist nicht unüblich, Technologien einzubinden, die sich innerhalb eines Jahres amortisieren.

Schauen Sie sich bei alten und bewährten, aber auch bei neuen und sich entwickelnden Technologien um und machen Sie sich ein Bild davon, was sie für Möglichkeiten bieten. Sie müssen nicht alles einsetzen, aber einige gut durchdachte Investitionen können einen großen Unterschied ausmachen.

Natürlich sollten Sie einige Vorsichtsmaßnahmen berücksichtigen. Als Erstes müssen Sie wissen, wie die Technologie Ihre Tätigkeiten beeinflussen würde – Gesprächsdauer, Anrufe pro Kunde, Auslastung, Kosten pro Stunde, Abschlussrate (Conversion Rate), Einnahmen pro Verkauf und Kundenzufriedenheit. Mit diesen Kenntnissen können Sie die Vorteile der neuen Technologie berechnen.

Als Zweites sollten Sie überprüfen, dass die Technologie auch wirklich diese Ergebnisse bringt. Wer hat schon damit gearbeitet? Wie waren die Ergebnisse? Viele teure Technologien, die niemals ihre Versprechen erfüllt haben, werden in Call Centern angewendet. Lassen Sie sich nicht von der Freude über nicht einzuhaltende Versprechungen zu einem verfrühten Kauf verführen.

Letztlich können die meisten Technologien nicht effizient sein, wenn sie im luftleeren Raum eingesetzt werden. Die Mitarbeiter im Call Center müssen in der neuen Technologie geschult werden, müssen wissen, was diese Technologie tut, wie sie funktioniert und wie sie damit umgehen müssen.

 Mit dem richtigen Verständnis für die Technologie und ihre Ziele können Manager und Agenten daran teilhaben, die Technologie erfolgreich zu machen. Die ganze Kreativität des Teams wird in das neue Technologie-Projekt eingebracht. Ein Beispiel: Die Leute im Call Center finden neue Verwendungszwecke für die IVR-Technologie. Wenn die Call Center-Agenten verstehen, wie die Technologie funktioniert und wozu sie gut ist, werden sie es einfacher haben, sich an Scripting- und Kundenprofil-Software zu gewöhnen.

Wie sieht Ihr Notfallplan aus?

Fragen Sie einige Leute danach, was ein Notfallplan ist, und sie werden eine futuristische James-Bond-Szene malen, in der die Kamera über einen geheimen unterirdischen Call Center-Unterschlupf schwenkt – wahrscheinlich unterhalb eines Vulkans. »Ja, Baby, mach schon, wir kriegen unsere Anrufe geregelt!«

Mal ehrlich: Das können Sie auch einfacher haben.

Überlegen Sie, wie wichtig es ist, betriebsbereit zu bleiben: Vielleicht gibt es einige Call Center, die mit temporären Ausfällen leben können. Wenn Sie zum Beispiel die Infoleitung eines örtlichen Einkaufszentrums betreiben, wird man es verstehen, wenn ein Schneesturm Ihren Betrieb für ein paar Tage lahmlegt. Wenn Ihr Call Center aber der Dreh- und Angelpunkt eines Telefonbanking-Betriebs ist, müssen Sie dafür sorgen, dass der Laden läuft.

Planen Sie zunächst nur für temporäre Ausfälle – vielleicht durch Stromausfälle oder schlechtes Wetter. Dann geht es weiter mit den Planungen, bis Sie herausgefunden haben, was Sie während anhaltender Ausfälle tun, die auftreten könnten, wenn das Call Center Opfer einer Naturkatastrophe, beispielsweise Feuer oder Flut, wird. (Mehr über die Erstellung eines Notfallplans erfahren Sie in Kapitel 4.)

Je nach Ausmaß des Ausfalls brauchen Sie eine steigende Reihe von Maßnahmen, die entweder automatisch ablaufen oder vom Management initiiert werden.

Wie sehen Ihre drei Initiativen für Verbesserung aus?

Ich freue mich über gut laufende Call Center. Aber was mich noch mehr freut, sind Call Center, die sich ständig entwickeln und verbessern. Auf lange Sicht sind wohl die Call Center die besten, die eine Unternehmenskultur des Lernens und der Verbesserung haben.

Die Manager dieser Center regen ständig Initiativen an. Die Dinge, an denen sie arbeiten oder die sie planen, führen zu Verbesserungen bei den Call Center-Ergebnissen. Zum Beispiel planen sie vielleicht eine Six Sigma-Schulung oder einen neuen Management-Zertifizierungskurs oder bessere Analyse-Tools oder eine neue Technologie oder die ISO-Registrierung – was auch immer.

Manager, die eine Unternehmenskultur der Verbesserung und Innovation entwickeln wollen, sollten immer ein paar Projekte laufen haben, die Verbesserungen in den Call Center-Ergebnissen bedeuten. Es gibt auch immer eine Art von Aufgeregtheit bei diesen Initiativen, fast so, als ob niemand abwarten könnte, bis die Initiativen implementiert sind und laufen. Natürlich laufen manche Unternehmungen und andere nicht, aber diejenigen, die funktionieren, machen diese Call Center zu führenden Call Centern.

Zehn Wege, die Kosten des Call Centers zu reduzieren und die Effektivität zu steigern

19

Fachkorrektur: Klaus-J. Zschaage,
Vorstand Authensis AG, München

In diesem Kapitel

➤ Effektivität verbessern, Kosten bei gleich bleibendem Service reduzieren

➤ Abläufe anpassen

➤ Unnötige Anrufe eliminieren

Im Allgemeinen bieten Call Center einen sehr effektiven Weg zur Kommunikation mit einer großen Anzahl von Kunden. Im Controlling des gesamten Unternehmens werden auch die Call Center-Kosten gewöhnlich genau untersucht.

Ich gebe Ihnen in diesem Kapitel ein paar Tipps zur Verbesserung der Effizienz und zur Verringerung der Gesamtkosten im Call Center.

Die Gesprächssteuerung verbessern

In den meisten Call Centern wirkt eine Verbesserung der Gesprächssteuerung durch die Agenten zur Reduktion der Gesprächsdauer sofort, weil dies ohne Verschlechterung des Services die Kosten effektiv senkt.

Die meisten Agenten arbeiten hart daran, guten Service zu bieten und vielleicht auch zusätzliche Produkte oder Dienste an Kunden zu verkaufen, aber den meisten fehlt ein strukturierter Plan, um den Anruf zu einem erfolgreichen Abschluss zu bringen. Einige Agenten denken, dass sie keinen guten Service bieten, wenn sie das Gespräch steuern – einige halten das sogar für unverschämt. Das führt dazu, dass ihre Gesprächsführung Schwankungen unterworfen ist. Es macht viel aus, wenn Sie Ihre Agenten in einfachen Techniken der Gesprächssteuerung schulen. Mehr darüber erfahren Sie in Kapitel 10.

Ein guter Weg, um Agenten bei der Gesprächsteuerung zu unterstützen, ist die Entwicklung eines Gesprächshandbuchs. Gesprächshandbücher können so einfach strukturiert sein wie ein Entwurf des allgemeinen Verlaufs und des Inhalts eines jeden Gesprächs – vielleicht auf einem Blatt Papier. Sie können aber auch sehr komplex sein, wenn komplizierte Scripting-Software und logische Verzweigungen genutzt werden, um die Agenten durch die komplizierteren Gespräche zu leiten.

Gute Gesprächshandbücher helfen den Agenten, den Gesprächsverlauf zu steuern, die Gesprächsdauer zu reduzieren, die Kundenzufriedenheit zu erhöhen und auch die Schulungszeiten zu reduzieren.

Die Abläufe anpassen und verbessern

Es ist nützlich, die Gesprächsverläufe an verschiedene Typen von Kundenanrufen anzupassen. Mehr darüber erfahren Sie in Kapitel 12.

Bestimmen Sie zuerst acht bis zehn Gründe, warum Kunden anrufen. Dann setzen Sie sich mit einer Gruppe von Agenten, vielleicht einem oder zwei Supervisoren und einem Trainer zusammen, und halten fest (auf dem Papier oder mithilfe von Software), wie jeder Anruftyp behandelt werden soll.

Sobald Sie die Haupttypen der Anrufe identifiziert haben, können Sie der Gruppe die folgende Frage stellen: »Wie könnte man das besser machen?« Es kann zu erstaunlichen Verbesserungen bei Gesprächsdauer und auch anderen Gesprächszielen führen, Gesprächsverläufe zu vereinfachen und zu verbessern.

Eine Kosten-Nutzen-Analyse der Service-Level-Ziele vornehmen – und die Ziele erreichen

Ein Service-Level-Ziel (ein Ziel, das gesetzt wird, um zu messen, wie schnell Ihr Call Center Anrufe annimmt) ist gut, wenn es eine Balance zwischen den Vorteilen und den Kosten schafft und zu einer schnelleren Annahme von Anrufen führt. In Kapitel 5 erfahren Sie mehr über die Beurteilung Ihrer Service-Level-Ziele.

 Wenn Sie den »sweet spot« begriffen haben, den Moment, an dem die Kundenzufriedenheit maximal und die Kosten minimal sind, ist das ein guter Schritt zur Kostenoptimierung. In Kapitel 5 beschreibe ich, wie man eine Kosten-Nutzen-Analyse für das optimale Service-Level-Ziel vornimmt (den sweet spot).

 Die optimale Effektivität wird erreicht, wenn der Service so konstant wie möglich auf diesem Level geliefert wird – je weniger Abweichung vom optimalen Service-Level, desto besser. Als Ergebnis wird die Auslastung gesteigert, und die Kosten werden gesenkt.

Das Call Center vergrößern

Sie können Ihre Auslastung vergrößern, ohne die Kundenzufriedenheit oder den Service-Level zu verringern, indem Sie die Belegschaft Ihres Call Centers vergrößern. In Kapitel 5 erfahren Sie, dass größere Call Center effizienter sind als kleinere.

Der einfachste Weg, um Ihr Call Center zu vergrößern, ist interne Zusammenarbeit. Wenn Ihr Call Center separate Gruppen beschäftigt, die sich mit der Bearbeitung von verschiedenen Anruftypen beschäftigen (zum Beispiel Kundenservice und Inkasso), dann können Sie durch Zusammenlegung der Gruppen die Vorteile der Einsparungen von größeren Call Centern nutzen.

Arbeiten vermischen

Ein anderer Weg, um Ihr Call Center zu vergrößern, sodass Sie von verbesserter Agenten-Auslastung profitieren können, ist die *Vermischung*, neudeutsch auch *Blending* genannt, Ihrer Arbeit durch die Anrufwarteschleife. Ein klassisches Beispiel hierfür ist die Integration von Outbound-Telefonmarketing in eine nach innen gerichtete Vertriebs- oder Service-Warteschleife. In diesem Fall nutzen Sie die Leerlaufzeit Ihrer Agenten – die Zeit, in der diese auf eingehende Anrufe warten –, um die Outbound-Arbeit zu erledigen. Das führt dazu, dass Ihre Agenten allgemein beschäftigter sind. Sollten die Inbound-Volumina ansteigen, hören die Agenten mit den Outbound-Anrufen auf, um sich um die Inbound-Anrufe zu kümmern.

Outbound-Inkasso-Anrufe und »Willkommen«-Anrufe im Kundenservice können ebenfalls zum Blending genutzt werden, vielleicht als eine Alternative zum Telefonmarketing. Besser noch: Mischen Sie doch auch andere Arten von Arbeit hinzu, zum Beispiel die Beantwortung von E-Mails und herkömmlicher Post.

Prüfen Sie, ob die Vermischung von Outbound- und Inbound-Anrufen Ihre Agenten nicht zu sehr stresst. Einige Firmen berichten, dass sie dies ausprobiert, aber dann wieder verworfen haben.

Fähigkeitenbasierte Verteilung einsetzen

Die fähigkeitenbasierte Verteilung (engl. skill-based routing) – spezielle Anrufe werden aufgrund der Fähigkeiten an bestimmte Agenten weitergegeben – ist eine großartige Technik und kann, wenn sie korrekt angewendet wird, zu einem Anstieg der Auslastung führen. Sie können auch Gruppen mit spezifischen Fähigkeiten bilden. Mehr über die fähigkeitenbasierte Verteilung erfahren Sie in Kapitel 8.

Passen Sie aber auf, dass Sie nicht übertreiben. Beachten Sie, dass die fähigkeitenbasierte Verteilung immer auch zur Bildung von separaten Anrufannahme-Gruppen führen kann und weniger effizient ist als ein großer Agenten-Pool.

Je eher Sie eine Fähigkeiten-Gruppe haben, desto einfacher werden die Dinge und desto höher ist Ihre Auslastung – vorausgesetzt natürlich, dass Ihre Angestellten mit der zusätzlichen Komplexität umgehen können.

Leerlaufzeit in Schulungszeit umwandeln

Selbst in größeren, effizienteren Call Centern beansprucht Leerlaufzeit 15 oder mehr Prozent der Zeit, die ein Agent am Telefon verbringt. In einer regulären 8-Stunden- Schicht bedeutet 15 Prozent ungenutzte Zeit mehr als eine Stunde Nichtstun, während man auf Anrufe wartet. Das ist ganz schön viel Zeit.

Kürzlich haben ein paar Unternehmen versucht, etwas von dieser ungenutzten Zeit in Schulungen zu investieren. Hierfür beobachtet eine Schulungsanwendung die Aktivitäten der Agenten, die in einer Anrufannahme-Warteschleife arbeiten. Dazu wird CTI genutzt (_Computer Telephony Integration_ – eine Technologie, die zum Verbinden Ihres Computersystems mit dem Telefonsystem verwendet wird). Wenn die Agenten genügend Leerlaufzeit haben, sendet die Anwendung Trainingsmaterial an den Arbeitsplatz und das Headset der Agenten. Wenn die Anwendung technisch ausgefeilt ist, kann das Material an die Anforderungen des einzelnen Agenten angepasst werden; es können auch Tests hinzugefügt werden.

Seitdem wir in meinen Call Centern in der Leerlaufzeit zusätzliche Schulungen eingeführt haben, können wir einen Rückgang von Schulungen, die nicht am Telefon stattfinden, feststellen, sowie einen reduzierten Bedarf an eigens dafür engagierten Trainern.

Mehr zum Thema Training erfahren Sie in Kapitel 10.

Unnötige Anrufe verhindern

Es gibt eine Menge Gründe für unnötige Anrufe. Das beinhaltet auch Anrufe, die im ersten Anlauf schlecht bearbeitet worden sind, verwirrende Marketingmaterialien, falsche oder verwirrende Warenrechnungen, fehlgeleitete Anrufe und so weiter. Diese zu reduzieren ist ein wesentlicher Bestandteil der Call Center-Effektivität. Im Folgenden finden Sie drei schnelle Lösungen zur Reduzierung von unnötigen Anrufen in Ihrem Call Center.

✔ **Installieren Sie eine IVR-Anwendung.** Wie bereits in Kapitel 8 erwähnt, bietet die Nutzung eines interaktiven Sprachsystems (engl. _Interactive Voice Response_) – automatisierte Dialoge, die für Kundenkontakt-Dienste genutzt werden – dem Kunden ein schnelles und effizientes Mittel zur Selbsthilfe. Es wird für einfache Anwendungen wie das Abrufen des Kontostands und allgemeiner Informationen über das Telefon eingesetzt, aber auch beim Bestellen von Produkten und Leistungen. Ein IVR-System kann die von Ihnen angebotenen Dienste verbessern und läuft 24 Stunden am Tag, an sieben Tagen in der Woche.

 Abhängig von der Umgebung kann IVR zwischen 5 und 25 Prozent oder mehr an Entlastung Ihres Call Center-Volumens bringen. Der Nutzen ist enorm, was IVR zu einer der besten Investitionen im Call Center macht.

✔ **Nutzen Sie Webseiten.** Unternehmenswebseiten, die Kunden mit Selbstbedienungsleistungen versorgen, haben vermutlich eine bessere Zukunft als IVR. Selbsthilfe über eine Unternehmenswebsite ist billiger als IVR, grundsätzlich verfügbar und auch die Komplexität der Transaktionen, die über das Internet abgehandelt werden können, ist größer als bei IVR.

✔ **Analysieren Sie, warum Kunden Sie anrufen.** Ein etwas komplexerer Weg zur Vermeidung unnötiger Anrufe ist es, den Grund für die Anrufe zurückzuverfolgen. Wenn Sie im Detail herausfinden können, warum Ihre Kunden anrufen, können Sie die Anzahl von unnötigen und vermeidbaren Anrufen ermitteln. Beispiele könnten vielleicht Rechnungsfehler oder verwirrendes Marketingmaterial sein oder auch, dass Anrufe von vornherein falsch behandelt wurden. Manchmal liegt die Lösung für solche Probleme einfach darin, mit dem richtigen Ansprechpartner zu reden. Bisweilen kann der Ablauf aber auch komplizierter sein.

Es ist auf jeden Fall hilfreich, auszurechnen, wie die Vermeidung von unnötigen Anrufen sich auf die Kosten im Call Center und im Unternehmen auswirkt.

Verstehen, was eine Veränderung in der Auslastung der Agenten kostet

Sie können Ihre Agenten nicht an die Schreibtische fesseln. Ihre Mitarbeiter brauchen Zeit für Pausen, Besprechungen, Schulungen und Coaching. In den meisten Unternehmen finden Sie immer auch eine gewisse Menge nicht belegter Zeit. Für diese fehlende Zeit gibt es unterschiedliche Gründe und sie ist wahrscheinlich akzeptabel, solange sie nicht außer Kontrolle gerät – beispielsweise nicht mehr als ein paar Prozent.

In meinem Unternehmen weiß jeder Manager, dass jede prozentuale Kürzung bei der Auslastung der Agenten – der Prozentsatz der Zeit, in der die Agenten in das Telefonsystem eingeloggt sind, verglichen mit der Gesamtzeit, für die sie bezahlt werden – das Call Center viele tausend Dollar pro Monat kostet. Wenn wir also Besprechungen, Schulungen und so weiter planen, passiert das im Hinterkopf mit einer Bewertung des Nutzens. (Mehr über das Messen der Agenten-Auslastung erfahren Sie in Kapitel 5.)

Denken Sie ganz bewusst über jede Nutzung von unproduktiven Zeiten (wenn der Agent nicht am Telefon ist) nach, denn dann wird der langfristige Umgang mit dem Personal besser kontrolliert und die Kosten werden gesenkt.

Mehr in die Mitarbeiter investieren

Die meisten Call Center machen irgendwann den Fehler, sich zu stark auf Arbeitskosten als Mittel zur Reduzierung der Gesamtkosten des Call Centers zu konzentrieren. Tatsächlich haben sich große Teile der Outsourcing-Branche in diesem Dilemma verfangen.

Der klassische Ablauf: Die Geschäftsleitung oder der Kunde wollen minimale Kosten für das Call Center. Deshalb werden die Löhne gesenkt. Das führt dann dazu, dass Sie mehr Zeit als gewöhnlich damit verbringen, Bewerber herauszufiltern, um die besten billigen Arbeitskräfte zu finden. Vielleicht nehmen Sie sich auch viel Zeit, um diese billigen Arbeitskräfte zu schulen, aber Sie wollen es auch nicht gleich übertreiben, da Schulungen teuer sind. Sind die Agenten erst einmal an den Telefonen, tun Sie Ihr Bestes, um sie zu beobachten, zu coachen und das Bestmögliche aus ihnen herauszuholen.

Dann haben Sie billigere Arbeitskräfte mit reduzierten Fähigkeiten und geringer Motivation. Das führt dann dazu, dass nicht nur die Kosten für Ihre Dienste gering sind, sondern auch die Fähigkeiten Ihres Call Centers. Aus diesem billigeren Service resultieren wiederum längere Anrufe, geringere Einnahmen, erhöhter Schulungsbedarf, wesentlich höhere Fehlerraten und mehr Rückrufe und nicht zuletzt unzufriedene Kunden, die vielleicht sogar nicht mehr mit Ihnen arbeiten wollen.

 Wenn Sie die Gesamtkosten eines Call Center-Agenten einschließlich der Belastungen durch Gehälter, Fehler, wiederholte Anrufe, Schulung, Abwesenheit, verlorene Kunden und reduzierte Einnahmen berücksichtigen, könnte eine Mehrausgabe für Agenten zu weniger Gesamtkosten führen.

Das Call Center verlagern

Ihr Call Center zu verlagern ist ein Weg, die Kosten zu reduzieren. Befindet sich Ihr Call Center mitten in der Stadt, erreichen Sie die qualifiziertesten Leute, die ihren Job zu schätzen wissen, aber diese Leute sind zu teuer. Ist Ihr Standort aber Schlumpfhausen in Mecklenburg-Vorpommern, Dingenskirchen im Saarland, oder Über-den-Bergen-bei-den-sieben-Zwergen in Taka-Tuka-Land, sind Ihre Kosten für die gleiche Qualität der Belegschaft geringer.

 Je weiter Sie weggehen, desto mehr können Sie sparen, ohne die wichtigen Fähigkeiten Ihrer Mitarbeiter zu reduzieren.

Vielleicht müssen Sie nicht gleich Ihr bestehendes Call Center schließen – Sie können damit beginnen, Ihr »gewachsenes« Unternehmen dem zusätzlichen, weiter entfernt angesiedelten Call Center nach und nach anzugliedern. Anstatt im Laufe der Zeit Mitarbeiter in der Stadt zu ersetzen, entscheiden Sie sich besser dafür, neue Mitarbeiter in ländlichen Gebieten arbeiten zu lassen.

Glossar

Fachkorrektur: Manfred Stochmann, Inhaber von
C.M.B.S. Managementberatung

Abbrüche pro Kontakt (engl. cancellations per contact): Die Anzahl der Kunden, die die Inanspruchnahme des Dienstes innerhalb einer bestimmten Zeitspanne abbrechen, dividiert durch die Gesamtzahl der Anrufe, die in dieser Zeit abgewickelt werden.

Abbruchrate (engl. abandonment rate): Der Anteil der Anrufer, die auflegen, bevor ein Agent den Anruf beantwortet oder bevor der Anrufer mithilfe eines IVR-Systems (Interactive Voice Response) eine Auswahl vornimmt. Das Gegenteil von *Antwortrate*.

Abschlussrate (engl. conversion rate): Eine messbare Größe für die Verkaufsfähigkeiten eines Agenten. Die Anzahl der erzielten Verkäufe im Verhältnis zur Anzahl der geführten Gespräche.

Agenten-Auslastung (engl. agent utilization): Der Prozentsatz aller Agenten, die am Telefonsystem angemeldet und damit beschäftigt sind, Kundenanrufe zu bearbeiten. Das Gegenteil von *Agenten-Verfügbarkeit*.

Agenten-Verfügbarkeit (engl. agent availability): Die Zeit, in der Agenten verfügbar sind und darauf warten, Anrufe entgegenzunehmen. Für gewöhnlich als Prozentsatz angegeben.

Anrufe pro Agent (engl. calls per agent): Die Anzahl der Anrufe, die von Ihrem Call Center innerhalb einer bestimmten Zeitspanne abgewickelt werden, dividiert durch die Gesamtzahl aller Agenten, die Anrufe in dieser Zeit entgegennehmen.

Anrufzeit (engl. call time): siehe *Durchschnittliche Bearbeitungszeit*

Antwortrate (engl. answer rate): Der Anteil der Anrufe, die von einem Call Center beantwortet werden – wird definiert durch die Anrufer, die mit einem Agenten sprechen oder mithilfe des IVR-Systems eine Auswahl vornehmen. Dieser Wert wird ausgehend von der Gesamtzahl aller eingehenden Anrufe berechnet.

Auslastung: Eine messbare Größe für die aktive Telefonproduktivität Ihres Call Centers. Die Zeit, in der die Agenten aktiv mit Kundenkontakten beschäftigt sind (keine Leerlaufzeit), wird als Prozentsatz von der Gesamtzeit berechnet, in der die Agenten am Telefonsystem angemeldet sind.

Automatische Rufnummernerkennung (ANI, Automatic Number Identification): Ein System zur Identifizierung der Telefonnummer eines anrufenden Kunden, das einem ähnlichen Zweck dient wie die Anrufer-ID (eine der Kerntechnologien hinter den 911-Notfallservices).

Automatische Anrufverteilung (ACD, Automatic Call Distributor): Ein Call Center-Telefonsystem. Seine wichtigste Fähigkeit besteht darin, Kundenanrufe in eine Warteschlange zu stellen und in der richtigen Reihenfolge an die Call Center-Agenten weiterzuleiten.

Berichtanalyst: siehe *Reportinganalyst*

Blending (manchmal auch *Vermischung* genannt): Entsteht, wenn ein Agent sowohl Inbound- als auch Outbound-Anrufe bearbeitet.

Call Center: Sie haben doch aufgepasst, oder? Wenn nicht, werfen Sie noch einmal einen Blick in Kapitel 1.

Chat: Ein System, das es einer beliebigen Anzahl von angemeldeten Computerbenutzern ermöglicht, mithilfe der Tastatur und in Echtzeit zu kommunizieren.

Computer-/Telefonverbindung (CTI, Computer Telephony Integration): Kommunikation zwischen dem Telefonsystem des Call Centers und dessen Computersystem. Ermöglicht die Zusammenführung von Informations- und Telekommunikationstechnologien, um den Agenten und Endkunden eine zusätzliche Funktionalität zur Verfügung zu stellen (zum Beispiel automatischer Aufruf der Kundendaten anhand der identifizierten Telefonnummer).

Contact Center: In der Regel ein Synonym für Call Center. Ein Contact Center bearbeitet auch E-Mails, Chat, Fax-Nachrichten und so weiter – nicht nur einfach »Anrufe«.

Conversion Rate: siehe *Abschlussrate*

Cost per call: siehe *Kosten pro Anruf*

Cross-Selling: Der Versuch, den Gewinn pro Anruf zu erhöhen, indem dem Kunden ein zusätzlicher Service und/oder ein ergänzendes Produkt vorgeschlagen wird (zum Beispiel Auslandskrankenversicherung zur Reisebuchung). Vergleiche auch *Upselling*.

Data Warehouse: Eine große Computerdatenbank, mit deren Hilfe Sie Ihre Berge von statistischen Daten, die in Ihrem Call Center anfallen, speichern können.

Dienst zur Identifizierung gewählter Rufnummern (DNIS, Dialed Number Identification Service): Technologie, die die Nummer identifiziert, die der Kunde gewählt hat, und die den Anruf gemäß eines bestimmten Plans weiterleitet.

Disaster Recovery-Plan (oder auch Notfallplan): Die geplante Vorgehensweise zur Weiterleitung eingehender Anrufe an eine andere Stelle, für den Fall, dass Ihre primäre Anrufannahmestelle mit einem Notfall (einer Katastrophe) konfrontiert wird.

Driver: Messbare Größen, die sich auf das Erreichen Ihrer Geschäftsziele auswirken und vom Management und Personal gesteuert werden können.

Durchschnittliche Antwortgeschwindigkeit (ASA, Average Speed of Answer): Die Zeit, die Kunden durchschnittlich in der Warteschlange verbringen, bevor sie (persönlich) von einem Agenten begrüßt werden.

Durchschnittliche Bearbeitungszeit (AHT, Average Handling Time): Die durchschnittliche Zeit, die Agenten aufbringen, um Kundenanrufe zu bearbeiten – einschließlich der direkten Kommunikation mit dem Kunden sowie der auf den Anruf bezogenen Arbeit, die folgt, nachdem der Kunde aufgelegt hat (zum Beispiel das Eintragen von Kundenkontoinformationen, siehe auch *durchschnittliche Nachbearbeitungszeit*). Wird in der Regel in Sekunden angegeben.

Durchschnittliche Nachbearbeitungszeit (AWT, Average after-call Work Time): Die durchschnittliche Zeit, die Agenten damit verbringen, ein Kundenkonto zu bearbeiten, nachdem der Anrufer aufgelegt hat. Während dieser Zeit können sie keine anderen Anrufe entgegennehmen. Auch bekannt als Nicht-Bereit-Zeit (engl. Not-Ready-Time).

Durchschnittliche Sprechzeit (ATT, Average Talk Time): Die durchschnittliche Zeit, die Agenten damit verbringen, direkt mit den Kunden zu sprechen. Wird in der Regel in Sekunden angegeben.

Dynamische Netzwerkweiterleitung (DNR, Dynamic Network Routing): Ein Dienst, der von den Telefongesellschaften zur Verfügung gestellt wird und der es dem Call Center ermöglicht, das Ziel, zu dem Kundenanrufe weitergeleitet (geroutet) werden, dynamisch zu ändern.

Effizienz: Der Einsatz von Ressourcen, zum Beispiel Geld, mit dem größtmöglichen Nutzen.

Effizienzgrößen: Messbare Größen, die über die Kosten und die Effizienz im Call Center informieren.

Einhaltung des Einsatzplans: Ein Prozentsatz, der Aufschluss darüber gibt, wie viel der eingeplanten Zeit die Agenten wirklich am Telefon verbringen.

Einsatzplanung: Aufstellung der wöchentlichen Arbeitspläne, in die die Call Center-Agenten eingetragen werden, damit zu jedem Zeitpunkt die richtige Anzahl von Mitarbeitern beschäftigt ist.

Envelope Scheduling (dt. etwa »Hüllen-Einsatzplanung«): Das absichtliche Einplanen von mehr Agenten, als notwendig sind, um die vorhergesagte Anzahl von Inbound-Anrufen zu bearbeiten. Agenten, die nicht damit beschäftigt sind, Inbound-Anrufe entgegenzunehmen, werden dann eingesetzt, um Outbound-Anrufe zu tätigen oder andere Arbeiten (zum Beispiel Chat, E-Mail-Bearbeitung und so weiter) zu verrichten. Siehe auch *Blending*.

Erreichbarkeit (engl. accessibility): Größe, die beschreibt, wie einfach es für die Kunden ist, Ihren Service zu nutzen. Sie gibt außerdem Aufschluss über die allgemeine Geschwindigkeit der Anrufbeantwortung und darüber, in welchem Maße Ihre Kunden diese Antwortgeschwindigkeit akzeptieren.

Fähigkeitenbasierte Weiterleitung: siehe *Skill-based routing*

Feel, felt, found (dt. etwa fühlen, gefühlt, festgestellt): Eine Strategie zur Handhabung von Anrufen, die von Agenten für schwierige Situationen mit Kunden verwendet wird. »Feel, felt, found« basiert auf den Prinzipien der Empathie und des Verständnisses.

First-Call Resolution-Rate (Problemlösung beim ersten Anruf): Der Prozentsatz der Anfragen, die im ersten Telefonkontakt für den Kunden abschließend gelöst werden konnte.

Gesprächsdauer (engl. call length): Gibt Aufschluss darüber, wie lange die Bearbeitung der Kundeninteraktion dauert. Wird in der Regel als Durchschnittswert angegeben. Siehe auch *durchschnittliche Bearbeitungszeit*.

Gesprächsleitfaden (engl. call guide): Ein Hilfsmittel, das den gewöhnlichen Ablauf eines Anrufs darstellt und die Agenten mit zu stellenden Fragen und Produktinformationen versorgt, um sie bei der Anrufsteuerung zu unterstützen. Gesprächsleitfäden werden oft online in Computeranwendungen eingebunden.

Gesprächssteuerung (engl. call control): Das Steuern des Gesprächsflusses, gewöhnlich durch Stellen von Fragen.

Gesprächsstrategie (engl. call strategy): Der Plan oder die Herangehensweise, der beziehungsweise die von einem Agenten befolgt wird, um einen Kundenanruf zu bearbeiten. Dazu zählt auch das gewünschte Ergebnis des Gesprächs.

Gewinnerzielung (engl. revenue generation): Geld machen. Siehe auch *Upselling*.

Gewinngrößen: Messbare Größen für den Gewinn im Call Center.

Größen (engl. metrics): Messbare Leistungsgrößen.

Inbound: Eingehende Anrufe (oder Faxe, E-Mails, Chat-Mitteilungen), die von den Kunden produziert werden. Siehe auch Gegenteil *Outbound*.

Informationstechnologie (IT): Die Entwicklung, Installation und Implementierung von Computersystemen und -anwendungen.

Interaktives Sprachsystem (IVR, Interactive Voice Response): Eine sprachgesteuerte Anwendung, die automatisierte Dienste für Anrufer bietet und die Informationen sammeln und mit anderen Computersystemen und -datenbanken interagieren kann.

ISO 9001:2000: Ein internationaler Standard für die Erstellung und Pflege eines Qualitätssicherungssystems innerhalb eines Unternehmens.

Kontakt: Jeder Kontakt zwischen einem Kunden und einem Agenten – kann ein Anruf, eine E-Mail, eine Chat-Mitteilung, ein Fax oder ein Brief sein.

Konversionsrate: siehe *Abschlussrate*

Kosten pro Anruf (engl. cost per call): Die Gesamtkosten, die durch den Betrieb des Call Centers innerhalb eines bestimmten Zeitraums entstehen, dividiert durch die Anzahl der Anrufe in dieser Zeit.

Kosten-Nutzen-Analyse (engl. cost-benefit analysis): Der Vergleich von Nutzen und Kosten zur Entscheidungsfindung. Dazu werden sowohl dem Kosten- als auch dem Nutzenfaktor Euro-Werte zugewiesen.

Kundenbeziehungsmanagement (CRM, Customer Relationship Management): Eine Strategie, die von Unternehmen verfolgt wird, um den langfristigen Nutzen der Kundenbeziehungen zu maximieren. Der Begriff CRM wird auch oft genutzt, um die Technologie zu beschreiben, die zur Pflege von Kundenbeziehungen verwendet wird.

Kundenservice (engl. customer service): Definitionsgemäß die Arbeit, die im Auftrag des Kunden verrichtet wird. Üblicherweise ist damit jedoch der Grad an Service gemeint, der dem Kunden geboten wird.

LAMA: Eine Anrufabwicklungstechnik für die Gesprächssteuerung, die das Zuhören und die Interaktion mit dem Kunden hervorhebt. Wurde von Judy McKee von McKee Motivation entwickelt.

Leerlaufzeit (engl. idle time): Die Zeit, in der Agenten auf Anrufe warten und nicht am Telefon mit Kunden sprechen oder mit Nacharbeiten beschäftigt sind. Kann entweder als Prozentsatz, der als Anteil von der Gesamt-Loginzeit berechnet wird, oder in Stunden ausgedrückt werden.

Mission Statement: Ein Statement, das die Ziele, Werte und den Gesamtplan eines Unternehmens beschreibt.

Nachträgliche Anrufbeurteilung (engl. call-review assessment): Eine Beurteilung der Fähigkeiten eines Agenten hinsichtlich der Anrufabwicklung, die in der Regel von einem Mitglied des Qualitätssicherungsteams Ihres Call Centers durchgeführt wird.

Notfallplan: siehe *Disaster Recovery-Plan*

Off-Phone-Zeit: siehe *Unproduktive Agenten-Zeit*

Outbound: Die Anrufe (oder Faxe, E-Mails, Chat-Mitteilungen), die von Ihren Agenten produziert werden und an die Kunden gerichtet sind. Telefonmarketing ist hierfür das gängigste Beispiel. Siehe auch Gegenteil *Inbound*.

Outsourcing: Das Abgeben von Arbeit an einen Drittanbieter, um bestimmte Geschäftsziele, wie zum Beispiel die Kostenreduzierung, zu erreichen.

Performance Drivers: siehe *Driver*

Predictive Dialer: Der Teil der Computer-/Telefonausstattung, der Telefonnummern für ein Outbound Call Center wählt.

Prozessdiagramm: Ein Diagramm, das einen einzelnen Geschäftsprozess vom Anfang bis zum Ende grafisch darstellt.

Prozessmanagement: Analysen, Tätigkeiten und Hilfsmittel, die sich auf den Arbeitsablauf beziehen, sodass dieser effektiver wird.

Qualitätsmanager: Eine Person, die für die Analyse von Abläufen und Prozessen verantwortlich ist.

Recruiter: Eine Person, die dafür verantwortlich ist, Personal für das Call Center anzuwerben, Resümees zu überarbeiten, Vorstellungsgespräche und Einstellungstests vorzubereiten und durchzuführen, Referenzen zu überprüfen und so weiter.

Reportinganalyst: Eine Person, die alle Informationen von allen Systemen nimmt und daraus nette Berichte, Diagramme und Grafiken (deren Linien hoffentlich nach oben zeigen) generiert.

Rückgewinnungsquote: siehe *Verbleibquote*

Server: Ein Computer, der Dienste für andere Computer anbietet, die mit ihm über ein Netzwerk verbunden sind.

Service-Level: Die Geschwindigkeit, mit der Anrufe, E-Mail-Nachrichten und so weiter beantwortet werden. Wird in der Regel als Prozentsatz angegeben, der Aufschluss darüber gibt, wie viele eingehende Anrufe/Kontakte innerhalb einer bestimmten Zeitspanne (persönlich) beantwortet wurden.

Singulärer Schwachpunkt (engl. single point of failure): Wenn der Erfolg oder Fehlschlag eines Ablaufs (oder Ihres gesamten Call Centers) von einem einzigen Faktor abhängt, spricht man davon, dass es einen singulären Schwachpunkt gibt.

Six Sigma: Ein Qualitätsverbesserungsprogramm, das von Motorola entwickelt wurde und darauf ausgerichtet ist, die Kontrolle über einen Prozess zu erhalten und zu versuchen, die Rate der vom Kunden definierten Fehler auf weniger als 3,4 pro 1 Million zu senken.

Skill-based Routing (fähigkeitenbasierte Weiterleitung): Technologie, die Sie verwenden können, um Anrufe auf der Grundlage der Fähigkeiten der Agenten weiterzuleiten.

Skript: Die Formulierungen und Anweisungen, die den Agenten zur Verfügung gestellt werden und die zu befolgen sind, wenn sie mit Kunden sprechen. Einige werden wörtlich befolgt und andere sind Richtlinien und Vorschläge für die Abwicklung von Kundenanrufen. Siehe auch *Gesprächsleitfaden.*

Spracherkennung (engl. voice recognition): Software, die es den Anrufern ermöglicht, Befehle zu sprechen, anstatt die Tasten des Telefons zu benutzen.

Stakeholder: Jeder, der Anteile an Ihrem Call Center besitzt oder für den das Call Center von Interesse ist. Dazu zählen Klienten, Kunden, Manager, Agenten und so weiter.

Standardabweichung: Einfach (und nicht ganz korrekt) ausgedrückt handelt es sich hierbei um den durchschnittlichen Betrag, um den eine Zahlenmenge vom Durchschnitt abweicht. Für die Mathematiker unter Ihnen ist die Standardabweichung eine Kenngröße, die als Maß einer Streuung oder einer Abweichung in einer Distribution verwendet wird und gleich der Quadratwurzel des arithmetischen Mittels der Wurzel der Abweichungen vom arithmetischen Mittel ist.

Supervisor: Untere Führungskraft, deren Hauptverantwortung die Betreuung, Disziplin, Weitergabe von Feedback und Unterstützung Ihrer Call Center-Agenten ist. Auch bekannt als Teamleiter oder Teammanager.

Teamleiter: siehe *Supervisor*

Telefonmarketing: Ein Begriff, der gewöhnlich verwendet wird, um Outbound-Verkaufstelefonate und -Promotion zu beschreiben – wird stereotyp verwendet, um Personen zu beschreiben, die Sie anrufen, wenn Sie sich gerade zum Essen an den Tisch gesetzt haben.

Unproduktive Agenten-Zeit: Zeit, für die die Agenten bezahlt werden, die sie aber nicht am Telefon verbringen – wird auch als Off-Phone-Zeit bezeichnet. Dazu zählt die Zeit, die die Agenten in Meetings, Schulungen, Kaffeepausen und so weiter verbringen.

Upselling: Der Versuch, den Gewinn pro Anruf zu erhöhen, indem dem Kunden ein verbesserter Service und/oder ein höherwertiges Produkt vorgeschlagen wird. Vergleiche auch *Cross-Selling.*

Verbleibquote (engl. retention rate): Der Prozentsatz der Kunden, die ursprünglich anriefen, um die Geschäftsbeziehung zu kündigen, die sich aber nach dem Gespräch mit dem Agenten doch anders entschieden haben. Häufig auch als Rückgewinnungsquote bezeichnet.

Vermischung: siehe *Blending*

Virtuelles Call Center: Ist gegeben, wenn Agenten an verschiedenen Orten (oft das eigene Zuhause der Agenten) und nicht gemeinsam in einem zentralen Call Center-Gebäude arbeiten. Das Internet wird als Netzwerk verwendet, um die räumlich voneinander getrennten Agenten miteinander zu verbinden.

Call Center Unterstützungsleistungen

Zusammengestellt von Manfred Stockmann vom
Call Center Forum Deutschland e.V. und Georg Mack
vom call-center-forum.at

Hier finden Sie einige Anlaufstellen an die Sie sich wenden können für den Fall, dass Sie Hilfe brauchen. Natürlich kann bei der Vielzahl der Anbieter dies nur ein kleiner Auszug sein und eine erste Orientierung ermöglichen.

Mitarbeiterauswahl und -bewertung

Dies ist eine kleine Liste von Unternehmen, die Verfahren zur Mitarbeiterauswahl und -bewertung anbieten.

Deutschland

Kirch Consult
Kaiser-Wilhelm-Ring 27-29
50672 Köln
Telefon: +49 (221) 56 94 463
Web: www.kirchconsult.de
Langjährige Erfahrung im Call Center-Markt zu Personalvermittlung und Personalauswahl

knappconnect
Clementiaweg 8
53125 Bonn
Telefon: +49 (228) 280 56 15
Web: www.knappconnect.com
E-Mail: info@knappconnect.com

Langjährige Erfahrung im Call Center Markt zu Personalvermittlung und Personalauswahl.

profiTel consultpartner GmbH
Gosslers Park 11
22587 Hamburg (Blankenese)
Telefon: +49 (40) 89 79 2000
Telefax: +49 (40) 89 79 2099
Web: www.profitel.de
Markterfahrung seit über 15 Jahren, Entwicklung erster strukturierter Rekrutierungsverfahren

für Call Center Mitarbeiter, mit der Akademie einer der erfolgreichsten Anbieter für Call Center Themen in Deutschland, Herausgeber der Call Center Benchmarkstudie D-A-CH

TGMC Dr. Thieme Gleue und Partner Management Consulting
Hudtwalckerstraße 11; 22299 Hamburg
Telefon: +49 (40) 46 86 54-0
Telefax: +49 (40) 46 86 54-54
Web: www.tgmc.de
Herausgeber der Call Center Gehaltsstudie (Deutschland)

Österreich

Creyf's Personalservice GmbH
Mariahilfer Straße 88a
A-1070 Wien
Telefon: +43 (0)1 524 55 01-0
Telefax: +43 (0)1 524 55 01-50
Web: www.creyfs.at

OK-System
Soldanellenweg 55/2
A-1220 Wien
Web: www.ok-system.com
Telefon: +43/676/3069544
Telefax: +43/1/2857770-78

Phonetastic Herzlinger Consult
Schönbrunner Straße 61/4/15
A-1050 Wien
Telefon: +43/664/3811090
Telefax: +43/1/5441252-44
Web: www.phonetastic.at

Mitarbeiterzertifizierung

Diese Unternehmen bieten Trainings- und Zertifizierungsprogramme für Agenten- und Führungskräfte an. Detaillierte Informationen hierzu – auch über die Qualifizierungsprogramme – finden Sie auch in der Karrierebroschüre des Call Center Forum Deutschland e.V:

Unternehmen für die Personenkompetenz-Zertifikate der deutschen Branchenverbände CCF und DDV

Büro für Kommunikations-Management
Philipp-Müller-Str. 9
06110 Halle
Telefon: +49 (345) 6 82 39-0
Telefax: +49 (345) 6 82 39-10
Web: www.bfkm-halle.de

Entwicklungspartner für die Zertifikate der HZA und von dieser anerkannter Ausbildungsanbieter.

DGQ Deutsche Gesellschaft für Qualität e.V.
August Schanz Str.21 A
60433 Frankfurt / Main
Telefon: +49 (69) 9 54 24-0
Telefax: +49 (69) 9 54 24-133
Web: www.dgq.de

Zertifizierungspartner der Branchenverbände für »Team Manager Call & Communication(DDV/CCF)« sowie »General Manager Call & Communication(DDV/CCF)«

HZA Hanseatische Zertifizierungsagentur GmbH
Harburger Rathausstraße 33
21073 Hamburg-Harburg
Telefon: +49 (40) 7 67 57-100
Telefax: +49 (40) 7 67 53-114
Web: www.hansezertag.de

Zertifizierungspartner der Branchenverbände für »Sales Agent[CCF]« und »Customer Contact Agent[CCF]«

profiTel COMPETENCE AKADEMIE
Gosslers Park 11
22587 Hamburg
Telefon: +49 (40) 89 79-20 00
Telefax: +49 (40) 89 79-20 99
Web: www.profitel.de

Entwicklungspartner für die Zertifikate der DGQ und von dieser anerkannter Ausbildungsanbieter.

Anbieter für IHK-Zertifikate

CallCenter Akademie Saarland GmbH
Kurt-Schumacher-Str. 28-30
66130 Saarbrücken
Telefon: +49 (681) 68 53-8 53
Telefax: +49 (681) 68 53-8 57
Web: www.callcenterakademie-saar.de

Umfangreiches Programm für Lehrgänge mit IHK-Zertifikat im Call Center Bereich.

Anbieter eigener Zertifizierungsprogramme

Deutschland

buw customer care academy
Rheiner Landstraße 195
49078 Osnabrück
Telefon: +49 (541) 94 62-451
Telefax: +49 (541) 94 62-788
Web: www.buw.de

Erfolgreicher Dienstleister (ca. 2000 MA) mit eigener Akademie. Bieten berufsbegleitende Lehrgänge zum Customer Care Teamleiter und Customer Care Manager mit eigenem Zertifikat an.

Hochschule Bremerhaven
An der Karlstadt 8
27568 Bremerhaven
Telefon: +49 (471) 48 23-1 11
Telefax: +49 (471) 48 23-1 99
Web: www.hs-bremerhaven.de

Angebot eines berufsbegleitenden Call Center Manager Lehrgangs mit IHK-Abschlusszertifikat inkl. Ausbildereignungsprüfung.

Schweiz

AKAD Business
Genfergasse 3
3001 Bern
Telefon: +41 (31) 380 13 13
Telefax: +41 (31) 380 13 14
Web: www.call-akademie.ch

CRM & CallcenterSchool GmbH
Im Schörli 3
8600 Dübendorf
Telefon: +41 (44) 835 78 16
E-Mail: info@callcenter-school.com

Fachhochschule Solothurn Nordwestschweiz
Frau Heidi Suter
Bereich Wirtschaft
Riggenbachstrasse 16
CH-4601 Olten
E-Mail: heidi.suter@fhso.ch

Telefon: +41 (62) 286 01 17
Telefax: +41 (62) 286 01 91
Prof. lic.oec. HSG Ernst Wüthrich
E-Mail: ernst.wuethrich@fhso.ch
Web: ccc@fhso.ch oder www.fhso.ch

IFA
Hohlstraße 550
8048 Zürich
Telefon: +41 (848) 432 432
Telefax: +41 (43) 211 51 52
Web: www.ifa.ch

Organisations-/Unternehmenszertifizierungen

Hier eine Aufstellung einiger bekannterer Organisationen, die ISO-Zertifizierungen anbieten und auch im Call Center Umfeld eine gewisse Erfahrung haben bzw. auch als Partner für eine der Call Center spezifischen Zertifizierungen wie ÖNorm D 1020 oder TQE in Frage kommen.

Deutschland

TÜV Rheinland Group
Management Systems GmbH
Business Consulting
Am Grauen Stein
51105 Köln
Telefon: +49 (221) 806 0
Telefax: +49 (221) 806 114
Web: www.managementsystems.de

ISO 9001:2000 Zertifizierungen und Zertifizierungspartner der Branchenverbände DDV und CCF für die Corporate Zertifizierung TQE (Total Quality Excellence)

Österreich

ON Österreichisches Normungsinstitut
Heinestraße 38
1020 Wien
Tel: +43 (1) 213 00-0
Fax: +43 (1) 213 00-818
Web: www.on-norm.at
Ansprechpartner: Dr. Peter Jonas
Tel: +43 (1) 213 00-413
E-Mail: peter.jonas(at)on-norm.at

ISO 9001:2000 Zertifizierungen und Zertifizierungspartner für die ÖNorm D 1020

MACK Call Center Consulting
Zedlitzgasse 5/104
A-1010 Wien
Telefon: +43/699/1703 4342
Telefax: +43/1/6003430
E-Mail: georg.mack@mack.at
Web: www.mack.at

Call Center Beratungen

Sie können eine Vielzahl von Unternehmen, die Beratungsleistungen im Call Center Umfeld anbieten finden – einige davon vielleicht sogar in Ihrer Nähe – wenn Sie im Internet suchen. Daher haben wir hier nur eine kleine Auswahl zusammengestellt, die auch in den Branchenverbänden einen guten Namen haben.

Deutschland

BDS Bildungszentrum für Dialogmarketing gGmbH
Kelzstr. 21
07318 Saalfeld
Telefon: +49 (3671) 5540-0
Telefax: +49 (3671) 5540-55
Web: www.bds-dialogmarketing.de

Staatlich genehmigte Berufsschule für die Ausbildung zum »Kaufmann für Dialogmarketing«

C.M.B.S. Managementberatung
Roggensteinerstraße 23 F
82140 Olching
Telefon: +49 (8142) 4660-293
Telefax: +49 (8142) 449 760
Web: www.cmbs.de

Seit 2002 als eigenes Unternehmen am Markt. Über 10 Jahre Erfahrung in Call Center Aufbau und Management. Spezialisiert auf Führungskräfteentwicklung, Prozess- und Qualitäts-management.

go fast forward GmbH
Grabenstr. 41
75233 Tiefenbronn
Telefon: +49 (7234) 9484-40
Telefax: +49 (7234) 9484-84
Web: www.gofastforward.de
Spezialist u.a. für Business Development und Outsourcing Management

Tanja Hartwig genannt Harbsmeier
Partnerin für effektive Kundenbetreuung
Mellerhof
Hauptstraße 119 e
51143 Köln
Telefon: +49 (2203) 896-446
Telefax: +49 (2203) 896-447
Web: www.effektive-kundenbetreuung.de
Spezialisiert u.a. auf Outboundtrainings, Cross- und Upselling-Konzepte im Inbound

HCD Human CallCenter Design PlanungsGmbH
Coerdestr. 9
48147 Münster
Telefon: +49 (251) 41414-0
Telefax: +49 (251) 41414-44
Web: www.hcd-gmbh.de
Der Spezialist für leistungs- und gesundheitsfördernde Call Center Raumkonzepte. Ganzheit-liche Betrachtung mit individuellen Lösungskonzepten.

MarketingResultant
Harald Henn
Sunsweilerstraße 24
55299 Nackenheim
Telefon: +49 (6135) 55 92 41
Web: www.marketing-resultant.de
Langjährige Praxiserfahrung. Beratungsschwerpunkte im Bereich Marketing und Vertriebs-konzepte sowie Verkaufsförderung.

O'Donovan Consulting AG
Kaiser-Friedrich-Promenade 59
61348 Bad Homburg
Telefon: +49 (6172) 68 971-0
Telefax: +49 (6172) 68 971-11
Web: www.odonovan.de

Kompetenz im Bereich Dialog, Systeme und Menschen.

opti-serv Unternehmensberatung
Moltkestr. 13
76689 Karlsdorf-Neuthard
Telefon: +49 (7251) 366 753
Telefax: +49 (7251) 349 493
Web: www.optiserv.de

Beratung im Bereich Call Center Technik und Organisation. Betreiber eines eigenen kleinen Call Center für spezielle Aufträge und als »Labor«.

PASS IT-Consulting Dipl. Inf. Gerhard-Rienecker GmbH & Co. KG
Schwalbenrainweg 24
63741 Aschaffenburg
Telefon: +49 (6021) 3881-0
Telefax: +49 (6021) 3881-400
Web: www.pass-consulting.de

Rund 650 Mitarbeiter an sieben Standorten in Deutschland mit Schwerpunkt Technik, IT und technische Trainings.

Rswn Rechtsanwälte Steuerberater Partnerschaftsgesellschaft
Niederlassung Köln
Lindenstraße 14
50674 Köln
Telefon: +49 (221) 1308090
Telefax: +49 (221) 1308094000
Web: www.rswn.de

Anwaltskanzlei spezialisiert auf Medienrecht und Technik, Call Center. Ansprechpartner: Manuel Schindler.

Österreich

MACK Call Center Consulting
Zedlitzgasse 5/104
A-1010 Wien
Telefon: +43 (1) 6034342
Telefax: +43 (1) 6003430
web: www.mack.at

Langjährige Erfahrung im Österreichischen Call Center Markt und Herausgeber des österreichischen Fachmagazins CCJournal.

Schweiz

Peter Peterlechner Training & Consulting
Häldelistraße 9
8712 Stäfa
Telefon: +41 (44) 477 07 42
Telefax: +41 (44) 477 07 43

Langjährige Erfahrung im Bereich Coaching und Training, Herausgeber des Schweizer Call Center Magazins.

Branchenverbände

Die führenden Branchenverbände der Länder, über die Sie auch Informationen zu aktuellen Themen und weiterführende Kontakte finden können, sind:

Call Center Forum Deutschland e.V. (CCF)
Geschäftsstelle
Kelzstraße 21
70318 Saalfeld
Telefon: +49 (1805) 266 422
Telefax: +49 (1805) 266 423
Web: www.call-center-forum.de

Deutscher Direktmarketing Verband e.V. (DDV)
Hasengartenstr. 14
65189 Wiesbaden
Telefon.: 0611/97 79 30
Telefax: 0611/97 79 399
Web: www.ddv.de

call-center-forum.at
Simmeringer Hauptstraße 24
1110 Wien
Telefon: +43 676 78 27 111
Telefax: +43 (1) 6003430
Web: www.callcenterforum.at

CallNet.ch
Winkelbüel 2
CH-6043 Adligenswil
Telefon: +41 (41) 372 10 10
Telefax: +41 (41) 372 06 83
Web: www.callnet.ch

Stichwortverzeichnis